Rechte und Pflichten

des Vermieters und des Mieters
von Wohnräumen und Geschäftsräumen

von Rechtsanwalt Werner Renz

Auflage März 2021

Enthält zusammengefügt die Auflagen 2015 der beiden Ratgeber „Rechte und Pflichten des Vermieters und Mieters" von Wohnräumen und Geschäftsräumen ISBN 9783833499296 und ISBN 9783833499807.

Neu bearbeitet unter Berücksichtigung der
- seit 2015 ergangenen Urteile zum Thema „Schönheitsreparaturen", und
- den seit 1.4.20 geltenden Bestimmungen über die Höhe der Miete für
  Wohnungen in „Gebieten mit angespanntem Wohnungsmarkt", und
- den 2020 zum Thema „Covid-19- Pandemie" ergangenen Regelungen

Herstellung und Verlag:
BoD - Books on Demand, Norderstedt

ISBN 9783752643510

INHALTSVERZEICHNIS   Randnummer

Einführung

1. Kapitel: Das Rechtsverhältnis "Miete"

2. Kapitel: Die Pflichten von Vermieter und Mieter während der Mietzeit

3. Kapitel: Die Rechte von Vermieter und Mieter und die Änderung der Miete während der Mietzeit

5. Kapitel: Rechte und Pflichten nach Beendigung des Mietverhältnisses

Abkürzungsverzeichnis

Abs.	:Absatz
AG	:Aktiengesellschaft
BetrKV	:Betriebskostenverordnung
BGB	:Bürgerliches Gesetzbuch in der seit 1.1.2002 geltenden Fassung
BGH	:Bundesgerichtshof
BV (II BV)	:II. Verordnung über wohnwirtschaftliche Berechnungen
EnEV	:Energiesparverordnung
f. - ff.	:folgende Zahl - folgende Zahlen
GbR	:Gesellschaft bürgerlichen Rechts
GdWE	:Gemeinschaft der Wohnungseigentümer
GKG	:Gerichtskostengesetz
GmbH	:Gesellschaft mit beschränkter Haftung
GVG	:Gerichtsverfahrensgesetz
GvKostG	:Gerichtsvollzieherkostengesetz
HKV	:Heizkostenverordnung
InsO	:Insolvenzordnung (frühere Konkursordnung)
LBO	:Landesbauordnung eines Landes
MietAnpG	:Mietrechtsanpassungsgesetz
MietNovG	:Mietrechtsnovellierungsgesetz
OHG	:Offene Handelsgesellschaft
Rn	:Randnummer
RVG	:Rechtsanwaltsvergütungsgesetz
S.	:Satz
StGB	:Strafgesetzbuch
WBVG	:Wohnungs- und Betreuungsvertragsgesetz
WEG	:Wohnungseigentumsgesetz
WoBindG	Wohnungsbindungsgesetz
WoFlV	:Wohnungsflächenverordnung
WoVermRG	:Gesetz zur Regelung der Wohnungsvermittlung
ZPO	:Zivilprozessordnung
ZVG	:Zwangsversteigerungsgesetz
§ - §§	:Paragraph - Paragraphen

Wenn im Text auf Paragraphen (§§) ohne Angabe eines Gesetztes hingewiesen wird, handelt es sich um Paragraphen des BGB.

EINFÜHRUNG

Die gesetzlichen Vorschriften für Mietverträge über alle Arten von Räumen stehen hauptsächlich im 2. Buch des BGB im Titel "Mietvertrag" unter den §§ 535 – 578. Welche besonderen Schutzvorschriften für Wohnraummietverhältnisse gelten, finden Sie unter Rn 54. Ein kleiner Teil dieser Vorschriften gilt auch für Geschäftsraummietverhältnisse (§ 578 Abs. 2).

Zunächst sollen einige rechtliche Begriffe erklärt werden:

A. Das "Recht" und sein Inhaber

I. Recht und Verpflichtung

Unter einem „Recht" versteht man eine <u>Befugnis</u>, die unsere Rechtsordnung für den Berechtigten vorsieht. Je nach seinem Inhalt gibt es 3 Arten: 1
1. Das Recht, von einem anderen ein <u>Tun oder Unterlassen zu verlangen</u>: der sogenannte „Anspruch" (Rn 24).
2. Das Recht <u>etwas zu tun</u>: das sogenannte „Gestaltungsrecht", z. B. das Kündigungsrecht.
3. Das <u>absolute</u> Recht: das sogenannte „dingliche Recht", das an einer Sache (Rn 6) besteht und gegen jeden Dritten wirkt, z. B. das Eigentumsrecht. Das Gegenteil vom absoluten Recht ist das <u>relative</u> Recht. Dieses steht dem Inhaber (= Gläubiger) nur gegenüber einer oder mehreren bestimmten Personen (= Schuldnern) zu.

Dem einzelnen Recht ist im Privatrecht in der Regel eine Pflicht zugeordnet, die von der Rechtsordnung dem Verpflichteten auferlegt wird. Diese gesetzliche Pflicht ist von der „sittlichen" Pflicht zu unterscheiden, die nach der sich laufend ändernden Moralauffassung besteht und nicht eingeklagt werden kann, z. B. die Pflicht zur Grabpflege.   2

II. Inhaber und Träger von Rechten und Pflichten

Inhaber von Rechten und Pflichten können nach unserer Rechtsordnung nur Personen sein: die <u>natürliche Person</u> = der Mensch (§ 1) und die <u>juristische Person</u> (§§ 21 ff.). Letzterer ist von unserer Rechtsordnung die Fähigkeit verliehen, auch wie der Mensch Inhaber von Rechten und Pflichten sein zu können und handelt immer durch eine natürliche Person (gesetzlicher Vertreter, Vorstand, Geschäftsführer usw.). Beispiele für juristische Personen des öffentlichen Rechts sind z. B. die BRD, Länder der BRD, Gemeinden, Kirchen, Sozialversicherungsträger, und für juristische Personen des Privatrechts der eingetragene Verein (e.V.), die Genossenschaft, AG, GmbH, Stiftung. Nur teilweise rechtsfähig sind die OHG, die GbR, die GdWE und der nicht eingetragene Verein.   3

Ein Recht kann auch mehreren Personen gemeinsam als <u>Gesamtgläubiger</u> zustehen. Mehrere Personen können eine Pflicht gemeinsam als <u>Gesamt-schuldner</u> schulden, wobei aber Jede Person zur ganzen Leistung gegen-über dem Gläubiger verpflichtet ist, der sie aber nur einmal verlangen kann.

4   *Verbraucher* (§ 13) ist eine <u>natürliche Person</u>, die ein Rechtsgeschäft zu ei-nem privaten Zweck abschließt, also in der Regel der Wohnraummieter.

5   *Unternehmer* (§ 14) dagegen ist eine <u>natürliche oder juristische Person</u>, die beim Abschluss eines Rechtsgeschäftes eine gewerbliche oder selbststän-dige berufliche Tätigkeit ausübt, also oft der Geschäftsraummieter.

6   *Sachen* sind <u>körperliche Gegenstände</u>, die im Raum abgegrenzt werden kön-nen (§§ 90 ff.). Sie können nicht Inhaber von Rechten und Pflichten sein. Dagegen können <u>an</u> Sachen absolute Rechte bestehen, z. B. der Besitz (§§ 854 ff.), das Eigentum (§ 903), oder auch relative Rechte, z. B. ein Miet- o-der Pachtrecht. Es gibt unbewegliche und bewegliche Sachen:
(1) Erstere sind die sogenannten Immobilien =
a. Unbebaute oder bebaute Grundstücke einschließlich aller mit dem Grund und Boden fest verbundener Bestandteile, z. B. Pflanzen, Mauern, Bau-teile, insbesondere auf dem Grundstück errichtete Gebäude einschließ-lich der darin befindlichen Räume oder Wohnungen, ausgenommen die unter b. aufgeführten unbeweglichen Sachen, nämlich
b. Wohnungseigentum und Teileigentum nach dem WEG.
(2) Bewegliche Sachen sind alle Sachen, die weder Grundstücke noch mit diesen fest verbundene Bestandteile sind. Keine Sachen sind Tiere (§ 90 a), auf die aber die für Sachen geltenden Vorschriften anzuwenden sind.

B. Grundlagen der Rechte und Pflichten im Privatrecht

I. Rechtsverhältnis - Rechtsgeschäft - Vertrag

7   Grundlage der Rechte und Pflichten im Privatrecht ist immer ein <u>Rechtsver-hältnis</u> = eine von der Rechtsordnung als Rechtsverhältnis gewertete Bezie-hung entweder zwischen einer Person und einer Sache, z. B. das „Eigen-tum", oder zwischen Personen z. B. das Mietverhältnis, das Arbeitsverhältnis oder das Rechtsverhältnis zwischen Makler und Auftraggeber.

8   Das <u>Rechtsgeschäft</u> besteht aus einer oder mehreren Willenserklärungen (§§ 116 ff.). Unter einer <u>Willenserklärung</u> versteht man ein menschliches Handeln, mit dem der Handelnde eine Rechtswirkung erzielen will.
Es gibt „ausdrückliche" und sogenannte „stillschweigende" Willenserklärun-gen, denn auch durch ein „Schweigen" oder ein sogenanntes „schlüssiges (konkludentes) Verhalten" kann ein Mensch den Willen äußern, eine Rechtswirkung erzielen zu wollen. Schlüssiges Verhalten spielt oft beim Ab-schluss eines Vertrages mit einem Makler eine Rolle (Rn 87 ff.).

Es gibt einseitige und mehrseitige Rechtsgeschäfte. Das erstere besteht aus einer Willenserklärung, z. B. Bevollmächtigung, Anfechtung, oder die Kündigung. Das mehrseitige Rechtsgeschäft besteht aus mehreren von mindestens 2 Personen erklärten Willenserklärungen, z. B. der Vertrag .

Ein Vertrag (§§ 145 ff.) kommt dann zustande, wenn eine Vertragspartei einer anderen ein Angebot zum Abschluss eines Vertrages macht, und die andere Vertragspartei dieses Angebot ohne Einschränkung annimmt, also durch Angebot und Annahme. Dabei ist es gleichgültig, von welcher Person die Initiative, also das Angebot ausgeht. Wird das Angebot der Person A an die Person B von der letzteren nicht ohne Einschränkung angenommen, gilt das Angebot als abgelehnt, verbunden mit einem neuen Angebot (§ 150), das die Person A annehmen oder ablehnen kann.

Nach dem Grundsatz „Pacta sunt servanda" (= Verträge sind zu halten) sind die Parteien an einen einmal abgeschlossenen rechtswirksamen Vertrag gebunden, ausgenommen
(1) sie haben ein Rücktrittsrecht (§§ 346 ff.) oder uneingeschränktes Rückgaberecht vereinbart; oder
(2) die den Vertrag schließende Partei ist ein Verbraucher (Rn 4), dem in fast allen Fällen ein gesetzliches Widerrufsrecht von 2 Wochen zusteht, wenn er mit einem Unternehmer (Rn 5) außerhalb von Geschäftsräumen des Unternehmers (Haustürgeschäft) oder ausschließlich durch Fernkommunikationsmittel (Briefe, Kataloge, Telefonanrufe, Internet, E-Mails, TV oder Radio) im Rahmen eines für den Fernabsatz organisierten Vertriebs- oder Dienstleistungssystems einen Vertrag über eine entgeltliche Leistung abgeschlossen hat; oder, was selten vorkommt,
(3) dass sich die Umstände, die zur Grundlage des Vertrages geworden sind (= Störung der Geschäftsgrundlage) geändert haben (§ 313). Siehe dazu z B. im Falle der Covid-19-Pandemie die Rn 260 und 307.

Ein Vorvertrag kommt zustande, wenn sich 2 Parteien verpflichten, einen bestimmten Vertrag abzuschließen, weil z. B. der beabsichtigte Vertrag aus irgendwelchen Gründen noch nicht abgeschlossen werden kann, oder wenn sich in einem Vorvertrag nur eine der Parteien binden will. Soll keine der Parteien gebunden sein, ist nur eine „Absichtserklärung" gegeben.

<u>II. Vornahme, Form und Schranken eines Rechtsgeschäfts</u>

1. Die Vornahme eines Rechtsgeschäftes

Eine rechtsfähige Person (Rn 3) kann ein Rechtsgeschäft selbst vornehmen, wenn sie – wie in der Regel - voll geschäftsfähig ist. Nicht voll geschäftsfähig ist eine beschränkt geschäftsfähige oder gar geschäftsunfähige Person.

Geschäftsunfähig ist ein noch nicht 7 Jahre alter Mensch oder einer, der sich „in einem die freie Willensbestimmung ausschließenden Zustande krankhafter Störung der Geistestätigkeit befindet, sofern nicht der Zustand seiner Natur nach ein vorübergehender ist" (§ 104). Er kann nur durch seinen (gesetzlichen) Vertreter. Beschränkt geschäftsfähig sind Minderjährige zwischen 7 und 18 Jahren (§ 106). Sie benötigen für die meisten Rechtsgeschäfte die Zustimmung ihres gesetzlichen Vertreters.

2. Gesetzliche Formen eines Rechtsgeschäfts

Ein Rechtsgeschäft darf in der Regel "formlos" vorgenommen werden, d.h. die mündliche Erklärung ist also rechtsgültig. Für bestimmte Rechtsgeschäfte hat der Gesetzgeber aber „Formen" vorgeschrieben:

12 Die (gesetzliche) Schriftform (§ 126) wird für bestimmte Erklärungen verlangt, z. B. für die Kündigung eines Wohnraummietverhältnisses (Rn 275), oder für bestimmte Verträge, z. B. einen über 1 Jahr dauernden Zeitmietvertrag (Rn 76 f.). Die Erklärung muss dann vom Aussteller oder ein Vertrag muss auf einem Schriftstück eigenhändig durch Namensunterschrift beider Vertragspartner unterzeichnet sein. Ungültig ist ein also die Kündigung eines Wohnraummietverhältnisses durch Telefax oder der oben genannte Zeitmietvertrag, wenn er nur z. B. im Wege eines Schriftwechsels vereinbart wird.
Zum Unterschied zwischen der beschriebenen gesetzlichen und einer nur vereinbarten Schriftform siehe Rn 16.

13 Bei der öffentlichen Beglaubigung (§ 129) wird die Erklärung schriftlich abgegeben und unterschrieben. Der Notar beglaubigt die Unterschrift und bestätigt also nur, dass die Unterschrift vom Unterzeichnenden stammt.

14 Bei der notariellen oder gerichtlichen Beurkundung (§ 128; § 8 ff. Beurkundungsgesetz) geben der oder die Erklärenden ihre Erklärungen gegenüber dem Notar oder Gericht ab. Dieser bzw. dieses fertigt darüber eine Niederschrift an, die von ihm vorgelesen, von dem oder den Erklärenden genehmigt, sowie von diesen und vom Notar bzw. Gericht unterschrieben wird.

15a Bei der elektronische Form (§ 126 a) handelt es sich um einen Sonderfall der gesetzlichen Schriftform, bei welcher der Aussteller der Erklärung dieser seinen Namen hinzufügen und das elektronische Dokument mit einer qualifizierten elektronischen Signatur versehen muss. Zertifizierungsdienstanbieter finden Sie unter www.regtp.de. Diese Form ersetzt die gesetzliche Schriftform (Rn 12), wenn sich aus dem Gesetz nicht etwas anderes ergibt.

15b Bei der Textform (§ 126 b) muss die Erklärung in einer Urkunde oder auf andere Art zur dauerhaften Wiedergabe in Schriftzeichen geeigneter Weise (Papier, CD-Rom, Email, Fax) abgegeben, die Person des Erklärenden genannt und der Abschluss der Erklärung durch Nachbildung der Unterschrift oder in anderer Weise erkennbar gemacht werden.

Von einer <u>vereinbarten Form</u> (§ 127) für ein Rechtsgeschäft spricht man, wenn z. B. Vertragsparteien miteinander vereinbaren, dass eine der oben genannten gesetzlichen Formen erforderlich sein soll, z. B. die Schriftform für einen Vertrag, für eine Änderung oder Ergänzung eines solchen oder für eine Kündigung. Bei der so vereinbarten Schriftform reicht aber im Gegensatz zur gesetzlichen Schriftform (Rn 12) für die Übermittlung der Erklärungen auch Email, Telefax, oder bei einem Vertrag auch ein Schriftwechsel.

3. Allgemeine Schranken eines Rechtsgeschäfts

Jedes Rechtsgeschäft ist „nichtig" = von Anfang an unwirksam, wenn es gegen eine der folgenden gesetzlichen Schranken verstößt:

<u>Unwirksam</u> ist ein Rechtsgeschäft, wenn es gegen ein <u>gesetzliches Verbot</u> oder gegen „*zwingende Vorschriften*" verstößt (§ 134). Letztere sind vom Gesetzgeber festgelegte Bestimmungen, die durch eine oder mehrere Vertragsparteien weder geändert noch umgangen werden dürfen, die also nur der Gesetzgeber selbst ändern kann.

> Beispiel: In einem Mietvertrag wird eine Bestimmung vereinbart, mit der eine zum Schutz des Wohnraummieters bestehende Vorschrift umgangen oder ausgeschlossen wird, z. B. wird für den Vermieter eine kürzere als vom Gesetz zugelassene Kündigungsfrist (Rn 354) vereinbart.

Darunter fällt auch, wenn bei einem Rechtsgeschäft eine gesetzlich vorgeschriebene oder auch nur vereinbarte Form (Rn 12 ff.) nicht eingehalten wird (§ 125), wenn z. B. der Wohnungsvermieter oder –mieter nur mündlich, durch Telefax oder ein Email kündigt.

Verstößt nur ein Teil eines Rechtsgeschäfts gegen ein gesetzliches Verbot, also z. B. nur <u>eine</u> Bestimmung eines Vertrages, dann ist das ganze Rechtsgeschäft unwirksam, ausgenommen es ist anzunehmen, dass das Geschäft auch ohne den unwirksamen Teil vorgenommen worden wäre (§ 139). Letzteres wird bei Mietverträgen in der Regel angenommen, wenn nur einzelne Bestimmungen unwirksam sind, z. B. Vertragsklauseln, die gegen Vorschriften über vorformulierte Bestimmungen (Rn 20 ff.) verstoßen.

<u>Unwirksam</u> ist ein Rechtsgeschäft auch, wenn es gegen die <u>guten Sitten</u>, d. h. gegen das Rechtsgefühl aller "Billig- und Gerechtdenkenden" verstößt (§ 138). Darunter fällt der „Wucher", der angenommen wird, wenn jemand „unter Ausbeutung einer Zwangslage, der Unerfahrenheit, des Mangels an Urteilsvermögen oder der erheblichen Willensschwäche einer Person" sich für eine Leistung Vermögensvorteile versprechen lässt, die in einem auffälligen Missverhältnis zu seiner Leistung steht. Zum Missverhältnis zwischen Mietzins und dem Gebrauchswert von Räumen siehe Rn 139.

19 <u>Unwirksam</u> ist auch eine Willenserklärung, wenn sie vom Erklärenden rechtswirksam <u>angefochten</u> worden ist.
Zulässig ist die Anfechtung einer Willenserklärung, wenn sich der Erklärende bei der Abgabe der Willenserklärung geirrt hat (§ 119), oder wenn er durch eine Drohung oder durch eine eine arglistige Täuschung zu einer Willenserklärung veranlasst worden ist § 123).

Für eine Anfechtung sind Fristen zu beachteten. Die Anfechtung wegen Irrtums muss <u>unverzüglich</u> nach Entdeckung des Irrtums erklärt werden (§ 121), was eine Überlegungsfrist (ca. 1 Woche) zulässt, auch zur Einholung eines rechtskundigen Rats. Die Anfechtung wegen arglistiger Täuschung oder Drohung muss innerhalb <u>eines Jahres</u> ab Entdeckung der Täuschung oder Wegfall der Drohung (§ 124) erklärt werden.

Im Falle einer rechtzeitigen Anfechtung einer Willenserklärung verliert beim zweiseitigen Rechtsgeschäft, z. B. bei einem Vertrag, in der Regel das ganze Rechtsgeschäft seine Rechtswirksamkeit.

Vorformulierte Bestimmungen (=Klauseln) und individuelle Vereinbarungen:

20 Zum Schutz vor einer unangemessenen Benachteiligung eines Vertragspartners gibt es im BGB Vorschriften für <u>vorformulierte</u> Vertragsbedingungen bestimmter Vertragstypen, zu denen insbesondere auch Mietverträge und Maklerverträge (§§ 305 ff.) gehören. Diese auch „Klauseln" genannten in <u>mehreren</u> Verträgen verwendeten Bestimmungen fallen unter diese Beschränkungen. Es ist gleichgültig, ob die Vertragsbestimmungen geschrieben oder gedruckt verwendet werden. Darunter fallen also insbesondere auch alle Vertragsformulare, die käuflich erworben, im Internet heruntergeladen oder von einem Formularbuch abgeschrieben werden, oder von einem Notar, von Unternehmern oder auch Privatpersonen für mehrere Geschäfte verwendet werden.

Solche Bestimmungen bzw. Klauseln sind:

21 (1) <u>Überraschungs</u>klauseln und <u>mehrdeutige</u> Klauseln (§ 305 c): Erstere sind Bestimmungen, die z. B. in einem systematischen Zusammenhang stehen, wo sie der andere Vertragspartner nicht erwartet, oder die nach dem Erscheinungsbild des Vertrages so ungewöhnlich sind, dass man mit einer solchen Bestimmung nicht rechnen muss, z. B. die Bestimmung *„Zur Sicherung der Ansprüche des Vermieters gegen den Mieter tritt dieser sein Lohn- oder Gehaltsansprüche (oder seine Kundenforderungen) an den Vermieter ab"*.
Ihren unzulässigen Überraschungseffekt verliert eine Klausel nicht dadurch, dass sie etwa in fetter Schrift gedruckt oder hervorgehoben wird. Andererseits muss eine Klausel auch für eine nicht juristisch vorgebildete Vertragspartei klar und verständlich sein, der Vertragspartner muss also „ohne frem-

de Hilfe möglichst klar und einfach seine Rechte so feststellen können, dass er nicht von deren Durchsetzung abgehalten wird". Unwirksam sind deshalb Klauseln wie „soweit gesetzlich zulässig" oder „soweit es die Rechtssprechung erlaubt".
Zweifel an der Auslegung einer Klausel, gehen zu Lasten des Verwenders.

(2) <u>Unangemessen benachteiligende</u> Klauseln sind Bestimmungen, die den Vertragspartner des Verwenders unangemessen benachteiligen (§§ 307 - 309), und mit denen der Verwender oft versucht, eine nach dem Gesetz ihn selbst treffende Verpflichtung dem Vertragspartner aufzubürden.
In Mietverträgen finden Sie hauptsächlich bei den Instandhaltungspflichten des Mieters solche unwirksamen Klauseln.

Soweit eine vorformulierte Bestimmung oder Klausel gegen diese Vorschriften verstößt, ist immer nur die betreffende Klausel unwirksam, nicht der ganze Vertrag. Die meisten der unter Rn 21 + 22 genannten Beschränkungen gelten bei der Verwendung solcher vorformulierten Bestimmungen auch gegenüber einem Unternehmer (§ 310).

<u>Nicht</u> unter die unter Rn 21 + 22 genannten Beschränkungen fallen <u>individuell vereinbarte</u> Klauseln, also Bestimmungen, die zwischen den Vertragsparteien individuell ausgehandelt werden (§ 305 b). Die Anforderungen an das „Aushandeln" sind heutzutage schwer zu erfüllen. Denn individuell ausgehandelt ist eine Bestimmung nicht schon dann, wenn der Verwender der Bestimmung den Vertragsgegner über den Inhalt und die Bedeutung der Klausel im Einzelnen belehrt hat, oder wenn die Mitteilung von Änderungswünschen abgeboten wird. Der Verwender der Klausel muss <u>ernstlich bereit sein</u>, die Klausel zur Disposition zu stellen und dem Partner, also z. B. dem Mieter die reelle Möglichkeit einzuräumen, seine eigenen Interessen zu wahren und die Ausgestaltung der Klausel zu beeinflussen. Es reicht also nicht aus, wenn im Vertragstext zu Streichungen, Änderungen oder Einfügungen aufgefordert oder etwa dass bestätigt wird, man habe ausgiebig und ernsthaft verhandelt.
Eine individuell getroffene Absprache geht einer rechtswirksamen anderslautenden vorformulierten Bestimmung immer vor.

<u>III. Weitere rechtliche Begriffe</u>

1. Anspruch und Forderung

Aus einem Rechtsverhältnis kann einer Person gegen eine andere eine Leistung zustehen. Man nennt das einen <u>Anspruch</u> (Rn 1 Ziffer 1). Wenn Geld verlangt werden kann, nennt man den Anspruch eine <u>Forderung</u>.
Die meisten Ansprüche können durch einen Vertrag vom Inhaber an eine andere Person abgetreten werden (§ 398). Durch diesen „Abtretungsvertrag" geht der Anspruch bzw. die Forderung auf die andere Person über.

2. Erfüllung, Aufrechnung, Zurückbehaltungsrecht

26   Ein Anspruch oder eine Forderung erlischt u. a. durch Erfüllung (§§ 362 ff.) oder Aufrechnung (§§ 387 ff). „Erfüllung" bedeutet, dass die geschuldete gleichartige Leistung bewirkt wird, eine Geldforderung also bezahlt wird. „Aufrechnung" bedeutet, dass eine Geldforderung durch eine Verrechnung ausgeglichen wird, also durch eine Erklärung einer Person gegenüber der anderen.

Wenn die gegenüberstehenden Ansprüche nicht gleichartig sind, ist eine Aufrechnung nicht möglich. Dann kann ein Zurückbehaltungsrecht (§ 273) bestehen. Beispiele dazu finden Sie unter Rn 129, 162, 220 und 473.

Nicht zulässig ist eine Aufrechnung oder ein Zurückbehaltungsrecht, wenn diese nach einer gesetzlichen Vorschrift (Rn 364) oder nach einer vertraglichen Vereinbarung ausgeschlossen sind. Zur Zulässigkeit einer Aufrechnung bei Mietverhältnissen siehe Rn 193 + 226.

3. Verjährung, deren Hemmung oder Neubeginn

27   Nur Ansprüche (§ 194) können verjähren. Das bedeutet, dass der Verpflichtete die Erfüllung eines Anspruchs des Berechtigten nach Ablauf der Verjährungsfrist ablehnen kann (§ 222). Die Frist beträgt je nach Art des Anspruchs zwischen 6 Monaten (z. B. § 548) und 30 Jahren (§§ 197 ff.). Die regelmäßige Verjährungsfrist beträgt heute 3 Jahre (§ 195).

Zur Verjährung der in den folgenden Kapiteln beschriebenen Ansprüche siehe im 5. Kapitel unter Rn 391 ff.

Die Verjährung kann gehemmt werden oder sogar neu beginnen:

28   Unter einer <u>Hemmung</u> der Verjährung (§ 209) versteht man, wenn ein bestimmter Zeitraum in die Verjährungsfrist nicht eingerechnet wird, oder wenn die Verjährungsfrist erst später als vorgesehen abläuft, z. B.:

- Solange der Gläubiger dem Schuldner die Forderung stundet (§ 205),
- solange Gläubiger und Schuldner über einen Anspruch verhandeln (§ 203), wobei jeder Meinungsaustausch ausreicht, wenn nicht sofort und eindeutig jeder Ersatz abgelehnt wird,
- solange zwischen Gläubiger und Schuldner ein Güteverfahren oder ein gerichtliches Mahn-, Klage- oder Beweissicherungsverfahren schwebt,
- oder solange zwischen Gläubiger und Schuldner ein enges persönliches Rechtsverhältnis besteht, z. B. eine Ehe, ein Verhältnis zwischen Eltern – Kind, Vormund - Mündel, Betreuer - Betreuter, Pfleger – Pflegling .

29   Ein <u>Neubeginn</u> der Verjährungsfrist (§ 212) bedeutet, dass ab einem bestimmten Zeitpunkt die Verjährungsfrist wieder ganz neu von Anfang an zu laufen beginnt, z. B. wenn der Schuldner seine Verpflichtung gegenüber dem Gläubiger anerkennt, oder wenn eine gerichtliche oder behördliche Vollstreckungshandlung vorgenommen oder beantragt wird.

4. Die Verwirkung 30

Die Verwirkung bedeutet, dass der Inhaber eines <u>Rechtes</u> oder eines an und für sich <u>noch nicht verjährten Anspruchs</u> sein Recht bzw. seinen Anspruch nicht mehr geltend machen darf. Voraussetzung ist, dass <u>einerseits</u> der Inhaber sein Recht bzw. seinen Anspruch sehr lange Zeit nicht geltend macht **und** <u>andererseits</u> der Verpflichtete sich nach dem gesamten Verhalten des Berechtigten darauf einrichten durfte und sich auch darauf eingerichtet hat, dass der Berechtigte von ihm nichts mehr verlangen will.

5. Verschulden und Mitverschulden 31

Unter einem Verschulden versteht man ein rechtswidriges vorwerfbares Verhalten einer zurechnungsfähigen natürlichen Person. Es kann
<u>vorsätzlich</u>, d. h. „mit Wissen und Wollen", oder
<u>fahrlässig</u> geschehen, d. h. „unter Außerachtlassung der zwischen Personen im Verkehr erforderlichen Sorgfalt", wobei noch zwischen einfacher (leichter) und grober (schwerer) Fahrlässigkeit unterschieden wird.
Eine schuldhafte Handlung führt in der Regel zu einer Schadenersatzverpflichtung (§ 276, § 823). Hat bei der Entstehung des Schadens auch ein Verschulden des Geschädigten mitgewirkt, hängt die Verpflichtung des Schädigers oder der Umfang des zu ersetzenden Schadens vom Gewicht dieses Mitverschulden ab (§ 254). Bei gleichgewichtigem Verschulden von Schädiger und Geschädigtem wird der Schaden also geteilt.

6. Verzug 32

Erfüllt ein Schuldner eine fällige Verpflichtung, z. B. den Anspruch eines Gläubigers <u>nicht rechtzeitig</u> **und** geschieht das auch <u>durch ein Verschulden</u>, kommt er in folgenden Fällen in „Verzug":

- Verzug tritt ein tritt ein, wenn für die Leistung des Schuldners eine Zeit nach dem Kalender bestimmt ist (§ 286 Abs. 2), wenn z. B. die Miete am 3. Werktag des Monats fällig ist (Rn 145 f.) oder die Mieträume am Tag nach Beendigung des Mietverhältnisses zu räumen sind (Rn 363 f.);
- Hat ein für die Leistung von Gütern oder für eine Dienstleistung zahlungspflichtiger Schuldner eine Rechnung erhalten (§ 286 Abs. 3), z. B. für eine Warenlieferung oder Handwerkerleistung, kommt er 30 Tage nach Zugang einer prüffähigen Rechnung in Verzug. Ist der Schuldner ein Verbraucher (Rn 4), also z. B. ein Wohnraummieter), tritt der Verzug aber nur ein, wenn er auf diese Folge in der Rechnung hingewiesen worden ist;
- Außerdem kommt ein Verpflichteter in Verzug, wenn er auf eine außergerichtliche oder gerichtliche Mahnung oder Klage nicht leistet. (§ 286 Abs. 1). Dabei reicht aber <u>eine</u> außergerichtliche Mahnung aus.

Ein verschuldeter Verzug des Schuldners wird z. B. im Falle einer falschen Beratung durch einen Rechtsanwalt oder den Mieterschutzverein angenommen, oder wenn er kein Geld hat. Denn es gilt der Grundsatz „Geld hat man zu haben". Kein Verschulden ist dagegen z. B. gegeben, wenn der Mieter z. B. nicht sicher weiß, an wen er zahlen muss.

Der in Verzug geratene Schuldner ist verpflichtet, einen dem Gläubiger durch den Verzug entstandenen Schaden zu ersetzten. Schuldet er eine Geldsumme, ist diese auch zu verzinsen. Der Zinssatz beträgt, wenn der Schuldner Verbraucher (Rn 4) ist, mindestens 5 % über dem Basiszinssatz (§ 288). Dieser betrug am 01.09.2000 noch 4,26 %, am 01.01.2018 noch minus 0,88 %. Die jeweiligen Basiszinssätze finden Sie z. B. im Internet.
Ist der Schuldner nicht Verbraucher, beträgt der Zinssatz mindestens 9 % über dem Basiszinssatz. Entsteht dem Gläubiger ein höherer Zinsschaden, muss dieser bezahlt werden.

Außerdem kann der Gläubiger einer Geldforderung vom Nichtverbraucher im Falle eines Verzuges eine Pauschale von 40 € verlangen (§ 288).

7. Auftrag und Vollmacht

33 Eine Person kann einer anderen den <u>Auftrag</u> erteilen, für ihn ein Geschäft zu besorgen (§ 662 ff.). Der Auftrag betrifft also das Innenverhältnis.

34 Ebenso kann eine Person einer anderen eine <u>Vollmacht</u> erteilen. Der Bevollmächtigte kann dann im Namen des Vollmachtgebers einem Dritten gegenüber eine Erklärung abgeben, die für und gegen den Vollmachtgeber (§ 164) wirkt. Die Vollmacht betrifft also das Außenverhältnis.
Zur gegenseitigen Bevollmächtigung mehrerer Mieter siehe auch Rn 455.

8. Eigentum und Besitz

Eigentum und Besitz sind sogenannte "dingliche" Rechte, die einer Person an einer Sache zustehen (Rn 1 Ziffer 3).

35 <u>Eigentum</u> bedeutet, dass der Eigentümer mit einer Sache „nach Belieben verfahren und andere von jeder Einwirkung ausschließen kann, soweit nicht das Gesetz oder Rechte Dritter entgegenstehen" (§ 903).

36 Der Begriff <u>Besitz</u> wird in der Bevölkerung meist für das Eigentumsrecht benutzt. Jemand nennt sich "Besitzer" seines Hauses und meint "Eigentümer". Unsere Rechtsordnung versteht unter dem dinglichen Recht "Besitz" aber etwas anderes, nämlich die *tatsächliche Sachherrschaft einer Person über eine Sache*" (§ 854). Der in seiner Wohnung lebende Mieter ist also „Besitzer" der ihm nicht gehörenden Wohnung.

1. KAPITEL

Das Rechtsverhältnis „Miete"

A. Die verschiedenen Mietverhältnisse

I. Miete, Pacht, Leihe

Grundlage eines Mietverhältnisses ist ein Vertrag, in dem 37
   eine natürliche oder juristische Person (Rn 3)
   einer anderen natürlichen oder juristischen Person
   eine bewegliche oder unbeweglichen Sache (Rn 6)
   gegen ein Entgelt
   zum Gebrauch überlässt (§ 535).
Bei der unbeweglichen Sache geht es hier um Räume verschiedener Art.
Wird die Sache unentgeltlich zum Gebrauch überlassen, handelt es sich 38
nicht um Miete, sondern um Leihe (§ 598).
Werden nicht nur Sachen sondern Sachen und Rechte und diese nicht nur 39
zum Gebrauch, sondern auch zur Ziehung von Früchten (§ 99) gegen ein
Entgelt überlassen, spricht man von Pacht (§ 581). Bei den „Früchten" handelt es sich um die zu gewinnenden Gelderträge., bei der Pacht eines land-
wirtschaftlichen Grundstücks außerdem auch um die Bodenfrüchte.
   Beispiele: A überlässt B einen PKW, oder ein Grundstück oder Räume
   zum Gebrauch gegen ein Entgelt = Miete, überlässt er die Sache unentgeltlich = Leihe; überlässt er gegen Entgelt eine bestehende Gaststätte
   zum Gebrauch und zur Erzielung von Einkünften = Pacht.

II. Die Art der vermieteten Räume

1. Die Geschäftsräume:

Zu diesen zählen Räume, die entweder zu geschäftlichen Zwecken (Büro- 40
räume, Praxisräume), oder zu gewerblichen Zwecken (Ladenräume,
Werkstatträume, Lagerräume, Fabrikgebäude), oder zu sonstigen Zwecken
(Vereinsräume, Veranstaltungsräume, Garagen) genutzt werden.
Bei der Vermietung von Geschäftsräumen kann die Miete frei vereinbart
werden, siehe dazu Rn 140. Außerdem ist der Vermieter bei der Auswahl
des Mieters frei.
Wenn Wohnräume Gegenstand eines Geschäftsraummietverhältnisses sind,
siehe Rn 50 und 52.

2. Die Wohnräume:

Das sind alle Räume, die zum Wohnen, Schlafen, Essen und Kochen vorgesehen sind. Auch Nebenräume, z. B. Bad, Flur, Abstellräume, Kellerräume gehören dazu. Man unterscheidet im Mietrecht zwischen preisgebundenen und preisfreien Wohnräumen:

41 Preisgebundene Wohnräume sind solche, bei denen der Vermieter diese nur an bestimmte Mieter vermieten darf und auch die Höhe des vom Mieter zu zahlenden Entgelts vom Gesetzgeber vorgeschrieben ist, nämlich bei
(1) Sozialwohnungen: Sie sind seit 1948 mit bestimmten öffentlichen Mitteln geschaffen worden und dürfen nur an Personen mit geringem Einkommen vermietet werden.
(2) Bedienstetenwohnungen: Zu deren Bau gewährte der Staat ein Darlehen und erhielt dafür vom Vermieter ein Belegungsrecht eingeräumt.
Öffentlich geförderte Wohnungen: Das sind nicht zu den Sozialwohnungen gehörende Wohnungen, die auch öffentlich gefördert werden und nur an Personen vermietet werden dürfen, die höchstens 40 % mehr als die für Sozialwohnungen vorgesehenen Personen an Einkommen haben. Die Vermietung darf nur erfolgen, wenn dadurch eine Sozialwohnung frei wird.
(3) Öffentlich geförderte Wohnungen im Saarland sind nur preisgebunden, wenn die Preisbindung zwischen dem Vermieter und der fördernden Stelle vereinbart worden ist.

42 Preisfreie Räume sind alle nicht unter Rn 41 fallenden Wohnräume. Der Vermieter ist hier bei der Aussuche des Mieters fei. Auch bei der Vereinbarung der Miete ist er weitgehend frei (Rn 140 ff.).

III. Die Arten von Geschäfts- und Wohnraummietverhältnissen

Mietverhältnisse über Räume unterscheiden sich nach Dauer, Rechtstellung des Vermieters und nach Nutzungszweck:

1. Das Dauerschuldverhältnis

Weil die Leistungen der Vertragspartner beim Mietverhältnis auf eine gewisse Dauer ausgetauscht werden, nennt man das Mietverhältnis ein Dauerschuldverhältnis. Je nach Dauer gibt es Mietverhältnisse auf unbestimmte Zeit oder Mietverhältnisse auf bestimmte Zeit.

43 Beim Mietverhältnis auf unbestimmte Zeit vereinbaren Vermieter und Mieter im Mietvertrag, dass das Mietverhältnis auf unbestimmte Zeit laufen soll, oder sie vereinbaren über die Mietdauer einfach nichts. Wohnraummietverhältnisse laufen heute meistens auf unbestimmte Zeit.

Wenn in einem auf unbestimmte Zeit laufenden Mietvertrag eine Partei oder beide für eine bestimmte Zeit auf ihr Kündigungsrecht verzichten, handelt es sich trotzdem um ein Mietverhältnis auf unbestimmte Zeit. Dann endet das Mietverhältnis nach Ablauf der Zeit des Kündigungsverzichts nicht sondern läuft auf unbestimmte Zeit weiter. Zur Zulässigkeit eines Kündigungsverzichts durch eine Partei beim Geschäftsraummietverhältnis siehe Rn 287 f. und beim Wohnraummietverhältnis Rn 311d.
Zum automatischen Anschluss eines Mietverhältnisses auf unbestimmte Zeit an ein bereits beendetes Mietverhältnis siehe Rn 378 ff..

Das <u>Mietverhältnis auf eine bestimmte Zeit</u> wird „Zeitmietverhältnis" oder „Zeitmietvertrag" genannt. Hier vereinbaren die Mietparteien eine bestimmte Mietdauer, was bei Geschäftsraummietverhältnissen üblich und immer zulässig ist. Bei Wohnraummietverhältnissen der unter Rn 55 – 58 beschriebenen Arten ist die Vereinbarung eines Zeitmietvertrages ebenfalls immer zulässig, während bei den unter Rn 60 – 63 beschriebenen Wohnraummietverhältnissen das nur unter ganz bestimmten Voraussetzungen zulässig ist (§ 575), nämlich dann, wenn der Vermieter nach Ablauf der zu vereinbarenden Dauer

- die Räume für sich, seine Familienangehörige oder Angehörige seines Haushalts nutzen will, oder
- in zulässigerweise die Räume beseitigen oder wesentlich verändern oder instandsetzen will, und diese Maßnahmen bei einer Fortsetzung des Mietverhältnisses erheblich erschwert würden, oder
- die Räume an einen Arbeitnehmer vermieten will.
- Nur bei dem unter Rn 57 beschriebenen Mietverhältnis darf ein Zeitmietvertrag auch dann geschlossen werden, wenn der Vermieter die Räume nach Ablauf der Mietzeit für ihm obliegende oder ihm übertragene öffentliche Aufgaben nutzen will.

Abgesehen davon, dass die Vereinbarung eines auf eine feste Mietzeit von mehr als 1 Jahr laufenden Mietverhältnisses der gesetzlichen Schriftform (Rn 12, 76 f.) bedarf, muss der Wohnraumvermieter den oben genannten Grund für die Befristung dem Mieter bei Abschluss des Mietvertrages schriftlich mitteilen. Geschieht die schriftliche Mitteilung nicht, läuft der Mietvertrag auf unbestimmte Zeit. Das gleiche gilt bei einer ohne einen der oben genannten Gründe vereinbarten Befristung. Am besten ist es deshalb, den Befristungsgrund in den schriftlichen Mietvertrag aufzunehmen.

Ist rechtswirksamer Zeitmietvertrag geschlossen, kann der Mieter frühestens 4 Monate vor dem Ablauf der festgelegten Mietzeit der Mieter beim Vermieter anfragen, ob der Befristungsgrund noch besteht. Tritt der Grund erst später als vorgesehen ein, kann der Mieter eine Verlängerung des Mietverhältnisses um einen entsprechenden Zeitraum verlangen. Fällt der Befristungs-

44

grund ganz weg, kann der Mieter eine Verlängerung des Mietverhältnisses auf unbestimmte Zeit verlangen.

Wenn Vermieter und Mieter nur erreichen wollen, dass ihr Mietverhältnis auf bestimmte Zeit nicht ordentlich gekündigt werden kann, können sie einen Kündigungsverzicht vereinbaren. Siehe dazu Rn 287 f. und 311d.

Während der in einem Zeitmietvertrag bestimmten Zeit können weder Vermieter noch Mieter ordentlich kündigen, lediglich eine außerordentliche Kündigung ist bei Vorliegen bestimmter Voraussetzungen möglich. Das wesentliche beim reinen Zeitmietvertrag ist, dass er nach Ablauf der bestimmten Zeit automatisch endet, ohne dass er gekündigt werden müsste.
Zu einer möglichen Fortsetzung eines auf eine bestimmte Mietdauer festgelegten Mietverhältnisses nach Ablauf der Mietzeit siehe Rn 378.

Beim Mietverhältnis auf bestimmte Zeit kann auch vereinbart sein, dass es nach Ablauf der bestimmten Zeit nicht automatisch endet, sondern auf eine weitere bestimmte oder unbestimmte Zeit weiterlaufen soll.
Für die Beendigung eines solcher Mietverhältnisse gilt während der festen Mietzeit das unter Rn 44 ausgeführte, für die daran anschließende unbestimmte Zeit das unter Rn 43 beschriebene.

45   Ein <u>Mietverhältnis mit Verlängerungsoption</u> wird manchmal in Geschäftsraummiet- oder Pachtverträgen vereinbart. Hier wird der Mieter berechtigt, eine Verlängerung des Mietverhältnisses über eine vereinbarte bestimmte Zeit hinaus zu verlangen. Dazu siehe Rn 309.

2. Hauptmietverhältnis und Untermietverhältnis

Bei Mietverhältnissen kann es ein Hauptmietverhältnis und ein Untermietverhältnis geben:

46   Das Mietverhältnis zwischen Vermieter und Mieter ist ein <u>Hauptmietverhältnis</u>, wenn der Vermieter das Recht zur Vermietung nicht von einer anderen Person ableitet, wenn er also z. B. Eigentümer der Mieträume ist.

47   Von einem <u>Untervermietverhältnis</u> spricht man, wenn ein Mieter die von ihm gemieteten Räume an eine andere Person weitervermietet = untervermietet (Rn 207). Es bestehen dann zwei getrennte Mietverträge, ein Mietvertrag zwischen dem Vermieter und dem Mieter (Hauptmietverhältnis), und ein Mietvertrag zwischen Mieter (Untervermieter) und dem Untermieter (Untermietverhältnis). Vermietet der Untermieter die Mietsache wiederum weiter, besteht ein weiteres Untermietverhältnis. Ein Mietverhältnis ist also immer dann ein Untermietverhältnis, wenn der Vermieter selbst nur Mieter der Mieträume ist.

Rechte und Pflichten aus dem Hauptmietvertrag bestehen immer nur zwischen dem Vermieter und dem Mieter. Zwischen dem Mieter (Untervermieter) und dem Untermieter bestehen nur Rechte und Pflichten aus dem Untermietvertrag. Keine vertraglichen Rechte und Pflichten bestehen dagegen zwischen dem Vermieter und dem Untermieter.

    Beispiele: Der Untermieter schuldet die Miete nur dem Mieter, also seinem Vermieter; - der Vermieter kann nur seinem Mieter kündigen, nicht dagegen dem Untermieter.

Endet ein Hauptmietverhältnis, also das Mietverhältnis zwischen Vermieter und Mieter, hat das auf die Rechte und Pflichten zwischen Untervermieter und Untermieter keinen direkten Einfluss, ausgenommen bei der unter Rn 49 genannten gewerblichen Zwischenvermietung. Welche Rechte und Pflichten dann zwischen Vermieter und dem Untermieter seines Mieters entstehen, und wie sich ein Mieterschutz auswirkt, wenn dem Untermieter Wohnräume überlassen werden, finden Sie unter Rn 96 und 374 ff..   **48**

Einen Mieter, der die von ihm gemieteten Räume im <u>Einverständnis</u> des Vermieters im Ganzen weitervermietet, nennt man auch Zwischenvermieter. „Gewerblicher" Zwischenvermieter ist der Mieter, der die Mieträume im eigenen Interesse oder in Gewinnabsicht weitervermietet. Dabei muss der Gewinn nicht in einem Vermögenswert bestehen, z. B. reicht allein die Möglichkeit aus, einem Arbeitnehmer Wohnräume vermieten zu können.   **49**

3. Geschäftsraummietverhältnis und Wohnraummietverhältnis

Ein <u>Geschäftsraummietverhältnis</u> ist gegeben, wenn einer natürlichen oder juristischen Person (Rn 3) Räume vermietet werden, die diese ausschließlich zu anderen Zwecken als zum Wohnen nutzten (Rn 40). Es ist also ein Geschäftsraummietverhältnis, wenn der Mieter, z. B. eine Gemeinde oder ein Unternehmer die gemieteten Räume einem Dritten, z. B. Flüchtlingen oder Arbeitnehmern zur Nutzung als Wohnräume weitervermietet . Siehe dazu auch oben Rn 49.   **50**

Sind die vermietete Räume und die mit diesen verbundenen Rechte geeignet, Gebrauchsvorteile und Früchte herzugeben, z. B. eine bestehende Gaststätte oder ein schon bestehender Gewerbebetrieb, ist ein <u>Pachtverhältnis</u> (Rn 39) gegeben. Im Rahmen eines solchen werden in der Regel bewegliche Sachen als sogenanntes „<u>Inventar</u>" mitverpachtet.

Bei einem <u>Wohnraummietverhältnis</u> überlässt der Vermieter einer oder mehreren natürlichen Personen als Mieter Räume für die Führung eines <u>eigenen</u> privaten Haushalts, also zum Wohnen, Schlafen, Essen, Kochen. Auch Nebenräume, z. B. Bad, Flur, Abstellräume, Kellerräume gehören dazu. Näheres zu den Räumen und zu den verschiedenen Arten von Wohnraummietverhältnissen siehe Rn 55 ff..   **51**

52   Von einem <u>Mischmietverhältnis</u> spricht man, wenn in einem Mietvertrag

Wohnräume und Geschäftsräume vermietet werden. Je nachdem welche Nutzung der gemieteten Räume durch den Mieter überwiegt, wird ein solches Mietverhältnis entweder als Wohnraummietverhältnis oder als Geschäftsraummietverhältnis gewertet. Überlässt ein Vermieter z. B. seinem Mieter neben Wohnräumen eine Garage, oder gestattet er ihm, ein Zimmer der Wohnung als Büro zu benutzen, <u>überwiegt die Nutzung</u> der gemieteten Räume als Wohnräume = Wohnraummietverhältnis. Als Geschäftsraummietverhältnis wird z. B. gewertet, wenn eine Chemische Reinigung vermietet wird, zu der ein Laden, ein Arbeitsraum, ein Büro und ein Zimmer mit Kochnische zum Wohnen gehört, oder eine Fabrik, zu der neben den Werk- und Büroräumen auch eine Wohnung gehört, oder ein Haus mit Räumen zum Betrieb einer Pension oder eines Hotels und eine Dreizimmerwohnung zum Wohnen, oder eine Gaststätte mit Wohnräumen.
Ist die Nutzungsart <u>gleichwertig</u>, kommt es auf den sich aus dem Vertrag ergebenden Willen der Parteien an, z. B. auf die Regelungen über Kündigung, Kaution, Kleinreparaturen, Umsatzsteuer, auf die Flächenverteilung zwischen Wohn- und Geschäftsräumen. Kann kein Übergewicht zur geschäftlichen Nutzung festgestellt werden, gilt das Mietverhältnis als Wohnraummietverhältnis.

Klarheit besteht, wenn über die verschiedenen Räume getrennte Verträge abgeschlossen werden, z. B. ein Mietvertrag über die Wohnung und ein getrennter Mietvertrag über die Garage.

Die rechtliche Eigenschaft des Mietvertrages ist wichtig für die Frage, welche Vorschriften für das Mietverhältnis anzuwenden ist, z. B. über die Kündigung. Siehe dazu Rn 283 ff., oder bei der Frage des Übergangs des Mietverhältnisses im Todesfall Rn 99 ff..

53 Ein besonderes Mietverhältnis gibt es beim „<u>Betreuten Wohnen</u>“ und beim „<u>Wohnen in Heimen</u>“. Hier überlässt ein Unternehmer einem Verbraucher Wohnräume und verpflichtet sich, Pflege- und Betreuungsleistungen zu erbringen oder erbringen zu lassen. Die Regelung der gegenseitigen Verpflichtungen kann in einem oder verschiedenen voneinander abhängigen Verträgen erfolgen, die schriftlich (Rn 12 und § 6 WBVG) abgeschlossen werden und in der Regel auf unbestimmte Zeit (§ 4 WBVG) laufen müssen. Darunter fallen inzwischen auch Heimverträge (§ 17 WBVG). Für die Kündigung aller solcher Verträge gelten die §§ 11 und 12 WBVG.

4. Die für Raummietverhältnisse geltenden Vorschriften

Für Mietverhältnisse über alle Räume gelten zunächst die §§ 535 bis 548, also sowohl für Geschäftsräume als auch Wohnräume. Für letztere gelten auch die weiteren Vorschriften der §§ 549 bis 577a, in denen je nachdem um welche Art von Wohnräumen (Rn 55 ff.) es sich handelt auch besondere Schutzvorschriften enthalten sind, insbesondere zum Schutz vor Kündigun-

gen. Ein Teil der zuletzt genannten §§ gelten auch für Geschäftsraummietverhältnisse (§ 578 Abs. 2).

Die §§ 549 bis 577a enthalten Bestimmungen   54

(1) über die Form eines des Mietvertrages (Rn 75 ff.), Wechsel der Vertragsparteien (Rn 91 ff.), Zurückbehaltungsrecht (Rn 129, 162), Fälligkeit
der Miete (Rn 145 f), Betriebskosten (Rn 149 ff.), Kaution (Rn 161 ff.),
Vertragsstrafeversprechen (Rn 166), Duldung von Erhaltungs- oder Modernisierungsmaßnahmen (Rn 183 ff.), Pfandrecht (Rn 192), Aufrechnungsrecht (Rn 193, 226), Barrierefreiheit (Rn 204), Untervermietung (Rn
207 ff.) Wegnahmerecht des Mieters (Rn 366) und das Abwendungsrecht
des Vermieters (Rn 367).
(2) über die Form einer Kündigung (Rn 280).
(3) über die fristlose Kündigung (Rn 318 ff., 348 ff.).
(4) über Schadenersatz bei verspäteter Rückgabe (Rn 387).
(5) über den Kündigungsschutz (Rn 323f.).
(6) über die Miethöhe bei Vertragsabschluss (Rn 140 ff.).
(7) über die Mieterhöhung während der Mietzeit (Rn 229 f.)
(8) über die Änderung der Betriebskosten während der Mietzeit (Rn 255).
(9) über den Zeitmietvertrag (Rn 44).
(10)über das Widerspruchsrecht des Mieters gegen eine ordentliche Kündigung (Rn 355 ff.) und zur Hinweispflicht es Vermieters auf
dieses in seiner Kündigung (Rn 281).
(11)über die Bildung von Wohnungseigentum (Rn 332, 335).

Die vorgenannten Vorschriften für Wohnraummietverhältnisse gelten in ganz
Deutschland. Die Vorschriften Nr. (5) bis (7) können von einer Landesregierung für ein Gebiet mit angespanntem Wohnungsmarkt eingeschränkt werden (Rn 142, 245, 334). Welche dieser Regelungen für die einzelnen Arten
von Wohnraummietverhältnissen gelten, finden Sie nachstehend unter Rn
55 ff.

<u>IV. Die einzelnen Mietverhältnisse je nach Art der Wohnräume</u>

*1 Mietverhältnisse über Wohnräume, die nur zum „vorübergehenden
Gebrauch" vermietetet werden*

Hier werden Wohnräume bei Vertragsabschluss auf eine <u>kürzere</u> <u>absehba-</u>   55
<u>re</u> Zeit vermietet, z. B. an Feriengästen, Saisonarbeiter, Hotelgäste. Die
Dauer soll nur ausnahmsweise über 1 Jahr dauern.
Für diese Mietverhältnisse sind nur die unter Rn 54 Ziffern (1) bis (4) genannten Bestimmungen anzuwenden. Nicht anzuwenden sind also die unter
(5) bis (11) genannten Bestimmungen. Es besteht also z. B. kein Kündi-

gungsschutz. Zum Genehmigungsvorbehalt der Gemeinde oder einem Verbot bei der Vermietung von Ferienwohnungen siehe Rn 66.

2. Mietverhältnisse über innerhalb der vom Vermieter selbst bewohnten Wohnung befindliche Wohnräume

56 Das sind Wohnräume, die <u>Teil</u> einer vom Vermieter bewohnten Wohnung, also keine abgeschlossene Wohnung sind <u>und</u> vom Vermieter ganz oder überwiegend <u>möbliert</u> sind und nur einer <u>alleinstehenden Person</u> zum alleinigen Bewohnen überlassen werden (§ 549 Abs. 2 Nr. 2).
Beispiel: Der Vermieter überlässt einem alleinstehenden Mieter ein oder zwei von ihm überwiegend möblierte Zimmer seiner Wohnung.
Für Mietverhältnisse über diese Wohnräume sind nur die unter Rn 54 Ziffern (1) bis (4) genannten Bestimmungen anzuwenden. Nicht anzuwenden sind also die Vorschriften über Mieterhöhung, Mietpreisbremse oder Kündigungsschutz.

3. Mietverhältnisse zur Weitervermietung von Wohnräumen an Personen mit dringendem Wohnbedarf:

57 Das sind Wohnräume, die Sozialträger oder nach dem am 1.1.2019 in Kraft getretenen MietAnpG auch private Personen als Zwischenvermieter (Rn 49) an Personen mit dringendem Wohnbedarf vermieten.
Für Mietverhältnisse über diese Wohnräume sind die unter Rn 54 Ziffern (1) bis (5), (7), (9) und (11) genannten Bestimmungen anzuwenden. Nicht anzuwenden sind die Vorschriften über Mieterhöhung und Mietpreisbremse. Es besteht dagegen Kündigungsschutz.

4. Mietverhältnisse über Wohnräume in Studenten- oder Jugendwohnheimen (§ 549 Abs. 3):

58 Darunter fallen an Studenten oder Jugendlichen vermietete Wohnräume, die vom Vermieter nach einem <u>an den Belangen der Studenten orientierten Konzept</u> und in der Regel auch befristet vermietet werden. Andere an Studenten vermietete Räume, also z. B. die zu den unter Rn 56 beschriebenen Wohnräumen gehörende Einzelzimmer, fallen nicht unter Rn 58.
Für Mietverhältnisse über diese Wohnräume sind nur die unter Rn 54 Ziffern (1) bis (4) und (10) genannten Bestimmungen anzuwenden. Nicht anzuwenden sind die unter (6) bis () und (11) genannten Bestimmungen. Der Vermieter benötigt für eine Kündigung also kein „berechtigtes Interesse"(Rn 327), der Student hat aber ein Widerspruchsrecht wegen unzumutbarer Härte (Rn 355 ff.).

5. Mietverhältnisse über Wohnungen mit vollem Kündigungsschutz

Für alle nicht unter Rn 55 – 58 fallenden Wohnraummietverhältnisse, also   59
die meisten Mietwohnungen und Mieträume, die ein Vermieter einem von
ihm ausgesuchten Mieter vermietet, gelten alle der unter Rn 54 genannten
Schutzbestimmungen, insbesondere auch für den Kündigungsschutz.
Nur in den Fällen, in denen auf Grund der räumlichen Gegebenheiten ein
engeres Verhältnis zwischen Vermieter und Mieter besteht, ist dem Vermieter das Recht eingeräumt, ein Mietverhältnis auch dann kündigen zu können, ohne dass er dazu ein sogenanntes „berechtigtes Interesse" darlegen
und nachweisen muss. Allerdings muss der Vermieter dem Mieter dann eine
um 3 Monate längere Kündigungsfrist einräumen. Siehe Rn 60 ff..

6. Mietverhältnisse über Wohnungen mit teilweisem Kündigungsschutz

Darunter fallen:

(1) Vermietete Wohnräume innerhalb der vom Vermieter selbst bewohnten   60
Wohnung, die nicht unter die unter Rn 56 genannten vom Kündigungsschutz
ausgenommenen Wohnraummietverhältnisse fallen, also Wohnräume, wenn
sie nicht vom Vermieter überwiegend möbliert sind, oder z. B. an ein Paar
oder an eine alleinerziehende Person vermietet werden.
  Beispiel: Der Vermieter vermietet einem <u>alleinstehenden</u> Mieter ein
<u>unmöbliertes</u> Zimmer oder einem <u>Ehepaar oder einer alleinerziehenden</u>
<u>Person</u> mit Kind möblierte oder unmöblierte in seiner eigenen Wohnung.
gelegene Wohnräume.

(2) Eine vermietete Wohnung in dem vom Vermieter auch <u>selbst bewoh-</u>   61
<u>ten</u> Einfamilienhaus, die sogenannte Einliegerwohnung.

(3) Eine vermietete Wohnung in einem vom Vermieter auch <u>selbst bewohn-</u>   62
<u>ten Gebäude</u> mit nicht mehr als 2 Wohnungen.
Auf die Eigentumsverhältnisse kommt es nicht an. Der Vermieter muss also
nicht Eigentümer des Hauses sein. Unschädlich ist es auch, wenn sich im
Dach- oder Kellergeschoss des Hauses außerhalb der beiden Wohnungen
noch Wohnräume befinden, die der Wohnung des Vermieters zugeordnet
sind. Handelt es sich bei diesen aber um Räume, die sich nach dem tatsächlichen baulichen Zustand für eine selbstständige Haushaltsführung eignen,
wenn sie also die erforderlichen Anschlüsse nach Rn 104 ff. aufweisen, gilt
das Haus nicht mehr als ein unter den eingeschränkten Kündigungsschutz
fallendes Zweifamilienhaus.

Für die unter Rn 60 bis 62 genannten Wohnräume sind alle der unter Rn 54
genannten Bestimmungen anzuwenden. Nur bei den Bestimmungen über
den Kündigungsschutz (Rn 54 Ziffer (5)) gibt es die Besonderheit, dass ein

auf unbestimmte Zeit laufende Mietverhältnisses auch ohne berechtigtes Interesse ordentlich gekündigt werden kann, allerdings mit einer verlängerten Kündigungsfrist (Rn 324).

7. _Werkmietwohnungen_ und _Werkdienstwohnungen:_

63 Wer<u>kmiet</u>wohnungen sind Wohnungen, die der Arbeitgeber dem Arbeitnehmer mit Rücksicht auf das bestehende mit ihm bestehende Arbeitsverhältnis vermietet.
Beispiel: V vermietet eine Wohnung in seinem Mehrfamiliehaus an den in seinem Betrieb beschäftigten Buchhalter.
Für diese Wohnungen gelten die unter Rn 54 aufgeführten Bestimmungen mit der Besonderheit, dass für den Arbeitgeber u. U. kürzere Kündigungsfristen gelten. Näheres siehe Rn 340.

64 Wer<u>kdienst</u>wohnungen sind Wohnungen, die der Arbeitgeber dem Arbeitnehmer <u>im Rahmen</u> eines Arbeitsverhältnisses überlässt. Hier gibt es kein Mietverhältnis sondern nur ein Arbeitsverhältnis, in dem der Wohnraum als Teil der Arbeitsvergütung überlassen wird.
Beispiele: Wohnräume oder Wohnungen für Kellner, landwirtschaftliche Arbeiter, Hausgehilfen, Krankenschwestern, Heimleiter.
Ein solches Rechtsverhältnis endet automatisch mit der Beendigung des Arbeitsverhältnisses. Die Wohnung wird aber dann wie die unter Rn 63 genannte Werkmietwohnung behandelt, für die also die Vorschriften über die Kündigung einer solchen entsprechend gelten, <u>wenn</u> der Arbeitnehmer die Wohnung überwiegend selbst möbliert hat oder <u>wenn</u> die Wohnung vom Arbeitnehmer mit Lebensgefährten oder seiner Familie genutzt wird.

B. Das Zustandekommen eines Mietvertrages

<u>I. Pflicht und Recht zur Vermietung von Räumen</u>

1. Die Pflicht zur Überlassung von Räumen

65 <u>Frei finanzierte Räume</u> kann der Eigentümer in der Regel selber benutzen, vermieten oder auch leer stehen lassen. Handelt es sich bei den Räumen um Wohnungs- oder Teileigentum im Sinne des WEG, muss der Vermieter allerdings etwaige in der Satzung der Wohnungseigentümergemeinschaft bestehende Einschränkungen seiner Rechte beachten.
Freistehende Räume muss der Eigentümer aber der Gemeinde überlassen, wenn diese als "Obdachlosenpolizeibehörde" diese Räume beschlagnahmt, um sie einer Einzelperson oder einer Familie zum Wohnen zuzuweisen, weil

diese sonst obdachlos würde. Die Beschlagnahme von Geschäftsräumen kommt praktisch aber nur in einem Katastrophenfall vor.

Der Eigentümer öffentlich geförderter Wohnräume muss diese einem berechtigten Mieter zum Wohnen überlassen. Er darf sie nur mit Genehmigung der Behörde leer stehen lassen oder sie zu anderen als zu Wohnzwecken benutzen oder benutzen lassen. Sonst kann er mit Ordnungsgeld bestraft und durch Verwaltungsmaßnahmen gezwungen werden, die Räume wieder der Benutzung als Wohnräume zuzuführen.

2. Das Recht zur Überlassung von Räumen

Der Eigentümer oder Vermieter darf einen Mieter in der Regel <u>selbst auswählen</u>. Nur ein Familienrichter kann in dieses Recht eingreifen, wenn er bei oder innerhalb eines Jahres nach einer Scheidung über die Zuweisung der gemieteten Ehewohnung entscheiden muss. Er kann diese auch dem geschiedenen Ehegatten alleine übertragen, den der Vermieter nicht möchte.   66
Ein Vermieter, der mehr als 50 Wohnungen vermietet, muss bei der Auswahl seiner Mieter die Vorschriften des Antidiskriminierungsgesetzes beachten. Und ein Vermieter, der Geschäftsräume öffentlich anbietet, z. B. durch Annoncen, Makler oder das Internet, darf einen Interessenten nach dem „Allgemeinen Gleichbehandlungsgesetz" nicht wegen seiner Rasse oder ethnischen Herkunft benachteiligen.

Aus Geschäftsräumen kann der Eigentümer Wohnräume machen, indem er die Räume dem Mieter eben zu Wohnzwecken überlässt. Allerdings braucht der Vermieter dann in der Regel eine Genehmigung der Baurechtsbehörde für eine solche Nutzungsänderung.   67
Will der Eigentümer aus Wohnräumen Geschäftsräume machen, braucht er in der Regel ebenfalls eine Genehmigung der Baurechtsbehörde für die Nutzungsänderung, und in einigen Gemeinden mit großer Wohnungsknappheit auch eine Genehmigung der Gemeinde.
Eine Genehmigung der Gemeinde braucht der Vermieter zum Abschluss eines langfristigen Mietvertrages über Räume, die sich in einem von der Gemeinde zur Sanierung ausgewiesenen Gebiet befinden. Außerdem haben manche Gemeinden wegen der Wohnungsknappheit in Ballungsgebieten die Kurzzeitvermietung (Rn 55) unter Genehmigungsvorbehalt gestellt oder sogar ganz verboten.

II. Die Anbahnung des Vertragsabschlusses

1. Auskünfte über Vermieter und Mieter

Wenn es um den Abschluss eines Mietvertrages über <u>Wohnräume</u> geht und sich Miet- oder Vermietinteressent nicht schon gut kennen, ist es immer ratsam, vor Vertragsschluss Auskünfte über den anderen und von diesem ein-   68a zuholen. Der Wohnungssuchende wird von seinem Vorgänger oder von Nachbarn über die Wohnräume und den Vermieter in der Regel alles Wichtige erfahren. Andererseits geraten Vermieter heute hin und wieder an Einmietbetrüger, die keine Miete bezahlen, oder an einen Mieter, der auf das Eigentum des Vermieters keine Rücksicht nimmt und beim Auszug einen Schaden von mehreren 10.000 € hinterlässt, auf dem der Vermieter in der Regel mangels Beitreibungsmöglichkeit sitzen bleibt. Siehe dazu beim Räumungsverfahren Rn 499 ff..

Da ein Mieter manchmal von seinem derzeitigen Vermieter oder anderen Mietern im Hause hinausgelobt wird, sollte sich der Vermieter wenn möglich auch bei einem etwaigen vorletzten Vermieter über den Wohnungssuchenden erkundigen, insbesondere ob er seine mietvertraglichen Pflichten erfüllte. Auch ein etwa möglicher unangemeldeter Besuch des Vermieters beim Wohnungssuchenden gibt oft Aufschluss über das, was der Vermieter wissen will. Einen Gehaltszettel oder eine Schufa - Auskunft darf der Vermieter nicht verlangen. Fragen darf der Vermieter aber über Arbeitgeber, Familienstand, Einkommen und Vermögen, Name und Anschrift des vorherigen Vermieters. Siehe auch Rn 69.

68b   Im Falle eines beabsichtigten Mietvertrages über Geschäftsräume sind die wirtschaftlichen Verhältnisse des Mietinteressenten, bei dem es sich meistens um einen Selbstständigen oder Unternehmer handelt, besonders von Bedeutung: Der Vermieter wird deshalb Auskünfte über den Mietinteressenten einholen, wobei dessen Bank nicht immer die beste Adresse ist.

Andererseits kann auch die wirtschaftliche Situation des Vermieters für den Geschäftsraummieter wichtig sein, wenn er sein Geschäft oder Gewerbe in den zu mietenden Geschäftsräumen längere Zeit betreiben will. Bei einer schlechten wirtschaftlichen Lage seines Vermieters kann er einer außerordentlichen Kündigung im Falle einer Insolvenz des Vermieters (Rn 92) oder einer Zwangsversteigerung des Gebäudes (Rn 295) ausgesetzt sein.

69   Vorsätzlich wahrheitswidrige Angaben einer Vertragspartei können die andere Vertragspartei nach Vertragsschluss zur Anfechtung des Mietvertrages wegen arglistiger Täuschung berechtigen (Rn 71 und 271).

Im übrigen erhalten beide Seiten auf Anfrage bei dem für den Wohnort des Vermieters oder für den bisherigen Wohnort oder Geschäftssitzes des Mietinteressenten zuständige Amtsgericht eine kostenlose Auskunft über etwaige Eintragungen im dortigen Schuldnerverzeichnis (Rn 501).

2. Rechte und Pflichten zwischen den Vertragsparteien während den Verhandlungen

70   Schon durch die Aufnahme von Vertragsverhandlungen entsteht zwischen verhandelnden Parteien ein gesetzliches Schuldverhältnis (§ 311 Abs. 2), das beide Parteien zur Sorgfalt und im Falle einer Verletzung dieser Pflicht zum Schadenersatz verpflichtet. Jeder muss sich so verhalten, dass der an-

dere im Vertrauen auf die Abschlussbereitschaft des zukünftigen Vertragspartners nicht unnötige Kosten aufwendet.

Beispiel: V verhandelt im Januar 2020 mit dem in Hamburg ansässigen
Mietinteressenten M über in Stuttgart gelegene Geschäfts- oder Wohnräume. Sie vereinbaren, dass M die Räume am 22. 2. 2020 in Stuttgart
besichtigen kann. Am 6. 2. 2020 vermietet V die Räume an einen anderen Interessenten. V muss M davon umgehend unterrichten. Tut er das
nicht und reist M zur Besichtigung nach Stuttgart an, ist V dem M zum
Schadenersatz verpflichtet.

Dabei handelt es sich um den sogenannten „Vertrauensschaden" = den
Schaden, der im Vertrauen auf die Verhandlungen entstanden ist, im obigen
Beispiel also mindestens die dem Mietinteressenten durch die unnötige An-
reise entstandenen Kosten, also nicht einen etwaigen Schaden, weil der
Vertrag nicht zustande gekommen ist.

Zur Verpflichtung der Parteien, einander Fragen wahrheitsgemäß zu beant- 71
worten siehe Rn 68 f.. Sogar ungefragt muss über solche außergewöhnliche
Umstände aufgeklärt werden, die für den anderen offensichtlich erhebliche
Bedeutung haben, und mit denen der andere nicht rechnen kann. Eine Verletzung dieser Pflicht kann dazu führen, dass der dann abgeschlossene Vertrag wegen arglistiger Täuschung angefochten werden kann und eine volle
Schadenersatzverpflichtung einer Partei entsteht (Rn 271).

Einem potenziellen Mietinteressenten, mit dem der Vermieter also den Ab- 72
schluss eines Mietvertrages ernsthaft beabsichtigt, muss der Vermieter auf
Verlangen des Wohnungssuchenden oder spätestens bei der Wohnungsbe-
sichtigung den Energieausweis, der den energetischen Zustand der Mieträume wiedergibt, oder eine Kopie hiervon vorlegen und nach Abschluss
des Mietvertrages unverzüglich übergeben (§ 16 EnEV).

Mit der Einsichtnahme in den Energieausweis kennt der Mieter dann einen
guten oder schlechten energetischen Zustand der Mieträume (Rn 217).

Durch das bei Vertragsverhandlungen bestehende Vertrauensverhältnis ent- 73
steht aber weder für den zukünftigen Vermieter noch für den zukünftigen
Mieter schon eine Verpflichtung, den ins Auge gefassten Vertrag auch abzuschließen. Nur wenn es bei Vertragsverhandlungen schon zu einem sogenannten Vorvertrag (Rn 10) gekommen ist, entsteht eine Verpflichtung, den
nach dem Vorvertrag beabsichtigten Vertrag auch abzuschließen, wozu der
Verpflichtete auf eine Klage des Berechtigten verurteilt werden kann.

<u>III. Der Abschluss eines Mietvertrages</u>

1. Abschluss und Form eines Mietvertrages über Wohn- oder Geschäfts-
räume

Auch ein Mietvertrag kommt wie jeder Vertrag durch ein Angebot und dessen Annahme (Rn 9) zustande. Ist er abgeschlossen, gelten für Vermieter und Mieter die im Vertrag vereinbarten Bedingungen – und soweit nichts anderes vereinbart ist und vereinbart werden darf – die im BGB stehenden Bestimmungen.

74 Auf der Vermieterseite und auf der Mieterseite können mehrere Personen sein, denen die Rechte dann gemeinsam als Gesamtgläubiger zustehen und welche die Pflichten gemeinsam als Gesamtschuldner (Rn 3) erfüllen müssen, wenn z. B. ein Ehepaar, Lebensgefährte oder die Personen einer Erbengemeinschaft eine Wohnung vermieten oder mieten, oder wenn z. B. Studenten oder Wohngemeinschaften als GbR oder Mitmieter auftreten. In diesem Fall müssen erforderliche Erklärungen von den betreffenden Parteien <u>gemeinsam</u> abgegeben werden, wenn sie rechtswirksam sein sollen. Zur etwaigen gegenseitigen Bevollmächtigung siehe Rn 455.
Zu Ehegatten als Mieter siehe auch Rn 100a ff. und 399, und zum Wechsel der Vertragsparteien während der Mietzeit Rn 91 ff..

75 Ein Mietvertrag kann <u>formfrei</u>, also auch mündlich abgeschlossen werden, was heute nur noch bei ganz einfachen Mietverträgen geschieht, z. B. bei der Vermietung eines Zimmers oder einer Garage.
In folgenden fällen muss beim Abschluss eines Mietvertrages eine bestimmte Form eingehalten werden, wenn er rechtswirksam sein soll, nämlich entweder in „gesetzlicher Schriftform" (Rn 12) oder in „vereinbarter Schriftform" (Rn 16):

76 (1) Die <u>gesetzliche Schriftform</u> müssen Vermieter und Mieter nach § 550 beim Abschluss eines Zeitmietvertrages beachten, wenn sie eine feste Mietzeit von <u>mehr als einem Jahr</u> festlegen wollen. Da es sich hier um die gesetzlich vorgeschriebene Schriftform handelt, muss das unter Rn 12 beschriebene beachtet werden. Die Festlegung einer Mietdauer von mehr als einem Jahr in einem Schriftwechsel, Faxschreiben oder Email reicht also nicht aus. Ausnahmsweise ist die gesetzliche Schriftform z. B. gewahrt, wenn der Vermieter den von ihm unterzeichneten Vertrag, der bei ihm verbleibt, dem Mieter per Fax zusendet, der Mieter das erhaltene Fax unterzeichnet und dem Vermieter per Fax übersendet, wobei das vom Vermieter erhaltene Fax beim Mieter verbleibt.
Sinn und Zweck dieser Vorschrift ist der Schutz eines etwaigen Grundstückserwerbers, der sich dadurch vollständig über einen etwaigen von ihm zu übernehmenden Mietvertrag informieren kann.

Wird beim Abschluss eines solchen Zeitmietvertrag die gesetzliche Schriftform nicht eingehalten, gilt als feste Vertragsdauer nur ein Jahr und der Vertrag läuft danach auf unbestimmte Zeit und kann - wenn eine Kündigung
nicht wegen des für Wohnräume bestehenden Kündigungsschutzes ausgeschlossen ist - erstmals zum Ende des Jahres ab der Überlassung der Mieträume gekündigt werden.

    Beispiel: V schließt mit M einen Geschäftsraummietvertrag. Nur in einem
Schriftwechsel vereinbaren sie eine feste Mietzeit von 5 Jahren ab
1.1.2020. Da die <u>gesetzliche</u> Schriftform nicht eingehalten ist, ist die Festlegung der Mietzeit über den 31.12.2020 hinaus unwirksam, und der Vertrag kann von jeder Partei unter Einhaltung der gesetzlichen Kündigungsfrist – erstmals zum 31.12.2020 gekündigt werden.

Das unter Rn 76 Ausgeführte gilt auch für eine <u>wesentliche Ergänzung</u> oder   77
<u>Änderung</u> eines unter Beachtung der gesetzlichen Schriftform abgeschlos-
senen Vertrages, wobei eine Änderung der Miete immer wesentlich ist. Wird
dabei die gesetzliche Schriftform nicht eingehalten, wird der Zeitmietvertrag
zu einem auf unbestimmte Zeit laufenden Vertrag und kann also unter Einhaltung der gesetzlichen Kündigungsfristen gekündigt werden. .

    <u>Beispiel Nr. 1</u>: V und M schlossen am 1.1.2020 einen auf 10 Jahre, also
bis 31.12.2030 dauernden rechtswirksamen Geschäftsraummietvertrag in
gesetzlicher Schriftform. Am 22.2.2021 vereinbaren V und M <u>schriftlich
auf einer von beiden unterzeichneten Urkunde</u> eine Mieterhöhung um 20
%. ab 1.3.2021. Die Mieterhöhung gilt ab 1.3.2021.
    <u>Beispiel Nr. 2</u>: Wenn V und M die Mieterhöhung nicht wie in Beispiel Nr. 1
in einer von beiden unterzeichneten Urkunde sondern nur mündlich oder
in einem Schriftwechsel vereinbaren, muss M ab 1.3.2021 auch erhöhte
Miete bezahlen. Da die gesetzliche Schriftform nicht eingehalten ist, gilt
der Mietvertrag dann aber nur noch auf unbestimmte Zeit mit der Möglichkeit, den Mietvertrag ordentlich unter Einhaltung der gesetzlichen
Kündigungsfrist zu kündigen, erstmals zum 30.9.2021.
Um die beschriebenen Folgen bei Nichtbeachtung des Schriftformerforder-
nisses im Falle von Vertragsänderungen zu beseitigen, ist auf Initiative des
Bundesrates beabsichtigt, <u>§ 550 und damit das Schriftformerfordernis</u> für auf
länger als 1 Jahr abzuschließende Zeitmietverträge <u>aufzuheben</u>.

(2) Nur die <u>vereinbarte Schriftform</u> (Rn 16) ist einzuhalten, wenn eine oder   78
beide Parteien bei den Vertragsverhandlungen <u>verlangen</u>, dass ein zwischen ihnen abzuschließender Vertrag, der nicht unter das unter Rn 76 geschilderte Formerfordernis fällt, oder eine Ergänzung oder Änderung eines
solchen Vertrages, schriftlich abgeschlossen bzw. vereinbart werden soll.
Eine solche Abrede ist heute bei fast jeder Vermietung üblich.

    Beispiel: V und M werden sich über zu vermietende Räume, Miete und
Mietzweck einig. V erklärt dann, dass darüber ein schriftlicher Mietvertrag
abgeschlossen werden muss, in dem auch weitere übliche Bedingungen,

z. B. zu den Betriebskosten oder zu den Schönheitsreparaturen festgelegt werden sollen.

Zu den heute verwendeten Mietvertragsformularen siehe das 6. Kapitel.

2. Inhalt eines Wohn- oder Geschäftsraummietvertrages

79   Die <u>wesentliche Regelung</u> in einem Mietvertrag ist, dass sich Vermieter und Mieter mindestens darüber einig sein müssen,

- dass der Vermieter dem Mieter <u>bestimmte Räume zum Gebrauch</u> überlässt, nämlich die „Mietsache"(bzw. das „Mietobjekt"), und

- dass der Mieter dafür ein <u>Entgelt</u> leisten soll, nämlich die Miete, wobei im Falle eines Wohnraummietverhältnisses als Entgelt auch die für die Räume anfallenden Betriebskosten ausreichen. In aller Regel wird auch Höhe und Art der Miete (siehe Rn 136 ff.) vereinbart.

Über diese beiden Dinge, also über die Mietsache und dass ein Entgelt zu gewähren ist, müssen sich die Parteien geeinigt haben, wenn ein Mietvertrag oder auch nur ein Vorvertrag zustande kommen soll.

Nach dem im Zivilrecht geltenden Grundsatz der "Vertragsfreiheit" pflegen Vermieter und Mieter über die unter Rn 79 beschriebenen Bedingungen hinaus im Mietvertrag über Räume weitere Regelungen zu treffen, z. B. Dauer, Mietzweck, die Beendigung des Mietverhältnisses oder über die Ausgestaltung ihrer gegenseitigen Rechte und Pflichten während der Mietzeit:

80   Die Dauer der Überlassung ist die <u>Mietzeit</u> = die Zeit zwischen Beginn und Ende des Mietverhältnisses. Der Beginn ist ein bestimmter Tag, der durch ein Datum oder einen Umstand, z. B. die Übergabe der Mieträume, festgelegt wird. Das Ende ist um 24 Uhr des Tages, an dem das Mietverhältnis endet, z. B. am Ende der Kündigungsfrist.

81   Wenn die Vertragsparteien über die Mietdauer nichts vereinbaren, gilt ihr Mietvertrag „auf unbestimmte Zeit" (Rn 43). Ein Mietvertrag auf bestimmte Zeit = Zeitmietvertrag ist beim Wohnraummietverhältnis nur unter ganz bestimmten Voraussetzungen zulässig. Siehe dazu Rn 44 f..

82   Wenn der <u>Mietzweck</u> im Mietvertrag, hauptsächlich in einem Geschäftsraummietvertrag nicht ausdrücklich festgelegt ist, ergibt sich die zulässige Nutzung für den Mieter aus der Eigenschaft der Räume, z. B. aus der Art der Räume (Wohnräume, Garage, Lagerhalle, Montagehalle). Alles Nähere siehe beim Gebrauchsrecht des Mieters unter Rn 195.

Die Vertragsparteien müssen bei der Vereinbarung aller Regelungen beachten, dass eine Reihe gesetzlicher Mietvorschriften für manche Wohnraummietverhältnisse "zwingendes Recht" sind und zu Ungunsten des Mieters nicht abgeändert werden dürfen (Rn 17), da sie sonst zur Unwirksamkeit der betreffenden Regelung führen. Bei sogenannten „vorformulierten" Bestimmungen (Klauseln) sind die unter Rn 20 f. beschriebenen Bestimmungen zu beachten. Welche Mietvorschriften nicht durch eine Vereinbarung abgeändert werden dürfen, erfahren Sie bei den Rechten und Pflichten von Vermieter und Mieter im 2. bis 4. Kapitel. Alles Nähere über in Mietvertragsformularen übliche Klauseln und über die beim Ausfüllen solcher Formulare häufig gemachten Fehler finden Sie im 6. Kapitel.

Soweit die Mietparteien im Mietvertrag neben den unter Rn 79 beschriebenen wesentlichen Bedingungen keine rechtswirksamen Regelungen getroffen haben, gelten für alle Raummietverhältnisse die gesetzlichen Vorschriften §§ 535 – 548 des BGB, und für Wohnraummietverhältnisse außerdem die §§ 535 bis 577a.

In einer <u>Hausordnung</u> sollte insbesondere geregelt werden, was zum Schutz des Gebäudes erforderlich ist und wie sich die Benutzer des Gebäudes gegenüber anderen Benutzern verhalten sollen, z. B. in welchen Zeiten Geräusche abgebende Maschinen oder Geräte gebraucht oder andere störendes Rauchen ausgeübt werden darf.
Zwischen mehreren Mietern des Vermieters im Gebäude bestehen keine vertraglichen Beziehungen. Ansprüche zwischen solchen können durch etwaige unerlaubte Handlungen (Rn 31, § 823) entstehen. Nicht in eine Hausordnung sondern in den Mietvertrag gehören aber Einzelheiten über die Ausübung von Vermieter- oder Mieterrechten.

Ist zwischen Vermieter und Mieter bei Abschluss des Mietvertrages keine Hausordnung vereinbart worden, kann der Vermieter im Interesse der Hausgemeinschaft eine <u>Hausordnung aufstellen</u>. Dem einzelnen Mieter dürfen aber durch eine solche einseitig vom Vermieter aufgestellte Hausordnung keine Pflichten auferlegt werden, die für den Mieter nicht schon nach dem Mietvertrag bestehen.
   Beispiele: Ist der Mieter nach dem Mietvertrag nicht verpflichtet, den Bürgersteig vor dem Gebäude zu streuen, kann der Vermieter dem Mieter eine solche Pflicht nicht in einer einseitig aufgestellten Hausordnung auferlegen; - dem Mieter kann in einer einseitig aufgestellten Hausordnung nicht vorgeschrieben werden, wie er bei einer Abwesenheit seine Obhutpflicht (Rn 170 ff.) erfüllen muss.
Wenn es erforderlich wird, kann der Vermieter eine einseitig von ihm aufgestellte Hausordnung ändern. Wie bei der Aufstellung darf der Vermieter jedoch dem Mieter durch die Änderung keine neuen Pflichten auferlegen.

83

84

85

86   Wenn eine Hausordnung - was die Regel ist - bei Abschluss des Mietvertrages zwischen Vermieter und Mieter <u>vereinbart</u> wird, gelten die in der Hausordnung enthaltenen Bestimmungen, auch wenn durch sie in zulässigem Umfang die Mieterrechte beschränkt oder dem Mieter weitere Pflichten auferlegt werden. Es ist deshalb für den Mieter wichtig, eine ihm bei Abschluss des Mietvertrages vorgelegte und zu vereinbarende Hausordnung auch durchzulesen. Eine zwischen Vermieter und Mieter vereinbarte Hausordnung kann vom Vermieter nicht einseitig abgeändert werden, sondern nur im Einverständnis mit dem Mieter.
Zur Hausordnung bei Wohnungs- oder Teileigentum (Rn 6) siehe Rn 459.

IV. Zahlungspflichten des Vermieters oder Mieters an Vermittler

1. Die Voraussetzungen für eine Zahlungsverpflichtung an einen Makler oder Wohnungsvermittler

87   Wer den Abschluss von Verträgen <u>vermittelt</u> oder die <u>Gelegenheit</u> zum Abschluss solcher Verträge <u>nachweist</u>, ist Makler, wenn es um Verträge über reine Geschäftsräume handelt, dagegen Wohnungsvermittler, wenn es um Wohnräume oder um Geschäftsräume handelt, die wegen ihres räumlichen oder wirtschaftlichen Zusammenhangs mit Wohnräumen zusammen vermietet werden. Für letztere gelten die besonderen Vorschriften des WoVermRG. Für eine Zahlungsverpflichtung des einen solchen Vermittler beauftragenden Vermieter oder Mieter müssen auf jeden Fall dier nachstehend beschriebenen 2 Voraussetzungen gegeben sein:

87a   <u>Erste</u> Voraussetzung ist, dass
      entweder ein Vermieter, der für seine Räume einen Mieter sucht,
      oder ein Mietinteressent, der Räume zur Benutzung mieten will,
einem Makler oder Wohnungsvermittler für den Nachweis oder die Vermittlung eines Mietvertrages über die angebotenen oder gesuchten Räume eine Vergütung verspricht (§ 652). Ob dieser nur die Gelegenheit zum Abschluss eines Mietvertrages nachweisen (Nachweismakler) oder diesen auch vermitteln (Vermittlungsmakler) soll, hängt von der zwischen Auftraggeber und Makler getroffenen Vereinbarung ab. Im ersten Fall muss dem Auftraggeber mindestens Name und Anschrift eines zu einer Ver- bzw. Anmietung grundsätzlich bereiten Interessenten mitgeteilt werden. Soll eine Mietvertrag vermittelt werden, müssen zwischen dem Auftraggeber des Vermittlers und dem anderen Vertragspartner auch Vertragsverhandlungen geführt werden. Um keinen Vermittlungsauftrag handelt es sich, wenn z. B. ein Vermieter einem Makler oder Wohnungsvermittler seine Räume „an die Hand gibt", dem Makler oder Wohnungsvermittler also gestattet, die Räume Mietinteressen-

ten anzubieten. Der Vermieter verspricht in diesem Fall dem Makler oder Wohnungsvermittler ja keine Vergütung.

In der Regel wird zwischen Auftraggeber und Vermittler ein schriftlicher Vertrag abgeschlossen, in dem die Höhe der zu zahlenden Vergütung und die Dauer der Bindung des Auftraggebers festgelegt werden. Näheres zur erforderlichen Form eines Vertrages siehe Rn 88a und 89a.

Wird festgelegt, dass der Auftraggeber während der Vertragslaufzeit keinen weitere Vermittler beauftragen darf, handelt es sich um einen sogenannten „Alleinauftrag". Zulässig ist eine solchen Festlegung sogar durch eine vorformulierte Klausel (Rn 20 ff.), wenn die Bindung auf 6 Monate beschränkt wird, und diese sich automatisch verlängert, wenn nicht 3 Monat vor deren Ablauf eine Kündigung erfolgt.

<u>Zweite</u> Voraussetzung ist, dass zwischen Auftraggeber des Vermittlers und einem Dritten (Vermieter oder Mieter) ein Mietvertrag über die <u>gewünschten Geschäfts- oder Wohnräumen</u> zustande kommt, und zwar <u>durch die Leistung</u> des Maklers oder Wohnungsvermittlers.   87b

Sind die beiden genannten Voraussetzungen gegeben, <u>ist der Auftraggeber verpflichtet</u>, dem Makler bzw. Wohnungsvermittler die bei Auftragserteilung versprochene Vergütung zu bezahlen, in der Regel eine Provision, manchmal auch Auslagen des Maklers bzw. Wohnungsvermittlers. Zur Höhe siehe Rn 88a und 89d.   87c

Beauftragt ein Wohnungssuchender einen Wohnungsvermittler ihm Wohnräume nachzuweisen oder zu vermitteln, müssen für seine Zahlungsverpflichtung weitere Bedingungen erfüllt werden. Siehe dazu Rn 89a ff..

2. Die Zahlungspflicht des Auftraggebers beim Nachweis oder der Vermittlung reiner Geschäftsräume

Zur Zahlung verpflichtet ist ein Auftraggebers bei der Vermittlung <u>reiner Geschäftsräume</u>, die also nicht mit ihnen zusammenhängenden Wohnräumen vermietet werden, wenn die beiden unter Rn 87a + b beschriebenen Voraussetzungen gegeben sind. Der nach Rn 87a vorausgesetzte Vermittlungsvertrag zwischen Auftraggeber, sei es ein Vermieter, der einen Mieter für seine Geschäftsräume sucht, oder ein Mieter, des solche sucht, bedarf keiner der unter Rn 12 – 16 beschriebenen Formen. Er kann also   88a
- entweder <u>ausdrücklich</u>, z. B. durch eine zwischen Auftraggeber und Makler mündlich oder schriftlich getroffene Vereinbarung erfolgen,
- <u>oder</u> sich sogar formlos aus einem sogenannten <u>schlüssigen</u> (konkludenten) <u>Verhalten</u> des Auftraggebers ergeben.

Ist im Vermittlungsvertrag nicht ausdrücklich ausgeschlossen worden, dass der Makler nicht auch für einen potenziellen Vertragsgegner tätig werden darf, ist dem Makler auch eine sogenannte „Doppeltätigkeit" gestattet.

Zu bezahlen haben der Auftraggeber bzw. im Falle einer Doppeltätigkeit beide Auftraggeber die vereinbarte Vergütung. In der Regel wird eine bestimmte Anzahl von Monatsmieten vereinbart.

Ist die Höhe des Entgelts nicht vereinbart, ist die ortsübliche Provision zu zahlen (§ 653). Oft wird auch vereinbart, dass die Aufwendungen des Maklers erstattet werden müssen, wenn es nicht zum Abschluss des gewünschten Mietvertrages kommt. Beachtet werden müssen aber die unter Rn 17 – 22 beschriebenen gesetzlichen Schranken.

3. Die Zahlungspflicht eines Vermieters im Falle der Beauftragung eines Wohnungsvermittlers

88b   Sucht ein Vermieter einen Mieter für seine Wohnräume, oder für Geschäftsräume, mit denen wegen ihres räumlichen oder wirtschaftlichen Zusammenhangs auch Wohnräume zusammen vermietet werden, und rilt er deswegen einem Wohnungsvermittler einen Vermittlungsauftrag, gilt für seine Zahlungsverpflichtung dasselbe, wie unter Rn 88a beschrieben worden ist. Allerdings kommt eine Doppeltätigkeit des Wohnungsvermittlers nicht infrage, weil in einem solchen Fall eine Zahlungsverpflichtung des Mietinteressenten immer ausgeschlossen ist. Siehe dazu Rn 89c.

4. Die Zahlungspflicht eines Mietinteressenten im Falle der Beauftragung eines Wohnungsvermittlers

Damit eine Zahlungsverpflichtung des Mietinteressenten im Falle der Beauftragung eines Wohnungsvermittlers entstehen kann, müssen zunächst auch die unter Rn 87a + b beschriebenen 2 Voraussetzungen gegeben sein. Im Gegensatz zu den unter Rn 88a und 88b genannten Fällen müssen hier nach dem durch das WoVermRG eingeführte Bestellerprinzip hauptsächlich aber noch folgende weiteren Bedingungen beachtet werden:

89a   a. Der nach Rn 87a vorausgesetzte <u>Vermittlungsauftrag</u> bedarf <u>mindestens</u> der Textform (§ 2 WoVermRG Abs. 1 S. 2). Natürlich reicht auch aus, wenn eine der unter Rn 12 – 14 oder 16 beschriebenen höheren Formen eingehalten sind. Ein zwischen Wohnungsmieterinteressent und Wohnungsvermittler mündlich oder telefonisch vereinbarter Vermittlungsauftrag ist also unwirksam und hat keinerlei Zahlungsverpflichtungen des Wohnungsmietinteressenten zur Folge.

89b   b. Die vom Mietinteressenten gewünschte Wohnung, über die durch die Vermittlung des Wohnungsvermittlers ein Mietvertrag zustande kommen muss, muss nach § 2 und 3 WoVermRG folgende Eigenschaften aufweisen:

(1) Es darf keine Wohnung sein, die der Mietinteressent bereits bewohnt, und über die durch einen neuen Mietvertrag das Mietverhältnis nur fortgesetzt, verlängert oder erneuert wird;

(2) Es darf keine Wohnung sein, deren Eigentümer, Verwalter, Mieter oder Vermieter der Wohnungsvermittler selbst ist, oder mit deren Eigentümer, Verwalter, Mieter oder Vermieter der Wohnungsvermittler rechtlich oder auch nur wirtschaftlich verbunden ist.

Beispiel: M oder seine Frau verwaltet Wohnungen in Stuttgart und Umgebung für deren Eigentümer. M vermittelt dem Wohnungssuchenden W eine dieser Wohnungen Zur Zahlung einer Vergütung für diese Vermittlung ist W nicht verpflichtet.

Allerdings gehört der Verwalter einer Eigentümergemeinschaft im Sinne des WEG nicht zu den Verwaltern, die keine Provision verlangen dürfen.

(3) Es darf keine öffentlich geförderte oder preisgebundene Wohnung sein, oder einzelne Wohnräume in den genannten Wohnungen.

<u>c.</u> Sind die beiden unter Rn 87a + b beschriebenen Voraussetzungen unter Berücksichtigung der unter Rn 89 a + b genannten Regelungen gegeben, ist also der vermittelte Mietvertrag über Wohnräume zustande gekommen, ist der Wohnungsmieter zur Bezahlung des vereinbarten Entgelts an den Wohnungsvermittler verpflichtet. Diese Verpflichtung tritt aber nur ein, wenn der Wohnungsvermittler das betreffende Wohnungsangebot <u>ausschließlich</u> wegen der Beauftragung durch den Wohnungssuchenden eingeholt bzw. gesucht hat. Das heißt: Wenn der Wohnungsvermittler auch vom Vermieter der vermieteten Wohnung mit der Suche nach einem Mieter beauftragt war, darf er trotz abgeschlossenem Mietvertrag von seinem Auftraggeber, dem Wohnungssuchenden,

kein Entgelt verlangen, sich versprechen lassen oder annehmen.

Dabei spielt es keine Rolle, wann diese Beauftragung erfolgte, ob der Wohnungsvermittler den Auftrag vom Vermieter schon hatte, als er vom Wohnungssuchenden beauftragt wurde, oder erst danach.

<u>d.</u> Zur Höhe des vom Wohnungssuchenden dem Wohnungsvermittler zu zahlenden Entgelts ist in § 3 WoVermRG u.a. festgelegt:

(1) Das für die Vermittlung der Wohnräume vereinbarte Entgelt darf <u>höchstens</u> 2 Monatsnettomieten zuzüglich Umsatzsteuer betragen. Vorschüsse dürfen nicht gefordert, vereinbart oder angenommen werden.

(2) Kosten für Auslagen des Wohnungsvermittlers dürfen im Erfolgsfall nur vereinbart und verlangt werden, soweit die nachgewiesenen Auslagen <u>eine Monatsmiete übersteigen</u>. Für den fall, dass der Wohnungsvermittler einen Mietvertragsabschluss nicht erreicht, darf vereinbart werden, dass der Woh-

nungssuchende die dem Wohnungsvermittler nachweisbar entstandenen Auslagen erstatten muss.

89e Zahlt der Wohnungssuchende an den Wohnungsvermittler, einen anderen Vermittler oder an einen Dritte ein Entgelt, eine Vergütung anderer Art, eine nicht zulässige Auslagenerstattung, einen Vorschuss oder eine Vertragsstrafe, zu deren Leistung er nach Rn 89a bis 89d nicht verpflichtet war, kann er dieses zurückverlangen.

V. Zahlungspflichten des Mieters an den Vermieter oder Dritte bei Vertragsabschluss

Auch hier kommt es darauf an, ob ein Geschäftsraummietvertrag oder ein Wohnraummietvertrag abgeschlossen wird:

90 Eine Vereinbarung, nach der sich ein Mieter vor oder bei Abschluss eines Mietvertrages über <u>Geschäftsräume</u> verpflichtet, an den Vermieter oder an den bisherigen Mieter der Räume eine Zahlung zu leisten, z. B. einen sogenannten „Mietabstand", etwa für zu übernehmende Einrichtungs- oder Inventargegenstände oder dafür, dass der bisherige Mieter auszieht, ist in der Regel zulässig und rechtswirksam. Die Vereinbarung darf nur nicht gegen die unter Rn 17 ff. geschilderten gesetzlichen Schranken verstoßen.

Im Falle eines Mietvertrages über <u>Wohnräume</u> dagegen ist eine Vereinbarung, nach der sich ein Mieter oder an seiner Stelle ein Dritter zu einer Zahlung an den Vermieter oder an den bisherigen Mieter der Wohnräume verpflichtet, in folgenden Fällen unwirksam:

- Wenn sich der Wohnungssuchende oder ein Dritter für diesen zu einer Zahlung dafür verpflichtet, dass der bisherige Mieter die Wohnung räumt, ausgenommen in Höhe der nachweislichen Umzugskosten (§ 4 a Abs. 1 WoVermRG).

- Wenn der Wohnungssuchende oder ein Dritter für eine Einrichtung oder für Inventar eine Zahlung verspricht, die in einem auffälligen Missverhältnis zum Wert der Einrichtung oder des Inventars steht (§ 4a Abs. 2 WoVermRG). Ein solches Missverhältnis ist z. B. gegeben, wenn der zu zahlende Betrag 50 % oder mehr über dem Wert der Einrichtung liegt.

Auch hier besteht ein Rückforderungsrecht wie im Falle einer unberechtigten Zahlung an einen Wohnungsvermittler unter Rn 89e beschrieben worden ist.

C.   Wechsel von Vermieter und Mieter während der Mietzeit

Die Person des Vermieters oder Mieters kann wechseln, ohne dass das Mietverhältnis endet, ausgenommen beim Betreuten Wohnen (Rn 98).

I. Der Wechsel des Vermieters

1. Tod des Vermieters

Stirbt ein Vermieter von <u>Räumen</u>, ändert sich am Inhalt oder etwa an der Dauer eines Mietverhältnisses nichts. Die nach dem Mietvertrag bestehenden Rechte und Pflichten des Vermieters gehen nach den erbrechtlichen Vorschriften (§ 1922 ff.) einfach auf den oder die Erben des verstorbenen Vermieters über. Der Mieter muss deshalb mit dem oder den Erben <u>keinen neuen Mietvertrag</u> schließen. Der Erbe ist jetzt Vermieter, ohne dass sich auch an den bisherigen Bedingungen des zwischen Mieter und verstorbenem Vermieter abgeschlossenen Mietvertrages irgend etwas ändert. Alle bereits entstandenen oder in Zukunft entstehenden Ansprüche des Mieters muss der Erbe erfüllen, während dasselbe für den Mieter gegenüber dem Erben als dem neuen Vermieter gilt.

2. Übergang des Eigentums an den Mieträumen

Ist der Vermieter Eigentümer (Rn 35) des Gebäudes, in dem sich die Mieträume befinden, oder ist er Wohnungs- bzw. Teileigentümer (Rn 6 Ziffer 1 b), und übereignet er diese an eine andere Person, z. B. bei einem Verkauf oder einer Schenkung, oder bringt er sein Eigentum in eine Gesellschaft ein, endet das Mietverhältnis mit dem Mieter genauso wenig wie beim Tod des Vermieters. Es gilt hier der Grundsatz "Kauf bricht nicht Miete" (§ 566). Alle nach einem Mietvertrag bestehenden und sich aus dem Grundbuch ergebenden Rechte und Pflichten des bisherigen Vermieters gehen bei einer Übereignung auf den neuen Eigentümer automatisch über, allerdings nicht schon ab Abschluss des Übereignungsvertrages sondern erst in dem Zeitpunkt, in dem der Erwerber neuer Eigentümer wird, in der Regel also bei dessen Eintragung im Grundbuch. Das gilt auch, wenn das Eigentum des Vermieters an den Räumen oder am Gebäude nicht durch eine freiwillige Veräußerung, sondern in einem Zwangsversteigerungsverfahren (§ 90 ZVG) oder bei einem Verkauf durch den Insolvenzverwalter (§ 111 InsO) auf einen neuen Eigentümer übergeht.

Zum möglichen außerordentlichen Kündigungsrecht des neuen Eigentümers im Fall der Zwangsversteigerung oder Insolvenz siehe Rn 295, 347 und zu einer möglichen Absicherung eines Geschäftsraummieters Rn 467.

Kein Übergang des Mietverhältnisses tritt natürlich ein, wenn bei einem Übergang des Eigentums nicht der Grundstückseigentümer sondern eine andere Person Vermieter ist.

Der Mieter muss also bei einem Eigentumsübergang seiner Wohnräume wie im Falle des Todes seines Vermieters mit dem neuen Eigentümer keinen neuen Mietvertrag schließen. Der bisherige Vertrag gilt unter den bisherigen Bedingungen automatisch weiter. Voraussetzung ist aber, dass der Mieter im Zeitpunkt der Eintragung des Erwerbers im Grundbuch die Mieträume auch schon in Besitz (Rn 36) hatte.

> Beispiel: V verkauft durch Vertrag vom 30.11.2019 sein Haus an K, der am 24.1.2020 als Eigentümer im Grundbuch eingetragen wird. Eine im Haus leerstehende Wohnung hatte V noch durch Mietvertrag vom 20.11.2019 an M vermietet. Die Schlüsselübergabe an M sollte erst bei diesem im Laufe des Januars 2020 möglichen Einzug erfolgen. M kann die Wohnung erst am 26.1.2020 beziehen. Das Mietverhältnis zwischen V und M geht auf K nicht über.

Zu einem etwaigen Vorkaufsrecht eines Mieters von Wohneigentum siehe Rn 228. Zum Abschluss eines Vertrages zwischen dem alten Vermieter, dem neuen Vermieter und dem Mieter über den Wechsel des Vermieters siehe Rn 97.

93 Die auf ihn übergegangenen Rechte kann der neue Vermieter erst ab seiner Eintragung im Grundbuch geltend machen, z. B. das etwaige Recht, nach Beendigung des Mietverhältnisses die Mieträume herauszuverlangen usw. (Rn 364 ff.), oder einen ihm nach seiner Eintragung im Grundbuch durch den Mieter entstandenen Schaden ersetzt zu verlangen, ferner das Recht zur Kündigung des Mietverhältnisses, das bis zur Eintragung dem alten Vermieter noch zusteht, der den Erwerber aber vorher dazu ermächtigen kann, wenn die Voraussetzungen für die Zulässigkeit einer Kündigung (Rn 283 ff., 322 ff.) auch gegeben sind. Ebenso kann der neue Vermieter dann fällig werdenden Mieten geltend machen. Hatte der Mieter an den alten Vermieter oder auf dessen Weisung an einen Dritten Mieten vorausbezahlt (Rn 168), kann der neue Vermieter diese vom Mieter aber nicht verlangen, wenn der Mieter bei der Vorauszahlung von der Veräußerung der Mieträume nichts wusste (§ 566 c). Dem alten Vermieter z. B. noch geschuldete Mietrückstände oder noch nicht ausgeglichene vom alten Vermieter abgerechnete Betriebskosten kann der neue Vermieter nur dann geltend machen, wenn ihm die Ansprüche vom alten Vermieter abgetreten (Rn 25) worden sind. Eine Mieterhöhung auf die ortsübliche Miete oder wegen einer Modernisierung kann der neue Vermieter verlangen, auch wenn die Modernisierung noch vom alten Vermieter ausgeführt war. Hatte der alte Vermieter eine im Mietvertrag vereinbarte und vom Mieter an ihn geleistete Kaution mit dem Mieter

verrechnet oder an ihn zurückgezahlt, kann der neue Vermieter die Kaution grundsätzlich nicht erneut verlangen.

Wenn der Erwerber das Eigentum am Grundstück bei einer Zwangsversteigerung oder vom Insolvenzverwalter erworben hat, kann ein Recht zur außerordentlichen Kündigung bestehen. Siehe dazu Rn 295, 347.

Auch die auf ihn <u>übergegangenen Pflichten</u> obliegen dem neuen Vermieter ab seiner Eintragung als Eigentümer im Grundbuch, auch Verpflichtungen, mit denen der alte Vermieter z. B. in Verzug (Rn 32) gekommen war. Der neue Vermieter muss auch gültige Nebenabreden erfüllen, ebenso schon vor seiner Eintragung bestehende Mängel beseitigen oder bestehende andere Gewährleistungsansprüche (Rn 215 ff.) erfüllen. Auch eine bei Beendigung des Mietverhältnisses noch nicht abgewohnte Mietvorauszahlung (§ 547) hat der neue Vermieter zurückzuzahlen.   94

Betriebskosten muss der neue Vermieter für Abrechnungszeiten abrechnen, die im Zeitpunkt seiner Eintragung im Grundbuch noch nicht abgelaufen sind, während schon abgelaufene Abrechnungszeiten der alte Vermieter abrechnen und auch bereits bestehende Aufwendungsersatzansprüche des Mieters (Rn 222 ff.) erfüllen muss. Für diese läuft die nur 6 Monate dauernde Verjährungsfrist (Rn 394) ab dem Zeitpunkt der Eintragung des Erwerbers im Grundbuch, da das Mietverhältnis mit ihm in dem Zeitpunkt endet.

Wenn dem Mieter nach Beendigung des Mietverhältnisses eine Kaution zurückzuzahlen ist (Rn 389), ist dazu der neue Vermieter verpflichtet, auch wenn er die Kaution vom alten Vermieter nicht erhalten hat .

Erfüllt der neue Vermieter auf ihn übergegangene Pflichten nicht, kann der Mieter vom alten Vermieter wie von einem Bürgen den Ersatz seines Schadens verlangen. Der alte Vermieter wird aber von seiner Haftung frei, wenn der Mieter das auf den neuen Vermieter übergegangene Mietverhältnis nicht zum ersten zulässigen Termin kündigt, nachdem er von der Eigentumsübertragung durch den Vermieter erfahren hat (§ 566 Abs. 2). Für die Rückgabe einer Kaution verbleibt es aber auf jeden Fall bei der Mithaftung des alten Vermieters (§ 566 a Abs. 2). Eine etwaige Klausel im Mietvertrag, nach welcher der alte Vermieter für die Kaution nicht haften soll, wäre auf jeden Fall unwirksam.

Ein Vermieter muss seinen Mieter nicht darüber informieren, wenn das Eigentum am Mietobjekt auf einen Dritten übergegangen ist, ebenso wenig wenn er den Erwerber ermächtigt, bestimmte Rechte schon vor der Eintragung im Grundbuch geltend machen zu dürfen. Solange der Mieter aber davon nichts erfährt, darf er darauf vertrauen, dass sein Mietvertrag nach wie vor mit seinem bisherigen Vermieter besteht, wird er andernfalls darüber informiert, darf er auch darauf vertrauen, dass sein Mietverhältnis mit dem neuen Eigentümer besteht (§ 566 c).   95

3. Auflösung eines Hauptmietverhältnisses

96 Wenn im Falle einer Untervermietung das Hauptmietverhältnis, also das Mietverhältnis zwischen Vermieter und Untervermieter, beendet wird, sei es durch eine Kündigung oder durch einen Aufhebungsvertrag, ändert sich am Untermietverhältnis nichts. Der Untervermieter bleibt Vermieter des Untermieters. Stirbt der Untervermieter, gilt oben Rn 91: Neuer Untervermieter wird der Erbe des verstorbenen Untervermieters.

Nur wenn der Mieter des Hauptmietverhältnisses ein sogenannter gewerblicher Zwischenvermieter (Rn 49) ist und die von ihm gemieteten Wohnräume untervermietet hat, tritt der Hauptvermieter in das Untermietverhältnis als Vermieter ein, wenn das Hauptmietverhältnis beendet wird.

> Beispiel: V vermietet Räume an M, der sie zu Wohnzwecken mit Gewinnerzielungsabsicht an U vermieten darf. Endet das Mietverhältnis zwischen V und M, tritt V als Vermieter in das Wohnraummietverhältnisse zwischen M und U ein.

Umgekehrt scheidet der Vermieter dann aus diesem Mietverhältnis wieder aus, wenn er einen Hauptmietvertrag mit einem neuen gewerblichen Zwischenvermieter abschließt (§ 565 Abs. 1 S. 2).

> Beispiel: Wenn V aus dem obigen Beispiel wieder einen Mietvertrag mit einem anderen Zwischenvermieter X neu abschließt, tritt dieser in das Mietverhältnis zwischen V und U als Untervermieter ein.

4. Eintritt eines Vermieters durch eine Vereinbarung oder Umwandlung

97 Ein neuer Vermieter kann in einen Mietvertrag auch dadurch eintreten, dass der alte Vermieter in einem Vertrag seine Rechte und Pflichten auf einen neuen Vermieter überträgt und der Mieter sich damit einverstanden erklärt, wobei das Einverständnis schon im Mietvertrag zwischen dem ursprünglichen Vermieter und dem Mieter festgelegt werden kann, sogar durch eine vorformulierte Bestimmung. Dann gelten die Rechte und Pflichten aus dem Mietvertrag weiter. Ein stillschweigender solcher Übertragungsvertrag wird von der Rechtsprechung in dem Fall angenommen, wenn der neue Vermieter Ansprüche, z. B. auf Mietzahlung, gegen den Mieter geltend macht, der Mieter seine Verpflichtung erfüllt und der alte Vermieter dem nicht widerspricht.

> Beispiel: Im E gehörenden Gebäude hat V Räume an M vermietet. Das Gebäude wird zwangsversteigert. Der Erwerber führt den zwischen V und M abgeschlossenen Mietvertrag mit M weiter.

Auch wenn das vermietende Unternehmen (Einzelkaufmann, Gesellschaft oder andere juristische Person) nach dem Umwandlungsgesetz in ein anderes umgewandelt wird, wird dieses automatisch Vermieter, ohne dass es einer Zustimmung des Mieters bedarf. Ein neuer Mietvertrag wird dagegen angenommen, wenn ein neuer Vertrag zwischen dem bisherigen Vermieter, dem neuen Vermieter und dem Mieter über den Übergang des Mietverhältnisses abgeschlossen wird. Dann gelten die im neuen Vertrag getroffenen Regelungen.

II. Der Wechsel des Mieters

1. Tod eines Mieters

Stirbt der Mieter beim „Betreuten Wohnen" oder der Heimbewohner beim Heimvertrag, endet das Vertragsverhältnis automatisch (§ 4 WBVG).
    98

Stirbt ein Mieter eines Geschäftsraummietvertrages, tritt anstelle des verstorbenen Mieters dessen Erbe in das Mietverhältnis ein. Es gilt das gleiche wie beim Tod des Vermieters unter Rn 91 beschrieben worden ist. Sowohl der Geschäftsraumvermieter als auch der Erbe des Geschäftsraummieters haben beim Tod des Mieters aber ein außerordentliches befristetes Kündigungsrecht. Siehe Rn 291.
    99

Stirbt ein Mieter eines Wohnraummietvertrages, ist zu unterscheiden:

War der verstorbene Mieter mit einer weiteren Person gemeinsamer Mieter der Wohnräume, bleibt der überlebende Mieter alleiniger Mieter, was im Mietvertrag nicht ausgeschlossen werden darf. Zum außerordentlichen Kündigungsrecht des überlebenden Mieters siehe Rn 315.
    100a

War der verstorbene Mieter dagegen alleiniger Mieter der Wohnräume, treten im gemeinsamen Haushalt mit dem Verstorbenen lebende Personen (Ehegatte, Lebenspartner, Kinder, Verwandte, Verschwägerte, Lebensgefährte, Freunde) in der nachstehend unter (1) geschilderten Reihenfolge in das Mietverhältnis ein. Jede der in das Mietverhältnis eintretenden Personen können innerhalb eines Monats, nachdem sie vom Tod des Verstorbenen Kenntnis erlangt haben, dem Vermieter mitteilen können, dass sie das Mietverhältnis nicht fortsetzen wollen. Der Eintritt in das Mietverhältnis gilt dann als nicht erfolgt.
    100b

(1) Zur Reihenfolge der im Haushalt lebenden Personen: Der eintretende Ehegatte wird alleiniger Mieter, egal ob noch andere Personen vorhanden sind. Der eintretende Lebenspartner wird alleiniger Mieter, wenn keine anderen Personen vorhanden sind. Sind auch Kinder des Verstorbenen vorhanden, werden diese mit dem Lebenspartner gemeinsame Mieter. Sind weder ein Ehegatte noch ein Lebenspartner vorhanden, werden alle anderen im Haushalt lebende Personen gemeinsame Mieter, also etwaige Kinder, Ver-

wandte , Lebensgefährte usw., soweit sie ihren Eintritt in das Mietverhältnis nicht ablehnen.

Das Recht der unter Ziffer (1) genannten Personen zum Eintritt in das Mietverhältnis kann im Mietvertrag nicht ausgeschlossen werden.

Zum etwaigen außerordentlichen befristeten Kündigungsrecht des Vermieters bei Eintritt der genannten Personen in das Mietverhältnis siehe Rn 345.

(2) Tritt keine der mit dem Verstorbenen in einem gemeinsamen Haushalt lebenden Personen in das Mietverhältnis ein, tritt der <u>Erbe des Verstorbenen</u> als Wohnraummieter in das Mietverhältnis ein. Zum außerordentlichen Kündigungsrecht des Erben siehe Rn 315, und für den Vermieter Rn 346.

101   *2. Mieterwechsel durch eine Vereinbarung*

Ein Wechsel des Mieters ist natürlich auch möglich, wenn Vermieter, bisheriger Mieter und neuer Mieter sich über den Übergang des Mietverhältnisses einigen (Rn 97), indem Vermieter, Mieter und ein Nachfolger einen Vertrag darüber schließen, dass der bisherige Mieter aus dem bestehenden Mietverhältnis ausscheidet und der Nachfolger an dessen Stelle in das Mietverhältnis eintritt.

Es können aber auch 2 Verträge geschlossen werden: Ein Vertrag zwischen Vermieter und Mieter über eine Aufhebung ihres Mietverhältnisses (Rn 266 ff.), und Vermieter und Nachfolger schließen einen neuen Mietvertrag. Bei einem solchen durch einen oder zwei Verträge herbeigeführten Mieterwechsel gelten für die Rechte und Pflichten zwischen Vermieter und Mieter die im Vertrag bzw. in den Verträgen vereinbarten Regelungen.

Zu einer ausnahmsweise bestehenden Verpflichtung des Vermieters, einen Mieterwechsel zu akzeptieren oder den Mieter aus dem Mietverhältnis zu entlassen, siehe Rn 268. Auch das Familiengericht kann nach einer Scheidung (Rn 66) einen der geschiedenen Ehegatten als Mieter der ehelichen Wohnung anstelle des bisherigen Mieters bestimmen.

3. Änderung der Identität eines Geschäftsraummieters

102   Nimmt ein mietender Einzelunternehmer eine oder mehrere Personen in sein Geschäft auf oder überträgt er sein Geschäft auf eine GmbH, bleibt er allein Mieter. Denn eine Änderung des Mietverhältnis hinsichtlich der Person des Mieters ist nur mit Zustimmung des Vermieters möglich.

Keine Zustimmung des Vermieters dagegen ist erforderlich, wenn sich nur die Rechtspersönlichkeit des Mieters ändert, wenn z. B. Gesellschafter einer mietenden GbR oder OHG wechseln oder ein Unternehmen nach dem Umwandlungsgesetz umgewandelt wird, z. B. von der GbR zur OHG, oder von einer Kommanditgesellschaft zur GbR oder GmbH.

Zur Möglichkeit einer für den Mieter wichtigen Absicherung siehe unter Rn 460 ff., für den Vermieter unter Rn 468.

2. KAPITEL

Die Pflichten von Vermieter und Mieter während der Mietzeit

A. Die Hauptpflichten des Vermieters

Die <u>Hauptverpflichtung</u> des Vermieters besteht darin, dem Mieter die Mieträume in einem zum vertragsgemäßen Gebrauch geeigneten Zustand zu gewähren **und** während der Mietzeit in diesem Zustand zu erhalten (§ 535). Die Räume müssen etwa zugesicherte Eigenschaften besitzen und dürfen keine Mängel aufweisen. Ob die Räume „unrenoviert" oder „renoviert", also allenfalls mit nur unerheblichen Gebrauchsspuren, überlassen werden müssen, hängt von der Vereinbarung im Mietvertrag ab (Rn 176 ff.).

I. Die Pflicht zur Gewährung des Gebrauchs der Mieträume

Zur Gewährung des Gebrauchs der Mieträume gehört zu Beginn des Mietverhältnisses die <u>Pflicht zur Übergabe</u> der Mieträume mit den für diese erforderlichen Schlüssel an den Mieter. Dazu gehört auch, dass die Mieträume dem Mieter <u>während der Mietzeit belassen</u> werden. Bei nicht rechtzeitiger Übergabe oder einer Wegnahme der Räume während der Mietzeit riskiert der Vermieter kostspielige Unannehmlichkeiten, z. B. Schadenersatzverpflichtungen.

103

1. Der gebrauchsfähige Zustand der Räume

Die zur Benutzung der Mieträume je nach vereinbartem Nutzungszweck erforderlichen Anschlüsse oder Anschlussmöglichkeiten müssen vorhanden sein, z. B.:

<u>Wasseranschluss</u> mit den dazu gehörenden Installationen wie Wasserhähne, Waschbecken, Bade- und/oder Duschwanne bei Wohnräumen;

104

<u>Entwässerung</u> mit einem Anschluss an einen öffentlichen Abwasserkanal oder eine Klärgrube und den sanitären Installationen wie WC-Schüssel oder Abläufe für Anschlüsse;

105

<u>Stromanschluss</u> mit den für den Betrieb von Maschinen und üblichen Geräten erforderlichen Leitungen, bei Wohnungen für übliche größere Haushaltsgeräte (z. B. Waschmaschine). Ein Nachtstromanschluss muss nur zur Verfügung gestellt werden, wenn ein solcher vorhanden ist oder im Mietvertrag zugesagt wird;

106

107   Anschlüsse für Internet, Telefon, Rundfunk- und Fernsehempfang, wenn sie im Mietobjekt vorhanden sind oder wenn der Vermieter die Herstellung solcher Anschlüsse im Mietvertrag zusagt. Zum Recht des Mieters, solche Anschlüsse auf eigene Kosten herstellen zu lassen, siehe Rn 201;

108   Beheizbarkeit der Räume: Die zum Aufenthalt von Menschen vorgesehenen Räume müssen beheizbar sein, also Anschlüsse besitzen, die der Mieter zum Betrieb einer Heizung benutzen kann, z. B. die entsprechenden Leitungen und Anschlüsse bei einer Elektro- oder Gasheizung, Kamine bei einer Ofenheizung usw.. Wenn der Vermieter eine zentrale Heizungs- und /oder Warmwasseranlage betreibt, muss er – soweit die Heizkostenverordnung gilt - entsprechende Wärmezähler oder Heizkostenverteiler verwenden. Siehe dazu Rn 126.
Eine von ihm selbst betriebene Heizungsanlage darf der Vermieter umstellen, z. B. von Gas auf Öl, auf Strom oder umgekehrt. Ändert der Vermieter aber die Art der Wärmelieferung, z. B. auf die Lieferung von Fernwärme, muss der Mieters die dadurch anfallenden Betriebskosten nur bezahlen, wenn die gesetzlich vorgeschriebenen Bedingungen (§ 556c) hinsichtlich Effizienz der Wärmelieferung und Höhe der Betriebskosten erfüllt sind.

109   *2. Sonstiges Zubehör für die Mieträume:*

Gesetzlich vorgeschriebenes Zubehör, z. B. nach verschiedenen LBOen vorgeschriebene Rauchmelder, muss der Vermieter zur Verfügung stellen, weiteres Zubehör, z. B. Boiler, Öfen, Einbauschränke, Einbauküche oder einzelne Küchen- oder Waschgeräte nur, wenn solche Sachen in den Räumen bereits vorhanden sind, oder wenn sie der Vermieter im Mietvertrag zugesagt hat. Das gilt auch für etwaige Park- und Abstellflächen.

110   *3. Zugänge, Zufahrt usw.*

Auch die Zugänge, z. B. die Einfahrt zum Grundstück, Hofraum, der Zugang zum Gebäude, die Treppen, Fahrstühle usw. muss der Mieter benutzen oder wenigstens mitbenutzen können, wenn die Grundstücks- oder Gebäudeteile auch von anderen Parteien benutzt werden müssen oder dürfen, z. B. vom Vermieter, anderen Mietern oder Dritten.

111   *4. Beweislast für die ordnungsgemäße Übergabe*

Für den Vermieter, insbesondere den Wohnraumvermieter, ist es zweckmäßig, mit dem Mieter bei der Übergabe der Mieträume ein gemeinsames Protokoll über den Zustand der Mieträume und über ihre Mangelfreiheit zu errichten. Denn bei einem Streit über die Durchführung von Reparaturen muss der Vermieter beweisen, in welchem Zustand die Wohnräume übergeben worden sind. Siehe auch Rn 176 ff., 211 ff., 217, 440 ff..

<u>II.   Die Pflicht zur Erhaltung der Gebrauchsfähigkeit</u>

1. Die Erhaltungspflicht des Vermieters

Die Erhaltung der Gebrauchsfähigkeit des Mietobjekts während der Miet-   112
zeit bedeutet

1. Die Wiederherstellung des vertragsgemäßen Zustands der Mietsache durch die Beseitigung, insbesondere die Reparatur von Schäden oder die Erneuerung nicht reparaturfähiger bzw. –würdiger Teile oder Einrichtungen am Mietobjekt = die <u>Instandsetzung</u>, und

2. die Erhaltung des vertragsgemäßen Zustands der Mietsache durch die Beseitigung der durch Abnutzung, Alters und Witterungseinwirkung entstehenden baulichen und sonstigen Mängel = die <u>Instandhaltung</u>.

<u>Beispiele für Instandsetzungsarbeiten</u>: Beseitigung durch Verschulden fremder Personen verursachter Schäden, wenn z. B. ein Fremder eine Fensterscheibe einwirft, oder wenn Schäden durch höhere Gewalt, z. B. durch Erdbeben oder Unwetter eintreten; - Beseitigung eingetretener Defekte an elektrischen Leitungen, Rollläden, Wasserleitungen, an der Heizungsanlage oder anderen vermieteten Geräten, z. B. an Warmwassergeräten.
<u>Beispiele für Instandhaltungsarbeiten</u>: Beseitigung von durch normale Benutzung oder Abnutzung gegenüber dem Zustand bei Beginn des Mietverhältnisses entstandene Verschlechterungen an Holz, Putz, Mauerwerk, Parkett, Tapeten, Fenstern, Türen oder Böden (also Schönheitsreparaturen). Zu einer eventuellen Erhaltungspflicht des Mieter siehe Rn 113 f..

Die Erhaltungspflicht muss der Vermieter auch während seiner <u>Abwesenheit</u> erfüllen. Er muss Vorsorge treffen, dass andere Personen etwa auftretende Mängel beseitigen können und dem Mieter die Kontaktdaten etwa zu beauftragender Handwerker benennen. Außerdem besteht die Erhaltungspflicht auch für das dem Vermieter etwa gehörende <u>Gebäude selbst</u>, soweit das Mietobjekt betroffen ist, wie z. B. ein undichtes Dach, ebenso bei gesetzlich oder behördlich angeordneten Baumaßnahmen. Zur Duldungspflicht des Mieters und zu vom Vermieter durchzuführenden Modernisierungsarbeiten siehe Rn 183 ff., und zur Beseitigung vom Mieter verursachter Gebäudeschäden Rn 188.

2. Wegfall der Erhaltungspflicht und deren Übergang auf den Mieter

Der Vermieter haftet für einen an den Mieträumen eingetretenen Schaden   113
oder Mangel nicht, wenn der <u>Mieter</u> selbst oder <u>Personen, für die er einzustehen hat</u>, z. B. Angehörige, Besucher oder Kunden des Mieters, oder Arbeitnehmer, im Auftrag des Mieters in seinen Räumen beschäftigte Unternehmer oder Dritte einen Schaden oder Mangel <u>schuldhaft</u> verursacht ha-

ben (Rn 170 ff.). Ebenso besteht keine Erhaltungspflicht für einen mangelhaften bereits bei Beginn des Mietverhältnisses am Mietobjekt bestehenden Zustand (Rn 216 f.)

114   Ebenso ist der Vermieter zu Erhaltungsmaßnahmen nicht verpflichtet, wenn der Mieter solche im Mietvertrag <u>rechtswirksam</u> übernommen hat. Ob und unter welchen Voraussetzungen der Mieter zu Erhaltungsmaßnahmen verpflichtet werden kann, finden Sie bei den Pflichten des Mieters unter Rn 174 ff. und bei den Gewährleistungsrechten des Mieters unter Rn 216 ff..

115   Ausnahmsweise entfällt die Erhaltungspflicht des Vermieters ausnahmsweise auch dann, wenn die Kosten für die Beseitigung eines Mangels <u>die Opfergrenze</u> übersteigt. Das ist der Fall, wenn zwischen dem Reparaturaufwand einerseits und dem Nutzen der Mängelbeseitigung für den Mieter und dem Wert des Mietobjekts andererseits ein <u>krasses Missverhältnis</u> besteht.
       Beispiel: M ist Mieter von in einer Wohnanlage gelegenen Räume des V. Im Durchgang zum Keller und zum Stellplatz des M in der Tiefgarage entstehen Feuchtigkeitsschäden. V müsste zur Beseitigung dieses Mangels Kosten in Höhe von 50.000 € aufwenden.

B. Nebenpflichten des Vermieters

I. Die Pflicht zu Nebenleistungen

116   <u>Nebenleistungen</u> sind es, wenn der Vermieter dem Mieter nicht nur den Gebrauch der Mieträume nebst den dazu gehörenden Anschlüssen überlässt, sondern auch noch Wasser, Strom, Gas, Heizwärme oder Warmwasser liefert, oder wenn er z. B. eine Gemeinschaftsantenne betreibt.

Verpflichtet zu Nebenleistungen ist der Vermieter aber nur, wenn das im Mietvertrag oder später <u>vereinbart</u> worden ist, oder wenn der Mieter wegen der besonderen Verhältnisse der Räume diese Leistungen <u>nur vom Vermieter beziehen kann</u>, wenn z. B. das Wasserwerk nur dem Vermieter Wasser liefert und berechnet, oder wenn der Mieter keinen eigenen Anschluss zum Stromlieferanten hat, oder wenn der Vermieter eine Sammelheizungsanlage oder eine eigene Wasserversorgungsanlage betreibt. Dazu und zur Dauer der Pflicht des Vermieters zu Nebenleistungen siehe Rn 119, 382 und 473.

Eine Bezahlung seiner Nebenleistungen neben der Miete kann der Vermieter vom Mieter nur verlangen, wenn das - in der Regel im Mietvertrag - vereinbart ist (Rn 149 ff.). Die Belieferung mit Heizenergie (Heizung und Warmwasser) muss der Mieter immer bezahlen, außer sie ist vom Vermieter ausdrücklich kostenlos zugesagt worden.

Was bei der Abrechnung der Nebenleistungen und insbesondere bei den Heizkosten zu beachten ist, finden Sie unter Rn 124 ff..

Wenn der Vermieter seine Verpflichtung zu Nebenleistungen nicht erfüllt, führt das in der Regel zu einer Schadenersatzpflicht (Rn 132). Will bei vermietetem Wohnungs- oder Teileigentum die Wohnungseigentümergemeinschaft die Versorgung einer vermieteten Wohnungen mit Gas, Wasser und Heizung sperren, weil der vermietende Eigentümer kein Wohngeld bezahlt, kann sich der betroffene Mieter gegen eine Abtrennung von Versorgungsleitungen dadurch wehren, dass er niemand zur Abtrennung der Leistungen in seine Mieträume lässt. Denn diese muss er nur betreten lassen, wenn er dazu vom Gericht verurteilt worden ist.

Wie die Beheizung der Räume geschehen muss, steht in der Regel im Mietvertrag. Ist dazu nichts vereinbart, hat der Vermieter die vermieteten Räume während der üblichen Heizzeit und Heizdauer zu beheizen. Dafür kann als Regel gelten:

Die jährliche <u>Heizdauer</u> dauert vom 1. 10. bis zum 30. 4. des folgenden Kalenderjahres. Ob in der übrigen Zeit geheizt wird, entscheidet der Vermieter nach billigem Ermessen. Die <u>Heizzeit</u> dauert bei Geschäftsräumen z. B. während der Büro- und Geschäftszeit, bei Wohnräumen von 6 oder 7 Uhr bis 23 Uhr. Bei großer Kälte entscheidet der Vermieter nach billigem Ermessen, ob nachts durchgeheizt wird. Die üblichen <u>Temperaturen</u> sollen in Wohn- und Aufenthaltsräumen 20 - 22 Grad Celsius aufweisen, in Schlafräumen ca. 15 Grad. Bei Nacht kann auf 17 Grad heruntergeregelt werden.

<u>II. Die Pflicht zur Abwehr von Schäden und Störungen</u>

1. Die Verkehrssicherungspflicht des Vermieters

Der Vermieter muss dafür sorgen, dass der Mieter und andere die Mieträume mitbenutzenden Personen sowohl die für den ausschließlichen Gebrauch bestimmten Räume als auch die gemeinschaftlichen Räume und Zugänge gefahrlos benutzen können.
    Beispiele: Die Beleuchtung und Reinigung gemeinschaftlicher Räume und Zugänge, Räumung von Schnee sowie das Streuen bei Glätte.
Geschützt durch die Verpflichtung sind alle Personen, welche die betreffenden Örtlichkeiten nutzen.

Für die Straße oder den Bürgersteig vor dem Gebäude besteht die Verkehrssicherungspflicht des Vermieters nur, wenn die sonst unterhaltungspflichtige Gemeinde die Verpflichtung durch ihre Ortsbausatzung dem anlie-

117

118

genden Grundstückseigentümer auferlegt hat, wovon die meisten Gemeinden wenigstens für den Bürgersteig auch Gebrauch machen.

Im Mietvertrag oder in einer vereinbarten Hausordnung (Rn 86) kann der Vermieter die Reinigungs-, Schneeräumungs- und Streupflicht auf den Mieter abwälzen, was in den meisten Mietverträgen heute auch üblich ist. Bei mehreren Mietparteien müssen die Regelungen in den einzelnen Mietverträgen auf- einander abgestimmt sein.

Eine Vorsorge für ungewöhnliche Schadenereignisse oder abstrakte Gefahren muss der Vermieter aber nicht treffen. Glasscheiben einer Türe müssen z. B. nicht in Sicherheitsglas ausgeführt sein, wenn dazu keine bauordnungsrechtliche Vorschrift besteht.

2. Die Pflicht zur Abwendung von Störungen

119   Betreibt der Vermieter eine eigene Wasserversorgungsanlage, mit der auch Mieter versorgt werden, muss der Vermieter in regelmäßigen Abständen (ca. alle 3 Jahre) seine Anlage einschließlich der Leitungen auf Keimfreiheit untersuchen lassen (§ 14 Trinkwasserverordnung).

Infolge seiner Fürsorgepflicht darf der Vermieter dem Mieter nicht durch vorsätzliches oder fahrlässiges Handeln Schaden zufügen. Störungen des Mieters durch Dritte muss er abwenden, soweit er wegen einer Beeinträchtigung als Eigentümer gegen einen Störer vorgehen kann. Er muss also z. B gegen die Nachtruhe störende oder die Gesundheit anderer gefährdende Mieter (z. B. Messimieter) vorgehen, oder gegen durch vom Nachbargrundstück ausgehende unzumutbare Gerüche oder unzumutbaren Lärm. Dazu gehört auch, dass der Geschäftsraumvermieter nicht im selben oder im ihm gehörenden Nachbargebäude oder -grundstück Räume an ein Konkurrenzunternehmen des Mieters vermieten darf, wenn der Mieter dadurch beeinträchtigt wird, auch dann, wenn im Mietvertrag nichts darüber steht. Diese Pflicht zum <u>Konkurrenzschutz</u> endet aber am Ende des Mietverhältnisses. Wenn der Mieter also nicht will, dass nach seinem Auszug der Vermieter oder ein Mietnachfolger in den gleichen Räumen ein Konkurrenzunternehmen beginnt, oder wenn der Vermieter bzw. Verpächter nicht will, dass der Pächter nach Ablauf des Vertrages in unmittelbarer Nachbarschaft ein Konkurrenzunternehmen betreiben will, müssen die Vertragsparteien im Vertrag ein auf eine gewisse Zeit dauerndes Konkurrenzverbot festlegen lassen. Siehe dazu auch Rn 466 + 471.

Zu abzuwendenden Störungen siehe auch beim Gebrauchsrecht des Mieters die Rn 196 bis 203.

Die Lasten des Grundstücks (§ 103), auf dem sich die Mieträume befinden, trägt zunächst der Vermieter (§ 535 Abs. 1 S. 3). Zu diesen zählen:

1. Vom Vermieter eingegangene Verpflichtungen und öffentliche Abgaben

Das sind Hypothekenzinsen und Reallasten, Erbbau- und Erbpachtzinsen, Straßenanlieger- und Kanalisationsgebühren.　　120

2. Die Betriebskosten

Die Betriebskosten sind in § 2 der BetrKV festgelegt, nämlich die Kosten für:　　121

- Laufende öffentliche Lasten des Grundstücks, z. B. die Grundsteuer; Rundfunkbeitrag, Straßenreinigung und Müllbeseitigung;

- Wasserversorgung (z. B. Wasserverbrauch, Grundgebühren, Anmietung von Wasserzählern, Eichkosten für Wasserzähler);

- Entwässerung (Ableitung oder Grubenentleerung);

- Heizung einschließlich Heizbetriebskosten (Heizmaterial, das möglichst günstig zu beschaffen ist, ferner Bedienung, Wartung, Tankreinigung, Ablesung und Abrechnung, nicht dagegen etwaige Leasingkosten);

- Warmwasserversorgung;

- Miet- und Wartungskosten für Rauchmelder;

- Kosten für den Hauswart (Vergütung, Sozialleistungen und alle geldwerten Leistungen, soweit diese <u>nicht</u> für Reparaturen, Instandhaltungen, Erneuerung, Schönheitsreparaturen oder die Hausverwaltung bezahlt werden), Gartenpflege (Pflege gärtnerisch angelegter Flächen einschließlich Erneuerung von Pflanzen und Gehölzen); Bei Hausmeister- oder Gartenarbeiten darf der Vermieter eigene Sach- und Arbeitsleistungen z. B. in der Höhe ansetzen, wie sie von einem beauftragten Dritten üblicherweise verlangt werden, allerdings ohne Umsatzsteuer

- Gebäudereinigung (Müll- und Sperrmüllbeseitigung), Ungezieferbekämpfung und Beseitigung von Verunreinigungen auf Außenflächen;

- Beleuchtung (Strom für Außenbeleuchtung und Beleuchtung gemeinsam genutzter Gebäudeteile, Zugänge usw.), Schornsteinreinigung;

- Sachversicherungen gegen Feuer, Sturm, Wasser, Glasschäden, Erdrutsch, Erdbebenschäden in einem erdbebengefährdeten Gebiet, Terror, wenn das Gebäude objektiv gefährdet ist, sowie Haftpflichtversicherungen (für das Gebäude, den Öltank und den Aufzug);

- Betrieb eines Personen- oder Lastenaufzugs);

- Gemeinschaftsantennenanlage oder die mit einem Breitbandkabel verbundene Verteileranlage einschließlich der anfallenden Gebühren;

- Betrieb von Einrichtungen für die Wäschepflege;

- sonstige im Mietvertrag ausdrücklich festgelegte Betriebskosten, z. B. für Sauna, Schwimmbad, für die laufende Überprüfung technischer Anlagen.

122   Zur Abwälzung von Betriebskosten auf den Mieter siehe Rn 152 ff., und zur Abrechnung über diese Rn 124 ff..

3. Andere Aufwendungen, insbes. für die Verwaltung

123   Darunter fallen folgende Kosten Aufwenden muss der Vermieter die Kosten: Portokosten, Bankgebühren, Kosten für Pförtner, Prozesse, Rechtsschutz- und Mietausfallversicherungen, Reparaturen, für die Ausstellung einer Bescheinigung über haushaltsnahe Dienstleistungen, für eine Wach- und Schließgesellschaft oder eine etwaige Mehrwertsteuer auf die Abrechnung. Auch die wegen eines Mieterwechsels für eine Zwischenablesung entstehenden Kosten sind keine Betriebs- sondern Verwaltungskosten. Ebenso wenig gehören Kosten für Instandhaltung und Instandsetzung, also z. B. für Wartung von Dachrinnen oder die Klingelanlage zu den Betriebskosten.

Ob und in wieweit dem Geschäftsraummieter oder auch dem Wohnraummieter solche Verwaltungskosten auferlegt werden dürfen siehe Rn 153.

IV. Die Abrechnung des Vermieters über Nebenleistungen und Betriebskosten

1. Die verschiedenen Umlegungsmaßstäbe

Der Abrechnung des Vermieters über vom Mieter zu tragenden Kosten liegen Umlegungsmaßstäbe zugrunde, entweder der Verbrauch oder andere Kriterien:

124a   Nach <u>Verbrauch</u> können Nebenleistungen oder Betriebskosten abgerechnet werden, wenn die erforderlichen und geeigneten Verbrauchserfassungsgeräte vorhanden sind, z. B. Heizkostenverteiler und Wärmezähler zur Erfassung der Wärmezufuhr für Raumheizung und Wassererwärmung oder Zähler für Wasserverbrauch. Auch dafür entstehende Fixkosten, z. B. Grundgebühren und Zählermieten können dann nach Verbrauch abgerechnet werden können, ausgenommen bei einem erheblichen Leerstand anderer Räume im Gebäude.

Maßgebend bei den Heizkosten sind nicht die etwa vom Vermieter an ein Lieferunternehmen im Abrechnungszeitraum geleisteten Zahlungen, sondern die Kosten der im Abrechnungszeitraum tatsächlich verbrauchten Brennstoffe..

Umlegungsmaßstäbe nach <u>anderen Kriterien</u> sind: Abrechnung nach Nutz-   124b
flächen, umbauter Raum, Anzahl der Räume, Verursachung, Größe des Eigentumsanteils, Anzahl der Nutzer, wobei die wirklich in den Mieträumen anwesenden und nicht etwa die beim Einwohnermeldeamt gemeldeten Personen berücksichtigt werden müssen. Zulässig ist auch eine stichprobeartige Ermittlung der Anzahl der nutzenden Personen.

Welcher Umlegungsmaßstab der Abrechnung zugrunde gelegt werden darf oder muss, hängt zunächst von der Art der abzurechnenden Betriebskosten ab, ob <u>Heizungs- und Warmwasserkosten</u> (Rn 126) **oder** „andere" Betriebskosten abzurechnen sind. Bei der Abrechnung über die ersteren, also über Kosten der Wärmezufuhr ist außerdem entscheidend, für welche Art von Gebäuden und Räumen die Wärmezufuhr erfolgt.

2. Die Verteilung der „anderen" Betriebskosten

Grundlage der Abrechnung über alle Betriebskosten, ausgenommen für   125
Wärmezufuhr, ist die Vereinbarung im Mietvertrag, oder für Wohnungen einer Wohnanlage die geltende Satzung oder erlassene Beschlüsse. Den Umlegungsmaßstab können Vermieter und Mieter <u>vereinbaren</u>. in der Regel geschieht das durch eine Bestimmung im Mietvertrag. Auch bei schlüssigem Verhalten (Rn 8) kann eine Vereinbarung angenommen werden, wenn der Mieter z. B. jahrelang die vom Vermieter geltend gemachten Betriebskosten bezahlt und damit den vom Vermieter benutzten Umlegungsmaßstab anerkannte. Zur Änderung eines vereinbarten Umlegungsmaßstabes siehe Rn 257 und 413 ff..

Auch der Abrechnungszeitraum kann vereinbart werden. Er muss allerdings mindestens 12 Kalendermonate betragen, wenn der Mieter auf die Betriebskosten Vorauszahlungen leistet.

Ist für diese Betriebskosten <u>kein</u> Umlegungsmaßstab <u>vereinbart</u>, darf der Vermieter die Maßstäbe nach billigem Ermessen festlegen. Bei einem Wohnraummietverhältnis gilt aber, dass der Vermieter diese Betriebskosten dann nach Verbrauch oder Verursachung durch den Wohnraummieter abrechnen <u>muss</u>, wenn Verbrauch oder Verursachung für alle Wohnungen des Vermieters im Gebäude festgestellt werden kann, z. B. beim Wasser, Abwasser oder Müll (§ 556 a Abs. 1 S. 1). Extra Geräte, mit denen der

Verbrauch oder die Verursachung festgestellt werden können, muss der Wohnraumvermieter aber nicht anschaffen. Soweit dann nicht nach Verbrauch abgerechnet werden kann, müssen die Betriebskosten nach Wohnfläche abgerechnet werden (§ 556 a Abs. 1 S. 2). Hat aber z. B. ein Mieter einen exorbitalen Wasserverbrauch, muss dieser vor der Abrechnung nach Wohnfläche abgezogen werden.

3. Die Verteilung der Betriebskosten für Wärmezufuhr

126 Bei der Abrechnung der Heiz- und Warmwasserkosten einer zentralen Heizungsanlage und deren Verteilung unter den Nutzern muss der Vermieter die HKV (Heizkostenverordnung) beachten, je nachdem welche Gebäude oder Räume beheizt oder mit Warmwasser versorgt werden:

a. Für folgende Gebäude bzw. Räume in diesen gilt die HKV nicht:

(1) Für Gebäude, in denen die Ausstattung mit Wärmezählern und Heizkostenverteilern nur mit unverhältnismäßig hohen Kosten möglich wäre, und für Räume, die vor dem 1. Juli 1981 bezugsfertig geworden sind und in denen der Nutzer den Wärmeverbrauch nicht beeinflussen kann, ferner für Alters-, Pflege-, Studenten- und Lehrlingsheime.

(2) Für eine Wohnung in einem Zweifamilienhaus , in dem auch der Vermieter wohnt.

Für diese Gebäude und Wohnräume gilt auch für die Heiz- und Warmwasserkosten das für die „anderen" Betriebkosten unter Rn 125 beschriebene. Maßgebend für den Umlegungsschlüssel sind hier auch die Vereinbarungen im Mietvertrag oder die Festlegung des Vermieters.

b. Für alle anderen, also den meisten Gebäuden und Räumen muss der Vermieter bei der Abrechnung der Heiz- und Warmwasserkosten die Vorschriften der HKV zugrundelegen. Sie schreibt zunächst vor,
dass Eigentümer, GdWE oder Vermieter, die eine zentralen Heizungs- oder Warmwasseranlage betreiben, für die Erfassung des Heizwärme- und Warmwasserverbrauchs Zähler oder andere geeignete Ausstattungen verwenden müssen.

Für den Umlegungsschlüssel bei den Heiz- und Warmwasserkosten schreibt die HKV vor:

(1) Von den Kosten für den Wärmeverbrauch (Heizung und Warmwasser) müssen mindestens 50 % und höchstens 70 % nach Verbrauch lt. Zähler (Rn 124a), der Rest nach Nutzfläche oder Rauminhalt der Räume (Rn 124b) berechnet werden.

(2) In Gebäuden, die das Anforderungsniveau der Wärmeschutzverordnung vom 16.8.1994 nicht erfüllen, die mit einer Gas- oder Ölheizung versorgt werden und in denen die freiliegenden Leistungen der Wärmeverteilung überwiegend gedämmt sind, müssen 70 % nach Verbrauch lt. Zähler und der Rest nach Nutzfläche oder Rauminhalt abgerechnet werden.

(3) Besteht eine vertragliche Regelung zwischen Vermieter und Mieter oder eine Satzungsbestimmung für eine Wohnanlage, nach der mehr als 70 % nach Verbrauch zu berechnen ist, gilt die vertragliche Regelung bzw. die Satzungsbestimmung.

(4) Ist dagegen ein <u>niedriger</u> Anteil der nach Verbrauch abzurechnenden Kosten festgelegt, also z. B. 40 % oder 30 %, ist die Vereinbarung <u>unwirksam</u> und gilt also nicht.

> Beispiele für unzulässige und daher unwirksame Festlegungen in Satzungen einer GdWE: Die Satzung einer aus 50 Teileigentum- und Wohneigentumsanteilen bestehenden Eigentümergemeinschaft sieht vor, dass die Heiz- und Warmwasserkosten zu 30 % nach Verbrauch und zu 70 % nach Nutzfläche abzurechnen sind; - die Satzung einer aus 3 Wohnungen bestehenden Eigentümergemeinschaft sieht vor, dass die Heiz- und Warmwasserkosten gleichmäßig unter die 3 Nutzer verteilt werden, oder nach den Nutzflächen der 3 Anteile.

Ist <u>kein genauer</u> oder ein <u>unwirksamer</u> Umlegungsmaßstab vereinbart, darf der Vermieter diesen nach billigem Ermessen festlegen.

Rechnet der Vermieter über Heiz- und Warmwasserkosten entgegen der für seine Räume geltenden HKV <u>nicht nach dem Verbrauch</u> des Mieters ab, kann dieser die nicht nach seinem Verbrauch abgerechneten Kosten um 15 % kürzen. Das gilt auch, wenn Messgeräte nicht vorhanden oder defekt sind. Im Verhältnis zwischen einem Wohnungseigentümer und der GdWE gilt die Kürzungsmöglichkeit nicht, jedoch zwischen einem Wohnungseigentümer und seinem Mieter.

Wenn die für Heizkosten vorhandenen Erfassungsgeräte abgelesen worden sind, muss der Vermieter <u>das Ergebnis der Ablesung dem Mieter innerhalb eines Monats mitteilen</u>, ausgenommen der Mieter kann das in den ihm zugänglichen Räumen befindliche Gerät selbst ablesen. Sind in einem Gebäude fernablesbare Zähler eingebaut, muss der Mieter ab dem 1.1.2022 monatlich über seinen Verbrauch in Kenntnis gesetzt werden.

4. Die Pflicht des Vermieters zur Abrechnung

127   Für <u>Geschäftsraumvermieter</u> und für <u>Wohnraumvermieter</u> gilt:

Ist im Mietvertrag vereinbart, dass der Mieter <u>keine Betriebskosten</u> oder für diese einen monatlichen <u>Pauschalbetrag</u> bezahlen muss, gibt es für den Vermieter nichts abzurechnen.

Ist im Mietvertrag vereinbart, dass der Mieter alle oder bestimmte anfallende Betriebskosten aber <u>keine Vorauszahlungen</u> auf diese zu zahlen hat, ist es Sache des Vermieters, über die angefallenen Betriebskosten abzurechnen, wenn er diese vom Mieter bezahlt erhalten will. Denn die Zahlungsverpflichtung des Mieters wird erst nach Vorlage der Abrechnung überhaupt fällig. Zur Verjährung eines Zahlungsanspruchs siehe Rn 391.

Ist im Mietvertrag festgelegt, dass der Mieter für die Betriebskosten (in der Regel monatliche) <u>Vorauszahlungen leisten muss</u>, ist sowohl der Geschäftsraumvermieter als auch der Wohnraumvermieter verpflichtet, über die vom Mieter geleisteten Vorauszahlungen innerhalb von 12 Monaten ab dem Ende des Abrechnungszeitraums abzurechnen.

Die eintretenden <u>Rechtsfolgen</u>, wenn der Vermieter der Abrechnungspflicht nicht nachkommt, sind im Falle eines Geschäftsraummietverhältnisses oder Wohnraummietverhältnisses aber verschieden:

128a   Rechnet der Vermieter im Falle eines <u>Geschäftsraummietverhältnisses</u> über die Betriebskosten nicht innerhalb der oben genannten oder einer anderen im Mietvertrag festgelegten Frist nicht ab, erhält er solange einen etwa vom Mieter nachzuzahlenden Betrag eben nicht und riskiert, dass ein solcher Anspruch eines Tages verjährt (Rn 391). Andererseits kann aber der Mieter eine Abrechnung und einen etwaigen Rückzahlungsanspruch – gegebenenfalls durch eine Klage – erzwingen. Außerdem kann der Mieter in diesem Fall weitere Vorauszahlungen zurückbehalten (§ 273), bis der Vermieter die Abrechnung erteilt.

128b   Rechnet der Vermieter im Falle eines <u>Wohnraummietverhältnisses</u> nicht <u>jährlich</u> spätestens <u>bis zum Ablauf des 12. Monats</u> nach dem Abrechnungszeitraum (Rn 127) über die Voraiszahlungen des Mieters ab, kann der Wohnraumvermieter von seinem Mieter eine etwa geschuldete Nachzahlung nicht mehr verlangen.

   Beispiel: In einem Wohnraummietvertrag ist als Abrechnungszeitraum für die Heizkosten vom 1.5. bis zum 30.4. des folgenden Kalenderjahres und für die anderen Betriebskosten vom 1.1. bis zum 31.12. eines Kalenderjahres vereinbart. Rechnet der Wohnraumvermieter über die in der Zeit vom 01.05.2020 bis 30.04.2021 entstandenen Heizkosten nicht bis spätestens 30.04.2022, über die anderen Betriebskosten für 2020 bis spätestens 31.12.2021 ab, verliert er einen etwaigen Nachzahlungsanspruch.

Ausnahmsweise verliert der Wohnraumvermieter einen Nachzahlungsanspruch in diesem Falle nicht: wenn er die Verspätung nicht zu vertreten hat (§ 556 Abs. 3 S. 3).

> Beispiele: Der Vermieter kann dem ehemaligen Mieter die Abrechnung nicht zuschicken, weil dieser unbekannt verzogen ist; - der Vermieter im obigen Beispiel erhielt vom Versorgungsunternehmen, das die Heizwärme lieferte, die Heizkosten trotz mehrfacher Aufforderung erst nach dem 30.04.22 mitgeteilt. Er kann eine etwa geschuldete Nachzahlung von seinem Mieter noch verlangen, wenn er die Abrechnung nach Zugang der Mitteilung diesem erteilt. Er darf sich nach Zugang der Mitteilung aber nicht unnötig viel Zeit für die Abrechnung lassen, höchstenfalls 3 Monate.

Zulässig ist es deshalb, dass der Vermieter bei der Abrechnung sich die Nachberechnung von Positionen vorbehält, über die er unverschuldet noch nicht abrechnen kann.

<u>Eingehalten</u> ist die Abrechnungsfrist nur, wenn die <u>Abrechnung dem Mieter zugegangen</u> ist, eine rechtszeitige Absendung der Abrechnung durch den Wohnraumvermieter reicht nicht aus. Ebenso ist die Abrechnungsfrist nur eingehalten, wenn die Abrechnung oder auch eine etwaige innerhalb der Frist erfolgte Nachberechnung des Vermieters <u>formell</u> ordnungsgemäß ist. Das ist der Fall, wenn der Mieter sie gedanklich und rechnerisch nachvollziehen kann, wenn sie also eine geordnete Zusammenstellung der Einnahmen und Ausgaben enthält, in einem Gebäude mit mehreren Wohneinheiten eine Zusammenstellung der Gesamtkosten für die jeweilige Betriebskostenart und die Angabe und Erläuterung der Umlegungsmaßstäbe. Eine Heizkostenabrechnung ist z. B. formell ordnungsgemäß, wenn sie sämtliche Einzeldaten enthält, die zur korrekten Aufteilung der Wärmekosten in Heiz- und Warmwasserkosten notwendig sind.

Für die formelle Ordnungsmäßigkeit ist es ohne Bedeutung, wenn die Abrechnung Fehler enthält, also materiell unrichtig ist, wenn sie z. B. von einer falschen Wohnflächenberechnung ausgeht, oder wenn sie unberechtigte Kosten enthält, oder wenn Verbrauchswerte und die dafür angefallenen Kosten nur summenmäßig angegeben sind, oder wenn ein Vorwegabzug von durch gewerbliche Nutzungen anfallender Kosten fehlt, oder wenn die Abrechnung gar offensichtliche Fehler enthält.

Bei einem vermieteten Einfamilienhaus oder einer Doppelhaushälfte genügt die Weitergabe einer dem Vermieter erteilten Heizkostenabrechnung. Besteht die Mieterseite aus mehreren Personen, z. B. Ehegatten, reicht zur Einhaltung der Frist eine Abrechnung gegenüber einem der Mieter.
Zur vom Wohnraummieter für Einwendungen gegen die Abrechnung einzuhaltenden Frist und zu den Folgen einer Fristversäumung siehe Rn 156.

129 Bezahlt der Mieter dem Vermieter einen erst nach Ablauf der Ausschlussfrist geltend gemachten Abrechnungsbetrag in Unkenntnis darüber, dass er
dazu nicht verpflichtet war, kann er den zu Unrecht bezahlten Betrag vom
Vermieter zurückfordern (§§ 812 ff.).

Die Ausschlussfrist hat keinen Einfluss auf das Recht des Mieters, selbst eine Abrechnung über die Vorauszahlungen zu verlangen. Rechnet er mit einem Rückzahlungsanspruch, kann er selbstverständlich vom Vermieter nach
Ablauf des Abrechnungszeitraumes, oder wenn über die Betriebskosten abgerechnet werden kann – auch schon vor Ablauf dieser Ausschlussfrist eine
Abrechnung notfalls über eine Klage durchsetzen (Rn 476). Außerdem kann
der Mieter auch weitere Vorauszahlungen zurückbehalten (§ 273), bis der
Vermieter die Abrechnung erteilt.

5. Der Inhalt der Abrechnung

130 Die Abrechnung muss für einen durchschnittlichen Mieter oder einen von
ihm beauftragten Sachverständigen nachprüfbar sein, darf also z. B. nicht
unverständliche Abkürzungen enthalten:

Aus der Abrechnung müssen sich Abrechnungszeitraum, Zusammenstellung
der Gesamtkosten und der Umlegungsmaßstab ergeben, bei einem unter
das WEG fallenden Wohnungseigentum also auch der jeweilige Miteigen-
tumsanteil, ferner abzuziehende Vorauszahlungen, bei den Heizkosten auch
der Anfangsheizmittelbestand, die für das Gebäude erfolgten Lieferungen
und der Endbestand. Außerdem dürfen nur die vom Mieter nach dem Mietvertrag zu zahlenden Kosten aufgeführt sein. Bei einheitlicher Erfassung von
Kosten dürfen solche zusammengefasst werden, z. B. bei Wasser- und Ent-
wässerungskosten oder bei Versicherungen. Für leerstehende Räume muss
der Vermieter die entsprechend der Flächen anteiligen Betriebskosten selbst
übernehmen.

Es gibt eine Abrechnung nach Leistungs- oder Ausgabenprinzip. Bei der ersteren berücksichtigt der Vermieter nur die Kosten für Leistungen oder Lieferung im Abrechnungszeitraum. Bei der Abrechnung nach Ausgaben berücksichtigt der Vermieter nur seine im Abrechnungszeitraum geleisteten Zahlungen, gleichgültig ob sie im Abrechnungszeitraum oder vorher oder nachher anfallende Betriebskosten betreffen.

Für alle nach Verbrauch oder Verursachung anfallenden Betriebskosten, also insbesondere für Heizung ist nur die Abrechnung nach Leistungsprinzip
zulässig. Hier müssen also nur die im laufenden Abrechnungszeitraum entstandenen Kosten berücksichtigt werden. Alte nicht in den Abrechnungszeitraum fallende Rechnungen gehören nicht in die Abrechnung, ebenso wenig
z. B. vom Vermieter an Versorgungsunternehmen geleistete (Abschlags-
)Zahlungen anstelle der im Abrechnungszeitraum verbrauchten Brennstoffe.

<u>Andere</u> Betriebskosten, z. B. die Grundsteuer können nach dem Ausgabenprinzip abgerechnet werden.

<u>Nicht</u> in eine Betriebskostenabrechnung gehören Reparatur- oder Instandhaltungskosten, auch wenn solche vom Mieter rechtswirksam übernommen sein sollten (Rn 176 ff.), ebenso Verwaltungskosten.

<u>Belege</u> müssen der Abrechnung nicht beiliegen. Auf Wunsch des Mieters muss der Vermieter aber die an ihn ergangenen Rechungen einsehen lassen, auch einen etwa bestehenden Contractingvertrag des Vermieters.

<u>Kopien der Belege</u> kann der Mieter vom Vermieter bei der Vermietung preisgebundener Wohnräume verlangen (§ 29 Abs. 2 S. 1 Neubaumietenverordnung). Bei der Vermietung preisfreier Wohnräume muss der Vermieter dem Mieter dagegen in der Regel keine Kopien zur Verfügung stellen, ausgenommen der Vermieter verstößt gegen den Grundsatz von Treu und Glauben, z. B. wenn dem Mieter eine Einsichtnahme in die Belege beim Vermieter nicht zugemutet werden kann, z. B. wegen weiter Entfernung zwischen Wohnsitz des Mieters und dem des Vermieters, oder wenn nach einem Umzug dem Mieter die Kosten einer Reise nicht zugemutet werden können. Dann muss der Mieter dem Vermieter aber die Kosten für die Herstellung und Übersendung der Kopien erstatten.

<u>V.   Die Pflicht zur Leistung von Schadenersatz</u>

Eine Verpflichtung des Vermieters zu Schadenersatzleistungen an seinen Mieter kann aus verschiedenen Rechtsgründen entstehen. Immer ist aber Voraussetzung, dass der Vermieter die zum Schaden führende Handlung zu vertreten oder den Schaden verschuldet hat (Rn 31):

Erfüllt der Vermieter seine <u>Pflicht zur Übergabe</u> der gemieteten Räume nicht   131
(Rn 103 ff.), weil er z. B. die Räume einem anderen Mieter überlassen oder dem Vormieter nicht rechtswirksam oder nicht rechtzeitig gekündigt hat, oder die zum Übergabetermin fest versprochenen Räume noch nicht bezugsfertig sind, ist er verpflichtet, dem Mieter den ihm dadurch entstehenden Schaden zu ersetzen. Dieser kann darin bestehen, dass der Mieter vergleichbare andere Räume anmieten und eine höhere Miete bezahlen muss, oder dass er von seinem bisherigen Vermieter auf Räumung oder Schadensersatz verklagt wird und dadurch Kosten hat.

Auch Schadenersatz wegen <u>Nichterfüllung von Nebenleistungen</u> kommt in   132
frage, wenn dem Mieter z. B. Kosten für Beschaffung von Wasser entstehen, weil der Vermieter die Wasserzufuhr abstellt, obwohl die Wasserversorgungseinrichtungen intakt sind, oder der Mieter Kosten für eine Zusatzhei-

zung aufwenden muss, weil der Vermieter die Heizung abstellt oder zu nieder einstellt.

133   Schließlich besteht eine Schadenersatzpflicht z. B. auch, wenn der Vermieter seine Erhaltungspflicht (Rn 112 ff.) verletzt und dem Mieter wegen Mängel ein Schaden entsteht (Rn 219), wenn z. B. Einrichtungsgegenstände des Mieters beschädigt werden, weil der Vermieter das undichte Dach seines Hauses nicht reparieren lässt, oder weil der Vermieter entstehende Mängel trotz Aufforderung des Mieters nicht beseitigen lässt.

Auch eine Schadenersatzverpflichtung wegen Verletzung andere Pflichten, z. B. der Fürsorgepflicht oder der Verkehrssicherungspflicht kommt infrage, wenn z. B. ein Besucher des Mieters bei Glatteis auf einem nicht gestreuten Zugang sich verletzt. Gegen solche Schäden pflegen sich Vermieter durch eine Grundstückshaftpflichtversicherung abzusichern.

Zu einer etwaigen Schadenersatzpflicht wegen Verletzung der Sorgfaltspflicht bei den Vertragsverhandlungen siehe Rn 70 ff. und im Falle einer Anfechtung des Mietvertrages durch den Mieter Rn 271.

134   Die Schadenersatzverpflichtung besteht darin, dass der Zustand wiederherzustellen ist, der bestehen würde, wenn der zum Ersatz verpflichtende Umstand nicht eingetreten wäre. Ist das nicht möglich oder handelt es sich um die Beschädigung einer Sache, ist Schadenersatz durch eine Geldzahlung zu leisten. Ebenso ist der Vermieter zu einer Geldleistung verpflichtet, wenn ihm vom Mieter erfolglos eine mögliche Frist zur Leistung oder Nacherfüllung gesetzt worden ist (§§ 249 ff., 280 ff.).

135   Erfüllt der Vermieter Ansprüche seines Mieters erst nachdem er mit seiner Leistung in Verzug (Rn 32) geraten ist, muss er dem Mieter den durch die Verspätung entstandenen Schaden ersetzen.
Im Falle eines Verzuges mit einer Geldzahlung kann der Mieter Verzugszinsen in der Höhe verlangen, in welcher er z. B. Kreditzinsen bezahlen muss oder Anlagezinsen verliert. Zur Höhe der Zinsen siehe Rn 32

C. Die Hauptpflichten der Mieters

Hauptverpflichtung des Mieters ist, das vereinbarte Entgelt zu bezahlen = die Miete (Rn 136 ff.) und, soweit nach dem Mietvertrag geschuldet, auch Betriebskosten (Rn 149 ff.). Zu einer Änderung des Entgeltes während der Mietzeit bei einem Wohnraummietverhältnis siehe Rn 229 ff. und bei einem Geschäftsraummietverhältnis Rn 259 ff..

<u>I. Die Miete</u>

1. Die verschiedenen Arten von Mieten

Als Miete können Vermieter und Mieter einen <u>Geldbetrag</u> oder eine <u>geldwerte Leistung</u> vereinbaren, also z. B.

- die Zahlung von Geld, oder
- die Lieferung von Sachen (z. B. Lebensmittel), oder
- die Leistung von Diensten (z. B. Hausmeisterdienste, Gartenarbeiten, Krankenpflege, Altenpflege).

In der Regel wird die Miete in Form von wiederkehrenden Leistungen in Höhe eines festen Geldbetrages nach bestimmten Zeitabschnitten - in der Regel nach Monaten – festgelegt. Es kann aber auch eine <u>Einmalzahlung</u> für die ganze Mietzeit vereinbart werden.

Ist schon im Mietvertrag festgelegt oder wird vereinbart, dass sich die Miete während der Mietzeit ändern soll, kann es sich um eine <u>Staffelmiete</u> oder um eine <u>Indexmiete</u> handeln. Zur Zulässigkeit von Staffelmieten oder Indexmieten siehe Rn 231 ff..

Bei <u>Geschäftsraummietverhältnissen</u> kommt es auch vor, dass ein bestimmter <u>Prozentsatz</u> des vom Mieter oder Pächter in den gemieteten Räumen erzielten Ertrages oder Umsatzes als Miete festgelegt wird, was z. B. auch bei der Vermietung von Büroräumen an Anwälte zulässig ist. Beim Umsatz gehört die Umsatzsteuer dazu, wenn im Vertrag nicht ausdrücklich steht, dass der Umsatz ohne Umsatzsteuer maßgebend ist. Siehe in diesem Zusammenhang auch zur möglichen Pflicht zur Benutzung der Mieträume Rn 173.

<u>Nettomiete</u> bzw. <u>Kaltmiete</u> ist die Miete, die nur für den Gebrauch der Mieträume gezahlt wird. <u>Bruttomiete</u> bzw. <u>Warmmiete</u> ist die Miete, die sich aus Nettomiete und Betriebskosten zusammensetzt. Vermieter und Mieter können eine Netto- oder Bruttomiete vereinbaren. Nur dürfen Heizkosten in die Bruttomiete dann nicht einberechnet werden, wenn über die Heizkosten nach der HKV abgerechnet werden muss (Rn 126).

Bei <u>Wohnraummietverhältnissen</u> gibt es den Begriff der *ortsüblichen Miete*, auch *ortsübliche Vergleichsmiete* genannt. Es ist die Miete, welche
- für nicht preisgebundene Wohnräume je nach deren <u>Art</u>, <u>Größe</u>, <u>Ausstattung</u>, <u>Beschaffenheit</u> der und <u>Lage</u> der Wohnung
- in der <u>gleichen</u> oder einer <u>vergleichbaren Gemeinde</u>
in den letzten 4 Jahren vereinbart oder geändert worden ist (§ 558 Abs. 2). Näheres siehe Rn 237.

136

137

138

Ebenfalls bei Wohnraummietverhältnissen gibt es noch den Begriff der *un-angemessen Miete*. Das ist eine Miete für Wohnräume, welche die ortsübli-che Miete um mehr als 20 % übersteigt (§ 5 Wirtschaftsstrafgesetz). Aus-nahmsweise darf die ortsübliche Miete auch überschritten werden, wenn die höhere Miete zur Deckung der laufenden Aufwendungen des Vermieters er-forderlich ist, oder wenn der Mietzins vor dem 31.12.1997 wegen baulicher Änderungen nach dem bis 31.08.2001 geltenden Gesetz zur Regelung der Miethöhe erhöht worden ist.

139   Bei Wohn- oder Geschäftsraummietverhältnissen gibt es noch den Begriff der *wucherischen Miete*: Wucherisch und damit sogar strafbar (§ 291 Abs. 1 Nr. 1 StGB) handelt ein Vermieter, wenn er eine Miete verlangt, die in einem "auffälligen Missverhältnis" zum Gebrauchswert der Räume steht, <u>und</u> die der Mieter darüber hinaus zu zahlen verspricht, weil er infolge einer Mangel-lage auf dem Wohnungsmarkt in einer Zwangslage ist. Maßgebend sind die Verhältnisse bei Abschluss des Mietvertrages. Bei der Vermietung von Wohnräumen nimmt die Rechtsprechung Wucher an, wenn die Miete den angemessenen Mietzins um etwa 50 % oder mehr übersteigt, bei Geschäfts-räumen um etwa 100 %. oder mehr.

2. Die Vereinbarung der Miete

140   Für die Vereinbarung der Höhe einer Miete gilt für <u>Geschäftsräume</u> und <u>preisfreie Wohnräume</u> (Rn 42) zunächst folgendes:
Der Vermieter kann bei Abschluss eines Mietvertrages die Miete verlangen, die der ausgewählte Mieter zu zahlen bereit ist. Die Vereinbarung darf nur nicht gegen die unter Rn 17 ff. beschriebenen Schranken verstoßen, also
- nicht gegen eine gesetzliche Vorschrift, z. B. Vorschriften der HKV oder des MietNovG von 2015 (Rn 142), und auch
- nicht gegen die guten Sitten (Rn 18), also insbesondere nicht <u>wucherisch</u> (Rn 139) oder für Wohnräume <u>unangemessen</u> (Rn 138) sein.

Nur wenn der Vermieter vom Staat Mittel nach dem Gesetz zur Förderung der Modernisierung von Wohnungen und zur Einsparung von Energie erhal-ten hat, darf er bei einer <u>Neuvermietung</u> preisfreier Wohnräume von einem Mieter nur die <u>ortsübliche</u> Miete (Rn 138, 237 ff.) verlangen.

Außerdem muss der Vermieter in einem Gebiet, das von seiner Landesre-gierung zu einem „Gebiet mit angespanntem Wohnungsmarkt" bestimmt worden ist, bei der Vermietung preisfreier Wohnräume die unter Rn 142 ff. beschriebene dort geltende Mietpreisbremse beachten.

141   Bei der Vermietung <u>preisgebundener</u> Wohnräume (Rn 41) darf der Vermie-ter keine höhere Miete als die Vergleichs- oder Kostenmiete nach §§ 8, 8 a + b WoBindG verlangen.

3. Die Mietpreisbremse

Seit 2015 darf jedes Bundesland, in dem es „Gebiete mit angespanntem Wohnungsmarkt" gibt, nach einer Ermächtigung durch den Bundesgesetzgeber – zunächst beschränkt bis 2020, inzwischen verlängert bis 2025 – durch einen <u>Erlass</u> solche Gebiete zu einem „Gebiet mit angespanntem Wohnungsmarkt" bestimmen. Der Erlass muss bezüglich der betroffenen Gemeinde entsprechend <u>begründet</u> **und** mit der Begründung <u>bekannt gemacht</u> werden, wenn er rechtswirksam sein soll.

Der rechtsgültige Erlass hat dann zur Folge, dass beim Abschluss eines Mietvertrages über im betreffenden Gebiet liegende preisfreie Wohnräume (Rn 42) vom Vermieter folgendes beachtet werden muss (§§ 556 d ff.):

(1) Der Vermieter darf für eine bis 30.9.2014 bereits genutzte und vermietete Wohnung nur eine um höchstens 10 % über der ortsüblichen Miete (Rn 138) liegende Miete verlangen bzw. vereinbaren. Es muss also zunächst die ortsübliche Miete für die Wohnung festgestellt werden, z. B. aus einem etwa bestehenden Mietspiegel, bei dem vom Oberwert der Bandbreite ausgegangen werden darf.

(2) Lag die vom vorherigen Mieter für die gemieteten Räume (also Wohn- oder auch Geschäftsräume) zuletzt schuldete Miete mehr als 10 % über der ortsüblichen Miete, darf eine Miete <u>bis zur Höhe dieser Vormiete</u> vereinbart werden. Bei Berechnung der Vormiete dürfen aber Mietminderungen und Mieterhöhungen nicht berücksichtigt werden, die zwischen Vermieter und Vormieter innerhalb des letzten Jahres vor Beendigung des Mietverhältnisses vereinbart worden sind.

(3) Hat der Vermieter in den letzten 3 Jahren vor Beginn des neuen Mietverhältnisses Modernisierungsmaßnahmen durchgeführt, darf die nach Ziffer (1) zulässige Miete um den Betrag überschritten werden, der sich bei einer Mieterhöhung wegen durchgeführter Modernisierungsmaßnahmen ergeben würde. Siehe dazu Rn 248 ff..

(4) Die nach Ziffern (1) bis (3) genannten Regelungen gelten <u>nicht</u> für nach einer <u>umfassender Renovierung</u> erstmals vermietete Räume.

(5) Wenn der Vermieter die Miete nach den unter Ziffern (2) bis (4) genannten Ausnahmetatbeständen berechnen will, muss er dem Mieter <u>unaufgefordert</u> <u>vor Abschluss</u> des Mietvertrages <u>mindestens in Textform</u> (Rn 15b) Auskunft erteilen

- über die vom Vormieter im letzten Jahr des Vormietverhältnisses bezahlte Miete, oder dass die Wohnung etwa erst nach dem 1.1.2014 erstmals genutzt und vermietet wurde, oder

- über etwa in den letzten 3 Jahren durchgeführte Modernisierungsmaßnahmen, oder dass es sich um die erste Vermietung nach umfassender Modernisierung handelt.

Hat der Vermieter diese Auskunft <u>nicht vor</u> Mietvertragsabschluss oder <u>nicht</u> in der <u>richtigen Form</u> (mindestens Textform) erteilt, kann er sich auf die unter (2) bis (4) genannten Ausnahmetatbestände nicht berufen.
Erteilt der Vermieter die Auskunft in der vorgeschriebenen Form <u>erst nach</u> Mietvertragsabschluss, kann er sich ab Erteilung der Auskunft 2 Jahre lang nicht auf die genannten Ausnahmetatbestände berufen.
(6) Eine bei Nichtbeachtung der unter Rn 140 bis 142 beschriebenen Schranken vereinbarte Miete schuldet der Mieter nur in zulässiger Höhe.
Was der Vermieter von in einem zum „Gebiet mit angespanntem Wohnungsmarkt" bestimmten Gebiet bei der Geltendmachung einer Mieterhöhung während des Mietverhältnisses beachten muss, finden Sie unter Rn 245.

143   Der Mieter preisfreier Wohnräume, die nicht unter die unter Rn 142 beschriebenen Wohnräume fallen, kann einen wucherischen (Rn 139) oder unangemessenen (Rn 138) Teil der Miete vom Vermieter in der Regel ohne vorherige Rüge zurückverlangen (§§ 812 ff.). Eine für unter Rn 142 fallende Wohnräume nach Rn 142 Ziffern (1) bis (5) zuviel bezahlte, also nicht geschuldete Miete kann der Mieter nur zurückverlangen, wenn er einen Verstoß des Vermieters gegen die nach Ziffern (1) bis (5) beschriebenen Vorschriften mindestens in Textform (Rn 15b) gerügt hat, aber nur soweit die Miete nach der Rüge fällig wurde. Hat der Vermieter eine Auskunft erteilt, muss sich die Rüge auf diese beziehen. Für ab dem 1.4.2020 abgeschlossene Mietverträge gilt, dass der Mieter nicht nur die nach der Rüge fällig gewordenen Mietbeträge, sondern auch alle innerhalb der letzten 30 Monate zuviel bezahlten Mieten zurückverlangen kann.

144   Seit Ende Februar 2020 ist im Land Berlin der sogenannte „Mietendeckel" in Krafft. Nach diesem dürfen Vermieter dem Vermieter für ihre Wohnung bei einer Wiedervermietung nicht mehr als die Nettomiete des Vorgängers verlangen, maximal jedoch höchstens 9,80 € pro qm. Ab 2022 gibt es einen Inflationsausgleich von 1,3%. Ausnahmen gibt es für Ein- und Zweifamilienhäuser. Ferner sind Wohnungen in seit Anfang 2014 bezugsfertigen Neubauten ausgenommen, ferner Sozialwohnungen, Wohnungen sozialer Träger und Wohnungen in Wohnheimen.
Es ist höchst umstritten, ob ein Bundesland überhaupt berechtigt ist, mit einem Gesetz die Vorschriften des BGB abzuändern, für die nach unserem Grundgesetz nicht ein Land sondern nur der Bund zuständig ist. Ein klärendes Urteil des Bundesverfassungsgericht darüber ist abzuwarten.

4. Die Fälligkeit der Miete

145   Die Miete für Wohn- und Geschäftsräume muss bis spätestens am 3. Werktag des Zeitabschnittes bezahlt werden, für den sie vereinbart ist, also bei monatlich zu zahlender Miete spätestens am 3. Werktag des Monats (§ 556 b Abs. 1). Der Samstag gilt dabei nicht als Werktag.

Der Mieter muss die Miete dem Vermieter übersenden. Für die Rechtzeitig-
keit der Zahlung kommt es ausnahmsweise auf die Absendung, also auf den
Zeitpunkt eines Überweisungsauftrages an, und nicht auf den Eingang der
Zahlung. Dagegen trägt die Gefahr für die Übermittlung der Miete der Mieter.
Eine vorformulierte Klausel (Rn 20 ff.) im Mietvertrag, nach der die Miete am
3. Werktag eingegangen sein muss, ist wegen unangemessener Benachteiligung des Mieters unwirksam.

Hat der Mieter gegen den Vermieter einen fälligen Zahlungsanspruch, z. B. 146
für die Beseitigung eines Mangels (Rn 220), oder wegen eines Aufwen-
dungsersatzes (Rn 222 ff.), kann er seine Mietzahlungspflicht in der Regel
durch "Aufrechnung", das heißt durch Verrechnung (§§ 387 ff. und Rn 26)
erfüllen. Zum Aufrechnungsverbot siehe alles Nähere unter Rn 226.
Zum Verzugsschaden bei verspäteter Zahlung der Miete siehe Rn 135. Zahlt
der Mieter die geschuldete Miete nicht oder verspätet, kann das den Wohnraumvermieter zu einer Kündigung aus berechtigtem Interesse (Rn 328) o-
der sogar zu einer fristlosen Kündigung (Rn 348 ff.) berechtigen. Zur Geltendmachung der Miete durch den Vermieter siehe Rn 476 ff., und zur Verjährung der Miete Rn 391.

5. Dauer und Wegfall der Mietzahlungspflicht

Die Mietzahlungspflicht des Mieters besteht während der ganzen Mietzeit, 147
auch in der Zeit, in welcher der Mieter die Mieträume aus von ihm zu vertretenden Gründen nicht benutzt, oder bei einem durch eine Kündigung endenden Mietverhältnis bis zum Ende der Kündigungsfrist.
  Beispiele für vom Mieter zu vertretende Gründe: Der Mieter kann für ihn
  günstigere Räume anmieten, oder inzwischen fertiggestellte eigene
  Räume benutzen; - er benötigt die Mieträume wegen einer beruflichen
  Veränderung oder wegen Umzugs nicht mehr; - er kann wegen Krankheit
  oder anderer in seiner Person liegenden Gründen sein Geschäft nicht
  mehr weiterbetreiben.
Zu vertreten ist es vom Mieter auch, wenn er aus in seinem Verantwortungsbereich liegenden Gründen die Mieträume nicht oder nicht mehr benutzen kann, wenn z. B. die gemieteten Räume wegen eines vom Mieter
vorsätzlich oder fahrlässig verursachten Brandes längere Zeit nicht benutzt
werden können, oder wenn der Mieter ins Alters- oder Pflegeheim geht oder
seine Wohnung wegen langer Krankheit nicht benutzen kann.
Stirbt der Mieter, geht die Mietzahlungspflicht auf die dann in das Mietverhältnis eintretende Person über (Rn 98 ff.).

Allerdings muss der Vermieter etwa ersparte Aufwendungen, z. B. nicht anfallende Betriebskosten abziehen oder andere Vorteile auf die Miete anrech-
nen, sodass es dann auch zum Wegfall oder einer Verringerung der Zahlungspflicht kommen kann. Es reicht aber nicht aus, wenn lediglich die bei
einem Mieterwechsel üblichen Ausbesserungsarbeiten in den leeren Räu-

men schon vor dem Ende des Mietverhältnisses oder dem Beginn eines neuen Mietverhältnisses durchgeführt werden. Dann entfällt die Mietzahlungspflicht des ausscheidenden Mieters nicht.

Eine Verpflichtung des Vermieters zur Weitervermietung der Räume, wenn der Mieter sie nicht benutzt, besteht in der Regel nicht. Ob und wie der Mieter vielleicht einen Wegfall seiner Zahlungspflicht erreichen kann, wenn er die Mieträume nicht mehr benötigt, erfahren Sie unter Rn 268.

148   Die Mietzahlungspflicht des Mieters <u>entfällt</u> während der Mietzeit, wenn und solange dem Vermieter bei Beginn des Mietverhältnisses die Übergabe der Räume nicht möglich ist (§§ 323, 325), z. B. weil der alte Mieter die Mieträume noch nicht geräumt hat, oder wenn die Mieträume während der Mietzeit unbenutzbar werden, z. B. infolge eines nicht vom Mieter verursachten Brandes oder eines Wassereinbruchs.
Hat der Vermieter die Unmöglichkeit verschuldet, weil er z. B. dem vorherigen Mieter zu spät gekündigt hat, oder weil der Vermieter das schon lange undichte Gebäudedach nicht instandsetzen ließ, kann der Mieter sogar noch Schadenersatz verlangen (Rn 131).

Der Mieter ist von der Mietzahlungspflicht auch befreit, solange der Vermieter die leerstehenden Räume selbst benutzt oder einem Dritten überlässt, z. B. wenn der Vermieter die Räume nach oder vor dem Ende des Mietverhältnisses umbaut, oder er vermietet die vom Mieter vorzeitig geräumten Räume an einen Dritten und überlässt sie ihm schon vor dem Ende des Mietverhältnisses.

II. Die Kosten für Nebenleistungen und die Betriebskosten

Welche Kosten der Mieter neben der Miete bezahlen muss, ergibt sich aus den Regelungen im Mietvertrag: Sie setzten sich aus den Kosten für etwaige Nebenleistungen des Vermieters (Rn 116 ff.) und den unter Rn 121 genannten zu den Lasten des Grundstücks gehörenden in § 2 der BetrKV festgelegten Betriebskosten zusammen.

1. Die Kosten für Nebenleistungen

149   Soweit <u>Dritte</u> den Mieter beliefern, z. B. mit Wasser, Gas, Strom oder Heizwärme durch ein Wasserwerk, Gas- oder Stromlieferanten oder ein Heizkraftwerk, muss der Mieter den Lieferanten direkt bezahlen.

Erhält der Mieter Nebenleistungen <u>direkt vom Vermieter</u>, gilt folgendes.

150   Vom Vermieter geliefertes <u>Wasser</u>, <u>Gas</u> oder <u>Strom</u> muss der Mieter dem Vermieter bezahlen, wenn das im Mietvertrag vereinbart worden ist..

151   Bei den Kosten für <u>Heizwärme</u> gilt folgendes: Versorgt der Mieter die Mieträume und benötigtes Wasser nicht selbst mit Heizwärme, z. B. durch Öfen oder Boiler, sondern erfolgt die Lieferung von Heizwärme an den Mieter

durch den Vermieter, z. B. durch eine gemeinsame Heizungsanlage, kann der Vermieter seine Kosten vom Mieter als Betriebskosten verlangen, auch wenn das im Mietvertrag nicht ausdrücklich steht. Nur dann muss der Mieter die Kosten für die Wärmelieferung nicht bezahlen, wenn das ausdrücklich so vereinbart worden ist.

Zur Umstellung der Wärmelieferung durch den Vermieter über einen Wärmelieferanten siehe Rn 258.

2. Betriebskosten und andere Lasten

Die anderen in der BetrKV festgelegten <u>Betriebskosten</u> (Rn 121) muss der Mieter dem Vermieter nur bezahlen, wenn und soweit das im Mietvertrag vereinbart ist. Bei allen Raummietverhältnissen ist die Festlegung dieser Zahlungspflicht heute üblich und auch durch eine vorformulierte Klausel (Rn 20 ff.) zulässig, z. B. auch für den Erdgeschossmieter einer Wohnung hinsichtlich der Aufzugskosten, auch wenn dieser den für ihn benutzbaren Aufzug nicht benutzt. Eine unangemessene und deshalb unzulässige Benachteiligung wäre es, den Mieter an den Kosten einer technischen Einrichtung zu beteiligen, die er objektiv gar nicht benutzen kann.   152

Auch nicht bezahlen muss der Mieter unwirtschaftliche Kosten, z. B. eine nicht vertretbare Sachversicherungsprämie. Dass bestimmte Betriebskosten unwirtschaftlich sind, muss aber im Streitfall vom Mieter bewiesen werden, wobei ein Hinweis auf den vom Mieterverband aufgestellten Betriebskostenspiegel nicht ausreicht.

Betriebskosten, die dem Vermieter im Laufe der Mietzeit erstmalig entstehen, z. B. die Kosten für einen Hauswart oder einer vom Vermieter erst später abgeschlossenen Sach- und Haftpflichtversicherung, fallen nur unter die Zahlungsverpflichtung, wenn die Art dieser Betriebskosten vereinbart ist.

Andere ganz neue Betriebskosten muss der Mieter nur bezahlen, wenn das vereinbart ist. Siehe dazu Rn 413.

Für die nicht zu den Betriebskosten gehörenden <u>Verwaltungskosten</u>, z. B. die Kosten der kaufmännischen und technischen Hausverwaltung, oder eine an den Hausmeister gezahlte Notdienstpauschale, gilt folgendes: 153

Ein <u>Geschäftsraummieter</u> muss dem Vermieter entstehende Verwaltungskosten bezahlen, wenn individuell (Rn 23) vereinbart oder durch eine nur vorformulierte Bestimmung bzw. Klausel (Rn 20 ff.) im Mietvertrag festgelegt ist. Eine Begrenzung der Höhe dieser Kosten muss nicht unbedingt festgelegt werden. Andere Kosten, z. B. <u>Reparatur- und Instandsetzungskosten</u> (Rn 112) müssen vom Geschäftsraummieter nur bei einer <u>individuellen Vereinbarung</u> (Rn 23) bezahlt werden.

Ein <u>Wohnraummieter</u> muss andere Lasten, also <u>Verwaltungskosten</u>, <u>Reparaturkosten</u> oder gar die Kosten für eine <u>Instandhaltungsrücklage</u> auf keinen bezahlen, auch keine Verwaltungskostenpauschale.

Zur Abwälzung von Instandhaltungspflichten siehe auch Rn 174 ff., 182.

3. Die Festlegung der zu zahlenden Betriebskosten im Mietvertrag und deren Fälligkeit

154 Soll der Mieter alle auf ihn abwälzbare Betriebskosten bezahlen müssen, reicht im Mietvertrag die Festlegung aus *„Der Mieter hat die Betriebskosten gemäß BetrKV"* (genau: § 2 der BetrKV) oder *„nach Anlage 3 zu § 27 der II. B V"* zu zahlen. Die Kosten können aber auch einzeln aufgeführt werden. Die unter Rn 121 aufgezählten „Sonstigen" Betriebskosten müssen ausdrücklich aufgeführt werden. Siehe dazu auch Rn 413 ff..
Zahlt der Mieter die Betriebskosten jahrelang anstandslos, ohne dass seine Verpflichtung dazu im Mietvertrag steht, kann auch eine stillschweigende (Rn 8) Vereinbarung angenommen werden.

155 Vermieter und Mieter können vereinbaren, dass der Mieter zur Abgeltung im Mietvertrag festgelegter Betriebskosten ohne Rücksicht auf deren tatsächliche Höhe eine Pauschale schuldet, die in der Regel in monatlichen Raten zusammen mit der Miete zu zahlen ist. Das wird meist dann geschehen, wenn die genaue Höhe der Kosten nicht oder nur schwierig oder nur mit unverhältnismäßigen Aufwand festgestellt werden kann. Ist die Pauschale erheblich höher als die ungefähren festgelegten Betriebskosten, ist die die Betriebskosten übersteigende Pauschale Teil der Nettomiete, für welche die unter Rn 140 ff. beschriebenen Schranken zu beachten sind.
Zu einer Änderung der Pauschale während der Mietzeit siehe Rn 255 ff..

156 Soweit keine Pauschale vereinbart ist, muss der Mieter die festgelegten Betriebskosten in deren tatsächlicher Höhe bezahlen, entweder in Form einer Einmalzahlung auf eine Abrechnung und Aufforderung des Vermieters oder durch im Mietvertrag festgelegte in der Regel monatlich mit der laufenden Miete zu leistende Vorauszahlungen. Soweit die Wohnflächen für die Kosten maßgebend ist, müssen diese nach der tatsächlichen Wohnfläche berechnet werden, auch wenn diese nach öffentlich-rechtlichen Vorschriften nicht als Wohnfläche gelten, z. B. wenn eine Mansarde wegen zu geringer Höhe nicht als Wohnfläche gilt.
Im Falle eines Wohnraummietverhältnisses dürfen diese Vorauszahlungen nur in angemessener Höhe vereinbart werden, sie müssen an den wirklichen Kosten ausgerichtet werden und dürfen diese allenfalls nur leicht übersteigen.

Wichtig für den Wohnraummieter ist noch: Will er gegen die unter Rn 127 ff. beschriebene Abrechnung des Vermieters über die Betriebskosten Einwendungen erheben, muss er diese innerhalb von 12 Monaten ab Zugang der mindestens formell richtigen Abrechnung des Vermieters geltend machen. Erst nach Ablauf dieser Frist geltend gemachte Einwendungen werden nur noch berücksichtigt, wenn der Wohnraummieter die verspätete Geltendmachung nicht zu vertreten hat, wenn also z. B. der Vermieter den Mieter trotz rechtzeitiger Bitte die Belege erst so spät einsehen lässt, dass der Mieter die Frist nicht einhalten kann.

Zum Kürzungsrecht des Mieters, wenn bei Geltung der HKV die Heizkosten nicht nach Verbrauch abgerechnet werden siehe Rn 126.

4. Dauer und Wegfall der Pflicht zur Zahlung von Betriebskosten

Bei der Pflicht zur Zahlung von Betriebskosten gilt hinsichtlich Dauer und   157 Wegfall dieser Pflicht zunächst das gleiche wie unter Rn 147 f. für die Mietzahlung beschrieben worden ist. In den Fällen, in denen die Miete auch im Falle einer Nichtbenutzung der Räume bezahlt werden muss, muss der Mieter nur die Betriebskosten bezahlen, die nicht durch die Benutzung der Räume verursacht werden, also z. B. eine vereinbarte Grundsteuer, dagegen keine Wasserkosten, solange er kein Wasser entnimmt.

5. Verzug des Mieters mit der Betriebskostenzahlung

Ein Verzug (Rn 32) des Mieters mit der Zahlung von Betriebskosten kann   158 zur Folge haben, dass der Vermieter ein Zurückbehaltungsrecht geltend machen und die Lieferung von Nebenleistungen wie Wasser, Gas, Strom und Heizwärme einstellen kann, außer wenn die Nebenleistung zur Abwendung einer Gesundheitsgefährdung notwendig ist. Siehe auch Rn 382 und 473. Bei einem Wohnraummietverhältnis kann ein Verzug mit der Bezahlung von Betriebskosten auch eine Kündigung des Mietverhältnisses zur Folge haben (Rn 328, 348 ff.).

D. Weitere Pflichten des Mieters

I. Die Leistung einer Sicherheit

Eine Sicherheit (Kaution) soll den Vermieter für den Fall abzusichern, dass ihm am Ende des Mietverhältnisses noch Ansprüche gegen den Mieter zustehen, z. B. wegen rückständiger Miete, Betriebskosten oder Schadensersatz wegen nicht eingehaltener Verpflichtungen.

1. Die Arten von Sicherheitsleistungen

Das sind je nach Vereinbarung <u>Bargeld</u>, die <u>Einzahlung</u> auf ein Konto des   159 Vermieters, auf ein Sperrkonto oder ein Sparkonto mit Sperrvermerk, eine <u>Sicherheitsabtretung</u>, eine <u>Bürgschaft</u> oder eine neuerdings manchmal verlangte Vollstreckungsunterwerfung durch eine für vollstreckbar erklärte <u>notarielle Urkunde</u> (Rn 161, 498).

2. Die Pflicht zur Leistung einer Kaution, der Art und Höhe

Eine Sicherheit muss ein Mieter immer nur dann leisten, wenn er sich dazu, in der Regel im Mietvertrag, verpflichtet hat.

150   Vermieter und Mieter von <u>Geschäftsräumen</u> können frei vereinbaren, welche Sicherheit und in welcher Höhe diese geleistet werden soll, üblich ist vielfach eine Bürgschaft, meistens von einer Bank (Rn 416). Das gilt auch für die Frage, ob und wie der Vermieter einen als Sicherheit gegebenen Geldbetrag anlegen muss oder nicht, ebenfalls bei der Frage der Verzinsung. Ist über eine solche keine Vereinbarung getroffen, stehen Zinsen in Höhe der für Spareinlagen mit gesetzlicher Kündigungsfrist bezahlte Zinsen dem Geschäftsraummieter zu, der ihre Auszahlung aber erst bei der späteren Abrechnung der Sicherheit verlangen kann.

Hat der Mieter eine am Beginn des Geschäftsraummietverhältnisses oder vielleicht schon vorher fällige Kaution nicht geleistet, kann der Vermieter die Übergabe der Mieträume bis zur Leistung der Sicherheit zurückbehalten (Rn 26) oder das Mietverhältnis möglicherweise schon vor dessen Beginn wegen eines wichtigen Grundes kündigen (Rn 301).

Bei einem <u>Wohnraummietverhältnis</u> gibt es hinsichtlich Art und Höhe einer vom Mieter zu leistenden Sicherheit verschiedene Beschränkungen (§ 551):

161   Die <u>Höhe der Kaution</u> darf das 3 – fache der vereinbarten monatlichen Miete ohne eine etwaige Betriebskostenpauschale oder -vorauszahlung nicht übersteigen. Es ist also z. B. nicht zulässig, dass ein Wohnraumvermieter sich neben einer Sicherheit in dieser Höhe noch zusätzlich durch eine Bürgschaft oder eine Schuldmitverpflichtung eines Dritten absichern lässt. Wird eine höhere Sicherheit als zulässig vereinbart, ist die Regelung nur insoweit unwirksam, als die Sicherheit die 3 Monatsmieten übersteigt.

    Beispiel: V vereinbart mit dem Wohnraummieter M eine Kaution in Höhe von 3 Monatsmieten. Darüber hinaus verlangt V, dass der nicht bei M lebende Sohn sich verpflichtet, für etwaige Ansprüche des V aus dem Mietvertrag einzustehen. Die Verpflichtung des Sohnes ist unwirksam.

Zulässig ist dagegen, wenn ein Dritter z. B. durch eine in der Höhe nicht beschränkte Bürgschaft rückständige Mietschulden des Mieters absichert, um eine drohende – möglicherweise sogar fristlose – Kündigung abzuwenden. Ebenfalls zulässig ist es, wenn sich der Vermieter neben einer Kaution durch eine vollstreckbare notarielle Urkunde absichert, in der sich der Mieter einer sofortigen Zwangsvollstreckung wegen der laufenden Miete unterwirft.

162   Ist die Sicherheit vom Wohnraummieter in Form einer Geldsumme (Bargeld oder Einzahlung auf ein Konto) zu leisten, muss ihm gestattet werden, den <u>Betrag in 3 gleichen monatlichen Raten ab Beginn des Mietverhältnisses</u> zu bezahlen, die erste Rate also frühestens an dem Tag, an dem das Mietverhältnis beginnt, und die weiteren mit den nächsten beiden Mietzahlungen. Ist vereinbart, dass der Mieter die ganze Kaution sofort zu zahlen hat, gilt nicht

diese Bestimmung sondern die genannte gesetzliche Regelung. Zahlt der Mieter aber in Unkenntnis der gesetzlichen Bestimmung die ganze Kaution z. B. schon bei Vertragsschluss, kann er sie nicht etwa zurückfordern.

Hat der Wohnraummieter die erste Rate am Beginn des Mietverhältnisses nicht bezahlt und sind ihm die Mieträume vom Vermieter noch nicht übergeben worden, kann der Vermieter die Übergabe der Mieträume (Rn 103) bis zur Bezahlung der schon fälligen Raten zurückbehalten (Rn 26). Zum Kündigungsrecht des Vermieters bei Nichtbezahlung der Kaution siehe Rn 348 Ziffer c.

Einen vom Wohnraummieter zur Verfügung gestellten Geldbetrag muss der Vermieter auf ein sogenanntes insolvenzsicheres Konto, also <u>von seinem Vermögen getrennt</u> bei einem Kreditinstitut zum Zinssatz für Spareinlagen mit 3-monatiger Kündigungsfrist – oder zu anderen zwischen Vermieter und Mieter vereinbarten Anlagebedingungen - anlegen. Die Zinsen stehen bei der späteren Abrechnung und Rückzahlung der Kaution aber immer dem Mieter zu. Die Einzahlung der Kaution kann der Mieter von der Benennung des insolvenzsicheres Kontos abhängig machen.

Im Falle eines Mietverhältnisses über preisgebundene Wohnräume darf eine Kaution darüber hinaus nur zur Sicherung von Schadensersatzansprüchen des Vermieters wegen vom Mieter verursachten Beschädigungen der Wohnung oder wegen nicht ausgeführter Schönheitsreparaturen vereinbart werden, nicht aber für einen Zahlungsrückstand für Miete oder Betriebskosten.

Zur Abrechnung und Rückzahlung der Kaution siehe im 5. Kapitel Rn 389.

3. Die Verwendung einer Sicherheit

Wenn Vermieter und Mieter nicht festlegen, für welche bestimmte Ansprüche des Vermieters die Kaution als Mietsicherheit gegeben wird, darf der Vermieter mit der Sicherheit <u>nach Beendigung</u> des Mietverhältnisses alle offene, auch erst noch fällig werdende Forderungen gegen den Mieter verrechnen. Da die Sicherheit nicht dazu dient, dem Vermieter die Möglichkeit zu geben, sich <u>jederzeit</u> wegen behaupteter Ansprüche aus der Sicherheit zu befriedigen, darf der Vermieter diese <u>während der Mietzeit</u> wegen offener und insbesondere auch noch bestrittener Ansprüche nicht verwerten. Eine etwaigen im Mietvertrag stehende dazu berechtigende Klausel ist unwirksam.

Auch der Mieter ist nicht berechtigt, während der Mietzeit fällig werdende Verpflichtungen mit der Kaution zu verrechnen.

> Beispiel: Der Vermieter kündigt, weil der Mieter mit 2 Monatsmieten in Verzug ist. Der Mieter kann dann nicht einwenden, der Vermieter könne den Rückstand mit der von ihm geleisteten Kaution verrechnen. Die Sicherheit des Vermieters würde dadurch ja geschmälert.

Wird als Sicherheit eine Bürgschaft vereinbart, werden die in der Bürgschaftsurkunde genannten Ansprüche des Vermieters abgedeckt. Nicht abgedeckt werden dagegen Verpflichtungen des Mieters, die erst durch eine nachträgliche Vereinbarung zwischen Vermieter und Mieter entstehen.

II. Die Pflicht zur Zahlung anderer außerordentlicher Nebenentgelte

Auch zu anderen Entgelten ist der Mieter nur verpflichtet, wenn das rechtswirksam vereinbart worden ist. Es geht dabei um folgende Entgelte:

1. Die Vertragstrafe

166 Unter einer solchen versteht man eine Geldleistung (§§ 339 f.), die ein Vertragspartner für den Fall verspricht, dass er eine bestimmte ihm nach dem Vertrag obliegende Verpflichtung nicht erfüllt. Die Vertragsstrafe ist in der Regel also ein Druckmittel und soll dem begünstigten Vertragspartner eine meist schwierige Beweisführung für seinen Schaden ersparen.

Beispiel: In einem Mietvertrag wird vereinbart, dass der Vermieter dem Mieter für jeden angefangenen Monat, um den die vermieteten Geschäftsräume erst nach Beginn der Mietzeit bezugsfertig werden, eine Vertragsstrafe in Höhe von 250 € zu zahlen hat.

Ein Wohnraummieter darf zu einem Vertragsstrafeversprechen nicht verpflichtet werden (§ 555). Zulässig wäre in einem Wohnraummietvertrag nur, wenn sich der Wohnraum<u>ver</u>mieter für den Fall einer Vertragsverletzung zur Zahlung einer Vertragsstrafe an den Mieter verpflichtet.

Eine verfallene <u>unangemessen hohe</u> Vertragsstrafe kann vom Gericht auf Antrag des Schuldners herabgesetzt werden (§ 343).

2. Der verlorene oder abwohnbare Baukostenzuschuss

167 Das ist eine Zahlung des Mieters an den Vermieter für den Bau, Umbau oder Ausbau von Mieträumen, die der Vermieter dem Mieter nicht zurückzahlen muss oder die der Mieter abwohnen, also mit der laufenden Miete verrechnen darf.

Im Falle eine Mietverhältnisses über Geschäfts- oder preisfreie Wohnräume darf ein verlorener Baukostenzuschuss vereinbart werden. Zusammen mit dem Mietzins darf der vom Mieter zu leistende Betrag aber nicht gegen die unter Rn 140 beschriebenen Schranken verstoßen. Bei der Vermietung preisgebundenen Wohnraums dagegen darf der Vermieter einen Baukostenzuschuss nicht annehmen, wenn die die öffentlichen Mittel bewilligende Behörde die Annahme verbietet, was in der Regel auch geschieht.

Wenn der Vermieter sich einen abwohnbaren Baukostenzuschuss zahlen lässt, kann er dem Mieter nicht kündigen und auch keine Mieterhöhung verlangen, solange der Baukostenzuschuss nicht abgewohnt ist, ausgenommen es ist im Mietvertrag etwas anderes vereinbart. Endet das Mietverhältnis trotzdem aus irgendwelchen Gründen früher, muss der Vermieter den noch nicht abgewohnten Teil des Baukostenzuschusses zurückzahlen (§ 547).

3. Die Mietvorauszahlung

Ist eine Vorauszahlung auf die zukünftige Miete vereinbart, kann der Vermie- 168
ter diese verwenden wie er will. Der Mieter muss dann keine Miete bezahlen, bis die Vorauszahlung aufgebraucht ist.
Die Vereinbarung einer Mietvorauszahlung ist bei der Vermietung von Geschäfts- oder frei finanzierten Wohnräumen immer zulässig, bei preisgebundenen Wohnräumen dagegen nur, wenn der Vermieter den Betrag für eine Modernisierung der Wohnung verwendet, die zuständige Behörde zustimmt und der Betrag nicht mehr als vier zulässige Jahresmieten ausmacht.
Für das Kündigungsrecht des Vermieters und seine Rückzahlungsverpflichtung (§ 547) gilt das gleiche wie beim abwohnbaren Baukostenzuschuss.
Zahlt der Mieter die Miete für mehr als einen Monat im voraus, kann es ihm passieren, dass er die ab Eröffnung eines Insolvenzverfahrens über das Vermögen des Vermieters fällig werdende Mieten noch einmal an den Insolvenzverwalter bezahlen muss (§ 110 InsO). Zur Mietvorauszahlung im Falle einer Veräußerung der Mieträume siehe Rn 93 f..

4. Das Mietdarlehen

Ein Darlehen ist gegeben (§ 488), wenn der Mieter dem Vermieter auf unbe- 169
bestimmte oder auf eine bestimmte Zeit einen Betrag zinslos oder gegen Zins zur Verfügung stellt. Bei der Vermietung von Geschäfts- oder freifinanzierten Wohnräumen kann ein solches Darlehen jederzeit vereinbart werden. Bei preisgebundenen Wohnräumen gilt das gleiche wie bei der Mietvorauszahlung.
Zurückzuzahlen ist das Darlehen zum vereinbarten Zeitpunkt. Ist dieser nicht festgelegt, ist das Darlehen nach einer Kündigung zurückzuzahlen.

III. Obhutpflicht und Benutzungspflicht des Mieters

1. Die Abwendung von Schäden

Die Obhutpflicht bedeutet, dass der Mieter die gemieteten Räume, das Zu- 170
behör und die mitbenutzten Gebäudeteile und Zugänge weder vorsätzlich noch fahrlässig beschädigen oder gefährden darf. Er muss die Mietsache pfleglich behandeln, also insbesondere auch reinigen. Auch Vorsichtsmaßnahmen gegen Frostschäden fallen darunter, die Beaufsichtigung einer Waschmaschine in einem Raum ohne Bodenentwässerung, das Verschließen von Fenstern und Türen bei Abwesenheit. Dazu gehört auch, dass der

Mieter keinen der ihm überlassenen Schlüssel verliert. Außerdem haftet er genauso auch für Handlungen der Personen, denen er den Gebrauch der Mieträume gestattet, z. B. für Handlungen seiner Angehörigen, Besucher, Handwerker, Kunden, Umzugshelfer oder Untermieter. Der Mieter haftet aber nicht für Schäden, die weder von ihm noch von einer der genannten Personen verschuldet worden sind, wenn also z. B. ein Fremder Fensterscheiben der Mieträume einwirft.

Die Obhutpflicht besteht auch, wenn der Mieter die Mieträume aus von ihm zu vertretenden Gründen nicht gebraucht und benutzt, und nach Beendigung des Mietverhältnisses, solange der Mieter die Mieträume benutzt.

2. Die Beweislast für die Erfüllung der Obhutpflicht

171   Die Verletzung der Obhutpflicht kann zu einer Schadenersatzverpflichtung führen. Im Streitfall muss der Mieter beweisen, dass ein während der Mietzeit in seinem Verantwortungsbereich entstandener Schaden oder Mangel an der Mietsache weder von ihm noch von einer Person schuldhaft verursacht worden ist, für die er einzustehen hat. Zur Beweislast siehe auch bei den Gewährleistungsrechten Rn 217.

3. Die Pflicht zur Anzeige von Schäden und Gefahren

172   Entsteht während der Mietzeit an den gemieteten Räumen ein Mangel (Rn 210 ff.) oder ist etwas gegen eine nicht vorhersehbare Gefahr zu unternehmen, muss der Mieter den Vermieter davon unverzüglich unterrichten (§ 536 c). Verletzt der Mieter diese Pflicht, riskiert er, dem Vermieter den Schaden ersetzen zu müssen, der dadurch entsteht, dass dem Vermieter eine rechtzeitige Abhilfe nicht möglich war. Außerdem verliert der Mieter solange seine etwaigen Rechte wegen des Mangels (Rn 217 Ziffer (5)).

4. Die Pflicht zur Benutzung der Mieträume

173   Im Falle eines Mietverhältnisses über Geschäfts- und Wohnräumenu ist der Mieter in der Regel nicht verpflichtet, die gemieteten Räumer auch zu benutzen. Er muss aber auch bei Abwesenheit seine Obhutpflicht erfüllen (Rn 170), also dafür sorgen, dass während seiner Abwesenheit die Mieträume nicht geschädigt werden.

Für einen Geschäftsraummieter oder Pächter besteht aber eine Benutzungspflicht, wenn diese im Mietvertrag vereinbart worden ist. Insbesondere bei der Verpachtung (Rn 38) eines Geschäftes, das in vermieteten Räumen betrieben wird, wird oft im Interesse des Verpächters eine Verpflichtung des Pächters vereinbart, das Geschäft auch zu betreiben. Ein solches Interesse des Verpächters kann darin bestehen, dass er den Wert des verpachteten Geschäftes erhalten will oder die Höhe der Miete oder Pacht vom Ertrag oder Umsatz (Rn 136) oder andere Einkünfte des Vermieters vom Betrieb des Geschäftes abhängen.

Beispiel: V verpachtet M eine Gaststätte, in der V Geld- und Spielautomaten aufgestellt hat. Im Pachtvertrag ist deshalb festgelegt, dass M die Gaststätte auch betreiben und zu bestimmten Zeiten offen halten muss.

Wenn offensichtlich ein besonderes Interesse des Verpächters an einer Benutzung der Räume besteht, ist sogar von einer stillschweigenden Vereinbarung und damit von einer Benutzungspflicht auszugehen. Bei der Vermietung von Geschäftsräumen in einem Einkaufscenter wird z. B meist Wert darauf gelegt, dass ein Geschäft auch betrieben wird.

IV.   Die Erhaltungspflicht des Mieters

1. Die Pflicht des Mieters zur Erhaltung der Mieträume

Der Mieter ist zur <u>Instandsetzung</u> von Schäden oder Beseitigung von Abnutzungen (also <u>Instandhaltung</u>) an den Mieträumen zunächst verpflichtet,   174
- wenn ein Schaden durch Verletzung seiner Obhutpflicht (Rn 170) entstanden ist, oder
- eine Abnutzung durch Überschreitung seines Gebrauchsrechts oder einer rechtswidrigen Nutzung (Rn 195 ff.) eingetreten ist.

Zur Beseitigung aller anderen Schäden, die ohne Verschulden des Mieters oder Personen, für die er einzustehen hat, und Abnutzungsschäden, die durch eine rechtsmäßige Benutzung der gemieteten Räumen entstehen (Rn 112), ist der Mieter nur verpflichtet, wenn er sich dazu im Mietvertrag in <u>rechtswirksamer Weise verpflichtet hat</u>. In fast jedem Geschäftsraum- oder Wohnraummietvertrag findet man heute entsprechende Bestimmungen.

Während dazu individuelle Vereinbarungen (Rn 23) in der Regel weitgehend zulässig sind, sind viele <u>vorformulierten</u> Bestimmungen bzw. Klauseln wegen Verstoßes gegen die unter Rn 20 – 22 beschriebenen Verbote nichtig. Bei diesen üblichen Regelungen geht es um
- sogenannte „Kleinreparaturen" (Rn 175) und
- die sogenannten „Schönheitsreparaturen" (Rn 176 ff.) und
- andere Instandhaltungsmaßnahmen (Rn 182).

Führt der Mieter auf Grund einer nichtigen Klausel Beseitigungsmaßnahmen durch, kann er seine Aufwendungen vom Vermieter unter ganz bestimmten Voraussetzungen erstattet verlangen. Alles Nähere dazu siehe Rn 225.

2. Die Kleinreparaturen

175   Unter Kleinreparaturen versteht man die <u>Beseitigung kleiner Schäden</u> an Teilen der Mieträume, die dem häufigen Zugriff des Mieters ausgesetzt sind. Beispiele: Hähne und Schalter für Wasser, Gas und Elektrizität, Jalousien, Markisen, WC- und Badeinrichtungen, Verschlusseinrichtungen für Fenster, Türen und Fensterläden, Heiz-, Koch- und Kücheneinrichtungen. Darunter fällt z. B. auch die Wartung eines vom Mieter genutzten Warmwasserboilers. Nicht darunter fällt die Wartung eines mit der vom Vermieter betriebenen Heizungsanlage laufender Boiler. Deren Kosten gehören zu den Betriebskosten (Rn 121) gehören. Keine Kleinreparaturen sind auch Neuanschaffungen.

Dem <u>Geschäftsraum</u>- als auch dem <u>Wohnraummieter</u> kann - auch durch eine vorformulierte Bestimmung (Rn 20 ff.) - die Pflicht auferlegt werden
(1) die <u>Kosten</u> für erforderliche Kleinreparaturen an <u>Gegenständen</u> zu bezahlen, die der Mieter <u>häufig gebraucht und benutzt,</u>
(2) wenn die <u>Kosten je Reparatur</u> derzeit nicht mehr als <u>75 bis 100 €</u> beträgt, und
(3) soweit innerhalb eines bestimmten Zeitraums, z. B. innerhalb eines Mietjahres, nicht mehr als eine Monatsnettomiete oder 8 % der Jahresnettomiete an <u>Gesamtkosten</u> für den Mieter anfallen.

Dem <u>Geschäftsraummieter</u> darf darüber hinaus auch die Verpflichtung auferlegt werden,
-   die oben unter (1) genannten Kosten von Kleinreparaturen nicht nur zu bezahlen, sondern auch die Reparaturen selbst durchzuführen oder durchführen zu lassen, und
- wenn eine Reparatur mehr als die oben unter (2) genannten Beträge kostet und mehr als die oben unter (3) genannten Gesamtkosten anfallen,
- und sich an den Kosten für Neuanschaffungen zu beteiligen, wobei für die Höhe der gesamten Kosten eine Grenze festgelegt werden muss.

Eine zulässige wirksame und unwirksame Klauseln für eine Beteiligung des Mieters an Kleinreparaturen finden Sie unter Rn 438 und 439.

3. Die Schönheitsreparaturen

176   Unter <u>Schönheitsreparaturen</u> in Wohn- und Geschäftsräumen versteht man das Tapezieren und Anstreichen der Wände und Decken, das Streichen der Heizkörper einschließlich der Heizrohre und der Versorgungsleitungen, das Streichen der Innentüren sowie das Streichen der Fenster und Außentüren von innen, die Reinigung der Böden. Bei Geschäftsräumen gehört außerdem noch die Reinigung eines Teppichbodens dazu.

Wer hat Schönheitsreparaturen während der Mietzeit durchzuführen ?

Die Mieten sind heute üblicherweise so kalkuliert, dass Schönheitsreparatu-
ren nicht wie im BGB festgelegt Sache des Vermieters sondern die des Mieters sein sollte. Zwischen Vermieter und Mieter wird im deshalb Mietvertrag
das üblicherweise auch so vereinbart.
Im Falle von <u>Geschäftsraummietverhältnissen</u> erfolgt eine Regelung oft
durch eine „individuelle Vereinbarung" (Rn 23), wenn der Geschäftsraummieter bei Vertragsbeginn in der Regel die gemieteten Räume seinen eigenen Bedürfnissen anpassen möchte. Auch eine „stillschweigende Vereinbarung"(Rn 8) wird oft angenommen werden, wenn Vermieter <u>und</u> Mieter bei
Abschluss des Mietvertrages über Geschäftsräume davon ausgehen, dass
der Mieter die durch eine normale Abnutzung erforderlichen Schönheitsreparaturen auf seine Kosten durchzuführen hat und das im Laufe der Mietzeit
auch macht.

Bei Mietverhältnissen über <u>Wohnräume und auch über Geschäftsräume</u> erfolgt die Regelung der Pflicht zur Durchführung von Schönheitsreparaturen
in der Regel durch vorformulierte Bestimmungen bzw. Klauseln, die aber
nicht gegen ein Gesetz (Rn 17), gegen die guten Sitten (Rn 18) und auch
nicht gegen die unter Rn 20 - 22 beschriebenen Beschränkungen verstoßen
dürfen. Durch die Rechtssprechung des BGH - zuletzt in Urteilen vom März
2015 – wurde die Rechtswirksam der üblichen Klauseln immer weiter eingeschränkt. Deshalb entsprechen solche bis 2015 in Mietverträgen verwendeten vorformulierten Klauseln oft nicht mehr der derzeitigen Rechtslage. Welche Voraussetzungen für die Rechtswirksamkeit solcher Klauseln heute gegeben sein müssen, erfahren Sie nachstehend unter Rn 178 ff..
Bislang von der Rechtssprechung <u>nicht beanstandet</u> ist eine vorformulierte
Bestimmung in einem Mietvertrag, nach welcher der <u>Vermieter</u> während der
Mietzeit von seiner Verpflichtung zur Durchführung von Schönheitsreparaturen während der Mietzeit <u>befreit </u>ist, ist z. B. die Klausel

> *„Der Vermieter ist nicht verpflichtet, während der Mietzeit Schönheitsre-*
> *paraturen auszuführen oder ausführen zu lassen."*

Dann kann der Mieter Schönheitsreparaturen ausführen, muss es aber nicht.
Eine solche Klausel würde den Mieter nur dann unangemessen benachteili-
gen, wenn der Zustand der Räume bei Beginn des Mietverhältnisses ihre
Nutzung unmöglich macht, z. B. bei unverspachtelten Wänden.

Eine vorformulierte Klausel im Mietvertrag, nach welcher dem Mieter zur
Durchführung von Schönheitsreparaturen während der Mietzeit verpflichtet
ist, ist nach der oben erwähnten Rechtssprechung bei der Vermietung von
<u>Wohn- und Geschäftsräumen</u> nur rechtswirksam, wenn der Vermieter dem
Mieter bei Beginn des Mietverhältnisses entweder

1. eine <u>renovierte</u> Wohnung übergibt, oder

2. eine <u>unrenovierte</u> oder <u>renovierungsbedürftige</u> Wohnung übergibt **und** dem Mieter dafür einen <u>angemessenen Ausgleich</u> gewährt.

<u>Renoviert</u> ist nach der Rechtssprechung des BGH eine Wohnung, wenn *„die überlassenen Wohnräume den Gesamteindruck einer renovierten Wohnung vermitteln“*. <u>Unrenoviert</u> oder <u>renovierungsbedürftig</u> ist eine Wohnung aber nicht erst dann, wenn sie übermäßig stark abgenützt oder gar völlig abgewohnt ist, sondern dann, *„wenn sie Gebrauchsspuren aus einem vorvertraglichen Zeitraum aufweist,* also vom vorheriger Benutzer der Mieträume. Um solche vorvertragliche Abnutzungs- und Gebrauchsspuren zu beseitigen und damit eine renovierte Wohnung übergeben zu können, muss der Vermieter die Wohnräume nicht stets komplett frisch renovieren. Die Vornahme geringer Auffrischungsarbeiten kann genügen. Außerdem bleiben Gebrauchsspuren außer acht, wenn sie so unerheblich sind, *„dass sie bei lebensnaher Betrachtung nicht ins Gewicht fallen“*. Im Interesse der Mietparteien ist es deshalb, dass bei Mietbeginn ein <u>gemeinsames Übergabeprotokoll</u> über den Zustand der Wohnung gefertigt wird.
Der oben unter Ziffer 2 genannte angemessene Ausgleich muss dem Mieter dafür gewährt werden, dass er bei Beginn des Mietverhältnisses keine renovierte Wohnung überlassen bekommt. Angemessen ist dieser Ausgleich in Höhe der für die Renovierung der unrenovierten oder renovierungsbedürftigen Wohnung aufzuwendenden Kosten (Material und Arbeitskosten), der z. B. in einer <u>Geldzahlung</u> oder darin bestehen kann, dass der Mieter für eine bestimmte Zeit <u>weniger</u> oder gar <u>keine</u> Miete entrichten muss.

Bei <u>Geschäftsraummietverhältnissen</u> dürfte die geschilderte Einschränkung durch die Rechtssprechung aber dann nicht gelten, wenn der Mieter bei Mietbeginn die Geschäftsräume seinen eigenen Bedürfnissen anpassen darf und wegen der dafür erforderlichen Arbeiten vorhandene Gebrauchsspuren ohnehin beseitigt.

179   Weil man bei einer Übertragung der Pflicht zur Durchführung von Schönheitsreparaturen durch eine vorformulierte Klausel auf den Mieter früher nicht auf die Renovierungsbedürftigkeit der Mieträume abstellte, dürften auch bei einer Vielzahl bis März 2015 abgeschlossener Mietverträge die obigen Voraussetzungen nicht erfüllt und die entsprechenden Klauseln daher unwirksam sein. Ist es wegen unwirksamer Klausel nicht Sache des Mieters sondern die des Vermieters, erforderliche Schönheitsreparaturen durchzuführen, hat das zur Folge:
1. Der Mieter kann vom Vermieter die Durchführung von Schönheitsreparaturen verlangen (Rn 218 ff.). Nach Entscheidungen des BGH vom 9.7.2020 kann der Vermieter aber verlangen, dass der Mieter an den Kosten der Schönheitsreparaturen, soweit durch diese auch bereits bei Beginn des Mietverhältnisses vorhandene und vom Mieter also hingenommene Abnut-

zungen (Siehe Rn 214b) beseitigt werden, sich - in der Regel sogar hälftig –
beteiligt. Zum Verlangen des Mieters siehe Rn 218 ff..

2. Hat der Mieter die erforderlichen Schönheitsreparaturen auf eigene Kosten in Unkenntnis darüber, dass nicht er sondern der Vermieter zur Durchführung der Schönheitsreparaturen verpflichtet war, bereits durchgeführt,
kann er seine Kosten vom Vermieter unter den unter Rn 223, insbesondere
Rn 225 beschriebenen Voraussetzungen erstattet verlangen, wobei er wie
unter Ziffer 1. mit einer Beteiligung an den Kosten rechnen muss, soweit
durch Schönheitsreparaturen auch ein bereits bei Beginn des Mietverhältnisses bestehende Abnutzungsschäden beseitigt worden sind.

Zu heute von der Rechtssprechung nicht beanstandete und unwirksame
Klauseln über Schönheitsreparaturen siehe Rn 440 ff..

Wie sind dem Mieter obliegende Schönheitsreparaturen durchzuführen?

Der Mieter kann die Arbeiten durch einen Handwerker oder anderen Dritten   180
ten ausführen lassen oder auch selbst ausführen, die Arbeiten müssen nur
ordnungsgemäß, d. h. „fachmännisch" (oder „handwerksgerecht") ausgeführt
sein, z. B. können Raufasertapeten überstrichen werden. Ihre Erneuerung
ist nur notwendig, wenn sie beschädigt sind. Andere erneuerungsbedürftige
Tapeten müssen entfernt und dürfen nicht überstrichen werden.
Eine vorformulierte Bestimmung im Mietvertrag, nach der dem Mieter die
Verpflichtung auferlegt wird, die Schönheitsreparaturen nur von einem Dritten, z. B. einem Fachhandwerker ausführen zu lassen, ist unwirksam, ebenso eine Klausel, nach welcher der Mieter die bisherige Ausführungsart nur
mit Zustimmung des Vermieters ändern darf.
Für die geschmackliche Ausgestaltung der Räume während der Dauer des
Mietverhältnisses, z. B. die Farben, darf der Vermieter dem Mieter keine
Vorschriften machen. Nur für die Beendigung des Mietverhältnisses kann
der Vermieter verlangen, dass sich Räume – unabhängig vom Renovierungsbedarf - nicht in einer ungewöhnlichen Dekoration befinden. Sie muss
so neutral sein, dass sie bei einem durchschnittlichen Geschmacksempfinden nicht störend wirkt. Kräftige Farben muss der Vermieter dann nicht unbedingt akzeptieren, Pastellfarben dagegen sind heute üblich. Weiß gestrichene Räume kann der Vermieter aber auch dann nicht verlangen, wenn sie
dem Mieter so übergeben worden sind.

Wann sind dem Mieter obliegende Schönheitsreparaturen durchzugeführen?

Es gibt Mietverträge, in denen nichts darüber steht, wann Schönheitsreparaturen auszuführen sind. Oft wird ein sogenannter Fristenplan festgelegt, oder auch eine Endrenovierungsklausel:

181a Wenn der Mieter Schönheitsreparaturen nach einem <u>Fristenplan</u> ausführen soll, dürfen die Fristen nach der Rechtssprechung insbesondere beim Wohnraummietverhältnis

- nicht zu kurz und insbesondere
- nicht starr bzw. fest sein.

Die Fristen sollen besagen, wann die Arbeiten „im Allgemeinen" (oder „in der Regel", „grundsätzlich", „üblicherweise") erforderlich werden. Es muss also immer auch <u>auf den Zustand der Wohnräume ankommen</u>, ob die Arbeiten im Einzelfall <u>überhaupt erforderlich</u> sind oder nicht.

Weil keine starren Fristen festgelegt werden sollen, dürfen in der betreffenden Bestimmung eines Wohnraummietvertrages mindestens einer der oben genannten Begriffe „im Allgemeinen" usw. nicht fehlen.

Enthält eine vorformulierte Klausel eine zu kurze oder eine starre Frist, ist nicht nur der Fristenplan unwirksam, sondern auch die Übertragung der Verpflichtung des Mieters zur Durchführung von Schönheitsreparaturen überhaupt unwirksam.

181b Ist im Mietvertrag <u>keine Zeit</u> für die Ausführung der Schönheitsreparaturen bestimmt, muss der Mieter die Arbeiten während der Mietzeit dann ausführen, wenn <u>nach objektiver Betrachtung</u> die Arbeiten erforderlich sind, um die Räume in einen zu Wohnzwecken geeigneten Zustand zu versetzen. Erfüllt der Mieter die durch eine wirksame Vereinbarung übernommene Pflicht nicht und es entsteht dem Vermieter dadurch ein Schaden, muss der Mieter diesen ersetzen.

Beispiel: Der zur Durchführung von Schönheitsreparaturen verpflichtete Mieter streicht Innentüren und Fenster innen 12 Jahre lang nicht. Durch Dampfentwicklung im Bad wird das ungeschützte Holz der Badetüre beschädigt. Der Mieters muss die Kosten für deren Erneuerung bezahlen.

Führt der Mieter während der Mietzeit <u>erforderlich gewordene</u> Schönheitsreparaturen nicht aus, kann der Vermieter diese auch selbst ausführen oder ausführen lassen und dem Mieter die entstehenden Kosten in Rechnung stellen, oder sogar vor Durchführung der Arbeiten einen entsprechenden Vorschuss verlangen. Voraussetzung dafür ist aber, dass der Vermieter dem Mieter vorher eine angemessene Frist zur Ausführung der Arbeiten gesetzt hat (§ 281 Abs. 1). Zu einer etwa zulässigen Kündigung des Vermieters siehe Rn 328.

181c Schönheitsreparaturen am Ende des Mietverhältnisses:

Unzulässig ist es, den Mieter in einer vorformulierten Klausel im Mietvertrag zu verpflichten, die Mieträume am Ende der Mietzeit in einem <u>neu renovierten</u> Zustand zurückzugeben, etwa mit der Klausel

„Der Mieter hat die Mieträume am Ende der Mietzeit in neu renoviertem Zustand zurückzugeben", weil mit dieser Bestimmung nicht darauf abgestellt wird, ob Schönheitsreparaturen am Ende der Mietzeit überhaupt erforderlich sind.

Andererseits ist es ein von der Rechtssprechung anerkanntes Interesse des Vermieters, die Wohnräume in einem Zustand zurückzuerhalten, der bei deren Weitervermietung von möglichst vielen Mietinteressenten akzeptiert wird. Deshalb ist eine vorformulierte Bestimmung zulässig, nach welcher der Mieter die Räume am Ende der Mietzeit <u>in einem von Mietern im allgemeinen akzeptierbaren farblichen Zustand</u> zurückzugeben hat, wobei der Mieter aber durch die Festlegung einer bestimmten Farbe, z. B. „weiß", nicht unangemessen während der Dauer des Mietverhältnisses beeinträchtigt sein darf. Eine solche Klausel finden Sie im 6. Kapitel unter Rn 441. Sind am Ende der Mietzeit nicht nur unerhebliche Gebrauchsspuren (Rn 179) in den Wohnräumen vorhanden, muss der Mieter diese beseitigen oder beseitigen lassen, und zwar <u>vor der Rückgabe</u> der Mieträume.

Hat der Mieter die erforderlichen Arbeiten vor der Rückgabe der Wohnung nicht ausgeführt, gilt das in der Regel dann als Verweigerung seiner Verpflichtung (§ 281 Abs. 2) und gibt dem Vermieter das Recht, vom Mieter als Schadenersatz die Kosten der erforderlichen Schönheitsreparaturen zu verlangen, wenn der Vermieter dem Mieter vorher konkret mitgeteilt hat, welche Arbeiten ausgeführt sein müssen. War dem Mieter das nicht konkret gesagt, muss der Vermieter dem Mieter fruchtlos eine angemessene Frist zur Durchführung der Arbeiten gesetzt haben, bevor er Schadenersatz verlangen kann.

Wenn der Mieter verpflichtet sein soll, am Ende des Mietverhältnisses auf jeden Fall Schönheitsreparaturen auszuführen, kann das nur durch eine <u>individuell ausgehandelte</u> Bestimmung (Rn 23) im Mietvertrag rechtsgültig festgelegt werden. Eine solche individuell ausgehandelte Regelung ist aber dann unwirksam, wenn der Mieter im Mietvertrag durch eine rechtswirksame vorformulierte Bestimmung zu Schönheitsreparaturen auch während der Mietzeit verpflichtet ist. Dann sind beide Bestimmungen, die vorformulierte und die ausgehandelte Bestimmung wegen des „Summierungsverbots" unwirksam.

<u>Abgeltungsklauseln</u>:   181d

In vielen bis März 2015 abgeschlossenen Mietverträgen stehen Abgeltungsbzw. Quotenabgeltungsklauseln, nach denen der Mieter sich am Ende des Mietverhältnisses mit einer bestimmten Quote an den Kosten von Schönheitsreparaturen beteiligen muss. Nach einem 2015 ergangenen Urteil des BGH benachteiligen <u>Quotenabgeltungsklauseln</u> den Mieter immer unangemessen und sind daher <u>unwirksam</u>, weil der Mieter dann schon beim Abschluss seines Mietvertrages hypothetische Betrachtungen anstellen müsste, welche Kostenbelastung auf ihn zukommen könnte.

Abgeltungsbestimmungen können also nur dann rechtswirksam sein, wenn sie in einer individuell verhandelten Vereinbarung (Rn 23) festgelegt worden sind. Im Hinblick auf die neue Rechtssprechung ist aber eine Abgeltungsklausel auch nicht unbedingt notwendig. Denn der Mieter, dem eine renovierte Wohnung oder eine nichtrenovierte Wohnung mit angemessener Ausgleichzahlung bei Mietbeginn übergeben worden ist, und der zur Durchführung von Schönheitsreparaturen auf Grund einer vorformulierte Bestimmung nach Rn 178 verpflichtet ist, muss am Ende der Mietzeit nicht unerhebliche Gebrauchsspuren in den Wohnräumen auf seine Kosten beseitigen. Tut er das nicht, kann der Vermieter Schadenersatz (Rn 181c) verlangen. Deshalb ist es im Grunde auch nicht notwendig, dem Mieter einen Fristenplan vorzuschreiben. Denn es gibt Mieter, bei denen eine Wohnung schon nach 2 Jahren erhebliche Abnutzungsspuren aufweist wie bei anderen nach 10 Jahren.

4. Sonstige Instandhaltungen

182   Die Pflicht zur Durchführung anderer als unter Rn 175 - 181 geschilderter Instandhaltungsarbeiten können einem Mieter in der Regel nur durch eine <u>individuell vereinbarte</u> Regelung (Rn 23) auferlegt werden. Je nach Art des Mietverhältnisses können jedoch dem Mieter ausnahmsweise folgende Pflichten auch durch eine <u>vorformulierte</u> Bestimmung bzw. Klausel (Rn 20 - 22) übertragen werden:

Einem <u>Wohnraummieter</u> kann durch eine vorformulierte Bestimmung die <u>Verpflichtung zur Gartenpflege</u> auferlegt werden, insbesondere wenn er einen Garten oder Gartenteil zur Benutzung mitgemietet hat.

Einem <u>Geschäftsraummieter</u> kann durch eine vorformulierte Klausel verpflichtet werden, an <u>Gegenständen</u>, die er <u>benutzt und gebraucht</u>, auf seine Kosten auch Erhaltungsmaßnahmen durchzuführen, die wegen Abnutzungen oder Schäden erforderlich werden, welche also bei normalem Gebrauch der Mieträume entstehen.
    Beispiel: Eine nur für seine Geschäftsräume betriebene Heizungsanlage muss der Geschäftsraummieter reparieren lassen, wenn er die Instandhaltungspflicht dafür übernommen hat.
Zu Instandhaltungsarbeiten an Gegenständen, die der Geschäftsraummieter <u>zusammen mit anderen Mietern</u> benutzt und gebraucht, kann er durch eine vorformulierte Bestimmung auch verpflichtet werden, z. B. Flächen und Anlagen instandzuhalten und instandzusetzen, die auch andere Nutzer mitbenutzen, wenn dabei aber wenigstens die Höhe der Kosten begrenzt wird, die vom Geschäftsraummieter aufzubringen sind.
    Beispiel: Der Mieter von Geschäftsräumen im Parterre eines mehrstöckigen Gebäudes wird verpflichtet, bis zu einem bestimmten Kostenbetrag im Kalenderjahr auch den Aufzug instandhalten.

Eine Verpflichtung zu <u>allen</u> am Mietobjekt durchzuführenden <u>Instandhaltungsarbeiten</u> darf aber auch dem Geschäftsraummieter durch eine vorformulierte Bestimmung <u>nicht auferlegt</u> werden, z. B. dass er alle Arbeiten an „Dach und Fach" auf seine Kosten auszuführen hat, also auch die Instandhaltung von Mauerwerk und Dach des gemieteten Gebäudes.

Für den Fall eines <u>Pachtverhältnisses</u> ist gesetzlich festgelegt, dass der Pächter das dem Verpächter gehörende <u>Inventar</u> (Rn 76) während der Pachtzeit erhalten und laufend ersetzen muss (§ 582).
    Beispiel: Der Pächter muss für die am ihm überlassenen Fahrzeug erforderlichen Instandhaltungen und Reparaturen aufkommen, auch wenn das im Pachtvertrag nicht steht.
Nur wenn dem Pächter ein Inventarstück infolge eines von ihm nicht zu vertretenden Umstands verloren geht, muss es der Verpächter ersetzen.
    Beispiel: Ein zum Inventar eines Fuhrunternehmens gehörendes ordnungsgemäß verwahrtes Fahrzeug wird gestohlen. Der Verpächter muss das Fahrzeug ersetzen.
Diese Verpflichtung des Verpächters besteht aber nicht, wenn der Pächter das Inventar zum Schätzpreis übernommen hat.

V.   Duldungspflichten des Mieters

1. Die Pflicht zur Duldung erforderlicher Erhaltungsmaßnahmen (§ 555a)

<u>Immer</u> dulden muss Mieter von Wohn- oder Geschäftsräumen, selbst wenn deswegen zeitweilig eine teilweise oder völlige Räumung der gemieteten Räume erforderlich sein sollte, wenn der Vermieter <u>Maßnahmen</u> durchführen will, die er auf Grund einer <u>gesetzlichen Verpflichtung</u> oder <u>behördlichen Anordnungen</u> durchführen muss, z. B. die Nachrüstung alter Heizungsanlagen, Installation von Wärme- oder Wasserzählern nach der HKV, die Anbringung von Rauchmeldern. Das gilt auch für alle am Gebäude oder an den Mieträumen erforderlichen <u>Erhaltungsarbeiten</u>. Einzelheiten siehe hierzu unter Rn 112.
Keine Erhaltungsarbeiten sind es, wenn der Vermieter nur einen anderen Zustand schaffen will, z. B. den Austausch einer funktionierenden Heizung.

183

Art und Umfang der beabsichtigten Arbeiten muss der Vermieter dem Mieter rechtzeitig <u>ankündigen</u>, ausgenommen die Arbeiten sind sofort erforderlich oder beeinträchtigen den Mieter nur unwesentlich, z. B. bei der Auswechslung von Heizkörpern, Herstellung eines Kabelanschlusses oder Ersetzung von Verbrauchsmessgeräten durch Funkmessgeräte.
Soweit der Mieter die geschilderten Maßnahmen dulden muss, kann er vom Vermieter - sogar vorschussweise - seine Aufwendungen, z. B. für Mahlzeiten oder Übernachtung in einer Gastwirtschaft, ersetzt verlangen.

183a

Die Pflicht des Vermieters zur rechtzeitigen Ankündigung der Arbeiten und zur Erstattung der Aufwendungen darf zum Nachteil eines Wohnraummieters nicht abweichend geregelt werden.

2. Die Pflicht zur Duldung durchzuführender Modernisierungsmaßnahmen

184 Vom Vermieter beabsichtigte Modernisierungsmaßnahmen muss er dem Mieter in einer Modernisierungsankündigung (Rn 185 Ziffer 2) mitteilen. Der Mieter muss durch sie unschwer deren Auswirkung auf seine Wohnung erkennen können, und wie lange sie dauern. Bei den Maßnahmen handelt es sich um durchzuführende bauliche Veränderungen im Gebäude des Vermieters (§ 555a),
(1) durch die in der Mietsache weniger Energie verbraucht wird, z. B. der Einbau von Kunststofffenstern oder Wärmedämmung der Außenwände;
(2) durch die nicht erneuerbare Energie (Öl, Gas, Kohle) eingespart und das Klima geschützt wird, z. B. Einbau einer Wärmepumpe, Solaranlage;
(3) durch die der Wasserverbrauch reduziert wird, z. B. Einbau von Wasserzählern;
(4) durch die der Gebrauchswert der Mietsache erhöht wird, z. B. durch pflegeleichter Fußböden, Kacheln statt Farbabstrich, ein Garagenbau für Mieter;
(5) durch die der Wohnwert verbessert wird, z. B. durch Einbau von Rollläden, Sicherheitsschlössern, einer Haussprechanlage;
(6) durch vom Vermieter aus von ihm nicht zu vertretenden Umständen durchgeführte Maßnahmen, z. B. Einbau vorgeschriebener Rauchmelder;
(7) durch Schaffung neuen Wohnraums, z. B. durch Vergrößerung oder Ausbau des Gebäudes.
Die unter Ziffern (1) sowie (3) bis (6) genannten Maßnahmen können für einen Wohnraummieter zu einer Mieterhöhung führen. Siehe Rn 248 ff..

Modernisierungsmaßnahmen sind beispielsweise: Einbau von Bad, WC, Dusche, moderner Installation, größerer Fenster, Wasserenthärtungsanlage, Leuchtdrücker im Treppenhaus, Müllboxen; - Neuanschluss von Gas, Elektrizität, Wasserversorgung; - Einbau elektronischer Funkheizkostenverteiler; Herstellung einer Kanalisation, Fahrradhalle, Fahrradständer, Trockenplatz, Gemeinschaftsantenne oder Kabelfernsehen; - Beleuchtung der Hauseingänge oder Wege, Kinderspielplatz, Herstellung von Balkonen, Blitzableiter, eines Fahrstuhls oder Ausbau einer Zufahrtsstraße.
Keine Modernisierungsarbeiten sind „Luxussanierungen", wenn z. B. goldene Armaturen im Badezimmer angebracht werden sollen. Um keine Modernisierung handelt es sich auch, wenn der Vermieter das Mietobjekt vollständig und umfassend verändern will, z. B. eine Außendämmung zusammen mit neuen Fenstern, einer neuen Heizung, neuen Sanitäranlagen und einem anderen Wohnungszuschnitt.

Vom Vermieter beabsichtigte Modernisierungsmaßnahmen muss der Mieter von Wohn- oder Geschäftsräumen <u>immer dulden</u>, wenn sie nur eine geringe Einwirkung auf seine Mieträume haben (Rn 183b). Ist das nicht der Fall, sind für die Pflicht zur Duldung folgende Regeln zu beachten:

(1) Der Vermieter kann zunächst versuchen, mit dem Mieter eine Vereinbarung über die zeitliche und technische Durchführung der Maßnahmen, über etwaige Gewährleistungsrechte des Mieters (Rn 218 ff.) zu treffen, über seine Aufwendungsersatzansprüche (Rn 222 ff.), und, soweit ein Wohnraummieter betroffen ist, über die künftige Miete.

(2) Wird keine Vereinbarung versucht oder nicht erreicht, muss der Vermieter die von ihm beabsichtigten Maßnahmen dem Mieter spätestens 3 Monate vor ihrem Beginn mindestens in Textform (Rn 15b) <u>ankündigen</u> (§ 555c). Er muss die Art und den voraussichtlichen Umfang in wesentlichen Zügen, sowie deren voraussichtlichen Beginn und Dauer, eine für den Wohnraummieter zu erwartende Mieterhöhung (Rn 248 ff.) und die voraussichtlichen künftigen Betriebskosten mitteilen. Außerdem muss der Vermieter in der Ankündigung <u>darauf hinweisen</u>, dass der Mieter Gründe gegen die vorgesehenen Arbeiten innerhalb eines Monats ab Zugang der Ankündigung dem Vermieter mindestens in Textform mitteilen muss, falls die Durchführung der Modernisierungsmaßnahme für ihn eine <u>unzumutbare Härte bedeuten</u> würde.
Beispiele für Härtegründe: Der Mieter kann wegen der Arbeiten die Mieträume längere Zeit nicht benutzen, muss sie vielleicht sogar zeitweise räumen; - durch die baulichen Maßnahmen wird die bisherige Wohnfläche erheblich kleiner; - der Mieter hat erhebliche noch nicht abgewohnte Kosten für Einrichtungen in den Räumen aufgewandt, die durch die Maßnahmen zerstört würden; dem Wohnraummieter droht eine nicht mehr tragbare Mieterhöhung..
Kein Härtegrund ist gegeben, wenn die geplante Maßnahme „unausweislich" ist.
Bei der Feststellung einer nicht zu rechtfertigenden Härte muss eine Abwägung der Interessen des Vermieters und der des Mieters stattfinden.

(3) Macht der Mieter Härtegründe frist- und formgerecht geltend, und werden seine Härtegründe vom Vermieter anerkannt oder im Streitfall vom Gericht festgestellt, <u>entfällt eine Duldungspflicht</u> des Mieters und der Vermieter kann die beabsichtigten Modernisierungsmaßnahme nicht durchführen. Dabei spielt aber eine nicht tragbare Mieterhöhung keine Rolle. Der Mieter muss diesen Härtegrund aber geltend machen, wenn er möchte, dass dieser Härtegrund bei der späteren Mieterhöhung berücksichtigt werden soll.

(4) Werden Härtegründe nicht anerkannt oder werden solche vom Mieter verspätet oder nicht formgerecht mitgeteilt, ist der Mieter zur <u>Duldung</u> der beabsichtigten Modernisierungsmaßnahme <u>verpflichtet</u>.

Gewährt der Mieter trotz rechtzeitig angekündigter ihn zur Duldung verpflichtender Modernisierungsarbeiten keinen Zutritt zu seiner Wohnung, macht er
sich schadenersatzpflichtig, wenn dem Vermieter zusätzliche Arbeits- und
Anfahrtskosten der Handwerker entstehen.

Das Freiräumung für die Modernisierungsarbeiten benötigter Flächen oder
ein erforderlicher Abtransport von Einrichtungsgegenständen ist nicht Pflicht
des Mieters sondern des Vermieters, der die Sachen aber nur abtransportieren darf, wenn er dem Mieter zuvor mitteilt, wohin diese gebracht oder eingelagert werden. Die Duldungspflicht des Mieters hat zur Folge, dass der
Vermieter dem Mieter die durch die Maßnahmen entstehenden Aufwendungen wie bei der Durchführung von Erhaltungsmaßnahmen (Rn 183) erstatten muss.

Eine zum Nachteil eines Wohnraummieters abweichende Vereinbarung der
vorstehenden Reglungen ist unzulässig.

Zum außerordentlichen Kündigungsrecht des Mieters im Falle von Modernisierungsmaßnahmen oder einer Mieterhöhungserklärung des Vermieters
siehe Rn 297, 316, und zu einem Schadenersatzanspruch, wenn der Mieter
durch Ankündigung einer sogenannten „Herausmodernisierung" zur Räumung veranlasst wird Rn 390.

186   Im MietAnpG 2019 wurde eine „kleine Modernisierung" eingeführt. Diese gibt
es, wenn die vom Vermieter für die beabsichtigte Modernisierungsmaßnahme für die Wohnung des Mieters vor Abzug hypothetischer Erhaltungskosten nicht mehr als 10.000 € kostet. Dann kann der Vermieter die zulässige
Mieterhöhung nach einem „vereinfachten Verfahren" berechnen, das unter
Rn 251 beschrieben wird. Beabsichtigt der Vermieter das, muss er in der unter Rn 185 Ziffer (2) genannten Ankündigung angeben, dass er von dem
vereinfachten Verfahren Gebrauch macht. Dagegen muss er die voraussichtlichen künftigen Betriebskosten nicht angeben.

3. Betreten der Mieträume durch den Vermieter oder Dritte

187   Inwieweit der Mieter dulden muss, dass der Vermieter oder auch Dritte die
Mieträume betreten dürfen, hängt zunächst von etwaigen Vereinbarungen
im Mietvertrag ab. Allerdings ist eine Regelung unwirksam, nach welcher der
Vermieter Wohnräume grundlos jederzeit betreten darf. Ist keine Regelung
getroffen, gilt folgendes:

Der Vermieter und von ihm beauftragte Personen dürfen vermietete Räume
zur Feststellung des Zustandes der Mieträume etwa <u>alle ein bis zwei Jahre</u>
besichtigen. Außerdem muss die Besichtigung gestattet werden, wenn der
Verdacht besteht, dass der Mieter die Räume vernachlässigt hat oder dass
er sie vertragswidrig gebraucht (Rn 195 ff.), oder wenn Erhaltungs- oder
Modernisierungsmaßnahmen durchgeführt werden sollen. Auch dann dürfen

die Räume betreten werden, wenn der Vermieter die vermieteten Räume verkaufen oder anderweitig vermieten will.

Die Besichtigung muss der Vermieter dann rechtszeitig ankündigen, je nach Zweck zwischen 24 Stunden und 14 Tagen vorher. Die Besichtigung muss innerhalb der örtlichen Besuchszeiten liegen. Vorübergehende Hindernisgründe, z. B. Krankheit, Ortsabwesenheit, kann der Mieter geltend machen.

Außer in den genannten Fällen muss der Mieter nicht dulden, dass der Vermieter die vermieteten Räume betritt. Tut er das ohne Wissen oder gar gegen den Willen des Mieters, macht sich der Vermieter eines strafbaren Hausfriedensbruches schuldig (§ 123 StGB). Ausgenommen es ist Gefahr in Verzug. Dann ist der Vermieter zur Selbsthilfe berechtigt (Rn 473).

> Beispiel: Der Mieter des 1. Obergeschosses ist abwesend und hat seine von außen nicht erreichbare Balkontüre offen gelassen. Ein Gewitter kommt auf und droht Schaden an den Mieträumen zu verursachen. Der Vermieter darf dann die Wohnungstür des Mieters öffnen und die Balkontüre verschließen.

Wenn nicht der seltene Fall gegeben ist, dass der Vermieter zur Selbsthilfe berechtigt ist, muss der Vermieter im Streitfall sein Betretungsrecht beim Gericht geltend machen.

VI. Die Pflicht zum Schadenersatz

Für die Verpflichtung des Mieters zur Schadenersatzleistung an seinen Vermieter gilt das gleiche, wie es unter Rn 131 ff. für den Vermieter beschrieben worden ist. Sie besteht, wenn der Mieter mietvertragliche Pflichten nicht erfüllt und dem Vermieter dadurch ein Schaden entsteht. Auch der Mieter pflegt sich durch eine Privathaftpflichtversicherung dagegen abzusichern.

Beispiele für Pflichtverletzungen sind, wenn der Mieter eine übernommene Erhaltungspflicht (Rn 174 ff.) nicht erfüllt, z. B. Schönheitsreparaturen nicht ausführt, oder im Falle einer Verletzung seiner Obhutpflicht (Rn 170), wenn z. B. der Mieters Vorsichtsmaßnahmen gegen das Einfrieren einer Wasserleitung unterlässt, bei Abwesenheit Fenster offen lässt, oder wenn aus einer bei Abwesenheit des Mieters laufenden Waschmaschine Wasser ausläuft, bei einer Belieferung des Mieters mit Möbeln das Treppenhaus beschädigt wird, oder ein Teppichboden durch Farbe beschmutzt oder das Gebäude durch einen schuldhaft verursachten Brand beschädigt wird. Auch eine Verletzung der vom Mieter übernommenen Verkehrssicherungspflicht kann zu einem Personen- oder Sachschaden des Vermieters führen.

Verliert der Mieter Haus- oder Wohnungsschlüssel und ist es nicht ganz unwahrscheinlich, dass diese in die Hände eines Unbefugten gelangt sein können, kann der Mieter verpflichtet sein, die Kosten für den deshalb zu erfolgenden Austausch einer Schließanlage oder Anschaffung neuer Schlösser zu bezahlen, aber nur, wenn der Austausch auch ausgeführt wird.

Oft entsteht eine Schadenersatzverpflichtung auch, wenn der Mieter seine zur Obhutpflicht gehörende Anzeigepflicht (Rn 172) verletzt, den Vermieter also nicht rechtzeitig auf erforderliche Instandsetzungen hinweist, für die der Vermieter zuständig ist, z. B. auf ein undichtes Gebäudedach.
Zu einer etwaigen Schadenersatzpflicht wegen Verletzung der Sorgfaltspflicht bei den Vertragsverhandlungen siehe auch Rn 70 ff. und nach einer Anfechtung des Mietvertrages Rn 270 f..

189   Nach der Rechtssprechung ist der Mieter bei an den Mieträumen durch sein Verschulden entstandenen Schäden in der Regel aber dann nicht zum Schadenersatz verpflichtet, wenn der Vermieter eine Wohngebäudeversicherung abgeschlossen hat, <u>und</u> deren Kosten der Mieter anteilig über die Betriebskosten bezahlt <u>und</u> wenn dem Mieter nur eine einfache (leichte) fahrlässige Handlung bei der Schadensbegehung vorgeworfen werden kann. Dann ist der Vermieter sogar verpflichtet, auf Grund seiner Erhaltungspflicht (Rn 112) den Schaden zu beseitigen, auch dann, wenn er seine Wohngebäudeversicherung selbst nicht in Anspruch nehme will.

190   Durch Verletzung von Zahlungspflichten, insbesondere der Mietzahlung, riskiert der Mieter neben einer Kündigung des Mietverhältnisses eine Schadenersatzverpflichtung, wenn der Vermieter z. B. wegen nicht gezahlter Mieten fest auf 5 Jahre fest vermietete Geschäftsräume schon nach 1 oder 2 Jahren fristlos kündigt und dann einen Schaden erleidet, weil er lange keinen Ersatzmieter findet.
Erfüllt der Mieter Ansprüche seines Vermieters verspätet nachdem er mit seiner Leistung in Verzug geraten ist, hat er dem Vermieter den durch die Verspätung entstandenen Schaden zu ersetzen. Zu den für einen Verzug erforderlichen Voraussetzungen siehe Rn 32. Handelt es sich bei der geschuldeten Leistung um eine Geldforderung, kann der Vermieter während des Verzuges Zinsen für die Zeit zwischen Eintritt des Verzugs und der verspäteten Zahlung verlangen. Zur Höhe der Verzugszinsen siehe Rn 135.
Zum Verzugschaden bei nicht rechtzeitiger Räumung der gemieteten Räume siehe im 5. Kapitel Rn 373, 377 und 385 ff..

Verletzt der Mieter seine Verpflichtungen beim Gebrauch der Mieträume, indem er diese in unzulässigerweise gebraucht, wenn der Wohnraummieter z. B. seine Wohnräume auch zu geschäftlichen Zwecken benutzt, riskiert er, im Wege einer Unterlassungsklage (Rn 477) in Anspruch genommen zu werden. Das gilt auch für den Mieter von Wohn- oder Teileigentum, wenn er gegen die Satzung oder einen Beschluss der Wohnungseigentümer verstoßen sollte.

191   Zum Umfang einer Schadenersatzverpflichtung und zum Erfordernis einer Aufforderung und/oder Fristsetzung zur Leistung oder Nacherfüllung gilt für den Mieter auch das für den Vermieter unter Rn 135 Beschriebene.

3. KAPITEL

Die Rechte von Vermieter und Mieter und die Änderung der Miete während der Mietzeit

A. Die Rechte des Vermieters während der Mietzeit

Zunächst kann der Vermieter von seinem Mieter verlangen, dass dieser alle im 2. Kapitel beschriebenen Verpflichtungen erfüllt. Daneben bestehen im Wesentlichen noch die nachstehend beschriebenen weiteren Rechte:

I. Das Vermieterpfandrecht

Der Vermieter von Räumen hat zur Sicherung seiner Geldforderungen, z. B.   192
auf Zahlung von Miete, Betriebskosten, Schadensersatz, ein gesetzliches Pfandrecht (§§ 562, 578) an den <u>Sachen</u> des Mieters, ausgenommen an <u>unpfändbaren</u> Sachen, die der Mieter unbedingt benötigt (§§ 811 ff. ZPO). Das Pfandrecht besteht an allen vom Mieter während der Dauer des Mietverhältnisses in die Mieträume inklusive einer gemieteten Garage <u>einge-brachten</u> Sachen, z. B. an Einrichtungsgegenständen, Haushaltsgegenständen und -maschinen, TV- oder Stereoanlagen, Wertpapieren, Schmuck, oder an Gegenständen in Büro- oder anderen Geschäftsräumen eingebrachten Sachen. Auch ein PKW ist eine eingebrachte Sache, wenn er regelmäßig in der gemieteten Garage oder auf dem gemieteten Stellplatz abgestellt wird.
Weitere Voraussetzung ist, dass der Mieter beim Einbringen der Sachen in die Mieträume deren <u>Eigentümer ist</u> (Rn 35) oder während der Mietzeit – auch wenn nur kurze Zeit – <u>Eigentümer geworden ist</u>. Folgende Beispiele zum Rechtsverhältnis zwischen dem Vermieter V und dem Mieterehepaar M + F, wobei dieses die gemietete Doppelgarage zur Unterstellung ihrer Fahrzeuge benutzen:
> M ist Eigentümer (Rn 35) seines VW-Golf: V hat das gesetzliche Pfandrecht am Golf; - F hat einen geleasten oder auf Abzahlung unter Eigentumsvorbehalt gekauften Mini: V hat kein Pfandrecht am Mini; – F kauft den geleasten Mini oder bezahlt die letzte Kaufpreisrate und wird deshalb Eigentümer: V hat ab diesem Zeitpunkt ein Pfandrecht am Mini; - M übereignet den in seinem Besitz (Rn 36) verbleibenden Golf zur Absicherung eines Kredites an seine Bank: Das Pfandrecht von V bleibt bestehen, die Bank erwirbt nur ein mit dem vorgehenden Pfandrecht des Vermieters belastetes Sicherungseigentum.

Das Pfandrecht des Vermieters sichert bereits fällige und im jeweils laufenden und darauf folgenden Mietjahr erst fällig werdende Forderungen. Das bedeutet: Wenn der Mieter einen seinem Vermieter geschuldeten Geldbetrag nicht bezahlt, kann der Vermieter die mit dem Pfandrecht belasteten Sachen im Wege einer vom Gerichtsvollzieher durchzuführenden Versteigerung verwerten (§ 1228).

Werden mit dem Pfandrecht belastete Sache aus den Mieträumen <u>entfernt</u>, wenn der Mieter z. B. seinen ihm gehörenden in der gemieteten Garage regelmäßig untergestellten PKW verkauft oder wenn der Möbelhändler im gewöhnlichen Geschäftsverkehr ihm gehörende Waren entfernt, z. B. Möbel einem Käufer ausliefert, geht das bestehende Pfandrecht in der Regel unter. Um das zu verhindern, kann der Vermieter der Entfernung einer mit dem Vermieterpfandrecht belasteten Sache <u>widersprechen</u>, wenn die restlichen in den Mieträumen befindlichen Sachen als Sicherheit für die zu sichernden Ansprüche, die durch das Pfandrecht gesichert werden sollen, nicht ausreichen (§§ 578, 562 a). Statt eines solchen Widerspruchs darf der Vermieter sogar in <u>Selbsthilfe</u> (Rn 473), also notfalls mit Gewalt dagegen einschreiten, wenn mit dem Pfandrecht belastete und als Sicherheit erforderliche Sachen aus den gemieteten Räumen entfernt werden sollen.

Werden mit dem Pfandrecht belastete Sachen <u>ohne Wissen</u> oder gar <u>gegen den berechtigten Widerspruch</u> des Vermieters entfernt, bleibt das Pfandrecht bestehen, wenn der Vermieter binnen einer Frist von 1 Monat vom Besitzer der Sache deren Zurückschaffung durch eine <u>gerichtliche Leistungsklage</u> (Rn 476) verlangt. Die Frist beginnt in dem Zeitpunkt, in dem der Vermieter von der Entfernung der Sache erfährt.

Erwirbt jemand eine Sache aus gemieteten Räumen, bei denen er damit rechnen muss, dass die Sache mit einem Vermieterpfandrecht belastet ist, sollte er sich vor einer Bezahlung vergewissern, dass die Sachen nicht mit dem Vermieterpfandrecht belastet sind. Sonst kann ihm passieren, dass er die Sache an den Vermieter zur Verwertung herausgeben muss.

193 *2. Das Recht des Vermieters zur Aufrechnung*

Hat der Vermieter gegen seinen Mieter und dieser gegen den Vermieter eine fällige Geldforderung, kann der Vermieter seine Schuld beim Mieter durch eine Aufrechnung (Rn 26) ausgleichen. Ein Ausschluss dieses Rechts des Vermieters kann im Mietvertrag durch eine individuell vereinbarte Bestimmung festgelegt werden, was aber in aller Regel nicht geschieht. Zum Aufrechnungsrecht des Mieters siehe Rn 226.

3. Das Recht zur Durchführung von baulichen Veränderungen

194 Als Eigentümer seines Gebäudes oder seiner Wohnung ist der Vermieter berechtigt, Arbeiten und bauliche Veränderungen auszuführen, soweit solche nach baurechtlichen Vorschriften nicht verboten sind, und soweit das Gebrauchsrecht des Mieters (Rn 195 ff.) nicht unzulässigerweise beeinträchtigt wird oder der Mieter zur Duldung verpflichtet ist.

Beispiel: Der Vermieter darf Modernisierungsmaßnahmen (Rn 184) durchführen oder z. B. auf seinem Gebäude eine Mobilfunkanlage installieren lassen, wenn die Strahlungsgrenzwerte eingehalten sind.

Möchte der Vermieter sein Gebäude durch Videokameras überwachen, muss er vor der Installation einer solchen Anlage von etwa durch die Überwachung betroffenen Mietern deren Einverständnis einholen. Ist die Anlage bei Abschluss eines Mietvertrages bereits installiert und in Betrieb, kann vom stillschweigenden Einverständnis des betreffenden Mieters ausgegangen werden.

Näheres zu den Duldungspflichten des Mieters siehe Rn 183 ff..

4. Die Rechte zur Änderung der Miete und Betriebskosten während der Mietzeit und zur Kündigung des Mietverhältnisses

Diese Rechte sind für bei Geschäftsraummietverhältnissen und Wohnraummietverhältnissen verschieden und bei letzteren an weitere Voraussetzungen geknüpft. Alles Nähere über diese Vermieterrechte finden Sie deshalb in den Abschnitten C. und D. sowie im 4. Kapitel.

B. Die Rechte des Mieters während der Mietzeit

Zunächst kann der Mieter von seinem Vermieter verlangen, dass dieser alle im 2. Kapitel beschriebenen Verpflichtungen erfüllt. Daneben bestehen im Wesentlichen noch folgende Rechte:

I. Das Recht zur Benutzung und zum Gebrauch der Mieträume

Der Mieter darf die ihm vom Vermieter übergebenen mangelfreien Mieträume (Rn 103), die etwa zugesicherte Eigenschaften aufweisen müssen, benutzen und gebrauchen:

1. Der Gebrauch nach dem Mietzweck   195

Der Mieter darf die gemieteten Räume zum <u>vertraglich vereinbarte Zweck</u> benutzen, also im Falle eines <u>Geschäftsraummietverhältnisses</u> zu geschäftlichen oder gewerblichen Zwecken, nicht etwa zum Wohnen (Ausnahme Rn 49). In der Regel ist im Mietvertrag näher festgelegt, welche Art von geschäftlicher Nutzung zulässig ist, z. B. als Gaststätte, Arztpraxis, Büro, Schneiderwerkstatt, Fußpflegesalon, Kreditvermittlung usw.. Die im Mietvertrag festgelegte Benutzungsart kann der Mieter nicht ohne Einverständnis seines Vermieters ändern, weshalb für ihn wichtig ist, dass die Festlegung des Benutzungszwecks seinen bei Vertragsabschluss bestehenden oder zukünftigen Bedürfnissen entspricht. Je genauer der Mietzweck im Mietvertrag festgelegt ist oder sich aus dem Mietvertrag ergibt, umso größer ist die Einschränkung des Benutzungs- und Gebrauchsrecht des Mieters, an die er sich halten muss.

Beispiel: Ist im Mietvertrag als Zweck der Betrieb einer Speisewirtschaft festgelegt, darf der Mieter in den gemieteten Räumen nicht eines Tages eine Diskothek betreiben; - in zum Betrieb eines Blumengeschäftes vermieteten Räumen darf der Mieter nicht eines Tages ein Beerdigungsinstitut betreiben.

Im Falle eines <u>Wohnraummietverhältnisses</u> darf der Mieter die gemieteten Räume zum „Wohnen" nutzen, nicht dagegen zu geschäftlichen Zwecken. In Ausnahmefällen muss der Vermieter aber hinnehmen, wenn der Mieter in seiner Wohnung eine geschäftliche oder gewerbliche Tätigkeit ausübt, nämlich dann, wenn von dieser Nutzung nachweislich nach außen keine Beeinträchtigungen ausgehen und weder der Vermieter noch Mitmieter oder Nachbarn gestört werden können. Nicht zulässig ist es z. B., wenn ein Mieter in der Wohnung an 3 Werktagen in der Woche 12 Schülern Gitarre Unterricht erteilen will.

2. Umfang und Grenzen des Gebrauchsrechtes

Beim Gebrauch und bei der Benutzung der gemieteten Räume gibt es Dinge,
- die dem Mieter immer erlaubt sind, oder
- die dem Mieter ohne besondere Erlaubnis des Vermieters verboten sind:

196 Wenn er nicht gegen den im Mietvertrag festgelegten Nutzungszweck verstößt, darf der Mieter die gemieteten Räume immer benutzen, soweit er diese nicht beschädigt oder gefährdet und Dritte nicht über das übliche Maß hinaus stört. Es kann ihm nicht vorgeschrieben werden, was er in den Mieträumen tun darf und was nicht. Er darf selbstverständlich Besuche oder Kunden empfangen und braucht sich dafür vom Vermieter nicht bestimmte Zeiten vorschreiben lassen.

Zum zulässigen Gebrauch gehören auch das Grillen oder Rauchen. Geschieht das außerhalb der geschlossenen Mieträumen, z. B. im Treppenhaus oder auf einem Balkon, einer Terrasse, muss der Mieter auf Dritte, z. B. andere Mieter Rücksicht nehmen, damit diese nicht über das zulässige Maß hinaus belästigt werden (§ 906). Das führt dazu, dass eine Gebrauchsregelung dahingehend getroffen werden muss, nach der dort das Rauchen nur zu bestimmten Zeiten erlaubt ist-
Das Rauchen in der Wohnung kann dem Mieter nur durch eine individuelle Vereinbarung (Rn 23, 433) verboten werden. Durch „exzessives" Rauchen in der Wohnung, das zu Schäden führt, die sich mit normalen Schönheitsrepa-

raturen nicht mehr beseitigen lassen, überschreitet der Mieter den zulässigen vertragsmäßigen Gebrauch und macht sich schadenersatzpflichtig.

Im Übrigen ist bei der Ausübung des Benutzungsrechtes eine für die Wohnung geltende Hausordnung (Rn 84 f.) zu beachten.

Die in den Mieträumen vorhandenen oder im Mietvertrag zugesagten Anschlüsse für Telefon und Fernsehen dürfen benutzt werden, ferner die bei der Nutzung der Mieträume zum vertraglichen Zweck erforderlichen Geräte und Maschinen, also Haushaltsmaschinen und -geräte, insbesondere in Küche und Bad, wenn sie gegen auslaufendes Wasser geschützt sind. Der Betrieb einer Waschmaschine in der Wohnung kann - auch durch eine vorformulierte Bestimmung (Rn 20 ff.) im Mietvertrag - verboten werden.

197

Die Zufahrt mit Fahrzeugen zu den gemieteten Räumen ist dem Mieter gestattet, während er ein Kraftfahrzeug oder Motorrad nur in einer gemieteten Garage oder auf einem Stellplatz abstellen darf, Fahrräder dagegen auch in gemieteten Räumen, z. B. im Keller, jedoch nicht im Hausflur, auf Treppenpodesten oder sonst für die gemeinschaftliche Benutzung vorgesehenen Räumlichkeiten. Soweit es im Mietvertrag nicht ausdrücklich ausgeschlossen wird, darf der Mieter auch Gemeinschaftsflächen mitbenutzen, er darf z. B. dort eine Paketsendung durch einen Lieferanten abstellen lassen. Kinderwagen oder Gehhilfen, auf die der Mieter angewiesen ist, dürfen im Hausflur oder Eingangsbereich eines Miethauses abgestellt werden, solange deren Größe das zulässt und andere Nutzer nicht behindert werden.

198

Kleine Haustiere wie Vögel, Goldhamster, Zierfische, Meerschweinchen oder Zwergkaninchen und ähnliches darf der Mieter ohne Zustimmung des Vermieters in der Wohnung halten.

199

Andere Tiere dürfen nur mit Erlaubnis des Vermieters gehalten werden. Ob und unter welchen Voraussetzungen der Vermieter dem Mieter die Haltung anderer Haustiere erlauben muss, wird von den Gerichten unterschiedlich beantwortet: In der Regel steht es dem Vermieter frei, die Erlaubnis zu erteilen oder nicht. Die Verweigerung der Erlaubnis darf aber nicht rechtsmissbräuchlich sein, also ohne jeglichen Grund erfolgen. Nicht missbräuchlich ist es, wenn der Vermieter eine Erlaubnis verweigert, weil der Mieter ohne Erlaubnis Tiere gehalten hat, oder wenn es zu Störungen gekommen ist oder ein Kampfhund gehalten werden soll. Als berechtigte Gründe des Vermieters für eine Verweigerung der Erlaubnis werden von den Gerichten auch etwaige Geruchs- oder Geräuschbelästigungen anerkannt, oder wenn andere Bewohner sich vor bestimmten Tieren ängstigen. Neben Art und Größe der Tiere kommt es auch auf die Größe der Wohnung an, auf Art und Größe des Hauses, auf die Altersstruktur der Bewohner, auf Bedürfnisse der Mieter (z. B. Blindenhund) und auf das Verhalten des Vermieters in vergleichbaren Fällen.

Nicht zulässig ist die Haltung erlaubnispflichtiger Tiere in einer Eigentums-wohnung, wenn für die Anlage eine Satzung der GdWE oder eine Regelung in der Hausordnung das vernietet. Denn der Vermieter einer solchen Woh-nung kann seinem Mieter nicht mehr Rechte geben, als er als Wohnungsei-gentümer selbst hat.
Nicht unter ein Tierhaltungsverbot fällt, wenn der Mieter Besucher mit deren Haustier empfängt oder bei sich zeitweise aufnimmt, siehe Rn 206.

Werden durch ein mit Erlaubnis gehaltenes Tier Schäden verursacht, haftet der Mieter für diese. Zu vorformulierten Bestimmungen im Mietvertrag über die Tierhaltung siehe Rn 433.

200   <u>Einrichtungen</u> darf der Mieter in den gemieteten Räumen herstellen, sofern solche dem Zweck der Räume dienen und dadurch die Substanz der Räume nicht geändert oder beschädigt wird.
    Beispiele: Wandschrank, Waschbecken, Dusche, Badeeinrichtung, Licht-anlage, Deckenverkleidung, eine die Gebäudestatik nicht verändernde Zwischenwand.
Reklameschilder oder Warenautomaten an Außenflächen dürfen im Falle ei-nes Geschäftsraummietverhältnisses angebracht werden, wenn das örtlich üblich ist. Sonst braucht der Mieter dafür die Erlaubnis des Vermieters

Zur Herstellung von Einrichtungen für eine behindertengerechte Benutzung der Mieträume siehe Rn 204 f..

201   Für Antennen- oder Sendeanlagen gilt:
Besteht für die gemieteten Räume kein entsprechender Anschluss zum Empfang von Fernsehsendern, muss der Vermieter dem Mieter die Herstel-lung einer eigenen <u>Antennenanlage</u>, auch eine Sattelitenanlage, gestatten. Besteht aber ein Anschluss, z. B. ein Kabel- oder Internetanschluss oder ei-ne entsprechende Antennenanlage, muss der Mieter diese Möglichkeiten nutzen. Eine eigene Antenne, z. B. eine Parabolantenne darf er dann nicht ohne Erlaubnis des Vermieters anbringen.
Die Erlaubnis muss der Vermieter nur geben, wenn das Interesse des Mie-ters an seinem Informationsbedürfnis oder seinem religiösen Glauben das Interesse des Vermieters übersteigt, und wenn die Aufstellung der Antenne ohne Beschädigung des Gebäudes und ohne nennenswerte Störung des optischen Eindrucks möglich ist. Außerdem muss der Vermieter seine Mieter gleich behandeln.
Für einen ausländischen Mieter reicht es aus, wenn er z. B. mit einem ent-sprechenden Decorder mehrere Sender in seiner Heimatsprache über Kabel empfangen kann, denn die Kosten für einen solchen Decorder sind in etwa gleich hoch wie die für eine eigene Satellitenantennenanlage. Die derzeit entstehenden Betriebskosten von ca. 8 € sind ebenfalls zumutbar.

Eine <u>Sendeanlage</u> dagegen darf ein Mieter nur dann anbringen lassen, wenn der Vermieter einverstanden ist. Das gilt auch für eine CB – Funkantenne.

<u>Bauliche Veränderungen</u> an den Mieträumen oder am Gebäude, z. B. einen   202
Balkon anbauen, einen Bühnenraum ausbauen, eine andere Heizung oder einen anderen Bodenbelag einbauen oder Modernisierungsarbeiten (Rn 184) durchführen, darf der Mieter grundsätzlich nur mit Erlaubnis des Vermieters oder Gebäudeeigentümers. Im Falle eines Geschäftsraummietverhältnisses treffen Vermieter und Mieter im Mietvertrag in der Regel entsprechende Vereinbarungen darüber, wenn der Mieter zum beabsichtigten Betrieb seines Geschäftes oder Gewerbes bauliche Veränderungen durchführen will oder muss.
Eine Erlaubnis bedeutet aber nicht automatisch, dass der Vermieter den Mieter am Ende der Mietzeit dafür entschädigen muss. Vermieter und Mieter sollten deshalb in einem solchen Fall eine entsprechende Regelung vereinbaren.

<u>Andere im Haus</u> lebende Personen darf der Mieter bei der Benutzung der   203
Mieträume nicht stören oder gefährden (Rn 119). Beim Radio-, Fernsehempfang oder Musikhören muss auf die richtige Lautstärke geachtet werden, denn andere Personen sollen nicht zum Mithören gezwungen sein. Beim Musizieren müssen übliche Mittags- und Nachtzeiten eingehalten werden. Für deren Dauer sind Richtwerte 2 bis 3 Stunden an Werktagen und 1 bis 2 Stunden an Sonn- und Feiertagen. Bei Kindern darf es auch laut zugehen. Nicht zulässig ist es aber, wenn stundenlang in der Wohnung Fußball gespielt oder im Babycar über Holzdielen gerattert wird.

3. Die Herstellung barrierefreier Mieträume

Möchte der Mieter für eine behindertengerechte Benutzung der Mieträume   204
oder des Zugangs zu diesen bestimmte bauliche Veränderungen vornehmen, kann er dafür die erforderliche Erlaubnis vom Vermieter verlangen.

Beispiele für ein berechtigtes Interesse: Der Mieter oder ein Angehöriger seines Haushalts ist oder wird behindert; - der Mieter will eine behinderte Hausangestellte beschäftigen; - öfters zu Besuch kommende behinderte Verwandte oder Bekannte sollen in die Wohnräume des Mieters gelangen können; - behinderte Personen müssen das Geschäft der Mieters besuchen können.

Beispiele für Maßnahmen: Änderung von Türen, Türschwellen; - besondere Einrichtungen im Bad oder WC; - Einbau eines Treppenliftes oder einer Rampe für Rollstühle.

205   Die Erlaubnis zur Herstellung barrierefreier Räume darf der Vermieter nur verweigern, wenn sein Interesse an einer unveränderten Erhaltung der Mieträume oder des Gebäudes überwiegt, z. B. wegen langer Dauer der Bauzeit; - Einschränkung anderer Mieter während der Bauarbeiten; - Einschränkung des Vermieters, der z. B. im Falle des Baues einer Rampe nicht mehr in seine Garage fahren kann.

Immer kann der Vermieter die Erlaubnis aber davon abhängig machen, dass der Mieter eine zusätzliche angemessene Sicherheit für die Wiederherstellung des alten Zustandes bei Beendigung des Mietverhältnisses leistet.

II.   Das Recht des Mieters zur Überlassung gemieteter Räume an Dritte

Infrage kommt, dass der Mieter seine gemieteten Räume anderen Personen zum <u>nichtselbständigen</u> oder <u>selbständigen</u> Gebrauch überlassen will:

1.   Die Überlassung zum nichtselbständigen Gebrauch

206   Nichtselbständiger Gebrauch ist es, wenn der Mieter die Mieträume von einem Dritten nur <u>mitbenutzen</u> lässt, z. B. durch Familienangehörige, Hausangestellte, Besucher, Kunden oder Arbeitnehmer. Das ist dem Geschäftsraummieter immer erlaubt, auch dem Wohnraummieter, wobei bei diesem im Falle einer solchen Überlassung an einen Besucher zu beachten ist, dass diese nur auf angemessene Zeit zulässig ist. Familienangehörige dagegen darf der Wohnraummieter auch ständig bei sich aufnehmen, sofern die Wohnräume dadurch nicht überbelegt werden.

<u>Beispiele für eine zulässige Überlassung</u>: Der Mieter nimmt seinen Ehegatten oder Lebensgefährten in die Wohnung auf. Den letzteren muss auch ein kirchlicher Vermieter zulassen, ausgenommen die Wohnung befindet sich in einem eindeutig dem kirchlichen Bereich zuzuordnenden Gebäude; - der Mieter nimmt in seine Vierzimmerwohnung Tochter mit Kind auf; - der Mieter nimmt die Freundin seiner Tochter ein paar Monate aus bestimmtem Anlass besuchsweise auf; - der Mieter nimmt ein Kindermädchen oder eine Haushaltshilfe in seine Wohnung auf.

<u>Beispiele für eine ohne besondere Erlaubnis Vermieters nicht zulässige Überlassung</u>: Der Mieter nimmt in seine Zweizimmerwohnung ständig die 3 - köpfige Familie seiner Tochter auf; - der Mieter einer 90 qm großen Wohnung nimmt ständig mehr als 4 Kinder auf; - die aus einem Ehepaar und 2 Kinder bestehende Familie nimmt in ihre 57 qm große Wohnung noch ständig weitere 3 Kinder auf.

2. Die Überlassung zum selbständigen Gebrauch

Zum selbständigen Gebrauch werden Mieträume einem Dritten überlassen, wenn dieser die gemieteten Räume ständig <u>allein</u>, also <u>unter Ausschluss des Mieters</u> benutzen kann. Gegen Zahlung eines Entgelts ist eine solche Überlassung eine Unter- oder Zwischenvermietung (Rn 45, 45a).

> Beispiele: Der Mieter überlässt ein Zimmer einem Studenten; - der Mieter überlässt die Wohnung während einer längeren Abwesenheit einem befreundeten Ehepaar; - der Mieter zieht aus und überlässt die Wohnung seiner Nichte und deren Familie; - Der Mieter übergibt seine Arztpraxis an einen Nachfolger; - der Mieter verkauft sein Einzelhandelsgeschäft an den bisherigen Geschäftsführer oder an einen Dritten und überlässt diesem die Mieträume.

Eine solche Überlassung zum selbständigen Gebrauch - ob gegen Entgelt oder unentgeltlich - ist in der Regel nur mit einer <u>Erlaubnis des Vermieters</u> (§ 540 Abs. 1) zulässig.

207

Bei einem <u>Geschäftsraummietverhältnis</u> braucht der Mieter bei der Überlassung von Geschäftsräumen keine Erlaubnis des Vermieters, wenn er sein Geschäft nur unter einer anderen Rechtsform weiterbetreiben will und die Identität des Mieters gewahrt bleibt (Rn 102).

> Beispiele: Die aus den Gesellschaftern A und B bestehende GbR mietet Geschäftsräume, in denen die GbR ein Geschäft betreibt. Wenn A und B eine OHG oder eine GmbH gründen, deren Gesellschafter und Geschäftsführer sie sind, ist die Identität der Mieterin gewahrt; – Die aus den Gesellschaftern A, B und C bestehende GbR mietet Geschäftsräume. Wenn B aus der Gesellschaft ausscheidet, ändert sich an der Identität des Mieters nichts, genauso wenig wenn z. B. ein weiterer Gesellschafter D in die GbR eintreten sollte.

208

Will der Geschäftsraummieter seine Mieträume aber ohne oder gegen Entgelt einem Dritten überlassen, braucht er eine Erlaubnis des Geschäftsraumvermieters

> Beispiele: M will sein in Mieträumen betriebenes Geschäft aus irgendwelchen Gründen an einen Dritten verkaufen, der das Geschäft in den bisherigen Räumen weiterbetreiben will; - M betreibt in den Mieträumen ein Einzelunternehmen und will einen Gesellschafter aufnehmen und das Geschäft als GbR oder als OHG weiterbetreiben.

209

Eine Pflicht zur Erteilung einer Erlaubnis zur Überlassung der gemieteten Räume zum selbstständigen Gebrauch besteht für den Vermieter von Geschäftsräumen nicht. Wenn ein Mieter von Geschäftsräumen sich also die Möglichkeit vorbehalten will, sein in gemieteten Räumen betriebenes Geschäfts verkaufen oder verpachten zu können, muss er darauf sehen, dass der Vermieter schon im Mietvertrag die Erlaubnis zur Untervermietung gibt.

Beispiel: Ein Arzt im Alter von 50 Jahren mietet Praxisräume auf 15 Jahre. Im Mietvertrag lässt er festlegen, dass er die Praxis untervermieten darf, weil er im Alter von etwa 60 Jahren seine Praxis seinem Sohn oder einem Dritten übergeben möchte.

Wenn schon im Mietvertrag die Erlaubnis zur Untervermietung festgelegt ist, darf der Geschäftsraummieter die Mieträume aber nur zu dem Zweck untervermieten, zu dem er die Räume gemietet hat.
Beispiel: Der Geschäftsraummieter darf zum Betrieb eines Einzelhandelsgeschäftes für Elektrowaren gemietete Räume dann nicht zum Betrieb eines Blumengeschäftes untervermieten.

Bevor der Vermieter eine Erlaubnis zur Untervermietung erteilt, wird er in der Regel vom Mieter Auskünfte über die Bonität des Untermieters und die Höhe der Miete verlangen. Für alle Verpflichtungen gegenüber dem Vermieter haftet jedoch immer nur der Mieter, nicht der Untermieter.

Wenn der Vermieter dem Geschäftsraummieter die gewünschte Erlaubnis zur Untervermietung nicht erteilt, besteht für den Mieter nur die Möglichkeit zu einer außerordentlichen Kündigung.
Beispiel: M mietet Räume zum Betrieb einer chemischen Reinigung fest auf 10 Jahre, ohne dass im Mietvertrag eine Untervermietung erlaubt wird. Nach 5 Jahren wird M krank und will sein florierendes Geschäft verkaufen. Erlaubt der Vermieter die Untervermietung dann nicht, kann M das Mietverhältnis in der Regel außerordentlich kündigen. Wenn der Kaufinteressent das Geschäft dann überhaupt noch kauft, kann er die Reinigung aber nur in anderen Räumen weiterbetreiben.
Diese außerordentliche Kündigung ist aber dann nicht zulässig, wenn der Vermieter die Erlaubnis zur Untervermietung aus in der Person des Untermieters liegenden Gründen verweigert. Siehe dazu auch Rn 296.
Welche Regelungen zur Untervermietung durch vorformulierte Bestimmungen zulässig sind und welche nicht, finden Sie im 6. Kapitel unter Rn 434 ff..

210a Im Falle eines <u>Wohnraummietverhältnisses</u> gilt für die Überlassung der Wohnräume zum selbstständigen Gebrauch folgendes: Will der Wohnraummieter seine ganze Wohnung untervermieten, braucht er dazu die Erlaubnis des Vermieters. Diese berechtigt ihn aber nicht zur Untervermietung an verschiedene Personen jeweils für kurze Zeiträume, z. B an Touristen.
Erhält er vom Vermieter keine Erlaubnis zur Untervermietung seiner Wohnung an einen zum Abschluss eines Mietvertrages bereiten Untermieter, hat er die Möglichkeit, das Mietverhältnis unter Einhaltung einer Frist von drei Monaten außerordentlich zu kündigen (§ 540 Abs. 1 S. 2, Rn 314). Dieses Kündigungsrecht hat jedoch nur im Falle eines längeren Zeitmietvertrages einen Sinn, weil der Mieter im Falle eines auf unbestimmte zeit laufenden Mietvertrages ordentlich kündigen kann, wenn er die Wohnung selbst nicht mehr braucht. Zur möglichen Stellung eines Ersatzmieters siehe Rn 268.

Die außerordentliche Kündigung ist aber dann nicht zulässig, wenn der Vermieter die Erlaubnis zur Untervermietung aus in der Person des Untermieters liegenden Gründen verweigert.
Bevor der Vermieter eine Erlaubnis zur Untervermietung erteilt, kann er in der Regel vom Mieter Auskünfte über den Untermieter verlangen.

Möchte der Wohnraummieter dagegen nur einen Teil der gemieteten Woh- 210b
nung untervermieten, braucht er zwar auch die Erlaubnis des Vermieters, kann diesen aber zur Erteilung der Erlaubnis dann zwingen, wenn folgende Voraussetzungen gegeben sind (§ 553 Abs. 1):
*   Für den Mieter entsteht nach Abschluss des Mietvertrages ein berechtigtes Interesse an einer teilweisen Untervermietung, und
*   in der Person des Untermieters besteht für den Vermieter kein wichtiger Grund zur Ablehnung der Erlaubnis, und
*   die Wohnung wird nicht überbelegt, und
*   dem Vermieter kann die Untervermietung nicht aus besonderen Gründen nicht zugemutet werden.

Sind die genannten Voraussetzungen gegeben, muss der Vermieter dem Mieter die Erlaubnis zur Teiluntervermietung geben, auch wenn der Mieter selbst häufig abwesend ist.

> Beispiele, in denen die Erlaubnis zur Teiluntervermietung verlangt werden kann: Nach dem Tod ihres Ehemannes will die Mieterin einen Teil der Wohnung an ihre Freundin untervermieten; - Nach dem Auszug seiner Kinder will der Mieter ein oder zwei Zimmer an Studenten vermieten; - der Mieter geht in Rente, die ihm nicht zum Leben reicht, weshalb er ein Zimmer seiner Wohnung untervermieten möchte; - der Mieter muss für seinen Arbeitgeber 2 Jahre ins Ausland und vermietet seine Wohnung außer einem Raum, in dem er seine Sachen abstellt.

Kann dem Vermieter die Erlaubnis zu einer solchen teilweisen Untervermietung nur gegen Erhöhung der Miete zugemutet werden, kann er die Erlaubnis auch von der Bezahlung eines Mietzuschlages abhängig machen (§ 553 Abs. 2). Cà 20 % der vom Untermieter verlangten Miete werden für angemessen gehalten.

Das Recht des Wohnraummieters zu einer etwaigen Teiluntervermietung unter den oben genannten Voraussetzungen kann - auch durch eine individuelle Vereinbarung - zwischen Vermieter und Mieter nicht ausgeschlossen werden (§ 553 Abs. 3). Verweigert der Vermieter ein berechtigtes Verlangen des Mieters zur Untervermietung, macht er sich gegenüber dem Mieter schadenersatzpflichtig.
Welche Regelungen zur Untervermietung durch vorformulierte Bestimmungen zulässig sind und welche nicht, finden Sie im 6. Kapitel unter Rn 434 ff..

1. Die „Zugesicherte Eigenschaft" und der „Mangel"

211 Eine <u>zugesicherte Eigenschaft</u> ist jede Beschaffenheit der Mietsache oder
ein tatsächliches oder rechtliches Verhältnis, die für die Brauchbarkeit oder
den Wert der Mietsache von Bedeutung ist, und deren Vorhandensein der
Vermieter oder ein für ihn handelnder Dritten, z. B. ein Makler zusichert.
Beispiele: Vorhandensein eines Starkstromanschlusses oder einer besonderen Isolierung gegen Wärmeverlust; - Tragfähigkeit einer Decke; -
Genehmigungsfähigkeit von Räumen als Gaststätte; - Größe von Räumen oder einer Wohnung (Rn 218, 403).

212 Für einen Geschäftsraummiet- oder Pachtinteressenten ist neben der Beschaffenheit der Räume oft der von einem Mietvorgänger erzielte <u>Umsatz
oder Ertrag</u> wichtig. Da nach der Rechtsprechung Umsatz- oder Ertragsan-
gaben des Vermieters aber keine „Eigenschaften" der Geschäftsräume sind
und deshalb der Geschäftsraummiet- oder Pachtvertrag nicht wegen arglistiger Täuschung angefochten werden, wenn sie falsch sind, muss der Inte-
ressent aussagekräftige betriebswirtschaftliche Umsatz- oder Ertragsunter-
lagen selber einsehen und darf sich nicht mit allgemeinen Hinweisen des
Vermieters oder Mietvorgängers begnügen.
Ebenso sind die Vollvermietung oder die Mietstruktur eines Einkaufscenters
keine Eigenschaften einzelner Geschäftsräume, da sie diese nicht unmittelbar sondern nur mittelbar beeinträchtigen.

Ein <u>Mangel</u> ist ein "Fehler der Mietsache, welcher die Tauglichkeit zu dem
vertraglich bestimmten Zweck aufhebt oder mindert". Man unterscheidet
zwischen Rechtsmängeln und Sachmängeln:

213 Ein <u>Rechtsmangel</u> ist gegeben, wenn an den Mieträumen das Recht eines
Dritten besteht, das gegen den Mieter wirkt.
Beispiel: Beim Einzug des Mieters in gemietete Büroräume oder eine
gemietete Wohnung stellt sich heraus, dass ein Raum berechtigterweise
von einem anderen Mieter benutzt wird.

214a Ein <u>Sachmangel</u> ist eine für den Mieter nachteilige Abweichung der Räume
vom „vertragsmäßigen" Zustand (siehe Rn 214b), der bei Eigenschaften der
Bausubstanz nach den technischen Normen (DIN...) beurteilt wird.
Beispiele: Eine nicht nur unerheblich kleinere Fläche der Mieträume (Rn
218); - Ungeziefer in Mieträumen; - Ausfall der Heizung, Wasserversorgung oder vermieteter Geräte, z. B. des Aufzuges, Müllschluckers, Tür-
öffners, der Sprechanlage, des Fahrstuhls; - geringere Raumflächen; -
undichte Fenster; - ungenügender Schallisolierung; - Fäkaliengeruch im

Treppenhaus; - Stockflecken infolge Pilzbefall durch bauseits bedingte Luftfeuchtigkeit; - fehlende oder ungenügende Beheizbarkeit; - zu hohe Aufheizung durch Sonneneinstrahlung (streitig !); - gesundheitsgefährdende Asbestkonzentration in der Atemluft; - Einsturzgefahr; - erhebliche Brandgefährdung; - vom Vermieter zu vertretende behördliche Nutzungsbeschränkung aber nur, wenn die Behörde die Benutzung auch untersagt oder mit einer Untersagung zu rechnen ist; - Konkurrenzschutzverletzung durch den Vermieter.

Darunter fällt auch, wenn Räume wegen vom Vermieter durchgeführter Erhaltungs- oder Modernisierungsmaßnahmen (Rn 112, 184 ff.) nicht oder nur eingeschränkt benutzt werden können.

Für die <u>Vertragsmäßigkeit</u> der Mietsache ist immer der Zustand der Mieträu- 214b
me maßgebend, der im Zeitpunkt des Vertragsabschlusses gegeben ist, den der Mieter akzeptiert und keine Gewährleistungsrechte geltend machen kann (Rn 217 Ziffer 3). Weiter sind die Maßstäbe maßgebend, die im <u>Zeitpunkt der Herstellung</u> des Gebäudes maßgebend waren (Rn 215). Ohne vertragliche Zusicherung kann der Mieter also z. B. keinen gegenüber der Herstellung des Gebäudes erhöhten Wärme- oder Schallschutz oder bessere Heiztechnik verlangen, ausgenommen, der Vermieter ist dazu gesetzlich verpflichtet, z. B. nach § 10 EnEV oder einer LBO (Rauchmelder), oder der Vermieter hat an einem älteren Gebäude solche baulichen Veränderungen vorgenommen, die mit einem Neubau oder einer grundlegenden Veränderung des Gebäudes vergleichbar sind.

<u>Beeinträchtigungen von außen</u>, z. B. Lärm, Gerüche , Luftverschmutzung 214c
usw. sind nur dann Mängel, wenn sich diese Beeinträchtigungen nicht im Rahmen des für die Räume Üblichen halten, wenn die Beeinträchtigung also extrem ist. Beispiele dafür sind: Gestank durch von anderen Mietern im Haus gelagerter Mülltüten, oder durch nicht artgerechte Haltung von Tieren, oder durch eine Toilettenanlage oder eine staatliche Kläranlage; Ausdünstung einer Pizzabäckerei durch einen Luftschacht; - Behinderung des Zugangs zum Laden oder der Sicht auf das Schaufenster durch Baustelle. Andererseits ist ein vom Eigentümer z. B. selbst hinzunehmender Baulärm durch einen Neubau auf einem in der Nähe liegenden Bauplatz <u>kein Mangel</u> für einen Wohnungsmieter. Ebenso z. B.: Ein gesetzliches Rauchverbot für eine Gastwirtschaft; - Straßenlärm an einer Hauptstraße; - eine vorübergehende erhöhte Verkehrslärmbelästigung wegen Straßenbauarbeiten, die sich innerhalb der in Innenstadtanlagen üblichen Grenzen hält; - Kochgerüche oder Tabakqualm im Treppenhaus; - kurzfristiges Kindergeschrei im Treppenhaus.

Ebenso ist es kein Mangel, wenn z. B. in einem Mietshaus im Treppenhaus ein Madonnenbild aufgehängt ist, ebenso Feuchtigkeitsschäden infolge unsachgemäßer Lüftung durch den Mieter; - oder wenn ein Glasausschnitt in

einer Zimmertüre nicht aus Sicherheitsglas besteht; - oder die Strahlenbe-
lastung durch eine Mobilfunkantenne, wenn sich diese innerhalb des festgelegten Grenzbereich hält; - die Unwirtschaftlichkeit der Heizungsanlage oder
hohe Heizkosten, wenn die Räume bei ihrer Herstellung dem damaligen
Stand der Technik entsprochen haben; - oder wenn von einer nach Mietvertragsabschluss eingerichteten Schule ortsüblicher Lärm ausgeht; - eine Änderung der Mietstruktur eines Gebäudes.

215   Wenn bei der Vermietung einer nicht modernisierten Altbauwohnung
nichts anderes vereinbart ist, bestehen an einer solchen nur dann Mängel,
wenn der zum Wohnen übliche Mindeststandard nicht besteht. Zu berücksichtigen sind dabei Alter, Ausstattung der Räume und Art des Gebäudes.
Beispiele: Die elektrische Anlage einer Wohnung muss dem Mieter heute
erlauben, elektrische Großverbraucher (Waschmaschine, Geschirrspüler
usw.) neben anderen Geräten zu betreiben; - Steckdosen im Bad müssen fachgerecht installiert sein; - Dagegen kann der Mieter übliche
Knarrgeräusche eines Parkettbodens oder Trittgeräusche nicht bean-
standen.

2.   Entstehung und Ausschluss der Gewährleistungsrechte

216   Wenn der Mietsache eine zugesicherte Eigenschaft fehlt oder wenn an dieser von Anfang an Mängel bestehen oder später auftreten, kann der Mieter
in der Regel die unter Rn 218 ff. beschriebenen „Gewährleistungsrechte"
geltend machen. Das hängt aber zunächst davon ab,
- ob die Gewährleistungsrechte oder eines davon ausgeschlossen sind (Rn
  217 Ziffer (1)), ferner
- wann der beanstandete Zustand der Mieträume entstanden ist, ob schon
  bei Abschluss des Mietvertrages (Rn 217 Ziffer (2)), oder zumindest vor
  der Übergabe (Rn 217 Ziffer (3)), oder erst nach der Übergabe, also während der Mietzeit bis zu deren Ende (Rn 217 Ziffer (4)), und zuletzt davon
- wann der Mieter von den zu beanstandenden Umständen Kenntnis erlangt hat oder hätte erlangen können.

Dazu im Einzelnen:

217   (1) Eine vorformulierte Bestimmung bzw. Klausel (Rn 20 ff.) in einem Geschäftsraummietvertrag als auch in einem Wohnraummietvertrag,, nach der
Gewährleistungsansprüche des Mieters ausgeschlossen werden, ist wegen
unangemessener Benachteiligung des Mieters unwirksam. Das gilt auch für
eine individuelle Vereinbarung (Rn 23) in einem Wohnraummietvertrag, und
für eine solche in einem Geschäftsraummietvertrag, wenn dort alle Gewährleistungsrechte ausgeschlossenen werden sollen.
Zum möglichen Ausschluss des Rechts zur Ersatzvornahme durch eine Bestimmung im Mietvertrag siehe Rn 221.

(2) Dem Mieter stehen die unter Rn 218 ff. beschriebenen Gewährleistungsrechte aber dann <u>nicht</u> zu, wenn er das Fehlen der zugesicherten Eigenschaft oder den Mangel <u>bei Abschluss des Mietvertrages</u> kannte (§ 536 b S.
1), oder wenn ihm das Fehlen der zugesicherten Eigenschaft oder der Mangel infolge grober Fahrlässigkeit unbekannt geblieben ist. Darunter versteht
man, wenn der Mieter bei einer Besichtigung der Mieträume dasjenige un-
beachtet gelassen hat, was jedem hätte einleuchten müssen oder auffällt.

    Beispiel: Bei der Besichtigung der Räume sieht der Mietinteressent, dass
an einigen Stellen, insbesondere an Ecken der Wände die Farbe der
Raufasertapete ausgebessert ist, womit offensichtlich Feuchtigkeitsschäden verdeckt wurden. Wegen bauseitiger Feuchtigkeitsschäden kann der
Mieter deshalb keine Rechte geltend machen.

Trotz einer groben Fahrlässigkeit behält der Mieter die Gewährleistungsrechte aber, wenn der Vermieter den Mangel arglistig verschweigt.

    Beispiel: Im obigen Beispiel weist der Mieter auf die ausgebesserten Stel-
len hin und wird vom der Vermieter der Wahrheit zuwider damit beruhigt,
es seien nur von einem Kind herrührende Farbspritzer ausgebessert
worden.

(3) Außerdem kann der Mieter keine Gewährleistungsrechte geltend machen, wenn er das Fehlen der zugesicherten Eigenschaft oder den Mangel
<u>bei der Übergabe der Räume</u> kannte, und sich seine nach Rn 218 ff. zuste-
henden Rechte aber nicht vorbehalten hat (§ 536 b S. 3).

    Beispiel: Der Mieter entdeckt bei der Übergabe, dass eine Fensterschei-
be einen Sprung aufweist. Wenn er deswegen einen Gewährleistungsan-
spruch geltend machen will, muss er das dem Vermieter bei der Übergabe der Räume erklären.

(4) Bei einem erst <u>während der Mietzeit entstehenden Mangel</u> kann der Mieter dann keine Gewährleistungsrechte geltend machen, wenn der in seinem
Verantwortungsbereich liegende Mangel von ihm oder von Personen verursacht und verschuldet worden ist, für die er einzustehen hat (Rn 170), z. B.
wenn Feuchtigkeitsschäden durch falsches Lüften entstehen. Zur Beweislast
über die Erfüllung der Obhutpflicht siehe Rn 171. Lässt der Vermieter z. B.
während der Mietzeit wärmegedämmte Fenster einbauen, muss er den Mieter aber über richtiges Belüften aufklären, bevor dem Mieter ein Verschulden
angelastet werden kann. Es gibt aber auch Gerichte, die eine Aufklärungs-
pflicht des Vermieters verneinen, weil heute jeder Mieter wissen muss, wie
er seine Wohnräume lüften muss.

(5) Ebenfalls sind die Gewährleistungsrechte ausgeschlossen, solange der
Vermieter den Mangel nicht beheben kann, weil der Mieter den behebbaren
Mangel ihm nicht angezeigt hat (Rn 172).

(6) Lehnt der Mieter die Beseitigung eines Mangels ab, wenn der Vermieter
diesen beseitigen will, verliert er das Minderungsrecht (Rn 218) und Zurück-

behaltungsrecht (Rn 220). Etwa dann von ihm einbehaltene Mietzinsbeträge muss er an den Vermieter zurückbezahlen.

3. Die einzelnen Gewährleistungsrechte des Mieters

Wenn und solange die Rechte des Mieters wegen eines Mangels oder einer fehlenden Eigenschaft nach Rn 216 f. nicht ausgeschlossen sind, stehen dem Mieter gegen den Vermieter außer einem möglichen Kündigungsrecht (Rn 299, 318 ff.) die nachstehenden Gewährleistungsrechte zu, die durch einen Wechsel in der Person des Vermieters nicht untergehen und auch von einem etwaigen neuen Vermieter erfüllt werden müssen (Rn 91, 94). Dass eine zugesicherte Eigenschaft fehlt oder ein Mangel gegeben ist, muss der Mieter im Streitfall beweisen-

218 Das Recht zur Minderung der Miete:

Der Mieter kann die von ihm geschuldete Miete mindern, also herabsetzen, wenn an den Räumen (§ 536 Abs. 1) bei <u>Abschluss des Mietvertrages</u>, oder bei der <u>Übergabe Räume</u> eine zugesicherte Eigenschaft fehlt, von ihm nicht hingenommene Mängel (Rn 214 b, 217 Ziffer 3 + 3) bestehen, oder während der Mietzeit entstehen.

<u>Kein Minderungsrecht</u> besteht, wenn der Mieter eine vom Vermieter angebotene Nachbesserung ablehnt, auch wenn die Ablehnung nur geschieht, um den Mangel beweisen zu können, oder wenn der Mangel nur unerheblich, das heißt nur „<u>geringfügig</u>" ist. Das wird z. B. angenommen, wenn eine gemietete Wohnung gegenüber der genauen oder ca.- Angabe des Vermieters nur um weniger als 10 % kleiner ist. Ebenso ist ein Minderungsrecht auf die Dauer von 3 Monaten ausgeschlossen, solange und soweit der Gebrauch der Mieträume wegen <u>energetischer</u> Modernisierungsmaßnahmen eingeschränkt ist. Der 3 – monatige Ausschluss gilt nicht bei anderen Modernisierungsmaßnahmen oder wenn der Gebrauch der Mieträume nicht nur eingeschränkt sondern ganz ausge- schlossen ist.

Das Minderungsrecht bedeutet, dass der Mieter durch eine Erklärung ge- genüber dem Vermieter eine Herabsetzung der Gesamtmiete (Bruttomiete einschließlich einer Betriebskostenpauschale oder Betriebskostenvoraus- zahlung und etwaiger Nachzahlungen) während der Dauer der Beeinträchti- gung <u>in dem Verhältnis</u> verlangen kann, in dem der Gebrauch der Räume durch den Mangel oder das Fehlen der zugesicherten Eigenschaft <u>beein- trächtigt</u> ist. Über die Höhe der berechtigten Minderung wird häufig gestrit- ten. Dazu folgende Beispiele aus der Rechtsprechung:
- Wohn- oder Geschäftsräume sind überhaupt nicht bewohn- oder benutz- bar: Dann darf die Miete in voller Höhe gemindert werden;
- ein Zimmer einer Dreizimmerwohnung mit Küche ist nicht bewohnbar: Die Miete kann hier um ca. 25 % herabgesetzt werden;

- eine Garage ist nicht benutzbar. Der Mietzins kann in Höhe der Garagenmiete gemindert werden;
- kleine Feuchtigkeitsschäden in den gemieteten Räumen rechtfertigen eine Minderung von ca. 10 %, wenn die Schäden in fast allen Räumen auftreten ca. 20 %;
- in Wohn- oder Geschäftsräumen besteht Lärmbelästigung, weil die Mindestanforderungen an eine Schallisolierung nicht eingehalten sind: Minderung bis zu 25 %; - bei einer Minderleistung oder einem zeitweiligen Ausfall einer Heizung: 5 – 25 %; bei einer vollkommen fehlenden Beheizbarkeit der Räume in den Wintermonaten 60 %;
- Schimmelpilz und Feuchtigkeitsschäden in einer Gaststätte 50 %;
- in einer Wohnung ist das Wohnzimmer nicht benutzbar: ca. 25 %, bei einer kleinen Wohnung auch mehr;
- Die Fläche der gemieteten Räume soll nach den Angaben des Vermieters ca. 100 qm groß sein, beträgt aber nur 88 qm, also 12 % weniger. Der Mieter kann dann die Miete um 12 % mindern.

Bei einer Minderung wegen einer gegenüber den Vermieterangaben geringeren Raumfläche muss sich die Minderungsquote am Gebrauchswert der Räume orientieren. Wenn z. B. bei einem Laden und einem zum Lagern vermieteten Keller der Laden kleiner als zugesagt ist, ist die Minderung höher, als wenn nur der Keller kleiner ist.
Zur Berechnung und Angabe der Wohnfläche im Mietvertrag siehe Rn 402.

Das Minderungsrecht hängt nicht davon ab, ob den Vermieter ein Verschulden daran trifft, dass der Mangel besteht oder später entstanden ist. Bei einem erst während der Mietzeit entstehenden Mangel muss der Mieter aber zunächst beweisen, dass der Mangel weder von ihm noch von einer Person verschuldet worden ist, für die er einzustehen hat (Rn 171).
Wenn der Mieter sein Minderungsrecht geltend macht, also eine Herabsetzung der Bruttomiete verlangt hat, verliert er seinen Anspruch nicht dadurch, dass er zunächst vorsichtshalber die Miete in nichtgeminderter Höhe ohne Vorbehalt weiterbezahlt. Er kann nach einer – etwa gerichtlichen – Feststellung des Mangels oder Fehlens einer zugesicherten Eigenschaft den zuviel bezahlten Mietbetrag nach den Vorschriften über die ungerechtfertigte Bereicherung (§§ 812 ff.) vom Vermieter zurückverlangen. Allerdings kann aber eine Verwirkung (Rn 30) infrage kommen, wenn der Mieter die volle Miete sehr lange weiterbezahlt, z. B. ein oder gar mehrere Jahre, und wenn der Vermieter aus dem Verhalten des Mieters schließen durfte, der Mieter werde sein Minderungsrecht nicht weiterverfolgen.

Das Recht auf Schadenersatz wegen Nichterfüllung: 219
Der Mieter kann vom Vermieter den Ersatz eines ihm durch einen Mangel entstandenen Schadens in der Regel verlangen:

a. Wenn schon <u>bei Abschluss</u> des Mietvertrages oder <u>bei der Übergabe</u> der Räume ein Mangel an den Mieträumen bestanden hat, oder

b. wenn während der Mietzeit durch <u>Verschulden</u> (Rn 31) des Vermieters ein Mangel entsteht, oder

c. wenn der Vermieter mit der Beseitigung eines unter Ziffer a. oder b. genannten Mangels <u>in Verzug kommt</u> (Rn 32).

Kann der Vermieter beweisen, dass der Mangel nicht in seinem Verantwortungsbereich liegt, muss im Falle der Ziffer b. der Mieter beweisen, dass der Vermieter den Eintritt des Mangels verschuldet hat.

Der Schaden des Mieters kann z. B. darin bestehen, dass ihm Kosten für eine notwendige anderweitige Unterbringung entstehen, oder dass Mobiliar des Mieters beschädigt wird.

220   Beseitigungsanspruch und Zurückbehaltungsrecht:
Solange das Mietverhältnis besteht, kann der Mieter verlangen, dass ein nicht von ihm selbst verursachter Mangel <u>vom Vermieter beseitigt wird</u>, ausgenommen die Beseitigungskosten übersteigen die Opfergrenze (Rn 115). Der Mieter kann den Vermieter zur Beseitigung des Mangels auffordern, und – wenn der Vermieter dem nicht nachkommt – den Vermieter bei Gericht auf Beseitigung des Mangels verklagen und die Bezahlung der Miete zurückbehalten (Rn 26).
Zum Beseitigungsanspruch des Mieters gehört auch, dass – wenn der Vermieter dazu verpflichtet ist – erforderliche Schönheitsreparaturen durchgeführt werden. Muss sich der Mieter wie im unter Rn 179 Ziffer 1 geschilderten Fall an deren Kosten beteiligen, kann der Vermieter die Durchführung der Arbeiten von der Bezahlung der Beteiligungskosten abhängig machen.

221   Das Recht zur Ersatzvornahme:
Der Mieter kann den Mangel auch selbst beheben oder beheben lassen. Dieses Recht zur „Ersatzvornahme" hat der Mieter <u>aber nur</u>, wenn <u>eine</u> der beiden nachstehenden Voraussetzungen gegeben ist (§ 536 a Abs. 2):

a. Wenn der Mangel <u>umgehend beseitigt werden muss</u>, um den Bestand der Räume zu erhalten oder wiederherzustellen, wenn ein Rohrbruch schnell repariert werden muss, darf der Mieter den Mangel ohne vorherige Aufforderung des Vermieters beseitigen oder beseitigen lassen.

b. Ist keine sofortige Beseitigung des Mangels erforderlich oder möglich, muss der Mieter den Vermieter zunächst zur Beseitigung des Mangels auffordern. Kommt der Vermieter mit der Beseitigung des Mangels dann in Verzug (Rn 32), darf der Mieter den Mangel selbst beseitigen oder beseitigen lassen.

Beispiel: Der Warmwasserbereiter im Bad des Mieters ist nach normaler Benutzung defekt geworden. Der Mieter setzt dem Vermieter eine angemessene Frist zur Behebung des Mangels. Nach fruchtlosem Ablauf der Frist kann der Mieter eine Fachwerkstatt mit der Reparatur des Gerätes beauftragen.

Sowohl im Fall Ziffer a. als auch im Fall Ziffer b. kann der Mieter die ihm durch die Beseitigung des Mangels entstandenen Kosten vom Vermieter erstattet verlangen. Im Fall Ziffer b. kann der Mieter vom Vermieter auch einen Vorschuss in Höhe seiner voraussichtlichen Kosten verlangen. Erstattet werden müssen aber nur die Kosten für Aufwendungen, die der Mieter nach sorgfältiger und verständiger Prüfung, gegebenenfalls nach fachkundigem Rat, für geeignet und notwendig halten durfte.

Zur kurzen Verjährung des Anspruchs siehe Rn 394.

Hat der Mieter den Mangel aber selbst beseitigt, ohne dass eine der unter Ziffern a. oder b. genannten Voraussetzungen gegeben war, dass es sich also nicht um eine Notmaßnahme handelte oder dass der Vermieter nicht in Verzug war, muss der Mieter die ihm entstandenen Kosten in der Regel selbst tragen. Zu einem dann vielleicht bestehenden Aufwendungsersatzanspruch des Mieters siehe Rn 222 ff..

Das Recht des Mieters zur Ersatzvornahme bei Mängeln kann in einem Mietvertrag durch eine <u>individuelle</u> (Rn 23) Vereinbarung ausgeschlossen werden, soweit dem Vermieter nur leichtfahrlässiges Handeln bei der Verursachung des Mangels vorgeworfen werden kann. Im Falle eines solchen Ausschlusses muss der Mieter den Vermieter auf Beseitigung des Mangels notfalls verklagen, wenn er den Mangel beseitigt haben möchte.

IV.   Weitere Rechte des Mieters

Außer einem möglicherweise bestehenden Recht zur Änderung der Betriebskosten (Rn 229 ff.) und den Beendigungs-, Kündigungs- und Widerspruchsrechten (Rn 274 ff., 355 ff.) kommen noch folgende Rechte des Mieters infrage:

1. Der Ersatz <u>im Auftrag</u> des Vermieters gemachter Aufwendungen

Alle Aufwendungen, die der Mieter <u>im Auftrag</u> des Vermieters macht, kann   222
er vom Vermieter erstattet verlangen (§ 670).
> Beispiele: Der Vermieter bittet den Mieter, den alten defekten Warmwasserboiler durch einen neuen ersetzen oder einen im Dach eingetretenen Schaden reparieren zu lassen; - er beauftragt den Mieter, ein neues Haustürschloss anbringen oder einen im Garten stehenden Baum fällen

zu lassen. Die ihm dadurch entstehenden Kosten kann der Mieter vom Vermieter erstattet verlangen.

Keine zum Ersatz berechtigte Aufwendung des Mieters ist dessen etwaiger Zeitaufwand, ausgenommen der Vermieter sagt dem Mieter auch eine Bezahlung seines Zeitaufwandes zu (§ 631 ff.).

2. Der Ersatz ohne Auftrag des Vermieters gemachter Aufwendungen

Der Mieter kann außer den für eine berechtigte Mängelbeseitigung aufgewandten Kosten (Rn 221) unter bestimmten Voraussetzungen auch andere ohne Auftrag des Vermieters gemachte Aufwendungen erstattet verlangen:

223   Ohne Auftrag des Vermieters gemachte Aufwendungen für die Mietsache kann der Mieter vom Vermieter unter dem Gesichtspunkt einer „Geschäftsführung ohne Auftrag" (§§ 539 Abs. 1, 677 ff.) erstattet verlangen, wenn die Aufwendungen dem Interesse und dem wirklichen oder mutmaßlichen Willen des Vermieters entsprechen (§ 683).
    Beispiel: Der Mieter lässt einen im Vorgarten der gemieteten Büroräume bei einem Unwetter umgerissenen Baum beseitigen.

Hat der Mieter aber einen Mangel beseitigt, ohne dazu nach Rn 221 berechtigt zu sein, kommt es nicht darauf an, ob die Beseitigung dem wirklichen oder mutmaßlichen Willen des Vermieters entsprach. Der Mieter kann dann seine Aufwendungen nicht erstattet verlangen..

224   Ebenfalls kann der Mieter ohne Auftrag des Vermieters gemachte Aufwendungen für die Mietsache verlangen, wenn der Vermieter die Aufwendung nachträglich genehmigt (§ 684 S. 2),
    Beispiel: Der Mieter lässt eine neue Büroeingangstüre einbauen und der Vermieter ist damit nachträglich einverstanden;
oder der Mieter erfüllt eine öffentlich-rechtliche Pflicht des Vermieters.
    Beispiel: Der Mieter erfüllt die nach der Gemeindesatzung dem Vermieter obliegende Streupflicht. Er kann seine Aufwendungen verlangen, wenn im Mietvertrag diese Pflicht nicht dem Mieter selbst auferlegt ist.

225   Unter dem Gesichtspunkt einer ungerechtfertigten Bereicherung (§§ 812 ff.) kann der Mieter Aufwendungen erstattet verlangen, die er in Unkenntnis darüber macht, dem Vermieter dazu verpflichtet zu sein.
    Beispiel: Der Mieter führt Schönheitsreparaturen in Unkenntnis darüber aus, dass die im Mietvertrag stehende Klausel über seine Verpflichtung zur Durchführung von Schönheitsreparaturen unwirksam ist (Rn 178). Er kann seine Aufwendungen verlangen, um die der Vermieter bereichert ist. Siehe dazu auch Rn 390.

3. Das Recht des Mieters zur Aufrechnung

Auch der Mieter hat grundsätzlich das Recht, durch eine Erklärung (Rn 8)   **226**
gegenüber dem Vermieter mit einer ihm gegen den Vermieter zustehenden
fälligen Forderung gegen eine dem Vermieter geschuldete Forderung die
Aufrechnung (Rn 26) zu erklären. In manchen Mietverträgen wird das Aufrechnungsrecht des Mieters auch ausgeschlossen. Durch eine vorformulierte Bestimmung bzw. Klausel (Rn 20 - 22) ist das nur zulässig, wenn die Aufrechnung nach der Klausel nicht wenigstens für unbestrittene oder rechts-
kräftig festgestellte Forderungen zugelassen wird.

Ist im Falle eines Wohnraummietverhältnisses eine Aufrechnung rechtswirksam ausgeschlossen, kann der Wohnraummieter trotzdem aufrechnen,
wenn ihm eine der folgenden Forderungen gegen den Vermieter zusteht:

- Schadenersatz oder Aufwendungsersatz wegen eines Mangels (Rn 221), oder
- Ersatz anderer Aufwendungen (Rn 222 ff.) oder
- aus ungerechtfertigter Bereicherung (§§ 812 ff.) wegen zuviel gezahlter Miete.

Der Wohnraummieter muss dann aber dem Wohnraumvermieter seine Auf-
rechnungsabsicht aber mindestens 1 Monat vor Fälligkeit der geschuldeten
Miete schriftlich mitteilen (§ 556 b Abs. 2).

4. Das Vorkaufsrecht des Mieters

Nach den Vorschriften des BGB gibt es ein <u>vertragliches</u> und ein <u>gesetzli-
ches</u> Vorkaufsrecht an einer Sache (§§ 463 ff.), also auch an einer Immobilie. Es bedeutet, dass der Vorkaufsberechtigte in einen bestimmten zwischen einem Verkäufer und einem Käufer <u>bereits abgeschlossenen</u> Kaufvertrag zu den Bedingungen dieses Kaufvertrages eintreten darf.

Ein <u>vertragliches</u> Vorkaufsrecht eines Geschäfts- oder Wohnraummieters ent-   **227**
steht nur, wenn Vermieter und Mieter ein solches in einem <u>notariellen</u> Vertrag vereinbaren. Möglich ist ein solches Vorkaufsrecht für einen Mieter aber
nur an einem Grundstück im Sinne von Rn 6 Ziffer a. oder b., also nicht an
Geschäftsräumen in einem Gebäude, z. B. einer Gaststätte, oder an einer
nicht geteilten Wohnung in einem Mehrfamilienhaus.

Gegenüber einem etwaigen Erwerber der Immobilie wirkt ein vertragliches
Vorkaufsrecht nur, wenn es als dingliches Vorkaufsrecht im Grundbuch
eingetragen ist.

Ein <u>gesetzliches</u> Vorkaufsrecht für einen Geschäftsraummieter gibt es nicht.   **228**
Dagegen steht einem Wohnraummieter ein solches dann zu (§ 577), wenn
der Vermieter

1. an den vom Mieter (bereits) bewohnten Wohnräumen

2. Wohnungseigentum begründet (also durch eine Teilungserklärung und Grundbucheintragung) oder Wohnungseigentum zu begründen beabsichtigt, und

3. die vom Mieter bewohnten Wohnräume an einen Dritten verkauft, ausgenommen an Familienangehörige oder an ein einen Angehörigen seines Haushalts.

Bei der zweiten Alternative „zu begründen beabsichtigt" ist entscheidend, dass die Absicht noch nicht bestanden hat, z. B. die Teilungserklärung noch nicht beurkundet war, wenn der Mieter die Wohnräume bezieht.
Nach der Rechtssprechung besteht das Vorkaufsrecht des Mieters auch dann, wenn ein auf einem Grundstück stehendes vermietetes Reihen- oder Doppelhaus real in einzelne Grundstücke geteilt und dann eines verkauft wird.

Verkauft der Vermieter dagegen sein Mehrfamilienhaus, in dem sich mehrere vermietete Wohnungen befinden, besteht bei diesem Verkauf kein Vorkaufsrecht für die einzelnen Mieter, auch wenn der Käufer die Wohnungen nach dem Kauf in Wohnungseigentum aufteilt.
Das Vorkaufsrecht besteht immer nur für den 1. Verkaufsfall nach der Umwandlung der Wohnung in eine Eigentumswohnung. Das Vorkaufsrecht besteht nur bei einem Verkauf, nicht auch bei einem Tausch oder einer Schenkung oder einer Zwangsversteigerung.

Sind die Voraussetzungen für das Vorkaufsrecht eingetreten, muss der Verkäufer (Vermieter) den Mieter vom Abschluss des Kaufvertrages in Kenntnis setzen und ihn zugleich über sein Vorkaufsrecht belehren (§ 577 Abs. 2). Der Mieter kann dann innerhalb von 2 Monaten das Vorkaufsrecht ausüben, indem er dem Vermieter gegenüber einen diesbezügliche schriftliche Erklärung abgibt. Verletzt der Vermieter seine Mitteilungspflicht und erfährt der Mieter von seinem Vorkaufsrecht erst, nachdem der Käufer den Kaufvertrag bereits erfüllt hat, kann er vom Vermieter Schadenersatz in Höhe der Differenz zwischen vereinbartem Kaufpreis und Verkehrswert der Wohnung abzüglich im Falle des Erwerbs angefallener Kosten verlangen, auch dann, wenn der Mieter sein Vorkaufsrecht nach Kenntniserlangung nicht ausgeübt hat.

C. Die Änderung der Miete und Betriebskosten für Wohnräume während der Mietzeit

229   Im Falle eines Wohnraummietverhältnisses können sich sowohl die Höhe der Miete als auch die vom Mieter zu zahlenden Betriebskosten während der Mietzeit ändern, nämlich auf Grund

- einer zwischen Vermieter und Mieter während der Mietzeit zu treffenden Vereinbarung (Rn 230), oder
- einer schon im Mietvertrag vereinbarten Regelung (Rn 231 ff.), oder
- eines im BGB (§§ 535 ff.) geregelten berechtigten <u>einseitigen</u> Verlangens des Vermieters oder Mieters (Rn 234 - 258).

I. Die Änderung der Wohnungsmiete durch eine Vereinbarung

Vermieter und Mieter können bei jedem Mietverhältnis während der Miet-   230
zeit jederzeit einzelne Bedingungen, also auch die Miete einvernehmlich, also durch eine Vereinbarung ändern.
    Beispiel: Der Vermieter teilt seinem Mieter mit, dass er ab dem nächsten
Monat eine Erhöung der Miete um einen bestimmten Betrag möchte.
Der Mieter teilt dem Vermieter sein Einverständnis mit oder bezahlt ab
dem nächsten Monat die höhere Miete.

Handelt es sich um einen Zeitmietvertrag (Rn 44) auf eine feste Zeit von ü-
ber einem Jahr, muss bei der Vereinbarung die <u>gesetzliche Schriftform</u> (Rn
12) beachtet werden, denn Vermieter und Mieter laufen sonst Gefahr, dass
der ursprünglich auf mehr als 1 Jahr geschlossene Vertrag ab der Vertragsänderung nur noch auf unbestimmte Zeit läuft und erstmals zum Ende eines
Jahres nach der Änderung gekündigt werden kann, bei einem Wohnraummietverhältnis natürlich unter Beachtung des Kündigungsschutzes.
Außerdem müssen bei einer solchen Vereinbarung die immer geltenden
Schranken (Rn 17, 140 ff.) beachtet werden, die Miete darf z. B. nicht wucherisch oder unangemessen und für preisgebundene Wohnräume nicht
über die zulässige Höhe hinaus vereinbart werden (Rn 141).
Geschieht die Einigung in der Wohnung des Mieters, kann dem Mieter ein
Widerrufsrecht nach Rn 9 zustehen.

II. Die Änderung der Wohnungsmiete nach einer schon im Mietvertrag ge-
troffenen Bestimmung

1. Die Vereinbarung einer Staffelmiete im Mietvertrag über Wohnräume

Unter einer Staffelmiete versteht man, wenn sich die Miete nach bestimm-   231
ten Zeitabschnitten um einen festgelegten Betrag erhöhen soll.
Eine solche Staffelmietvereinbarung führt entsprechend der im Mietvertrag
festgelegten Bedingungen <u>automatisch</u> zu einer höheren Miete, die aber
nicht wucherisch (Rn 140) werden darf.

Während in einem Mietvertrag über <u>preisgebundene</u> Wohnräumen eine Staffelmiete immer <u>unzulässig</u> ist, können Vermieter und Mieter bei der Vermietung der unter Rn 59 - 64 beschriebenen <u>preisfreien</u> Wohnräumen, also bei den meisten Wohnraummietverhältnissen, eine Staffelmiete vereinbaren wobei folgendes beachtet werden muss (§ 557 a):

<u>a.</u> Die Staffelmiete muss in <u>gesetzlicher Schriftform</u> (Rn 12) vereinbart sein. Ist das nicht der Fall, ist die ganze Staffelmietvereinbarung unwirksam und der Mieter muss nur die Eingangsmiete bezahlen.

<u>b.</u> Wird neben der Staffelmiete auch vereinbart, dass der Mieter auf sein Recht zur ordentlichen Kündigung des Mietvertrages verzichtet, darf dieser Verzicht auf höchstens 4 Jahre vereinbart werden. Das gilt auch beim Zeitmietvertrag.
Wird das Kündigungsrecht des Mieters durch eine <u>vorformulierte</u> Bestimmung (Rn 20 ff.) auf mehr als 4 Jahre ausgeschlossen, ist die ganze Staffelmietvereinbarung unwirksam. Erfolgt der zu lange Ausschluss dagegen durch eine <u>individuelle</u> Vereinbarung (Rn 23), ist nur der Kündigungsausschluss über die zulässigen 4 Jahre hinaus unwirksam, während die Staffelmietvereinbarung gilt.

<u>c.</u> Die jeweilige höhere Nettomiete oder der Erhöhungsbetrag muss <u>festgelegt</u> werden und für jeweils mindestens <u>1 Jahr gelten</u>. Eine prozentuale Angabe der Erhöhung (z. B. 10 %, 20 % usw.) ist unzulässig. Ein Muster:
"Die monatliche Nettomiete in Höhe von 500 € erhöht sich ab 1.4. 2019 auf 515 €, ab 1. 4. 2020 auf 530 €, ab 1. 4. 2021 auf 545 €, ab 1. 4. 2022 auf 560 €, ab 1. 4. 2023 auf 575 € und ab 1. 4. 2024 auf 590 €", oder
„Die monatliche Miete erhöht sich ab 1.4.2019 jeweils jährlich zum 1.4. des Jahres um 15 €".
Wird weder die jeweilige höhere Nettomiete noch der Erhöhungsbetrag festgelegt, sondern ein Prozentsatz, z. B 3 %, oder eine Geltungsdauer unter einem Jahr, z. B. 6 Monate, ist die Staffelvereinbarung unwirksam.

<u>d.</u> Die Höhe der Staffelmiete darf nicht gegen eine gesetzliche Regelung verstoßen:
- Ist die Ausgangsmiete oder die Höhe einer weiteren Staffel unangemessen (Rn 138) oder wucherisch (Rn 139), gilt das unter Rn 18 beschriebene, und zuviel bezahlte Beträge kann der Mieter vom Vermieter zurückverlangen.
- Wird eine Staffelmiete für in einem Gebiet liegenden Wohnraum, das von einer Landesregierung zu einem Gebiet mit angespanntem Wohnungsmarkt bestimmt worden ist, vereinbart, gelten für diese die unter Rn 142 beschriebenen Beschränkungen, soweit sie nicht ausgenommenen sind, und zwar sowohl für eine erstmals vereinbarte Ausgangsmiete als auch für jede weitere Mietstaffel. Für die Berechnung der letzteren ist nicht der Beginn des Mietverhältnisses sondern der Zeitpunkt maßgebend ist, zu

dem die erste Miete der jeweiligen Mietstaffel fällig wird (§ 557a Abs. 4). Das bedeutet, dass jede weitere Mietstaffel nur wirksam ist, wenn die ortsübliche Miete im jeweils maßgebenden Zeitpunkt entsprechend gestiegen ist. Da niemand genau weiß, wie sich die ortsübliche Miete in den betreffenden Gebieten während der Dauer einer Staffelmiete entwickeln wird, dürfte die Vereinbarung einer rechtswirksamen Staffelmiete in den betreffenden Gebieten sehr schwierig sein.

2. Die Vereinbarung einer Indexmiete im Mietvertrag über Wohnräume

Unter einer Indexmiete versteht man eine Mietanpassungsklausel, nach der die Miete während der Mietzeit an bestimmte Umstände gekoppelt wird, z. B. an die Lebenshaltungskosten oder die Kaufkraftentwicklung. Dabei gibt es Gleitklauseln und Spannungsklauseln. Bei der <u>Gleitklausel</u> ändert sich die Miete automatisch, also ohne Zutun des Vermieters oder Mieters. Die <u>Spannungsklausel</u> wirkt nicht automatisch. Bei ihr tritt eine Änderung der Miete erst nach einer Geltendmachung durch Vermieter oder Mieter ein.

Beim Mietverhältnis über <u>preisgebundene</u> Wohnräume darf weder eine Gleit- noch eine Spannungsklausel vereinbart werden. Erstere ist auch bei der Vermietung <u>preisfreier</u> Wohnräume unzulässig. Eine nicht automatisch wirkende Klausel (Spannungsklausel) dagegen ist bei einem Mietverhältnis über unter Rn 59 - 64 aufgeführte preisfreie Wohnräume seit dem 1. 9. 2001 zulässig und rechtswirksam, aber auch nur, wenn folgende Bedingungen erfüllt werden (§ 557 b):
- Die Vereinbarung muss schriftlich (Rn 12) getroffen werden; und
- die Entwicklung des Mietzinses darf nur an die Änderung des vom Statistischen Bundesamtes ermittelten Preisindexes für die Lebenshaltungskosten aller privaten Haushalte in Deutschland gekoppelt werden; und
- der Mietzins muss während der Geltungsdauer der Vereinbarung jeweils mindestens 1 Jahr unverändert sein.
- Bei Vereinbarung einer Indexmiete für eine Wohnung in einem Gebiet, das von der betreffenden Landesregierung zum Gebiet mit angespannten Wohnungsmärkten bestimmt worden ist, gelten die unter Rn 142 geschilderten Regelungen nur für die Ausgangsmiete (§ 557b).

Muster für eine solche Klausel:

„Ändert sich der vom Statistischen Bundesamt für die Lebenshaltungskosten aller privaten Haushalte in Deutschland ermittelte Preisindex während der Dauer des Mietverhältnisses nach <u>oben oder unten</u>, so können Vermieter und Mieter jeweils durch schriftliche Erklärung voneinander die Änderung des Mietzinses im gleichen prozentualen Verhältnis verlangen, sobald der Mietzins mindestens ein Jahr unverändert war".

232

Die nach einer solchen Klausel vorgesehene Änderung tritt nicht automatisch ein, sondern nur, wenn der Vermieter oder der Mieter die Änderung mindestens in Textform (Rn 15b) geltend macht und dabei die jeweils eingetretene Änderung des Preisindexes sowie den Geldbetrag der geänderten Miete oder der Änderung angegeben hat. Die geänderte Miete gilt erst ab dem Beginn des übernächsten Monats, der auf die Mitteilung des Vermieters oder des Mieters folgt. Dazu folgendes Muster: *„Bei der letzten Änderung der Miete zum 1. 1. 2001 betrug der vom Statistischen Bundesamt herausgegebene Lebenshaltungskostenindex aller privaten Haushalte Basis 1995 im Januar 2001 108,3 Punkte. Dieser ist nach dem Stand im vergangenen Monat Januar 2002 um 2,3 Punkte auf 110,6 = 2,1 % gestiegen. Die von Ihnen zu zahlende Nettomiete erhöht sich deshalb ab 1. 4. 2002 von 550 € um 2,1 % = 11,55 € auf 561,55 €."*

Schon in der Zeit zwischen dem 1. 9. 1993 und 31. 12. 1998 durfte bei der Vermietung von nicht preisgebundenem Wohnraum eine Mietanpassungsvereinbarung geschlossen werden, die allerdings von einer Landeszentralbank genehmigt sein musste. Solche genehmigte Klauseln gelten über den 31. 12. 1998 hinaus weiter, ebenso die zwischen dem 1. 1. 1999 und dem 31. 8. 2001 vereinbarten Klauseln, die nur zulässig waren, wenn der Vermieter gegenüber dem Mieter auf die Dauer von mindestens 10 Jahren auf das Recht zur ordentlichen Kündigung verzichtet hatte.

III. Die Änderung der Miete für preisgebundene Wohnräume auf Verlangen des Vermieters

233   Der Vermieter einer preisgebundenen Wohnung kann während der Mietzeit durch eine einseitige Erklärung gegenüber dem Mieter den Mietzins auf die Kostenmiete (Rn 141) oder auf deren neuen Stand erhöhen (§ 10 WoBindG). Wenn der Mieter nicht freiwillig darauf verzichtet, muss der Vermieter die Mieterhöhung dem Mieter schriftlich mitteilen. Er muss
- die Kostenmiete berechnen und erläutern und
- eine Wirtschaftlichkeitsberechnung oder einen Auszug aus derselben oder eine Zusatzberechnung zur letzten Wirtschaftlichkeitsberechnung oder eine Abschrift einer vorliegenden behördlichen Genehmigung beifügen.

Geht die ordnungsgemäße Erhöhungserklärung dem Mieter bis zum 15. eines Monats zu, muss er den höheren Mietzins ab dem 1. des folgenden Monats bezahlen. Geht die Erhöhungserklärung erst nach dem 15. des Monats zu, gilt die Erhöhung erst ab dem 1. des übernächsten Monats.
Wenn sich der Vermieter von preisgebundenem Wohnraum im Saarland (Rn 41 Ziffer (3)) verpflichtet hat, keine höhere Miete als die Kostenmiete zu verlangen, kann auch er die Miete nur wie oben geschildert erhöhen.

Ist die Vereinbarung zwischen Vermieter und Mieter bei preisgebundenen Wohnräumen über die Übernahme von Schönheitsreparaturen unwirksam, kann der Vermieter im Gegensatz zum Vermieter von preisfreien Räumen einen Mietaufschlag verlangen.

Nach Wegfall der Preisbindung kann der Vermieter die Miete nicht mehr durch eine einseitige Erklärung erhöhen, sondern nur noch über eine Zustimmung des Mieters, wie das unter Rn 230 für preisfreie Wohnräume ausführlich beschrieben wird. Das gilt auch, wenn der Vermieter fälschlicherweise davon ausgeht, dass die Preisbindung noch gilt.

Zum außerordentlichen Kündigungsrecht des Mieters bei einer Mieterhöhung siehe Rn 316.

IV. Die Änderung der Miete für preisfreie Wohnräume auf Verlangen des Vermieters

Im Gegensatz zu den nicht unter den Kündigungsschutz fallenden unter Rn 55- 58 beschriebenen Wohnraummietverhältnissen kann der Wohnraumvermieter bei unter den Kündigungsschutz fallenden Wohnraummietverhältnissen der unter Rn 59 - 64 beschriebenen Arten das Mietverhältnis nicht zu dem Zweck kündigen, eine höhere Miete verlangen zu können. Deshalb ist diesem Wohnraumvermieter vom Gesetzgeber die Möglichkeit eingeräumt, gegenüber dem Mieter eine Erhöhung der zu zahlenden Miete auf die <u>ortsübliche Miete</u> (§§ 558 ff., Rn 234 - 247) und nach <u>Durchführung von Modernisierungsmaßnahmen</u> (Rn 248 ff.) durchzusetzen.   234

Voraussetzung ist aber, dass im Mietvertrag
- weder eine rechtswirksame Staffelmiete noch eine rechtswirksame Indexmiete vereinbart ist,
- noch im Mietvertrag festgelegt ist, dass während der Mietzeit oder einer bestimmen Zeitdauer keine Mieterhöhung verlangt werden kann, oder sich das aus den Umständen ergibt (§ 557 Abs. 3).
    Beispiele: Der Wohnraumvermieter kann vor dem 1. 1. 2021 keine Mieterhöhung durchsetzen, wenn im Mietvertrag festgelegt ist, dass die Miete bis 31. 12. 2020 fest sein soll.; - oder wenn der Wohnraumvermieter bei fest vereinbarter Miete für eine bestimmte Zeit auf sein Kündigungsrecht verzichtet hat.

Bevor der Wohnraumvermieter den für die Mieterhöhung vorgeschriebenen komplizierten Weg einschlägt, kann er zunächst versuchen, sich mit dem Wohnraummieter über eine Mieterhöhung zu einigen, indem er zunächst mündlich oder schriftlich mit seinen Argumenten versucht, den Wohnraummieter zur Zahlung einer höheren Miete zu bewegen.   235

Obwohl es dann ganz im Belieben eines Wohnraummieters liegt, einem solchen Verlangen zuzustimmen, zahlt erfahrungsgemäß der überwiegende

Teil der Wohnraummieter auf einen solchen oder ähnlichen Wunsch des Wohnraumvermieters die gewünschte höhere Miete, wenn ihm die Wohnung diese auch wert ist. In diesem Fall gilt das unter Rn 230 ausgeführte.
Geht der Wohnraummieter auf eine so vom Wohnraumvermieter verlangte Mieterhöhung aber nicht ein, kann der Wohnraumvermieter unter den unter Rn 236 ff. beschriebenen Voraussetzungen durch eine einseitige Erklärung eine Erhöhung der Miete oder Betriebskosten erreichen.

1. Die Mieterhöhung auf die ortsübliche Miete

236   Für diese müssen im Falle eines unter den Kündigungsschutz fallenden Wohnraummietverhältnisses folgende 3 Voraussetzungen gegeben sein:
<u>Erste Voraussetzung</u>: Die bisher vom Wohnraummieter bezahlte Miete (Netto-, Brutto- oder Teilbruttomiete) darf vor dem Zeitpunkt, zu dem die Erhöhung eintreten soll, mindestens 15 Monate nicht erhöht worden sein.
    Beispiel: Wenn der Wohnraumvermieter vom Wohnraummieter eine Mieterhöhung ab 1. 2. 2021 verlangen will, darf die Miete seit 1. 11. 2019 nicht erhöht worden sein.
Dabei wird aber eine während der 15 Monate vom Vermieter verlangte Mieterhöhung wegen Modernisierung (Rn 248 ff.) oder eine Erhöhung der Betriebskosten (Rn 255 ff.) nicht berücksichtigt, auch wenn sich Vermieter und Mieter auf eine solche einigten.
<u>Zweite Voraussetzung</u>: Zwischen dem Erhöhungsverlangen des Vermieters und der letzten Mieterhöhung muss mindestens 1 Jahr liegen.
    Beispiel: Wenn die Miete im Oktober 2019 erhöht worden ist, darf der Wohnraumvermieter sein Verlangen, die Miete ab 1.2.2021 zu erhöhen, frühestens ab dem 1. 11. 2020 dem Mieter gegenüber erklären. Ein etwa schon im Oktober 2020 erklärtes Erhöhungsverlangen wäre in diesem Fall von vorneherein unwirksam.
Auch hier wird aber eine etwaige Mieterhöhung wegen einer Modernisierung (Rn 248 ff.) oder Betriebskosten (Rn 255 ff.) nicht berücksichtigt.
<u>Dritte Voraussetzung</u>: Die vom Wohnraummieter bezahlte Miete, die erhöht werden soll, muss <u>unter</u> der ortsüblichen Miete für vergleichbare Wohnräume gelegen haben, auch wenn das schon bei Vertragsschluss so war. Siehe dazu Rn 411.

237   Ortsüblich
ist die Miete, die für nach <u>Art</u>, <u>Größe</u>, <u>Ausstattung</u>, <u>Beschaffenheit</u> und <u>Lage</u> vergleichbare nicht preisgebundene Räume in der gleichen oder einer vergleichbaren Gemeinde in den <u>letzten 4 Jahren</u> vereinbart oder geändert worden ist (§ 558 Abs. 2). Vergleichbar sind dabei:

<u>Wohnungen in der gleichen Gemeinde:</u> Wenn es dort keinen vergleichbaren Wohnraum gibt, ist auf eine vergleichbare, also möglichst gleich große nahegelegene Gemeinde zurückzugreifen.

Art und Größe der Wohnung: Baualter des Gebäudes; Einfamilien-, Zweifamilien- oder Mehrfamilienhaus; - Einzelzimmer, Appartement, Wohnungsgröße, abgeschlossene oder nicht abgeschlossene Wohnung; - kleine, mittlere oder große Wohnflächen.

Beschaffenheit und Ausstattung der Wohnung, wobei selbstverständlich eine vom Mieter geschaffene und bezahlte Ausstattung nicht berücksichtigt werden darf: Heizungsart, Bad, Dusche, Bodenbeläge, Fahrstuhl, Gemeinschaftsantenne, Wascheinrichtung, Müllschlucker, eventuell Möblierung; - Raumeinteilung, Balkone, Nebenräume, Keller; Umgebungseinflüsse; - baulicher Zustand (Fenster, Fußböden, Hausfassade, Treppenhaus, sanitäre Einrichtungen); - die energetische Ausstattung.

Lage der Wohnung: Stadtmitte oder Stadtrand; reines Wohngebiet, Mischgebiet oder Gewerbegebiet; - Wohnlage im Haus, z. B. Untergeschoss, Parterre, 1. OG usw.

Brutto- oder Nettomiete (Rn 137): 238

Beim Vergleich der vom Wohnraummieter bezahlten Miete mit der ortsüblichen Nettomiete muss berücksichtigt werden, was mit der Miete abgegolten wird. Kein Problem gibt es, wenn es sich bei der vom Wohnraummieter geschuldeten Miete um eine Nettomiete handelt, wenn er also Betriebskosten in Form von einer Pauschale oder Vorauszahlungen neben der Miete schuldet. Denn bei den in Mietdatenbanken oder Mietspiegeln enthaltenen Mieten handelt es sich in der Regel um Nettomieten, neben welchen der Mieter also noch die für die Wohnung anfallenden Betriebskosten bezahlt.

Geht es dagegen um die Erhöhung einer vom Mieter bezahlte Bruttomiete, müssen aus dieser die Betriebskosten herausgerechnet werden, oder diese müssen der ortsüblichen Nettomiete zugeschlagen werden.

Beispiele: Der Wohnraummieter zahlt eine Bruttomiete von monatlich 500 € inklusive Betriebskosten. Letztere betragen monatlich durchschnittlich 65 €. Vergleichbar mit der sich aus einem Mietspiegel ergebenden ortsüblichen Nettomiete zahlt der Wohnraummieter also nur 435 €.

Ist im Mietvertrag die Bestimmung über die Pflicht des Mieters zur Durchführung der Schönheitsreparaturen unwirksam, kann der Vermieter nach der Rechtssprechung des BGH das nicht durch eine Erhöhung der (ortsüblichen) Nettomiete ausgleichen. Ein Zuschlag zu dieser in Höhe der vom Vermieter zu tragenden Kosten für Schönheitsreparaturen kann also nicht verlangt werden. Anders ist es nur bei preisgebundenen Wohnungen.

Form und Begründung des Erhöhungsverlangen:

Der Wohnraumvermieter muss sein Erhöhungsverlangen dem Wohnraum- 239
mieter mindestens in Textform (Rn 15b) mitteilen und begründen (§ 558 a Abs. 1). Bei einer Mehrheit von Personen auf der Vermieter- oder Mieterseite gilt das gleiche wie bei der Kündigung unter Rn 274 beschrieben wird.

Der Wohnraumvermieter muss darlegen, aus welchen Gründen er die verlangte höhere Miete für gerechtfertigt hält. Zur Begründung seines Erhö-

hungsverlangens hat der Wohnraumvermieter die nachstehenden Möglichkeiten (§ 558 a Abs. 2). Er kann und muss Bezug nehmen:
- auf die Mieten von <u>mindestens</u> 3 Vergleichswohnungen (Rn 240), oder
- auf ein Sachverständigengutachten (Rn 241), oder
- auf eine Auskunft aus einer Mietdatenbank (Rn 242), oder
- auf einen einfachen oder qualifizierten Mietspiegel (Rn 243 f.).

In den genannten 4 Bezugsmöglichkeiten nach Rn 240 bis 244 wird in der Regel von der Nettomiete für 1 qm Wohnfläche ausgegangen, den der Vermieter in seiner Begründung mit der qm – Zahl der vermieteten Wohnräume multipliziert. Dabei ist nicht die im Mietvertrag angegebene Wohnfläche zu Grunde zu legen, sondern die tatsächliche Größe.
Zur Bedeutung der einzelnen Begründungsmöglichkeiten im etwa später geführten Zustimmungsprozess siehe Rn 247.

240   Bezugnahme auf <u>Vergleichswohnungen</u>:
Der Wohnraumvermieter kann bei der Geltendmachung der Mieterhöhung auf <u>mindestens</u> 3 vergleichbare - auch etwa eigene - Wohnungen Bezug nehmen. Es kann sich dabei auch um eine preisgebundene Wohnung handeln, denn der Mieter soll nur einen Anknüpfungspunkt zu eigenen Nachforschungen erhalten. Die Wohnung muss der Vermieter so benennen, dass sie der Mieter ohne nennenswerte Schwierigkeiten auffinden kann. Dass er sie auch besichtigen kann, ist nicht Voraussetzung. Unschädlich ist, wenn außer diesen 3 Wohnungen eine benannt wird, deren Miete unter der verlangten Miete liegt.

<u>Muster</u> für eine solche Erhöhungserklärung:
„Ihre Nettomiete von derzeit monatlich 750 € möchte ich auf den heute ortsüblichen Mietzins von 810 € erhöhen und bitte dazu um Ihre Zustimmung. Zur Begründung nehme ich Bezug auf die drei nachgenannten in unserer Gemeinde befindlichen Vergleichswohnungen:
Wohnung Nr. 1: Tannenstr. 3, 1. OG rechts, Nettomiete 8,50 €/qm.
Wohnung Nr. 2: Tannenstr. 3, 1. OG links, Nettomiete 8,20 €/qm.
Wohnung Nr. 3: Buchenstr. 8, 2. OG, Nettomiete 8,10 €/qm.
Für Ihre 100 qm große Wohnung beträgt die Nettomiete bei einem ortsüblichen Quadratmeterpreis von 8,10 €/qm jetzt 810 €.
Der neue Mietzins gilt ab dem Beginn des 3. Kalendermonats nach dem Zugang dieses Schreibens bei Ihnen, also ab 1. 9. 2020.
Ein qualifizierter Mietspiegel für Ihre Wohnung existiert nicht.

Den 21. 6. 2020

....

(Unterschrift des Vermieters)"

Bezugnahme auf ein <u>Sachverständigengutachten</u>   241

Der Wohnraumvermieter kann auf ein mit Gründen versehenes schriftliches Gutachten eines öffentlich bestellten und vereidigten Sachverständigen Bezug nehmen, das eine Aussage über die tatsächliche ortsübliche Vergleichsmiete treffen muss. Dass der Sachverständige die Mieterwohnung oder eine vergleichsartige besichtigt hat, ist nicht erforderlich.

<u>Muster</u> für eine solche Erhöhungserklärung:

> „Ihre Nettomiete von derzeit monatlich 750 € möchte ich auf die heute ortsübliche Nettomiete von 810 € erhöhen und bitte dazu um Ihre Zustimmung. Zur Begründung nehme ich Bezug auf das beiliegende mit Gründen versehene schriftliche Gutachten des öffentlich bestellten und vereidigten Sachverständigen .... vom .... Nach diesem ist für Ihre Wohnung ein Quadratmeterpreis von 8,10 € ortsüblich. Bei einer Wohnfläche von 100 qm beträgt die Nettomiete für Ihre Wohnung jetzt 810 €.
> *Der neue Mietzins gilt ab dem Beginn des 3. Kalendermonats nach dem Zugang dieses Schreibens bei Ihnen, also ab 1. 9. 2020.*
> *Ein qualifizierter Mietspiegel für Ihre Wohnung existiert nicht.*
>
> *Den 21. 6. 2020*
>
> ....
> (Unterschrift des Vermieters)“

Bezugnahme auf eine <u>Mietdatenbank</u>   242

Wenn in der Gemeinde eine Mietdatenbank existiert, kann der Wohnraumvermieter auf eine Auskunft aus dieser Datenbank Bezug nehmen. Bei der Mietdatenbank handelt es sich um eine „zur Ermittlung der ortsüblichen Vergleichsmieten fortlaufend geführte Sammlung von Mieten, die von der Gemeinde oder von Interessenvertretern der Wohnraumvermieter und der Wohnraummieter gemeinsam geführt oder anerkannt wird“ (§ 558 e).

Bezugnahme auf einen <u>(einfachen) Mietspiegel</u>   243

Der Wohnraumvermieter kann auf einen Mietspiegel Bezug nehmen, den die Gemeinde oder Interessenvertreter der Wohnraumvermieter und der Wohnraummieter gemeinsam über die ortsübliche Vergleichsmiete von Wohnungen im Gebiet der Gemeinde, oder mehrerer Gemeinden, oder für Teile von Gemeinden erstellt oder anerkannt haben (§ 558 c). Gibt es in der Gemeinde keinen solchen Mietspiegel, kann auch ein Mietspiegel einer vergleichbaren Nachbargemeinde herangezogen werden. Vergleichbar sind Gemeinden, wenn die in diesen bestehenden Wohn- und Lebensverhältnisse effektiv vergleichbar sind. Eine Kleinstadt ist nicht mit einer Großstadt vergleichbar. Wenn der Mieter den Mietspiegel nicht kostenlos etwa von der betreffenden Gemeinde oder gegen geringes Entgelt (ca. 4 €) besorgen kann, muss der Vermieter den Mieter den Mietspiegel einsehen lassen oder ihm eine Abschrift übergeben. Auch die Bezugnahme auf einen veralteten, jedoch nicht etwa schon 20 Jahre alten Mietspiegel ist zulässig und macht die Erklärung nicht formell ungültig.

In den Mietspiegeln wird in der Regel unter verschiedenen Kategorien unterschieden, nämlich zwischen Baujahr der Gebäudeherstellung, Größe, Ausstattung, Lage der Wohnung im Gebäude und in der Gemeinde. Dafür wird eine Spanne der ortsüblichen Miete angegeben.

Damit der Mieter die Berechtigung des Verlangens überprüfen kann, muss der Wohnraumvermieter die Wohnung in die nach seiner Meinung entsprechende Kategorie einordnen. Die verlangte höhere Miete muss dann innerhalb der für die Kategorie angegebenen Spanne liegen, wobei der Vermieter je nach Zustand der Wohnung auch durchaus den oberen Wert der Bandbreite verlangen darf, für ein Einfamilienhaus u. U. auch 10 % über dem oberen Wert. Außerdem ist es nicht schädlich, wenn auch die vom Wohnraummieter bislang gezahlte Miete schon in dieser Spanne gelegen ist.

Beispiel: Die Wohnung gehört zu einer bestimmten Kategorie, für welche die ortsübliche Miete im Mietspiegel zwischen 8,10 und 8,70 €/qm beträgt. Die vom Wohnraummieter bislang gezahlte Miete kann unterhalb der 8,10 €/qm oder darüber liegen. Im Erhöhungsschreiben kann der Wohnraumvermieter aber nur bis zu 8,70 €/qm verlangen.

<u>Muster</u> einer solchen Erhöhungserklärung:

„Ihre Miete von derzeit monatlich 750 € möchte ich auf den heute ortsüblichen Mietzins von 810 € erhöhen und bitte dazu um Ihre Zustimmung. Zur Begründung nehme ich Bezug auf den Mietspiegel unserer Gemeinde vom ...., den Sie bei mir, beim örtlichen Mieterverein oder bei der Gemeinde einsehen oder gegen eine geringe Schutzgebühr erwerben können. Nach dieser Tabelle ist für Ihre Wohnung ein Quadratmeterpreis zwischen 7,80 und 8,20 € ortsüblich. Die Gründe dafür sind:........
(Es folgt jetzt die Begründung, weshalb die Wohnung unter den genannten Quadratmeterpreis der betreffenden Tabelle fällt.) ......
Bei einer Größe der Wohnung von 100 qm beträgt die Nettomiete bei einem ortsüblichen Quadratmeterpreis von jetzt 8,10 €/qm den verlangten Betrag. Der neue Mietzins gilt ab dem Beginn des 3. Kalendermonats nach dem Zugang dieses Schreibens bei Ihnen, also ab 1. 9. 2019.
Ein qualifizierter Mietspiegel für Ihre Wohnung existiert nicht.

Den 21. 6. 2019   ....

                                              (Unterschrift des Vermieters)"

Bezugnahme auf einen <u>qualifizierten</u> Mietspiegel   244

Ein qualifizierter Mietspiegel ist der unter Rn 243 beschriebene Mietspiegel, wenn er „nach anerkannten wissenschaftlichen Grundsätzen erstellt" und von der Gemeinde oder den Interessenvertretern von Wohnraumvermieter und Wohnraummieter anerkannt worden ist (§ 558 d). Außerdem muss ein solcher Mietspiegel im Abstand von 2 Jahren der Marktentwicklung angepasst worden sein. Dann wird vermutet, dass die in diesem Mietspiegel enthaltenen Mieten die ortsüblichen Mieten darstellen.

Wenn für die Wohnung des Wohnraummieters ein solcher qualifizierter Mietspiegel existiert, kann der Wohnraumvermieter bei der Geltendmachung der Mieterhöhung auf diesen Bezug nehmen und in seiner Begründung entsprechende Angaben aus diesem Mietspiegel machen. Erforderlichenfalls muss aber der Vermieter beweisen, dass dieser Mietspiegel nach anerkannten wissenschaftlichen Grundsätzen erstellt worden ist.

Auch wenn der Wohnraumvermieter in seiner Mieterhöhungserklärung auf eine der unter Rn 240 - 243 genannten Möglichkeiten Bezug nimmt, muss er entsprechende Angaben aus dem qualifizierten Mietspiegel machen, wenn ein solcher für die betreffende Wohnung existiert (§ 558 a Abs. 3).

<u>Die Kappungsgrenze:</u>   245

Beachten muss der Wohnraumvermieter bei einer Mieterhöhung auf die ortsübliche Miete, dass der Mietzins durch Erhöhungen innerhalb von 3 Jahren nicht um mehr als 20 % erhöht werden darf (§ 558 Abs. 3).

    Beispiel: Die vom Wohnraummieter geschuldete Miete beträgt am 1. 4. 2018 monatlich 700 €. Am 1. 6. 2019 einigen sich Wohnraumvermieter und Wohnraummieter auf eine Erhöhung um monatlich 90 €. Mit Schreiben vom 1. 12. 2020 verlangt der Wohnraumvermieter eine weitere Erhöhung der Miete auf die dann ortsübliche Miete von 890 €. Das ist nicht zulässig, weil die Miete innerhalb von 3 Jahren nur um 20 % = 140 €, also auf 840 € erhöht werden darf.

Besteht für die vermieteten Wohnräume ein unter Rn 142 beschriebener Erlass, kann die Landesregierung auf die Dauer von höchstens 5 Jahren für dies Gebiete eine Kappungsgrenze von 15 % festlegen was z. Zt. für Berlin, München, Hamburg und andere vergleichbare Städte geschehen ist.

Bei der Berechnung der Kappungsgrenze bleibt aber eine während der 3 Jahre etwa wegen einer Modernisierung nach Rn 248 ff. geltend gemachte Mieterhöhung unberücksichtigt. Berechnet wird die Kappungsgrenze von der bislang vom Mieter zu bezahlenden Miete, eine etwaige vom Mieter geltend gemachte Mietminderung bleibt unberücksichtigt.

Für Wohnungen, bei denen die Preisbindung weggefallen ist, gilt die Kappungsgrenze nicht, wenn der Wohnraummieter während der Preisbindung eine Ausgleichszahlung leisten musste.

246 Auf die unter Beachtung der unter Rn 236 bis 245 beschriebenen Bedingungen vom Vermieter dem Mieter übersandten Mieterhöhungserklärung kann der Mieter innerhalb einer 2 - monatigen Überlegungsfrist, beginnend am 1. des Kalendermonats, der auf den Zugang der Erhöhungsverlangen des Vermieters folgt (§ 558 b Abs. 1), dem Vermieter gegenüber eine <u>Erklärung abgeben</u>. Er kann der Erhöhung mündlich oder schriftlich ganz oder teilweise zustimmen oder auch keine Erklärung abgeben. Als eine stillschweigende Zustimmung gilt, wenn der Wohnraummieter einfach die erhöhte Miete bezahlt.
Soweit der Wohnraummieter zustimmt, schuldet er die höhere Miete ab dem 3. Kalendermonat, der auf den Zugang des Erhöhungsverlangens folgt. Ein Widerruf der Zustimmung nach den Bestimmungen des Fernabsatzgesetzes ist nicht zulässig. Außerdem sind im Falle einer Zustimmung etwaige formelle oder materielle Fehler der Kündigungserklärung ohne Folgen.

247 Die <u>Klage des Wohnraumvermieters</u> auf Zustimmung:
Stimmt der Wohnraummieter innerhalb der Überlegungsfrist der verlangten Mieterhöhung nicht oder nicht in voller Höhe zu, kann der Wohnraumvermieter nach Ablauf der Überlegungsfrist des Wohnraummieters die fehlende Zustimmung des Wohnraummieters auf eine Klage (Rn 476) durch ein Urteil des Amtsgerichts ersetzen lassen. Diese Klage muss der Wohnraumvermieter spätestens innerhalb weiterer 3 Monate ab dem Ende der Überlegungsfrist des Wohnraummieters erheben (§ 558 b Abs. 2)
Stellt sich im Prozess heraus, dass das Erhöhungsverlangen des Wohnraumvermieters unwirksam war, kann der Wohnraumvermieter das Verlangen im Prozess nachholen. Er muss aber auch dann dem Wohnraummieter die 2 - monatige Überlegungsfrist einräumen (§ 558 b Abs. 3).

Im Verfahren prüft das Gericht, ob die verlangte Mieterhöhung begründet ist, nämlich:
(1) Ob der Wohnraumvermieter alle vorgeschriebenen Erfordernisse (Rn 236-245) bei seiner Erhöhungserklärung beachtet hat, wobei nur die vom Wohnraumvermieter bei seiner Erhöhungserklärung nach Rn 240 – 244 herangezogenen Vergleiche von Bedeutung. sind, und wenn ja
(2) wie hoch die vom Mieter zu zahlende ortsübliche Miete für die Wohnung ist, dass also die vom Wohnraumvermieter verlangte höhere Miete die ortsübliche Miete nicht übersteigt. Das muss der Richter - in der Regel durch ein Beweisverfahren (Rn 489) – klären und dazu die von beiden Prozessparteien angebotenen Beweismittel einziehen. In der Regel läuft es darauf hinaus, dass der Richter ein <u>gerichtliches</u> Sachverständigengutachten einholt. Auch

eine Schätzung kommt infrage, wenn die Kosten eines Gutachtens in keinem Verhältnis zur Höhe der streitigen Erhöhung stehen.

Je nach dem Ergebnis der Überprüfung verurteilt das Gericht den Wohnraummieter zur Zustimmung in der für richtig gehaltenen Höhe. Der Wohnraummieter schuldet die Erhöhung dann rückwirkend ab dem Monat, zu dem die Erhöhung wirksam geworden ist.

Da dieses Urteil in aller Regel erst nach Monaten ergeht, muss der Wohnraummieter dann die etwaige rückständige Erhöhung nachbezahlen. Fällig wird die Nachzahlung aber erst mit der Rechtskraft des Urteils. Ein Verzug mit den für vergangene Monate zu zahlenden Erhöhungsbeträgen kann also erst nach Rechtskraft des Urteils eintreten.

Erhebt der Wohnraumvermieter die Klage auf Zustimmung gegen den Mieter nicht oder nicht rechtszeitig, tritt die geltend gemachte Mieterhöhung, soweit der Wohnraummieter ihr nicht zugestimmt hatte, nicht in Krafft

2. Die Mieterhörung wegen Modernisierungsmaßnahmen

Keine Mieterhöhung wegen Modernisierungsmaßnahmen kann der Vermieter verlangen, wenn das vertraglich ausgeschlossen worden ist oder solange eine Staffel- oder Indexmiete läuft (§ 557 a). Siehe dazu Rn 234.   248
Ist das nicht der Fall, kann der Vermieter eine Mieterhöhung verlangen, wenn er bestimmte dem Mieter angekündigte und von diesem zu duldende Modernisierungsmaßnahmen durchgeführt hat (§ 559), nämlich bauliche Veränderungen, die unter die in Rn 184 Ziffern (1) und (3) bis (6) beschriebenen Maßnahmen fallen.

Maßgebend für die Mieterhöhung sind die dem Vermieter durch Modernisierungsmaßnahmen entstandenen Kosten. Zu diesen gehören sowohl die Materialkosten, Handwerkerkosten und Baunebenkosten, z. B. Architekten- und Behördenleistungen, als auch die Kosten der Eigenarbeit und für etwa durch die Modernisierung erforderlicher Schönheitsreparaturen. Nicht dazu gehören Kosten, die vom Mieter oder für diesen von einem Dritten übernommen oder die mit Zuschüssen aus öffentlichen Haushalten gedeckt werden, oder Kosten für unnötige, unzweckmäßige oder ansonsten überhöhte Modernisierungsaufwendungen.   248a

Abzuziehen sind hypothetische und notfalls durch Schätzung zu ermittelnde Kosten, die für Erhaltungsmaßnahmen (Rn 112 ff.) erforderlich gewesen wären, außerdem der Jahresbetrag der Zinsverbilligung, wenn Modernisierungskosten durch zinsverbilligte oder zinslose Darlehen aus öffentlichen Haushalten gedeckt werden.   248b

Bei mehreren Wohnungen muss der Vermieter die Kosten auf die einzelnen Wohnungen umlegen, die von den Verbesserungen profitieren. Wenn sich kein anderer sachlich zutreffender Umlegungsschlüssel anbietet, kann die Umlegung nach der Größe der Wohnflächen erfolgen (§ 559 Abs. 3).   248c

249 Der Vermieter kann die jährliche Miete um 8 % der maßgeblichen um die hypothetischen Erhaltungskosten gekürzten Modernisierungskosten (bis 31.12.2018 waren es 11 %) erhöhen.

Beispiel: Die Kosten der Modernisierungsmaßnahmen für die Wohnräume des Mieters nach Abzug der geschätzten hypothetischen Kosten für Erhaltungsmaßnahmen betragen 24.000 €. Die Miete kann jährlich um 8 % davon = 1.920 €, also monatlich um 160 € erhöht werden.

Dabei muss aber folgende <u>Kappungsgrenze</u> beachtet werden: Erfolgen für die Wohnräume des Mieters innerhalb von 6 Jahren mehrere Mieterhöhungen wegen Modernisierungsarbeiten - Mieterhöhungen nach Rn 236 ff. oder Rn 255 ff. werden nicht berücksichtigt - , darf die Miete nicht um mehr als 3 € pro Quadratmeter Wohnfläche erhöht werden. Beträgt die Miete vor der Mieterhöhung weniger als 7 € pro Quadratmeter Wohnfläche, darf sich die Miete nicht um mehr als 2 € je Quadratmeter Wohnfläche erhöhen.

250 Die Mieterhöhung ist ausgeschlossen, soweit sie unter Berücksichtigung der künftigen Betriebskosten für den Mieter gegenüber den Interessen des Vermieters eine <u>nicht zu rechtfertigende Härte</u> bedeutet (§ 559 Abs. 4).
Berücksichtigt werden nur die Härtegründe, die der Mieter nach Rn 185 Ziffer (3) auf die Modernisierungsankündigung des Vermieters gegen eine Mieterhöhung rechtzeitig geltend gemacht hat. Verspätet geltend gemachte Umstände werden nur berücksichtigt, wenn die Mieterhöhung die vom Vermieter in der damals angekündigte Mieterhöhung um 10 % übersteigt (§ 559 Abs. 5).
Auch hier erfolgt eine Abwägung zwischen den Interessen des Vermieters und des Mieters, ausgenommen das Mietobjekt wurde nur in einen heute allgemein üblichen Zustand versetzt, oder der Vermieter führte die Modernisierungsmaßnahmen auf Grund von Umständen durch, die er nicht zu vertreten hat, z. B. Maßnahmen zum Denkmalschutz oder Aufwendungen für die geltenden neuen Immissionsschutzwerte.

251 Im Falle der „kleinen" Modernisierung (Rn 186) kann der Vermieter die Mieterhöhung nach einem <u>vereinfachten Verfahren</u> (§ 559c) berechnen. Voraussetzung dafür ist aber, dass der Vermieter wie bei der Modernisierungsankündigung (Rn 185 Ziffer (2)) auch bei der Mieterhöhungserklärung (Rn 252) angibt, dass er die Erhöhung nach dem vereinfachten Verfahren berechnet hat.
Von den unter Rn 248a genannten Modernisierungskosten, die nicht mehr als 10.000 € betragen dürfen, wird für die unter Rn 248b genannten hypothetischen Kosten für Erhaltungsmaßnahmen eine Pauschale von 10 % der Kosten abgezogen. Der Abzug eines Jahresbetrags für eine Zinsverbilligung entfällt. Ebenso entfällt eine Berücksichtigung etwaiger Härtegründe zugunsten des Mieters (Rn 185 Ziffer (3)).

Beispiel: Die maßgeblichen Kosten der Modernisierungsmaßnahmen für die Wohnräume des Mieters betragen 9.500 €. abzüglich der Pauschale von 10 % = 950 € = 8.550 €. Die Miete kann jährlich um 8 % davon = 684 €, also monatlich um 54,25 € erhöht werden.

Hat der Vermieter die Miete in den letzten 5 Jahren bereits wegen Modernisierungsmaßnahmen erhöht, werden die damals geltend gemachten Kosten auf die jetzt geltend gemachten Kosten angerechnet.

Beispiel: 3 Jahre vor der Mieterhöhung im obigen Beispiel hatte der Vermieter eine Mieterhöhung wegen Modernisierungskosten in Höhe von 5.000 € verlangt. Der Vermieter kann deshalb die Miete nur um monatlich 9.500 – 5.000 = 4.500 € abzüglich 450 € mal 8 % = 324 : 12 = 27 € erhöhen.

Macht der Vermieter eine Mieterhöhung im vereinfachten Verfahren geltend, kann er innerhalb von 5 Jahren keine Mieterhöhungen wegen Modernisierungsmaßnahmen mehr geltend machen, ausgenommen der Vermieter ist zu Maßnahmen auf Grund gesetzlicher Vorschriften oder eines Beschlusses einer GdWE dazu verpflichtet.

Form und Begründung des Erhöhungsverlangens   252
Die Mieterhöhung ist nur rechtswirksam, wenn der Wohnraumvermieter sein Erhöhungsverlangen dem Wohnraummieter mindestens in Textform (Rn 15b) mitteilt und dabei die Erhöhung auf Grund der entstandenen Kosten berechnet und erläutert (§ 559 b).
Das heißt: Der Wohnraumvermieter muss die durchgeführten Arbeiten in wesentlichem Umfang und in wesentlichen Schritten darlegen, inwiefern die durchgeführten Maßnahmen den Gebrauchswert der Wohnräume erhöhen und die Wohnverhältnisse dauerhaft verbessern oder eine Einsparung von Energie oder Wasser bewirken. Außerdem muss der Wohnraumvermieter auch mitteilen, ob und gegebenenfalls welche Zuschüsse er erhalten hat. Auf Wunsch des Wohnraummieters muss der Vermieter diesem auch Einsicht in die Belege gewähren. Hat der Vermieter die Mieterhöhung nach dem vereinfachten Verfahren berechnet, muss er auch das angeben.

Die Erklärung des Wohnungsmieters auf die Mieterhöhungserklärung   253
Eine Erklärung oder eine Zustimmung des Wohnraummieters wie bei einer Mieterhöhung auf die ortsübliche Miete (Rn 236) ist auf das Erhöhungsverlangen wegen Modernisierungsmaßnahmen nicht erforderlich. Die höhere Miete schuldet der Wohnraummieter ab dem 3. Kalendermonat, der auf den Zugang der Erhöhungserklärung folgt (§ 559 b Abs. 2).
Beispiel: Das Erhöhungsverlangen des Wohnraumvermieters geht dem Mieter am 8. 11. 2020 zu. Die höhere Miete ist ab 1. 2. 2021 zu zahlen.

Die Frist verlängert sich um 6 Monate, wenn der Wohnraumvermieter die zu erwartende Mieterhöhung (siehe Rn 185) nicht mindestens 3 Monate vor Beginn der Arbeiten mitgeteilt hat, oder wenn die Mieterhöhung um mehr als

10 % höher als diese ausfällt. Dann muss der Mieter die Mieterhöhung im obigen Beispiel erst ab 1. 8. 2019 bezahlen.

254   Die Geltendmachung der Mieterhöhung im Streitfall

Bezahlt der Wohnraummieter die Erhöhung nicht oder bestreitet er die geschuldete Höhe, kann der Wohnraumvermieter Klage auf Zahlung der höheren Miete erheben. Das Gericht prüft, ob der Wohnraumvermieter die Bedingungen für Form und Begründung seiner Erhöhungserklärung erfüllt hat, und ob die geltendgemachte Höhe der Mieterhöhung gerechtfertigt ist.

<u>V. Die Änderung der Betriebskosten beim Wohnraummietvertrag</u>

1. Die einvernehmliche Änderung der Betriebskostenregung

255   Auch die im Mietvertrag festgelegten Regelungen über die Betriebskosten können Vermieter und Mieter von <u>Geschäfts- oder Wohnräumen</u> während der Mietzeit wie bei der Miete (Rn 230) jederzeit einvernehmlich, also durch eine Vereinbarung ändern. Es kann vereinbart werden, dass bestimmte Kosten wegfallen oder dazukommen sollen, dass eine vereinbarte Pauschale oder eine Vorauszahlung für die Betriebskosten erhöht oder ermäßigt werden sollen, dass anstelle der tatsächlichen Betriebskosten eine Pauschale oder umgekehrt bezahlt werden soll, oder dass ein anderer zulässiger Umlegungsmaßstab der Betriebskostenabrechnung zugrunde gelegt werden soll. Sind mehrere Mieter von der Umlegung betroffen, müssen sich alle Mieter an der Vereinbarung beteiligen, wenn die Änderung gelten soll.

2 Die Änderung der vereinbarten Betriebskosten<u>pauschale</u> oder <u>–vorauszahlung</u> durch einseitige Erklärung von Vermieter oder Mieter

Auch ohne dass sich Vermieter und Mieter wie unter Rn 230 beschrieben einigen, kann sich im Falle eines unter den Kündigungsschutz fallenden <u>Wohnraummietverhältnisses</u> (Rn 59 - 64) eine vom Wohnraummieter nach dem Mietvertrag für Betriebskosten geschuldete Pauschale oder Vorauszahlung unter bestimmten Voraussetzungen nach oben oder unten ändern:

256a   Eine im Mietvertrag vereinbarte <u>Betriebskostenpauschale</u> darf der Wohnraumvermieter bei einer Erhöhung der Betriebskosten durch eine einseitige Erklärung gegenüber dem Wohnraummieter nur erhöhen, wenn das im Mietvertrag festgelegt ist (§ 560 Abs. 1 + 2). Ein Muster für eine solche Regelung finden Sie im 6. Kapitel unter Rn 414. Steht dieser Vorbehalt im Mietvertrag nicht, hat der Wohnraumvermieter während der Mietzeit keine Möglichkeit, eine Erhöhung der Betriebskostenpauschale ohne das Einverständnis des Wohnraummieters zu erreichen.

Ermäßigen sich die Betriebskosten während der Mietzeit dagegen, kann der Wohnraummieter von seinem Vermieter verlangen, dass die geschuldete Betriebskostenpauschale herabgesetzt wird (§ 560 Abs. 3). Damit er die Herabsetzung der Pauschale vom Vermieter verlangen kann, kann der Mieter vom Vermieter Auskunft über die neue Höhe der Betriebskosten verlangen, wenn Anhaltspunkte für eine Kostenermäßigung bestehen.

Ergibt sich aus einer inhaltlich korrekt erstellten Betriebskostenabrechnung, dass die bisherige <u>Vorauszahlung</u> auf die Betriebskosten zu nieder oder zu hoch ist, kann der Wohnraumvermieter oder der Wohnraummieter während der Mietzeit durch eine Erklärung gegenüber dem anderen eine Anpassung der Vorauszahlung auf eine angemessene Höhe verlangen (§ 560 Abs. 4). Maßgebend ist die Höhe der zu erwartenden Betriebskosten <u>ohne</u> Berücksichtigung eines Sicherheitszuschlags. 256b
Die Änderungsmöglichkeit für die Vorauszahlung besteht aber nur, wenn überhaupt eine Vorauszahlung im Mietvertrag vereinbart ist. Ist das nicht der Fall, kann der Vermieter während der Mietzeit Vorauszahlungen durch den Wohnraummieter ohne dessen Einverständnis nicht erreichen.

3. *Die Änderung der Umlegungsregelung bei den Betriebskosten durch den Wohnraumvermieter*

Wenn und soweit Betriebskosten nicht nach Verbrauch oder Verursachung durch den einzelnen Nutzer abgerechnet werden, kann der Wohnraumvermieter einen vereinbarten Umlegungsmaßstab durch Erklärung gegenüber dem Mieter dahin gehend ändern, dass die betreffenden Betriebskosten in Zukunft <u>nach Verbrauch und Verursachung</u> abgerechnet werden sollen (§ 556 a Abs. 2). Voraussetzung ist natürlich, dass entsprechende Verbrauchserfassungsgeräte vorhanden sind oder eingebaut werden. 257

> Beispiel: Nach der im Mietvertrag getroffenen Vereinbarung berechnet der Vermieter den Wasserverbrauch seiner Mieter nach der Anzahl der in den einzelnen Wohnungen lebenden Personen. Er kann den Umlegungsmaßstab dahingehend ändern, dass dem Mieter in Zukunft die Kosten des Wassers in Rechnung gestellt werden, das nach der eingebauten Wasseruhr für seine Wohnung entnommen wird.

Nicht zulässig ist eine Umstellung, wenn die Kosten in einer Brutto- oder Teilbruttomiete oder in einer vereinbarten Pauschale enthalten sind.

Zahlt der Mieter die auf Grund einer falschen Betriebskostenregelung berechneten Betriebskosten an den Vermieter, kann daraus kein stillschweigendes Einverständnis des Mieters mit der falschen Betriebskostenregelung angenommen werden, ausgenommen der Vermieter hat vor Übersendung der Abrechnung die falsche Betriebskostenregelung telefonisch oder schriftlich angekündigt.

4. Die Änderung der Heizwärmebelieferung

258 Ist der Mieter von Geschäfts- oder Wohnräumen zur Bezahlung der vom Vermieter gelieferten Wärme (Heizkosten, Warmwasserkosten) verpflichtet (Rn 151), verbleibt das auch dann, wenn der Vermieter nach dem 1.7.2013 die Wärmeversorgung auf eine eigenständige gewerbliche Lieferung durch einen Wärmelieferanten umstellt und dabei die in § 556c festgelegten Bedingungen eingehalten werden, also z. B. dass sich die bisherigen Betriebskosten für Wärme nicht erhöhen.

D.　Die Änderung der Miete und Betriebskosten für <u>Geschäftsräume</u> während der Mietzeit

I. Die Änderung der Geschäftsraummiete durch eine Vereinbarung

259 Hier gilt zunächst das gleiche, wie unter Rn 230 beim Wohnraummietverhältnis beschrieben worden ist. Handelt es sich wie oft um einen Zeitmietvertrag auf eine feste Zeit von über einem Jahr, muss bei der Vereinbarung einer Vertragsänderung die <u>gesetzliche Schriftform</u> (Rn 12) beachtet werden, denn Vermieter und Mieter laufen sonst Gefahr, dass der ursprünglich rechtswirksam auf eine feste Mietzeit von mehr als 1 Jahr geschlossene Vertrag ab der Änderung nur noch auf unbestimmte Zeit läuft und erstmals zum Ende eines Jahres nach der Änderung gekündigt werden kann (Rn 77).

Gesetzliche Vorschriften, nach denen der Geschäftsraumvermieter einseitig wie der Wohnraumvermieter eine Mieterhöhung oder eine höhere Betriebskostenpauschale oder –vorauszahlung verlangen kann (Rn 233 bis 257), gibt es nicht. Denn der Geschäftsraumvermieter kann ja kündigen, um eine andere Miete oder eine andere Regelung für die Betriebskosten zu erreichen, ausgenommen beim Zeitmietvertrag oder solange er auf eine Kündigung verzichtete hat

260 Anders ist es beim Geschäftsraummiet- oder Pachtverhältnis im Falle einer „Störung der Geschäftsgrundlage" (Rn 9 Ziffer (3)), bei der eine Partei eine <u>Anpassung</u> des Vertrages, also z. B. auch <u>der Miete</u>, verlangen kann, soweit ihr unter Berücksichtigung des Einzelfalls am Festhalten des unveränderten Vertrages nicht zugemutet werden kann. Dass eine solche Störung vorliegt, wird nach einer gesetzlichen Regelung vom Dezember 2020 widerlegbar vermutet, wenn eine staatliche Maßnahme die Verwendbarkeit des Mietgegenstandes für den Betrieb es Mieters mindestens erheblich einschränkt, z. B. bei einer Einschränkung der Ladenfläche für das Publikum oder einer Anzahl der anwesenden Personen während der Covid–19-Pandemie. Ist eine Anpassung der Mete nicht möglich oder nicht zumutbar, kommt ein Kündigungsrecht infrage. Siehe dazu Rn 307.

Über die Frage, in welchem Umfang in einzelnen Fällen ein Geschäftsraummieter eine Vertragsanpassung oder ein Kündigungsrecht zusteht, beschäftigen sich z.Zt. viele Gerichte.

<u>II. Die Änderung der Geschäftsraummiete nach einer schon im Mietvertrag
getroffenen Bestimmung</u>

1. Die Vereinbarung einer Staffelmiete im Geschäftsraummietvertrag

In einem Geschäftsraummietvertrag ist eine Staffelmietvereinbarung immer   261
zulässig. Die im Mietvertrag über preisfreie Wohnräume für eine Staffelmiete
unter Rn 231 Ziffer a - d beschriebenen Einschränkungen bestehen bei Geschäftsräumen nicht.

2. Die Vereinbarung einer Indexmiete im Geschäftsraummietvertrag

Auch im Geschäftsraummietvertrag kann eine Indexmiete vereinbart werden,   262a
sogar eine automatisch wirkende <u>Gleitklausel</u> oder eine nicht automatisch
wirkende <u>Spannungsklausel</u>.

Die <u>automatisch</u> wirkende Gleitklausel: 262b

Schon bis 31.12.1998 konnte in einem Geschäftsraummietvertrag eine
Gleitklausel vereinbart werden. Eine solche in einem vor 1.1.1999 abgeschlossenen Geschäftsraummietvertrag ist gültig, wenn sie beim seinerzeiti-
gen Vertragsabschluss von einer früheren Landeszentralbank nach dem
damals geltenden § 3 des Währungsgesetzes genehmigt worden ist. Seit
dem 1.1.1999 können zwischen Geschäftsraumvermieter und -mieter automatisch wirkende Gleitklauseln ohne oder mit behördlicher Genehmigung
vereinbart werden:

Eine Gleitklausel <u>ohne behördliche Genehmigung</u> ist rechtswirksam, wenn
sie nach § 4 der Preisklauselverordnung 1998 zwei Bedingungen erfüllt:

(1) Die Laufzeit des Mietvertrages muss mindestens 10 Jahre betragen, o-
der der Vermieter muss 10 Jahren lang auf das Recht zur ordentlichen Kündigung verzichten, oder der Mieter hat das Recht, die Laufzeit auf Grund einer vereinbarten Option (Rn 309) auf mindestens 10 Jahre zu verlängern,
und

(2) die Entwicklung der Miete ist - nach oben und nach unten - an die Änderung des vom Statistischen Bundesamt oder eines Landesamtes ermittelten
Preisindexes für die Gesamtlebenshaltungskosten oder eines vom Statistischen Amt der Europäischen Gemeinschaft ermittelten Verbraucherindexes
gekoppelt. Ein Muster für eine solche Vereinbarung lautet:

"Ändert sich der vom Statistischen Bundesamt ermittelte Preisindex für die Gesamtlebenshaltungskosten gegenüber dem Stand im Monat des Mietvertragsabschlusses um mehr als 5 % nach oben oder unten, so ändert sich die Miete im gleichen Verhältnis. Die Änderung gilt ab dem Monat, der auf den Eintritt der vereinbarten Indexänderung folgt. Das gleiche gilt, wenn sich der Index ab dem Zeitpunkt der eingetretenen Änderung jeweils erneut um den genannten Prozentsatz ändert."

Eine Gleitklausel, welche die beiden oben genannten Bedingungen nicht erfüllt, ist bei einem Geschäftsraummietverhältnis nur mit einer <u>besonderen behördlichen Genehmigung</u> rechtswirksam (§ 2 Preisangaben- und Preisklauselgesetz). Zuständig für eine Genehmigung ist derzeit das Bundesamt für Wirtschaft.

262c Die <u>nicht automatisch wirkende</u> Spannungsklausel
Geschäftsraumvermieter und –mieter können nicht automatisch wirkende Spannungsklauseln vereinbaren. 2 Beispiele:
- Klausel, welche die Miete an <u>Lebenshaltungskosten</u> koppelt:
  "Ändert sich der vom Statistischen Bundesamt ermittelte Preisindex für die Lebenshaltung aller privaten Haushalte gegenüber dem Stand im Monat des Mietvertragsabschlusses um mehr als 5 % nach oben oder unten, kann jeder Vertragspartner verlangen, dass die Miete neu festgesetzt wird. Kommt zwischen den Parteien binnen eines Monats keine Einigung über den neuen Mietzins zustande, setzt ein von der für den Ort der vermieteten Räume zuständigen Industrie- und Handelskammer auf Antrag einer der Parteien auszuwählender Sachverständiger den neuen Mietzins für beide Parteien bindend fest. Das gleiche gilt, wenn sich der oben genannte Index ab der Neufestsetzung des Mietzinses erneut um 5 % nach oben oder unten ändert."
- Klausel, welche die Miete an <u>örtlich übliche</u> Mieten koppelt:
  Der Vermieter ist berechtigt, nach Ablauf von 3 Jahren zu prüfen, ob die vereinbarte Miete noch ortsüblich oder sonst angemessen ist. Bei einer Änderung setzt er den zusätzlich oder den weniger zu zahlenden Betrag nach billigem Ermessen (§ 315 BGB) fest und teilt dem Mieter die Höhe der zukünftigen Miete mit."

III. Die Änderung der Betriebskosten beim Geschäftsraummietverhältnis

263 Für die Betriebskosten gelten in einem Mietvertrag über Geschäftsräume die für Wohnraumvermieter oder –mieter unter Rn 256a bis 257 geschilderten gesetzlichen Änderungsmöglichkeiten nicht. Eine Änderung ist hier nur durch eine einvernehmliche Vereinbarung möglich (Rn 259), oder wenn eine Änderungsmöglichkeit schon im Mietvertrag vorgesehen ist.
Nur bei einer Änderung der Heizwärmebelieferung gilt das unter Rn 258 für Wohnräume Beschriebene auch für Geschäftsräume.

4. KAPITEL

Die Beendigung des Mietverhältnisses

A. Die verschiedenen Beendigungsgründe

Ein Mietverhältnis endet, wenn die Mieträume ohne Verschulden des Ver- 264
mieters zerstört werden, z. B. durch Brand, Überschwemmung oder andere
Unwetter. Der Vermieter wird dann von seiner Pflicht zur Gebrauchsüberlassung (Rn 103) frei und ist nicht zur Wiederherstellung der Räume verpflichtet.
Sind die Räume nur teilweise zerstört, kommt eine Wiederherstellungspflicht
infrage, wenn die Räume während der noch laufenden Mietzeit wieder hergestellt werden können und dem Vermieter die Wiederherstellung auch zugemutet werden kann. Das ist der Fall, wenn sich die Herstellungskosten
durch Mieteinnahmen während etwa 10 Jahren amortisieren.

Wenn die Mieträume nicht ausnahmsweise wie beschrieben „untergehen",
endet das Mietverhältnis entweder

- durch Ablauf einer im Mietvertrag vereinbarten festen Mietzeit, oder
- durch eine einvernehmliche <u>Vereinbarung</u> zwischen Mieter und Vermieter während der Mietzeit oder durch Eintritt einer auflösenden Bedingung, oder
- durch eine <u>einseitige Erklärung</u> des Vermieters oder Mieters.

I. Die Beendigung eines Mietverhältnisses durch Ablauf der Zeit

Ein auf eine bestimmte Zeitdauer abgeschlossener Mietvertrag ist ein <u>Zeit- 265
mietvertrag</u>, der automatisch mit dem Ablauf der vereinbarten Mietzeit endet.
Alles Wichtige zur Zulässigkeit, Beendigung und Fortsetzung eines Zeitmietvertrages finden Sie unter Rn 44, zur gesetzlichen Schriftform und die
bei Nichteinhaltung der gesetzlichen Schriftform beim Zeitmietvertrag eintretenden Folgen unter Rn 76 f..

II. Die Beendigung des Mietverhältnisses durch eine Vereinbarung zwischen Vermieter und Mieter während der Mietdauer

Die Parteien eines Vertrages können die im Vertrag festgelegten Bedingungen in der Regel jederzeit durch eine einvernehmliche Regelung ändern, also auch bei einem Dauerschuldverhältnis dessen Ende vereinbaren. Das gilt
im Falle eines Mietverhältnisses über Wohn- oder Geschäftsräume und ge-

nauso bei einem auf bestimmte oder unbestimmte Zeit abgeschlossenen
Mietvertrag.

1. Inhalt und Form einer Aufhebungsvereinbarung

266   Eine Einigung zwischen Vermieter und Mieter darüber, dass das Mietverhältnis zu einem bestimmten Zeitpunkt enden soll, ist ein Aufhebungsvertrag. Da ein solcher nur zustande kommt, wenn sich Vermieter und Mieter
einig sind, ist ein Schutz des Mieters hier nicht erforderlich. Ein Aufhebungsvertrag kann also auch dann geschlossen werden, wenn beispielsweise im
Mietvertrag eine lange Mietzeit fest vereinbart worden ist oder wenn Vermieter oder Mieter den Mietvertrag nicht kündigen könnten.
    Beispiel: Der Vermieter wünscht einen Auszug seines Mieters und verhandelt mit diesem darüber. Sie einigen sich, dass der Mieter zu einem
bestimmten Zeitpunkt ausziehen wird.

267   Eine Aufhebungsvereinbarung ist in der Regel formlos gültig, auch wenn der
Mietvertrag schriftlich abgeschlossen war oder wenn z. B. im Mietvertrag
festgelegt ist, dass Änderungen und Ergänzungen des Mietvertrages
schriftlich vereinbart werden müssen. Eine vereinbarte Schriftform (Rn
16) muss nur beachtet werden, wenn ausdrücklich festgelegt ist, dass
auch eine <u>Vertragsaufhebung</u> schriftlich vereinbart werden muss.

2. Die Stellung eines Ersatzmieters (Nachmieters)

268   Es gibt Fälle, in denen der Mieter aus nicht vorhersehbaren oder nicht vorhergesehenen Gründen an einer vorzeitigen Beendigung seines Mietverhältnisses interessiert ist. Wenn er das aber durch eine ordentliche Kündigung nicht erreichen kann, etwa weil ein Zeitmietvertrag besteht, oder weil
er auf eine bestimmte Zeit auf sein Recht zur ordentlichen Kündigung verzichtet hat, und wenn auch eine Untervermietung (Rn 207 ff.) nicht möglich
oder nicht zweckmäßig ist, kann er versuchen, seinem Vermieter einen Ersatzmieter anzubieten. Dieser muss einen solchen aber nur akzeptieren
muss, wenn

- schon im Mietvertrag festgelegt ist, dass der Mieter einen geeigneten Ersatzmieter stellen darf, oder wenn der Vermieter dem Mieter später zusagt, ihn dann aus dem Mietvertrag zu entlassen, wenn er einen geeigneten Ersatzmieter findet, oder

- . wenn der Vermieter durch eine Ablehnung des Wunsches des Mieters
  gegen den Grundsatz von Treu und Glauben (§ 242) verstoßen würde.

Nach der Rechtsprechung verstößt der Vermieter gegen diesen Grundsatz, wenn die folgenden fünf Bedingungen gegeben sind:

(1) Der Mieter muss wegen einem unvorhersehbaren oder wenigstens nicht vorhergesehenen Grund ein „berechtigte Interesse" an einer vorzeitigen Beendigung des Mietverhältnisses haben.

Beispiele: Der Mieter muss in ein Alters- oder Pflegeheim; - der neue Arbeitsplatz des Mieters liegt in einer anderen Stadt; - der Mieter wird krank und kann sein Geschäft nicht mehr weiterbetreiben.

Kein Grund ist es, wenn der Mieter eine günstigere Wohnung oder Geschäftsräume in günstiger Lage gefunden hat.

(2) Es muss ein Ersatzmieter vorhanden sein, der bereit ist, in den laufenden Vertrag einzutreten. Es ist Sache des Mieters, einen solchen dem Vermieter zu vermitteln. Außerdem müssen die wirtschaftlichen und persönlichen Verhältnisse des Ersatzmieters so sein, dass der Vermieter nicht befürchten muss, der Ersatzmieter werde seine Verpflichtungen nicht genauso wie der bisherige Mieter erfüllen. Auch andere wichtigen Gründe in der Person des Ersatzmieters (Rn 278) dürfen nicht vorliegen, und der Ersatzmieter muss bereit sein, vom Vermieter zulässigerweise verlangte Auskünfte zu erteilen.

(3) Unter mehreren infrage kommenden Ersatzmietern darf der Vermieter diesen auswählen, er muss nicht den akzeptieren, der etwa dem Mieter eine Ablöse zahlen will.

(4) Dem Vermieter muss der Abschluss eines Mietvertrages mit dem Ersatzmieter zumutbar sein. Nicht zumutbar ist der Abschluss mit einem Ersatzmieter z. B., wenn die restliche Mietdauer nur noch kurz ist oder wenn der Vermieter die Räume erst nach der Beendigung des Mietverhältnisses mit dem bisherigen Mieter benötigt und bei Abschluss eines Mietvertrages mit dem Ersatzmieter Gefahr läuft, die Mieträume dann nicht rechtzeitig zurückzuerhalten, oder wenn er die Mieträume einem anderen vermieten will, der die Mieträume erst zu einem späteren Zeitpunkt benötigt.

(5) Dem Vermieter muss eine angemessene Überlegungsfrist (ca. 1 - 2 Monate) eingeräumt werden, um Nachforschungen über den Ersatzmieter anstellen zu können.

Sind alle fünf genannten Bedingungen erfüllt, verstößt der Vermieter gegen den Grundsatz von „Treu und Glauben", wenn er den Mieter nicht aus dem Mietvertrag entlässt, weil er einen Ersatzmieter grundlos ablehnt, oder weil er an einen solchen unberechtigte oder unangemessene Forderungen stellt. Die Folge ist dann, dass die Verpflichtungen des Mieters aus dem Mietvertrag wegfallen.

Zum Mieterwechsel durch Eintritt einer neuen Person in das Mietverhältnis siehe auch Rn 101.

3. Der Eintritt einer auflösenden Bedingung

269 In einem Mietvertrag können die Parteien auch vereinbaren, dass der Vertrag aufgelöst wird, wenn eine bestimmter Umstand eintritt.
Beispiel: Im Mietvertrag wird vereinbart, dass das Mietverhältnis enden soll, wenn der Vermieter heiratet.

Tritt eine zu Gunsten des <u>Vermieters</u> in einem Wohnraummietverhältnis vereinbarte auflösende Bedingung ein, muss der Mieter das nicht beachten. Wenn die Bedingung eintritt, muss der Mieter also nicht ausziehen, wenn er nicht will (§ 572).

<u>III Die Beendigung des Mietverhältnisses durch eine einseitige Erklärung des Vermieters oder Mieters</u>

Infrage kommen Anfechtungs-, Rücktritts- und Kündigungserklärungen.

1. Die Anfechtung eines Mietvertrages

270 Eine Anfechtung <u>wegen Irrtums</u> (Rn 19) ist zulässig, wenn sich die anfechtende Partei bei Abschluss des Mietvertrages über den Inhalt ihrer Erklärung oder über eine für den Vertrag wesentliche Eigenschaft einer Person oder Sache geirrt hat.
Beispiel: Der Mieter glaubt beim Abschluss eines Mietvertrages, er miete eine Vierzimmerwohnung, während es sich in Wirklichkeit um eine Zweizimmerwohnung handelt.

Zur Anfechtungsfrist im Falle einer Irrtumsanfechtung siehe Rn 19. Der Anfechtende muss aber der anderen Vertragspartei den sogenannte „Vertrauensschaden" (Rn 70) ersetzen.

271 Eine Anfechtung wegen arglistiger Täuschung oder Drohung ist zulässig, wenn die Partei zum Abschluss des Vertrages entweder durch eine arglistige Täuschung oder durch eine Drohung der anderen Vertragspartei bestimmt worden ist.
Beispiel: Der Mieter sagt dem Vermieter bei den Vertragsverhandlungen, er müsse seine bisherige Wohnung wegen Eigenbedarfs seines Vermieters räumen, während er in Wirklichkeit wegen Mietzinsschulden fristlos gekündigt und zur Räumung verurteilt worden ist.

Im Streitfall muss der Anfechtende die Tatsachen beweisen, auf die er seine Anfechtung stützt, also neben der Täuschung auch eine "Arglist" der anderen Partei. Da es bei dieser um innere Vorgänge bei der anderen Partei geht, kann die Arglist oft nicht bewiesen werden.

Zur Anfechtungsfrist siehe Rn 19. Soweit dem Anfechtenden durch die Täuschung oder Drohung und dem Vertragabschluss ein Schaden entstanden ist, kann er diesen vom Anfechtungsgegner erstattet verlangen.

<u>Nach 10 Jahren</u> ab Abgabe der anfechtbaren Erklärung ist weder eine Anfechtung wegen Irrtums noch wegen arglistiger Täuschung zulässig.

2. Rücktritt vom Mietvertrag   272

In einem Mietvertrag können beide Parteien oder eine Partei sich das Recht vorbehalten, von ihrem Vertrag zurückzutreten. Die Erklärung des Rücktritts führt in der Regel zu einer Beendigung des Mietverhältnisses im Zeitpunkt des Zuganges der Erklärung beim Vertragsgegner. Für einen Mieter von Wohnräumen gilt das gleiche wie beim Eintritt einer vereinbarten auslösenden Bedingung unter Rn 269 beschrieben worden ist. Er muss bei einem Rücktritt des Vermieters nicht ausziehen, wenn er nicht will.

3. Die Kündigung eines Mietverhältnisses

Endet das Mietverhältnis nicht ausnahmsweise aus den unter Rn 265- 272   273
genannten Gründen, kann es durch eine Kündigung beendet werden. Weil die meisten Mietverhältnisse durch eine Kündigung enden, erfahren Sie alles Wichtige über <u>Begriff,</u> <u>Arten,</u> <u>Form,</u> <u>Inhalt</u> und <u>Vereinbarungen über Kündigungsrechte</u> im nachstehenden Abschnitt unter Rn 274 ff..
Für die Kündigung beim „Betreuten Wohnen" oder „Wohnräumen in einem Heim" (Rn 53) gelten für eine Kündigung die §§ 11 und 12 WBVG.

B. Die Kündigung eines Mietverhältnisses

1. Der Begriff „Kündigung".

Die Kündigung ist eine Willenserklärung (Rn 8), die eine Vertragspartei der   274
anderen gegenüber <u>abgibt</u>. Wirksam wird sie erst mit ihrem <u>Zugang</u> beim anderen Vertragspartner. Maßgebend bei der Einhaltung von Fristen ist also nicht eine rechtzeitige Absendung der Kündigungserklärung, sondern immer der rechtzeitige Zugang beim Empfänger. Eine "Annahme" der Kündigung durch den Empfänger ist nicht erforderlich. Die Erklärung des Empfängers, „er nehme die Kündigung nicht an", hat also keine rechtliche Bedeutung für die Frage der Rechtswirksamkeit der Kündigung.

Ist in einem <u>einheitlichen</u> Mietvertrag neben Geschäfts- oder Wohnräumen auch eine Garage oder ein Gartenanteil vermietet, kann das Mietverhältnis wegen der Garage oder des Gartenanteils allein nur im Falle der unter Rn 326 geschilderten Möglichkeit einer Teilkündigung gekündigt werden. Werden eine Garage oder ein Garten dagegen in einem <u>getrennten</u>, also in einem zweiten Vertrag vermietet, ist eine Kündigung des getrennten Mietverhältnisses zulässig. Wenn die Mietobjekte beider Verträge sich auf demselben Grundstück befinden, wird allerdings in der Regel davon ausgegangen, dass die beiden Verträge einen einheitlichen Gesamtmietvertrag bilden und nicht einzeln gekündigt werden können.

Sind auf der Vermieter- oder Mieterseite mehrere Personen, muss die Kündigung immer von allen Personen gegenüber der anderen Vertragspartei ausgesprochen werden. Sind z. B. Ehegatten Mieter, ist eine nur gegenüber einem Ehegatten erklärte oder von nur einem Ehegatten erklärte Kündigung nicht rechtswirksam. Der Vermieter ist auch nicht verpflichtet, einen von 2 Mietern aus dem Mietvertrag zu entlassen, auch wenn dieser aus den gemieteten Räumen auszieht. Zur Möglichkeit einer gegenseitigen Bevollmächtigung siehe Rn 455.

II. Die verschiedenen Kündigungsfristen und -arten

275   Bei den Kündigungsfristen unterscheidet man zwischen gesetzlichen und vertraglichen Fristen: <u>Gesetzliche</u> Kündigungsfristen sind die im BGB für Mietverhältnisse festgelegten Kündigungsfristen. Sie sind für Geschäftsraummietverhältnisse und Wohnraummietverhältnisse verschieden, und auch je nach Art der vermieteten Räume.
<u>Vertragliche</u> Kündigungsfristen sind zwischen Vermieter und Mieter vereinbarte Fristen. Inwieweit andere als die gesetzlichen Fristen vereinbart werden dürfen erfahren Sie bei den unter Rn 276 ff. beschriebenen gesetzlichen Fristen.
Für eine Kündigung gilt immer in erster Linie eine <u>zulässigerweise</u> vereinbarte <u>vertragliche</u> Kündigungsfrist und erst in zweiter Linie, wenn keine zulässige andere Frist vereinbart ist, die <u>gesetzliche</u> Kündigungsfrist.

Bei den Kündigungsarten unterscheidet man zwischen

der ordentlichen Kündigung,

der außerordentlichen befristeten Kündigung und

der außerordentlichen unbefristeten = fristlosen Kündigung.

1. Die ordentliche Kündigung

Die Kündigung, mit der ein Vermieter oder ein Mieter ein auf unbestimmte   276
Zeit abgeschlossenes Mietverhältnis unter Einhaltung einer bestimmten
Kündigungsfrist beenden kann, ohne dass er für diese einen Grund haben
muss (§ 542 Abs. 1), ist die <u>ordentliche</u> Kündigung. Eine Ausnahme gibt es:
Wenn der Vermieter von unter dem Mieterschutz stehender Wohnräume (Rn
58 bis 64) ordentlich kündigen will, muss er eines der unter Rn 326 bis 342
geschilderten berechtigten Interessen geltend machen können.

Während der Zeit, in der ein Vermieter oder Mieter auf eine Kündigung für
eine bestimmte Zeit <u>rechtswirksam</u> verzichtet hat, ist diese Kündigung nicht
zulässig. Die Kündigungsfristen für Vermieter und Mieter bei der ordentlichen Kündigung finden Sie bei deren Kündigungsrechten ab Rn 283 ff.. Zur
Zulässigkeit eines Kündigungsverzichts siehe Rn 287.

Die ordentliche Kündigung hat zur Folge, dass das Mietverhältnis um 24 Uhr
des letzten Tages der Kündigungsfrist endet.

2. Die außerordentliche befristete Kündigung

Mit einer <u>außerordentlichen befristeten</u> Kündigung kann ein Vermieter oder   277
ein Mieter ein auf bestimmte Zeit abgeschlossenes Mietverhältnisses in
ganz bestimmten gesetzlich geregelten Fällen unter Einhaltung einer bestimmten Kündigungsfrist beenden, auch dann, wenn er im Falle eines auf
unbestimmte Zeit abgeschlossenen Mietverhältnisses auf bestimmte Zeit auf
sein Recht zur ordentlichen Kündigung verzichtet hat.
Die Kündigungsfristen und die gesetzlichen Voraussetzungen für eine solche Kündigung finden Sie unter Rn 291 ff., 313 ff. und 343 ff..

Die Kündigung hat zur Folge, dass das Mietverhältnis um 24 Uhr des letzten
Tages der Kündigungsfrist endet.

3. Die außerordentliche unbefristete = fristlose Kündigung

Mit einer <u>fristlosen Kündigung</u>, kann ein Vermieter oder ein Mieter <u>jedes</u>   278
Mietverhältnis in ganz bestimmten im Gesetz geregelten Fällen ohne Einhaltung irgend einer Frist beenden. Voraussetzung für jede fristlose Kündigung
ist immer, dass im Zeitpunkt der Kündigung ein <u>wichtiger Grund</u> gegeben ist.
Ein wichtige Grund ist nach § 543 Abs. 1 S. 2 gegeben,

> „wenn dem Kündigenden unter Berücksichtigung aller Umstände des
> Einzelfalls, insbesondere eines Verschuldens der anderen Vertragspartei,
> und unter Abwägung der beiderseitigen Interessen die Fortsetzung des
> Mietverhältnisses bis zum Ablauf der Kündigungsfrist oder bis zur sonsti-
> gen Beendigung des Mietverhältnisses nicht zugemutet werden kann".

Der wichtige Grund muss also aus dem Risikobereicht des Empfängers der Kündigung herrühren. Besteht der wichtige Grund in der Verletzung einer Pflicht aus dem Mietvertrag, ist in der Regel vor einer fristlosen Kündigung auch noch eine Abmahnung erforderlich (§ 543 Abs. 3).

Für bestimmte Wohnraummietverhältnisse hat der Gesetzgeber Sachverhalte darüber festgelegt, wann ein Grund für eine fristlose Kündigung gegeben ist. Dazu siehe für das Geschäftsraummietverhältnis Rn 298 - 306, für den Mieter von Wohnräumen Rn 318 ff. und für den Vermieter von Wohnräumen Rn 348 ff..

279   Die fristlose Kündigung bewirkt in der Regel, dass <u>mit dem Zugang</u> der Kündigung das Mietverhältnis beendet wird. Wenn der Kündigende das nicht wünscht, weil z. B. der kündigende Mieter noch keine Ersatzräume hat, kann er auch mit einer <u>Auslaufsfrist</u> fristlos kündigen.

> Beispiel: Für den Wohnraummieter entsteht am 15. 12. ein wichtiger Grund zur fristlosen Kündigung des Mietverhältnisses. Weil er seine Wohnung nicht vor Weihnachten räumen will, kann er die fristlose Kündigung auch erst nach Weihnachten aussprechen oder aber am 15. 12. fristlos kündigen und dabei erklären, dass er aus dem bestehenden wichtigen Grund zum 31. 12. oder 15.1. oder 31.1. kündigt.

Wenn ein wichtiger Grund für eine fristlose Kündigung eingetreten ist, muss sich der zur Kündigung Berechtigte aber innerhalb einer angemessenen Frist entscheiden, ob er fristlos kündigen will oder nicht (§ 314). Je länger er wartet, je weniger wird er behaupten können, die Fortsetzung des Mietverhältnisses sei ihm bis zum Ablauf der Mietzeit nicht zuzumuten.

<u>III. Form, Inhalt, und Begründung einer Kündigung</u>

1. Die Form einer Kündigungserklärung (Rn 12 ff.)

280   Für die Kündigung eines Mietverhältnisses über <u>Geschäftsräume</u> schreibt der Gesetzgeber keine besondere Form vor. Sie kann also auch mündlich erklärt werden. In einem Geschäftsraummietvertrag wird von den Parteien aber in der Regel festgelegt, dass eine Kündigung schriftlich oder gar durch eingeschriebenen Brief zu erfolgen hat. Dann gilt, was zur „vereinbarten Schriftform" unter Rn 16 beschrieben worden ist..

Dagegen hat der Gesetzgeber festgelegt, dass bei <u>allen</u> unter Rn 55 – 64 beschriebenen Wohnraummietverhältnissen <u>jede</u> Kündigung schriftlich, das heißt in <u>gesetzlicher Schriftform</u> (Rn 12) oder elektronischer Schriftform (Rn 12a) erfolgen muss (§ 568 Abs. 1). Eine Kündigung eines Mietverhältnisses über Wohnräume ist durch Telefax oder Email also immer unwirksam.

2. Der Inhalt einer Kündigungserklärung

Das Wort "Kündigung" muss in einer Kündigungserklärung nicht unbedingt   281
gebraucht werden. In der Erklärung muss nur klar zum Ausdruck kommen,
dass man eine Beendigung des Mietverhältnisses möchte, und zwar über
das gesamte Mietobjekt.

Für die Kündigung eines dem Kündigungsschutz unterliegenden <u>Mietver-
hältnisses über Wohnräume</u> (Rn 58 - 64) schreibt das Gesetz vor, dass der
Vermieter bei einer Kündigung den Mieter rechtzeitig auf die Möglichkeit eines Widerspruchs gegen die Kündigung (Rn 355 ff.) und dessen Form und
Frist hinweisen soll (§ 568 Abs. 2). Für die Kündigung eines Mietverhältnisses über Geschäftsräume oder über unter Rn 55 – 57 beschriebenen nicht
dem Mieterschutz unterliegende Wohnräume gilt das nicht.

Lässt der Mieter oder der Vermieter die Kündigung durch einen Bevollmächtigen, z. B. durch einen Anwalt aussprechen, muss darauf geachtet werden,
dass dem Kündigungsschreiben eine schriftliche <u>Original</u>vollmacht beigegeben wird. Eine etwa notariell beglaubigte Abschrift der Vollmacht reicht
nicht., ebenso wenig die beglaubigte Abschrift eines notariellen Kaufvertrages, aus der sich die Bevollmächtigung des Käufers der Wohnung durch den
bisherigen Vermieters ergibt.
Einer Kündigung oder einer anderen schriftlichen Erklärung durch einen Be-
vollmächtigten ohne beigelegte <u>Original</u>vollmacht kann der Empfänger <u>un-
verzüglich</u> nach § 174 BGB widersprechen.

Im Falle eines solchen Widerspruchs ist die Kündigung (bzw. Erklärung) unwirksam (§ 175), was insbesondere für Vermieter Nachteile haben kann, z.
B. Zeitverluste.

2. Die Begründung der einzelnen Kündigungen

<u>Nicht begründen</u> müssen eine ordentliche Kündigung   282
-    der Vermieter und der Mieter eines Geschäftsraummietverhältnisses,
-    der Vermieter und Mieter eines nicht unter den Mieterschutz fallenden
     Mietverhältnisses über unter Rn 55 – 58 beschriebene Wohnräume, und
-    der Mieter eines unter den Kündigungsschutz fallenden Mietverhältnisses
     über unter Rn 59 – 64 beschriebene Wohnräume.

<u>Begründen</u> muss eine ordentliche Kündigung dagegen der Vermieter eines
unter den Kündigungsschutz fallenden Wohnraummietverhältnisses (Rn 59 -
64). Er muss bei der Kündigung sein "berechtigten Interesse", also weshalb
er kündigt, näher darlegen, damit der Mieter beurteilen kann, ob die Kündigung auch wirklich berechtigt ist oder nicht. Näheres dazu siehe Rn 325 ff..

<u>Begründen</u> müssen alle Vertragsparteien eine <u>außerordentliche befristete</u>
oder gar eine <u>fristlose Kündigung</u>. Hier muss der jeweilige andere Vertragspartner aus der Begründung der Kündigung ersehen können, ob diese be-

rechtigt ist, denn eine Kündigung, in welcher der erforderliche Grund nur vorgetäuscht wird, ist unwirksam. In einem solchen Fall kann sich der Kündigende sogar schadenersatzpflichtig machen und muss der anderen Vertragspartei einen durch die unwirksame Kündigung entstandenen Schaden ersetzen, z. B. durch Inanspruchnahme eines Anwalts entstandene Kosten. Alles Nähere zu den Gründen für die außerordentlichen Kündigungen im Falle eines Geschäftsraummietverhältnisses finden Sie im nachstehenden Abschnitt C., und für die Wohnraummietverhältnisse in den Abschnitten D. und E.

C. Die Kündigungsrechte beim Geschäftsraummietverhältnis

I. Die ordentliche Kündigung von Geschäftsräumen

283   Mit der ordentlichen Kündigung kann ein auf <u>unbestimmte Zeit laufendes</u> Geschäftsraummietverhältnis beendet werden, ausgenommen wenn und solange der Vermieter oder der Mieter auf das Kündigungsrecht verzichtet hat (Rn 287 f..). Einen Grund für die ordentliche Kündigung brauchen weder Geschäftsraummieter noch Geschäftsraumvermieter. Letzterer darf also auch kündigen, um eine höhere Miete zu erreichen. Nur die unter Rn 17 beschriebenen Schranken müssen beachtet werden.

284   Bei der Kündigung muss eine etwaige vertragliche Kündigungsfrist (Rn 275) eingehalten werden. Denn Vermieter und Mieter eines Geschäftsraummietverhältnisses (Rn 50) können im Mietvertrag längere oder kürzere als die gesetzlichen Fristen festlegen, auch für den Vermieter und den Mieter ungleich lange Fristen, auch andere Kündigungstage und Kündigungstermine. Ist keine Kündigungsfrist vereinbart, ist die gesetzliche Kündigungsfrist einzuhalten.

285   Die gesetzlichen Kündigungsfristen für die ordentliche Kündigung bei Räumen, die weder Geschäftsräume noch Wohnräume sind, z. B. Vereins- oder Veranstaltungsräume, Sporthallen, privat genutzte Garagen (Rn 40), sind je nach Bemessung der Miete (§ 580 a Abs. 1) folgende:

(1) Ist die Miete nach Tagen bemessen, kann an jedem Tag zum Ablauf des folgenden Tages gekündigt werden,

(2) ist die Miete nach Wochen bemessen, kann bis zum ersten Werktag der Woche (Montag) auf den Ablauf des folgenden Samstag gekündigt werden,

(3) ist die Miete nach Monaten oder längeren Zeitabschnitten bemessen, kann bis zum 3. Werktag eines Kalendermonats zum Ablauf des übernächsten Monats gekündigt werden.

Die gesetzliche Kündigungsfrist bei allen nicht unter Rn 285 fallenden Geschäftsräumen beträgt 6 Monate zum Ende eines Kalendervierteljahres: Es kann bis zum 3. Werktag eines Kalendervierteljahres zum Ablauf des nächsten Kalendervierteljahres gekündigt werden.

286

Beispiele: Spätestens am 4. 1. (wenn der 2., 3. und 4. 1. ein Werktag ist) kann ein Geschäftsraummietverhältnis auf den 30. 6. gekündigt werden, bis 3. 4. auf den 30. 9., bis 3. 7. auf den 31. 12. und bis 3. 10. auf den 31. 3. des Folgejahres, wenn jeweils die ersten 3 Tage im April, Juli und Oktober Werktage sind.

Vermieter und Mieter von Geschäftsraummietverhältnissen können im Mietvertrag das Recht zur ordentlichen Kündigung zeitweise für einen Vertragspartner oder für beide ausschließen, also auf ihr Kündigungsrecht verzichten.

287

Beispiel: V und M schließen einen Mietvertrag über Geschäftsräume für die Zeit ab 1.1.2018. Der Geschäftsraumvermieter verpflichtet sich, das Geschäftsraummietverhältnis bis zum 31.12.2021 nicht zu kündigen. Bis zum 31.12.2018 kann also nur der Geschäftsraummieter, nicht auch der Geschäftsraumvermieter ordentlich kündigen.

Bei einem Verzicht auf länger als 1 Jahr muss bei der Vereinbarung aber die gesetzliche Schriftform (Rn 12) eingehalten werden. Wenn nicht, kann trotz des Verzichts zum Ende des ersten Jahres gekündigt werden (Rn 77).

288

Außerdem dürfen Vermieter und Mieter von Geschäftsräumen auch andere Vereinbarungen über die gegenseitigen Kündigungsrechte treffen. Es können z. B. Umstände vereinbart werden, bei deren Eintritt der Mieter einen Zeitmietvertrag kündigen kann. Für solche Vereinbarungen ist aber in der Regel eine individuell getroffene Regelung (Rn 23) erforderlich. Denn vorformulierte Klauseln sind als Überraschungsklauseln (Rn 21) oder bei unangemessener Benachteiligung eines Vertragspartners (Rn 22) unwirksam.

289

Beispiele: In einem auf 5 Jahre fest abgeschlossenen Mietvertrag über Geschäftsräume wird festgelegt, dass der Vermieter unter Einhaltung der gesetzlichen Frist kündigen kann, wenn er die Geschäftsräume vor Ablauf der Mietzeit verkauft; - in einem auf 10 Jahre fest abgeschlossenen Geschäftsraummietvertrag wird vereinbart, dass der Mieter das Mietverhältnis unter Einhaltung einer Frist von 3 Monaten kündigen darf, wenn in der Gemeinde ein 3. Optikergeschäft eröffnet werden sollte.

1. Voraussetzungen für die außerordentliche befristete Kündigung

290   Durch eine außerordentliche befristete Kündigung können Vermieter und Mieter einen auf bestimmte Zeit abgeschlossenen Geschäftsraummietvertrag oder solange bei einem auf unbestimmte Zeit laufenden Vertrag auf die ordentliche Kündigung verzichtet worden ist, beenden. Dazu muss aber eine der vom Gesetz für diese Kündigung vorgeschriebenen Voraussetzungen gegeben sein, die Sie nachstehend unter Rn 291 ff. finden. Dort wird auch beschrieben, welche Kündigungsfrist gilt, ob andere Fristen oder Bedingungen vereinbart oder Kündigungsrechte sogar ausgeschlossen werden dürfen.

Meistens gelten für diese außerordentlichen befristeten Kündigungen die bei der ordentlichen Kündigung unter Rn 285 f. genannten gesetzlichen Fristen, die bei einem Mietverhältnis im Sinne von Rn 285 <u>3 Monate</u> zum Ende eines Kalendermonats und bei einem Mietverhältnisses im Sinne von Rn 286 <u>6 Monate</u> zum Quartalsende (§ 580 a) betragen.

2. Die im Gesetz für diese Kündigung vorgesehenen Gründe

291   <u>Fall Nr. 1</u>:
Beim <u>Tod</u> des Geschäftsraum<u>mieters</u> können sowohl der Vermieter als auch der Erbe des verstorbenen Mieters das Mietverhältnis <u>innerhalb eines Monats</u>, nachdem er vom Tod des Mieters Kenntnis erlangt hat, außerordentlich unter Einhaltung der unter Rn 286 genannten Frist kündigen (§ 580).
   Beispiel: V vermietet an M Geschäftsräume fest auf 10 Jahre bis zum 31.12.2029. V erfährt am 11.5.2025 vom Tod des M und dass E dessen Erbe geworden ist. V kann dann bis spätestens 11.6.2025 das Mietverhältnis zum 31.12.2025 kündigen.
Dieses außerordentliche befristete Kündigungsrecht beim Tod eines Geschäftsraummieters ist aber in folgenden Fällen <u>ausgeschlossen</u>:

(1) Wenn der verstorbene Mieter nicht alleiniger Mieter war.
   Beispiele: A mietet zusammen mit B Geschäftsräume auf 5 Jahre. Nach 3 Jahren stirbt A. Weder B noch der Erbe des A noch der Vermieter können das Geschäftsraummietverhältnis außerordentlich befristet kündigen. Das Geschäftsraummietverhältnis wird von B und dem Erben von A als Mieter fortgesetzt.

(2) Wenn es sich um ein Pachtverhältnis handelt und der Pächter stirbt (§ 584 a).

292   (3) Wenn dieses außerordentliche befristete Kündigungsrecht des Vermieters durch eine vertragliche Vereinbarung ausgeschlossen oder inhaltlich

geändert worden ist, was für den Vermieter wichtig sein kann. Siehe dazu
Rn 429 und 460.

Beispiel: M betreibt in von V auf 10 Jahre fest gemieteten Geschäftsräumen ein Geschäft. Er will, dass im Falle seines Todes seine Erben das
Geschäft weiterführen können. Er muss deshalb darauf sehen, dass im
Mietvertrag das oben genannte Kündigungsrecht des Geschäftsraumvermieters ausgeschlossen wird.

<u>Fall Nr. 2</u>:   293

Ist im Mietvertrag eine <u>feste Mietzeit von mehr als 30 Jahren</u> vereinbart, o-
der wurde von einer oder beiden Parteien auf 30 Jahre auf das Recht zur
<u>ordentliche Kündigung verzichtet</u>, können sowohl der Geschäftsraummieter
als auch der Geschäftsraumvermieter nach 30 Jahren das Mietverhältnis
außerordentlich unter Einhaltung der unter Rn 286 genannten Frist kündigen
(§ 544).
Dieses außerordentliche befristete Kündigungsrecht kann nicht durch eine
Vereinbarung weder ausgeschlossen noch anderweitig umgangen werden.

<u>Fall Nr. 3</u>:   294

Ist über das Vermögen des Geschäftsraummieters das <u>Insolvenzverfahren</u>
eröffnet worden, kann der Insolvenzverwalter des Mieters das Mietverhältnis
mit einer Frist von 3 Monaten zum Monatsende oder einer etwaigen im Mietvertrag festgelegten kürzeren Frist außerordentlich kündigen (§ 109 Abs. 1
InsO). Sind mehrere Personen Mieter, endet damit auch das Mietverhältnis
mit dem Mitmieter, über dessen Vermögen kein Insolvenzverfahren eröffnet
worden ist.
Dagegen ist der Geschäftsraummieter bei Eröffnung des Insolvenzverfahrens über das Vermögen des Vermieters oder dessen Ablehnung mangels
Masse nicht zu einer außerordentlichen Kündigung berechtigt.

<u>Veräußert</u> der Insolvenzverwalter die vermieteten Geschäftsräume oder   295
wird das Grundstück <u>zwangsversteigert</u>, auf dem sich die Mieträume befinden, kann der Erwerber, wenn er in das nicht gekündigte Mietverhältnis eintritt (Rn 92), jedes Mietverhältnis außerordentlich kündigen (§ 111 InsO, § 57
a Zwangsversteigerungsgesetz), ob es auf unbestimmte Zeit oder auf viele
Jahre fest abgeschlossen ist. Die Kündigung kann aber nur auf den ersten
zulässigen Termin ausgesprochen werden.
Dieses außerordentliche befristete Kündigungsrecht des Erwerbers besteht
aber nicht, wenn keine <u>Zwangs</u>versteigerung, sondern nur eine <u>Versteige-
rung zur Aufhebung</u> einer Eigentumsgemeinschaft, Gütergemeinschaft oder
Erbengemeinschaft durchgeführt worden ist.

Wenn also ein Mieter von Geschäftsräumen bei einem langjährigen Mietvertrag nicht riskieren will, dass er die Geschäftsräume bei einer Insolvenz des
Vermieters oder einer Zwangsversteigerung des Grundstücks, auf dem sich

die gemieteten Geschäftsräume befinden, außerordentlich gekündigt bekommt, muss er mit dem Eigentümer des Grundstücks eine Dienstbarkeit vereinbaren. Siehe dazu im 6. Kapitel auch Rn 467.

296   <u>Fall Nr. 4</u>:
Der Geschäftsraummieter kann das Mietverhältnis unter Einhaltung der unter Rn 286 genannten Frist außerordentlich befristet kündigen, wenn der Geschäftsraumvermieter dem Geschäftsraummieter die <u>Untervermietung</u> an einen zum Abschluss eines Mietvertrages bereiten Untermieter <u>nicht erlaubt</u>, ausgenommen der Geschäftsraumvermieter verweigert die Erlaubnis wegen wichtiger Gründe in der Person des vorgesehenen Untermieters (§ 540 Abs. 1). Dieses Kündigungsrecht ist ausgeschlossen, wenn etwa im Mietvertrag extra festgelegt ist, dass eine Untervermietung nicht zulässig ist. Auch im Falle eines Pachtverhältnisses steht dem Pächter dieses außerordentliche Kündigungsrecht nicht zu (§ 584 a Abs. 1).

297   <u>Fall Nr. 5</u>:
Erhält der Geschäftsraummieter eine Modernisierungsankündigung (Rn 185 Ziffer (2)), kann er den Mietvertrag bis zum Ablauf des auf den Zugang der Mitteilung folgenden Monats zum Ende des übernächsten Monats kündigen (§ 555e). Dieses Kündigungsrecht kann durch eine individuelle Vereinbarung (Rn 23) ausgeschlossen werden.

III.   Die fristlose Kündigung beim Geschäftsraummietverhältnis

Wenn eine Vertragspartei gegenüber der anderen eine fristlose Kündigung ausspricht, bedeutet das ein sofortiges Ende des Mietverhältnisses (Rn 279).

1. Die fristlose Kündigung durch den Geschäftsraummieter

Der Geschäftsraummieter kann jedes auf unbestimmte oder auf bestimmte Zeit laufende Mietverhältnis durch eine fristlose Kündigung beenden, wenn eine der nachstehend geschilderten Sachverhalte gegeben ist, auch dann wenn er bei einem auf unbestimmte Zeit laufenden Mietverhältnis für eine bestimmte Zeit auf eine Kündigung verzichtet hat:

298   <u>Fall Nr. 1</u>: Es ist ein <u>wichtiger Grund</u> gegeben. Es gilt zunächst das unter Rn 278 beschriebene. Zu einer erforderlichen Abmahnung siehe Rn 301.
Bei einem Geschäftsraummietvertrag, in dem eine Gemeinde oder ein anderer Unternehmer die gemieteten Räume Flüchtlingen als Wohnräume überlässt (Rn 50), ist ein Rückgang der Flüchtlingszahlen kein wichtiger Grund.

Fall Nr. 2:   Der Vermieter gewährt dem Mieter nicht das unter Rn 195 ff. be- 299
schriebene Recht zum den Gebrauch der Mieträume (§ 543 Abs. 2 Nr. 1) oder entzieht ihm dieses wieder, wenn er z. B. die Räume dem Mieter nicht oder nicht rechtzeitig übergibt, oder wenn die Mieträume nicht vom Mieter selbst verschuldete erhebliche Sachmängel aufweisen (Rn 211 ff.), oder wenn der Vermieter eine nach dem Vertrag zulässige Nutzung verbietet oder unmöglich macht. Dabei kommt es nicht darauf an, ob der Vermieter den nicht gebrauchsfähigen Zustand verschuldet hat.

> Beispiele: Die Räume können wegen eines nicht vom Mieter verursach-ten Brandes längere Zeit nicht benutzt werden; - die tatsächliche Fläche der Geschäftsräume ist gegenüber der vereinbarten Fläche um mindes-ten 10 % geringer; - der Vermieter verweigert zu unrecht eine nach dem Mietvertrag zu erteilende Genehmigung zur Untervermietung; - die Räu-me werden ungenügend beheizt; - der Vermieter droht dem Mieter, dem-nächst umfangreiche vom Mieter nicht zu duldende Maßnahmen durch-zuführen, die dem Mieter die Benutzung der Mieträume auf längere Zeit, z. B. auf 9 Monate, unmöglich machen.

Kein zur fristlosen Kündigung berechtigender Mangel ist z. B. gegeben, wenn Teile des Einkaufscenters, in dem sich die vermieteten Geschäftsräu-me befinden, nicht vermietet sind oder das Center von Kunden nicht ange-nommen wird.

Zur Erforderlichkeit einer vorherigen Abmahnung siehe Rn 301.

Fall Nr. 3: Die zum Aufenthalt von Menschen bestimmten Geschäftsräume, 300
z. B. Laden-, Büro- oder Werkstatträume, eine Gaststätte, sind so beschaf-fen, dass ihre Benutzung mit einer erheblichen Gefährdung der Gesundheit der Benutzer verbunden ist, (§§ 578 Abs. 2, 569 Abs. 1).

> Beispiele: Dauerndes Eindringen unerträglicher Gerüche; - unerträglicher Lärm; - starke Feuchtigkeit; - ungenügende Beheizbarkeit; - Einsturzge-fahr; - übermäßige Formaldehydkonzentration; - Schimmelpilzbefall mit Giftbildung; - Asbestfasern in der Atemluft.

Nicht fristlos kündigen kann der Mieter, wenn Umstände von ihm oder einer Person verursacht worden, für die er einzustehen hat, wenn Feuchtigkeit in den Räumen z. B. von einer falschen Benutzung oder durch falsches Lüften verursacht worden ist. Zur Erforderlichkeit einer vorherigen Abmahnung sie-he die nachstehende Rn.

Bevor eine fristlose Kündigung ausgesprochen wird, muss der Geschäfts- 301
raummieter den Vermieter abmahnen, wenn der Grund für die Kündigung in der Verletzung einer Pflicht aus dem Mietvertrag besteht. (§ 543 Abs. 3). Dann muss er dem Vermieter zunächst eine angemessene Frist zur Abhilfe setzen. Eine Abmahnung ist aber nicht erforderlich, wenn eine solche keinen Erfolg verspricht, wenn z. B. eine Abhilfe nicht möglich ist, oder wenn eine sofortige Kündigung unter Berücksichtigung der Interessen von Vermieter

und Mieter aus besonderen Gründen gerechtfertigt ist, z. B. wegen der Schwere der Pflichtverletzung.
Eine Abmahnung muss umso eindringlicher sein, je länger das vorzuwerfende Verhalten unbeanstandet hingenommen worden ist.

2. Die fristlose Kündigung durch den Geschäftsraumvermieter

Auch der Geschäftsraumvermieter kann jedes auf unbestimmte oder auf bestimmte Zeit laufendes Mietverhältnis durch eine fristlose Kündigung beenden, auch wenn er bei einem auf unbestimmte Zeit laufenden Mietverhältnis für eine bestimmte Zeit auf eine Kündigung verzichtet hat. Es muss aber eine der nachstehend geschilderten Sachverhalte gegeben sein:

302   Fall Nr. 1: Es ist ein wichtiger Grund gegeben. Es gilt das unter Rn 298 beschriebene. Zu einer erforderlichen Abmahnung siehe Rn 306.

303   Fall Nr. 2: Ein erheblicher vertragswidrigen Gebrauch oder eine Gefährdung der Mieträume erfolgt durch den Mieter, z. B. wenn er die ihm obliegenden Obhutpflicht erheblich gefährdet oder sie unbefugt einem Dritten überlässt (§ 543 Abs. 2).
    Beispiele: Der Mieter stellt Abfalltüten ins Treppenhaus und lässt sie dort tagelang stehen; - der Mieter füttert fremde Tauben, die das Haus verschmutzen; - der Mieter schleppt Ungeziefer ein; - der Mieter vermietet Räume ohne erforderliche Genehmigung des Vermieters an einen Untermieter; - der Mieter führt ohne Einverständnis des Vermieters in den Mieträumen erlaubnispflichtige bauliche Veränderungen aus.
Zu einer erforderlichen Abmahnung siehe Rn 306.

304   Fall Nr. 3: Der Mieter zahlt die Miete schleppend, also nicht pünktlich, nicht bei deren Fälligkeit (Rn 145 ff.), oder er kommt mit seiner Mietzahlung in Verzug, ohne dass einer der im nachstehenden Fall Nr. 4 genannten Beträge erreicht wird.
    Beispiele: Der Mieter zahlt die am 3. Werktag des Monats fällige Miete einmal am 10., dann am 7., dann am 12. usw.; - der Mieter zahlt monatelang statt 1.000 € nur 900 €.
Darunter fällt auch, wenn der Mieter z. B. einen nicht unerheblichen Teil einer vereinbarten Kaution nicht leistet.
Zu einer erforderlichen Abmahnung siehe Rn 306.

305   Fall Nr. 4: Es ist ein Zahlungsverzug in bestimmter Höhe, nämlich ein Mietrückstand in Höhe eines der nachstehenden Beträge aufgelaufen (§ 543 Abs. 2 Nr. 3):
    a.   Der Mieter ist für zwei aufeinanderfolgende Zahlungstermine mit der Miete in Verzug, oder auch nur in Höhe eines nicht unerheblichen Teils,

wobei ein Rückstand von mehr als einer Monatsmiete auf jeden Fall ausreicht, oder

b. der Mieter ist in einem Zeitraum, der sich über mehr als zwei Termine erstreckt, mit der Entrichtung der Miete in Höhe eines Betrages in Verzug,
der die Miete für zwei Monate erreicht.

Bei der Berechnung des Rückstandes werden in beiden Fällen Betriebskosten nur mitgezählt, wenn sie laufend mit der Miete zu zahlen sind, also eine
monatliche Pauschale oder Vorauszahlung. Dagegen wird ein Rückstand mit
einem auf eine Betriebskostenabrechnung geschuldeten Betrag oder ein auf
die vereinbarte Kaution noch offener Betrag nicht mitgezählt.

Sind weder die Voraussetzungen für Ziffer a. noch b. erfüllt, kann die unter
Rn 304 beschriebenen Voraussetzungen für eine Kündigung wegen schleppender Zahlungsweise infrage kommen.

<u>Beispiele</u> für zur fristlosen Kündigung nicht ausreichende oder ausreichende
Mietrückstände bei einer monatlich am 3. Werktag des Monats fälligen Miete
von 1.000 € (oder 850 € Kaltmiete + 150 € Betriebskostenpauschale bzw.
Vorauszahlung):

<u>Nr. 1</u>: Der Mieter zahlt am 3. 2. nur 800 € und am 3. 3. ebenfalls 800 €. Eine
fristlose Kündigung ist nach oben a. nicht möglich, da der Gesamtrückstand
von 200 € gegenüber einer Monatsmiete von 1.000 € nicht erheblich ist.
Auch nach oben b. kann nicht fristlos gekündigt werden, da der Rückstand
zwei Monatsmieten (2.000 €) noch nicht erreicht.

<u>Nr. 2</u>: Der Mieter zahlt am 3. 2. nur 200 € und am 3. 3. nur 400 €. Eine Kün-
digung nach oben a. ist nach dem 3.3. möglich, da der Mieter mit mehr als
1.400 € im Rückstand ist, der gegenüber einer Miete erheblich ist.

<u>Nr. 3</u>: Der Mieter zahlt am 3. 2. und am 3. 3. keine Miete. Eine Kündigung ist
nach dem 3.3. nach oben a. und nach oben b. möglich.

<u>Nr. 4</u>: Der Mieter zahlt am 3. 2. keine Miete, am 3. 3. die volle Miete von
1.000 € und am 3. 4. wieder keine Miete. Nach dem 3. 4. kann der Vermieter
nach oben b. kündigen.

In den Fällen der Rn 302 – 304 ist zu beachten, das der Geschäftsraumvermieter vor Ausspruch der fristlosen Kündigung seinen Mieter <u>abmahnen</u>
muss, wenn der Grund für die Kündigung in der <u>Verletzung einer Pflicht</u> aus
dem Mietvertrag besteht (§ 543 Abs. 3), damit der Mieter noch die Möglichkeit hat, seine vertraglichen Pflichten zu erfüllen, z. B. einen Untermieter innerhalb einer angemessenen Frist zu entfernen, oder die Miete pünktlich zu
bezahlen. Erst wenn der Mieter dieser Abmahnung nicht nachkommt, kann
fristlos gekündigt werden, in der Regel schon dann, wenn der Mieter nach
einer Abmahnung erneut nur einmal unpünktlich bezahlt, ausgenommen der

306

Vermieter hatte die unpünktlichen Zahlungen lange Zeit unbeanstandet gelassen.

Im Fall Rn 305 Nr. 4 ist eine Abmahnung <u>nicht erforderlich</u>.

In den Fällen Rn 305 Nr. 3 und 4 ist noch zu beachten:

(1) Der Zahlungsrückstand muss vom Mieter verschuldet sein. Eine - auch
unverschuldete - Zahlungsunfähigkeit des Mieters gilt aber immer als verschuldet, ebenso wenn er etwa wegen einer falschen Beratung durch einen
Anwalt oder Mietervereine Betriebskosten nicht bezahlt oder die Miete zu
Unrecht mindert. Kein Verschulden des Mieters wird aber angenommen,
wenn er die Miete rechtzeitig überweist und die Bank des Vermieters den
Mietzins dessen Konto nicht rechtzeitig gutschreibt.

(2) Der Geschäftsraummieter kann die durch die Kündigung eingetretene
Beendigung des Mietverhältnisses nicht wie der Wohnraummieter durch eine Nachzahlung (Rn 349) außer Kraft setzen.

(3) Eine fristlose Kündigung eines Zeitmietvertrages kann für den Vermieter
auch unzweckmäßig sein. Siehe dazu Rn 468.

(4) Wird über das Vermögen des Mieters das Insolvenzverfahren eröffnet,
kann der Vermieter ab diesem Zeitpunkt wegen vor Eröffnung des Verfahrens aufgelaufener Rückstände nicht mehr fristlos kündigen (§ 112 InsO).

(5) Den zur Kündigung führenden Grund muss der Vermieter im Kündigungsschreiben angeben. Neben dem Grund „Zahlungsverzug" reicht es bei
klarer Sachlage aus, wenn der rückständige Gesamtbetrag genannt wird.
  Beispiel: Der Mieter hat eine monatliche Miete nebst Betriebskosten in
  Höhe von 900 € zu zahlen. Wenn der Mieter mit 2 Mieten in Rückstand
  ist, reicht es aus, wenn der Vermieter in seiner Kündigung den Gesamtrückstand von 1.800 € angibt.

3. Die Kündigung im Falle einer Störung der Geschäftsgrundlage

307   Im seltenen Fall einer unter Rn 260 beschriebenen Störung der Geschäftsgrundlage kommt eine <u>fristlose</u> Kündigung des Geschäfts- oder Pachtvertra-
ges infrage, wenn bei Vorliegen der unter § 313 festgelegten Voraussetzungen eine Anpassung des Vertrages, z. B. während einer Covid-19-
Pandemie, nicht möglich oder für eine der beiden Vertragsparteien nicht
zumutbar ist. Auch die sonst bei einer fristlosen Kündigung zu beachtende
„angemessene Entscheidungsfrist" (§ 314) muss hier nicht eingehalten werden.

4. Vereinbarungen über die fristlose Kündigung bei Geschäftsräumen

Das Recht zur fristlosen Kündigung des Vermieters oder Mieters von Ge- 308
schäftsräumen kann nicht ausgeschlossen werden.
Es kann zum Nachteil des Geschäftsraummieters auch nicht eingeschränkt,
z. B. kann dem Geschäftsraumvermieter nicht durch eine vorformulierte
Klausel (Rn 20 ff.) das Recht eingeräumt werden, im Falle von Rn 305 Ziffer
b. bereits bei einem Rückstand des Geschäftsraummieters mit einer Monatsmiete fristlos kündigen zu können. Andererseits können aber Rechte
des Mieters erweitert werden, indem z. B. weitere Gründe festgelegt werden,
bei denen der Mieter fristlos kündigen kann.

IV Die Verlängerungsoption

Ein gesetzliches Widerspruchsrecht gegen die Beendigung eines durch Zeit- 309
ablauf oder Kündigung des Vermieters endenden Geschäftsraummietvertrages wie im Falle eines Wohnraummietverhältnisses (Rn 355 ff.) gibt es für
den Mieter von Geschäftsräumen nicht. Vermieter und Mieter können aber
im Miet- oder Pachtvertrag oder während der Miet- oder Pachtzeit eine ähnliche Berechtigung vereinbaren. Man nennt das eine "Verlängerungsoption"
oder ein „Optionsrecht". Es bedeutet: Der Mieter kann durch eine Erklärung
gegenüber dem Vermieter eine Verlängerung des Mietverhältnisses auf die
Dauer einer bestimmten Zeit verlangen. Ist sie wie in der Regel länger als 1
Jahr, muss für die Vereinbarung des Optionsrechts die gesetzliche Schriftform (Rn 12) eingehalten

Die Optionserklärung muss der Geschäftsraummieter gegenüber dem Geschäftsraumvermieter innerhalb folgender Fristen abgeben:

a. innerhalb einer vereinbarten Frist, oder

b. wenn keine Frist vereinbart ist,
   aa. entweder innerhalb der gesetzlichen oder vereinbarten Kündigungs-
       frist, also am Ende der Mietzeit, oder
   bb. im Falle einer Kündigung des Geschäftsraumvermieters: unverzüglich
       nach Zugang dessen Kündigung.

Für die Form der Optionserklärung, also die Ausübung der Option, gilt eine
etwaigen Festlegung im Geschäftsraummietvertrag. Besteht eine solche
nicht, ist keine bestimmte Form erforderlich, auch bei einer Verlängerung
des Mietverhältnisses auf länger als 1 Jahr nicht, weil durch die Ausübung
des Optionsrechtes kein neues Miet- oder Pachtverhältnis geschlossen wird.

Das <u>Optionsrecht erlischt</u>: wenn die Optionserklärung nicht oder nicht rechtzeitig oder nicht formgerecht abgegeben worden ist, oder wenn das Mietverhältnis um die Optionsdauer bereits verlängert wurde, ohne dass eine Optionserklärung abgegeben werden musste. Siehe Nr. 3 unter Rn 310.

<u>Vier Beispiele für die Ausübung einer Verlängerungsoption</u>

310   <u>Nr. 1</u>: V und M schließen einen Geschäftsraummietvertrag auf 5 Jahre fest bis 30.6.2021. M erhält das Recht, durch Erklärung gegenüber V eine Verlängerung der Mietzeit um 5 Jahre zu verlangen. Wenn keine Frist für die Abgabe der Optionserklärung vereinbart wurde, muss M die Optionserklärung spätestens 5.1.2021 abgeben, wenn er eine Verlängerung bis 30.6.2026 möchte (= Fall oben Ziffer b. aa), denn die gesetzlicherist zum 30.6.2021 ende am 3. Werktag im Januar 2021.

<u>Nr. 2</u>: Wird im Beispiel 1 ereinbart, dass die Option spätestens 3 Monate vor dem Ende der Mietzeit ausgeübt werden muss. M muss die Optionserklärung dann spätestens am 31.3.2021 abgeben, wenn er die Verlängerung der Mietzeit bis 30.6.2026 möchte (= Fall oben Ziffer a.).

<u>Nr. 3</u>: V und M schließen einen Pachtvertrag auf 5 Jahre bis 30.6.2021 und legen fest, dass sich das Pachtverhältnis jeweils um weitere 5 Jahre verlängert, wenn es nicht unter Einhaltung der gesetzlichen Kündigungsfrist ordentlich gekündigt wird. Außerdem erhält M das Recht, eine Verlängerung der Pachtzeit um 5 Jahre zu verlangen. Es gilt dann:
- Wenn bis 5. 1. 2021 niemand kündigt, verlängert sich die Pachtzeit bis 30.6.2026. Damit ist das Optionsrecht des M aber verbraucht. Er kann im Januar 2026 also keine weitere Option mehr geltend machen.
- Kündigt dagegen V spätestens am 5.1.2021, kann M noch unverzüglich innerhalb weniger Tage eine Optionserklärung abgeben. Die Pachtzeit wird bis 30.6.2026 verlängert, während die Kündigung des Vermieters ins Leere läuft (= Fall oben Ziffer b. bb.).

<u>Nr. 4</u>: V und M schließen einen Geschäftsraummietvertrag wie bei Beispiel 3. Nur wird vereinbart, dass die Optionserklärung spätestens 6 Monate vor Ablauf der Mietzeit abgegeben werden muss. M muss dann die Optionserklärung bis spätestens 31.12.2020 abgeben (= Fall oben Ziffer a.). Eine Kündigung des V hätte dann keinen Sinn mehr. Unterlässt M die rechtzeitige Optionserklärung und V kündigt am 5.1.2021, kann M eine Verlängerung der Mietzeit bis 2026 gegen den Willen von V nicht mehr erreichen.

D. Die Kündigungsrechte des Mieters von Wohnräumen

I. Die ordentliche Kündigung des Mieters von Wohnräumen

Der Mieter von Wohnräumen kann durch eine ordentliche Kündigung ein auf unbestimmte Zeit laufendes Wohnraummietverhältnis jederzeit beenden (§ 542), ohne dass er dazu einen Grund haben muss. Nicht dagegen kann er einen rechtwirksam vereinbarten Zeitmietvertrag (Rn 44) durch eine ordentliche Kündigung beenden. Außerdem kann er nicht ordentlich kündigen, solange er auf dieses Kündigungsrecht rechtswirksam verzichtet hat. 311a

Wenn nicht ausnahmsweise zwischen Vermieter und Mieter etwas anderes vereinbart ist (Rn 311c), beträgt die Regelkündigungsfrist für die ordentliche Kündigung des Mieters 3 Monate. Sie muss bis spätestens am 3. Werktag eines Kalendermonats zum Ablauf des übernächsten Monats ausgesprochen werden. Nur bei an eine Einzelperson vermieteten möblierten Einliegerwohnräumen (Rn 56) gilt eine kürzere Kündigungsfrist: Der Mieter kann hier spätestens am 15. eines Monats auf das Monatsende kündigen. 311b

Eine Vereinbarung anderer als die genannten gesetzlichen Kündigungsfristen für den Mieter von Wohnräumen ist zwischen Vermieter und dem Mieter nur in folgenden Fällen zulässig: 311c

(1) Bei der Vermietung von Wohnräumen zum vorübergehenden Gebrauch (Rn 55) dürfen Vermieter und Mieter auch kürzere Kündigungsfristen als die unter Rn 311b genannt 3- Monatsfrist vereinbaren (§ 573 c Abs. 2).

(2) Im übrigen dürfen die gesetzlichen Kündigungsfristen zwar nicht zum Nachteil aber zum Vorteil des Mieters abgeändert werden. Vermieter und Mieter können also für den Mieter günstigere Kündigungsfristen vereinbaren, also dass der Mieter z. B. auch erst zu einem späteren Zeitpunkt als dem 3. Werktag im Monat oder mit einer kürzeren Frist als 3 Monate kündigen kann.

Ein in einer vorformulierten Bestimmung (Rn 20 ff.) im Mietvertrag festgelegter Verzicht des Wohnraummieters auf das Recht zur ordentlichen Kündigung ist auf den Zeitraum von höchstens 4 Jahren (einschließlich der für den Mieter geltenden gesetzlichen Kündigungsfrist von drei Monaten !) zulässig, aber nur wenn auch der Vermieter auf sein Kündigungsrecht solange verzichtet oder wenn zugleich eine Staffelmiete vereinbart ist. Zu beachten ist, dass ein Verzicht auf länger als 1 Jahr in der gesetzlichen Schriftform festgelegt werden muss (Rn 77). Ein Beispiel für den Wortlaut einer rechtswirksamen Regelung finden Sie unter Rn 428. 311d

Ein in einer <u>vorformulierten</u> Bestimmung <u>nur für den Mieter</u> festgelegter
Kündigungsverzicht ist unwirksam, ebenso ein Verzicht auf länger als 4 Jahre, auch dann, wenn Mieter und Vermieter gemeinsam verzichten.
Bei der Vermietung von Wohnräumen an Studenten (Rn 58) ist ein in einer
vorformulierten Bestimmung enthaltener Verzicht des mietenden Studenten
auf sein Kündigungsrecht nach Meinung des BGH immer unwirksam.

Inwieweit die Vereinbarung eines Zeitmietvertrages zwischen Vermieter und
Mieter von Wohnräumen zulässig ist, finden Sie unter Rn 41. Durch einen
<u>beiderseitigen Verzicht</u> von Vermieter und Mieter auf das Recht zur ordentlichen Kündigung auf 4 Jahre in Verbindung mit einer Staffelmietvereinbarung
erreichen Vermieter und Mieter auch eine feste Mietzeit von 4 Jahren, an die
sich allerdings im Gegensatz zu einem rechtswirksamen Zeitmietvertrag die
Mietzeit nicht endet sondern auf unbestimmte Zeit fortsetzt.
Ein unzulässiger Zeitmietvertrag, lässt sich nach der Rechtssprechung des
BGH oft in die Vereinbarung eines Kündigungsverzichts umdeuten, bei einer
vorformulierten Regelung (Rn 20) auf höchstens 4 Jahre, bei einer individuellen Regelung (Rn 23) sogar auf längere Zeit.

II. Die außerordentliche befristete Kündigung des Mieters von Wohnräumen

312   Jedes Wohnraummietverhältnis, auch wenn er auf sein Recht zur ordentlichen Kündigung auf eine bestimmte Zeit verzichtet haben sollte, kann der
Mieter mit einer außerordentlichen befristeten Kündigung beenden, wenn einer der dafür im Gesetz vorgesehenen unter Rn 313 ff. aufgeführten <u>Voraussetzungen</u> gegeben ist.
Weil die Kündigungsfrist für dieses Kündigungsrecht gleich lang ist wie die
unter Rn 311b genannte Frist für eine ordentliche Kündigung des Mieters,
hat dieses Recht für den Wohnraummieter nur noch Bedeutung, wenn ein
rechtswirksamer Zeitmietvertrag besteht, oder solange der Mieter auf sein
Recht zur ordentlichen Kündigung verzichtet hat.

313   <u>Fall Nr. 1</u>: Einen auf eine längere Zeit als 30 Jahre abgeschlossenen
Zeit-   mietvertrag kann der Wohnraummieter wie der Geschäftsraummieter
nach 30 Jahren unter Einhaltung der unter Rn 311b genannten Frist außerordentlich befristet kündigen. Dieses Kündigungsrecht kann durch eine Vereinbarung zwischen Vermieter und Mieter nicht ausgeschlossen werden.

314   <u>Fall Nr. 2</u>: Will der Mieter seine ganze Wohnung an eine zum Abschluss eines Mietvertrages bereite Person untervermieten und der Vermieter <u>verweigert die Genehmigung dazu,</u> kann der Mieter das Mietverhältnis außerordentlich unter Einhaltung der gesetzlichen Frist von 3 Monaten (Rn 311b)
kündigen (§ 540 Abs. 1 S. 2).

Beispiel: Vermieter und Mieter haben eine feste Mietzeit von 5 Jahren vereinbart, weil der Vermieter die Wohnung am Ende der Mietzeit für sich selbst benötigt. Nach einem Jahr möchte der Mieter ausziehen. Wenn der Vermieter mit einer Beendigung des Mietverhältnisses nicht einverstanden ist, kann der Mieter für die restlichen vier Jahre einen Untermieter suchen. Erteilt der Vermieter die Erlaubnis dazu nicht, ohne dass in der Person des Untermieters ein wichtiger Grund vorliegt, kann der Mieter unter Einhaltung einer Frist von 3 Monaten kündigen.

Beispiele für wichtige Gründe in der Person des Untermieters: Es besteht die Gefahr, dass der Untermieter keine Rücksicht auf die Hausgemeinschaft nehmen wird, weil er aus seiner jetzigen Wohnung wegen Streitigkeiten ausziehen muss; - es besteht die Gefahr, dass der Untermieter die ihm obliegende Obhutpflicht nicht erfüllen wird; - die Wohnung würde überbelegt, weil die Familie des Untermieters aus zu vielen Personen besteht.

Nicht unbedingt ein wichtiger Grund ist es, wenn der Untermieter weniger zahlungsfähig ist als der Mieter.

Auch dieses Kündigungsrecht kann durch eine Vereinbarung zwischen Vermieter und Mieter nicht ausgeschlossen werden.

Fall Nr. 3:   Beim Tod eines Wohnraummieters kann es sein, dass   315
a. sein Mitmieter das Mietverhältnis fortsetzt (Rn 100a), oder
b. sein Mitbewohner in den Mietvertrag eintritt (Rn 100b Zif. (1)(2)), oder
c. das Mietverhältnis auf seinen Erben übergeht (Rn 100b Zif. (3)).
Im Fall Ziffer a. hat der Mitmieter (§ 563 a Abs. 2) oder im Fall c. hat der Erbe des Mieters (§ 564) das Recht zur außerordentlichen Kündigung des Mietverhältnisses mit der für den Mieter bei der ordentlichen Kündigung geltenden Frist von 3 Monaten. Der unter Ziffer b. genannte Mitbewohner des verstorbenen Mieters braucht kein Kündigungsrecht, da er die Fortsetzung des Mietverhältnisses nach Rn 100b ablehnen kann und dann gar nicht Mieter wird.

Das Recht des Mitmieters zur außerordentlichen befristeten Kündigung darf durch eine Vereinbarung nicht ausgeschlossen werden. Dagegen kann das Kündigungsrecht des Erben durch eine individuelle Vereinbarung (Rn 23) im Mietvertrag ausgeschlossen werden.

Fall Nr. 4: Kündigungsrechte bei Modernisierungen und Mieterhöhungen: 316

(1) Erhält der Mieter von Wohnräumen eine Modernisierungsankündigung (Rn 185 Ziffer (2)), kann er den Mietvertrag bis zum Ablauf des auf den Zugang der Mitteilung folgenden Monats zum Ende des übernächsten Monats kündigen (§ 555e).

(2) Beim Zugang einer Erklärung einer <u>Mieterhöhung</u> auf den ortsüblichen Mietzins (Rn 234 ff.) oder wegen durchgeführter Modernisierungsmaßnahmen (Rn 248) kann der Mieter von preisfreien Wohnräumen bis zum zweiten Monat, der auf den Zugang der Mietzinserhöhungserklärung folgt, unter Einhaltung einer Kündigungsfrist von 2 Monaten außerordentlich kündigen. Die vom Vermieter verlangte Mieterhöhung tritt dann nicht ein.

(3) Bei einer Mieterhöhung bei preisgebundenen Wohnräumen (Rn 233) kann der Mieter spätestens am 3. Werktag des Monats, ab dem die Miete erhöht werden soll, zum Ablauf des nächsten Monats außerordentlich kündigen.

Die unter (1) bis (3) genannten Kündigungsrechten können durch eine vertragliche Vereinbarung nicht zum Nachteil des Mieters abgeändert werden

317   <u>Fall Nr. 5</u>: Wird über das Vermögen des Mieters das Insolvenzverfahren eröffnet, kann der Insolvenzverwalter für den Mieter das Mietverhältnis unter Einhaltung der Kündigungsfrist von 3 Monaten kündigen (§ 109 Abs. 1 S. 1 InsO). Anstelle einer Kündigung kann der Insolvenzverwalter gegenüber dem Vermieter auch erklären, dass nach Ablauf der genannten Kündigungsfrist entstehende Ansprüche vom Vermieter im Insolvenzverfahren nicht geltend gemacht werden können (§ 109 Abs. 1 S. 2 InsO).
Kein Recht zur außerordentlichen befristeten Kündigung hat dagegen der Mieter, wenn über das Vermögen des Vermieters das Insolvenzverfahren eröffnet oder mangels Masse abgelehnt wird.

III. Die fristlose Kündigung des Mieters von Wohnräumen

1. Voraussetzungen für das Recht zur fristlosen Kündigung

318   Mit einer fristlosen Kündigung kann der Mieter ein Wohnraummietverhältnis bei Vorliegen eines „wichtigen Grundes" beenden, auch wenn er auf sein Kündigung auf eine bestimmte Zeit verzichtet hat. Wichtigste Voraussetzung für diese Kündigung ist immer, dass Tatsachen gegeben sind, die nach der in § 548 BGB festgelegten Definition einen <u>wichtiger Grund</u> ausmachen. Siehe dazu die Beschreibung unter Rn 278. Darüber hinaus hat der Gesetzgeber Umstände festgelegt, die für die Annahme eines wichtigen Grundes ausreichen. Siehe dazu die nachstehenden Randnummern.
Besteht der wichtige Grund in der Verletzung einer Pflicht aus dem Mietvertrag durch den Vermieter, ist eine weitere Voraussetzung eine erfolglose <u>Abmahnung</u>. Der Mieter muss also dem Vermieter eine angemessene Frist zur Abhilfe setzen.

Keine Abmahnung ist erforderlich, wenn eine solche keinen Erfolg verspricht, oder eine Abhilfe nicht möglich oder wenn eine sofortige Kündigung unter Berücksichtigung der Interessen von Vermieter und Mieter aus besonderen Gründen gerechtfertigt ist, z. B. wegen der Schwere der Pflichtverletzung.

2. Die vom Gesetzgeber für einen wichtigen Grund festgelegten Tatsachen

Ein zur fristlosen Kündigung berechtigender wichtiger Grund ist, wenn der Vermieter dem Mieter das unter Rn 195 f. beschriebene Recht zum Gebrauch (§ 543 Abs. 2 Nr. 1) der Räume nicht gewährt oder wieder entzieht, wenn also z. B. der Vermieter die Räume dem Mieter nicht oder nicht rechtzeitig übergibt, oder wenn die Mieträume erhebliche Sachmängel aufweisen (Rn 211 ff.), oder wenn der Vermieter dem Mieter eine nach dem Vertrag zulässige Nutzung verbietet oder unmöglich macht. Es kommt dabei nicht darauf an, ob der Vermieter den nicht gebrauchsfähigen Zustand verschuldet hat. Nicht fristlos kündigen darf der Mieter natürlich, wenn er selbst den Zustand verschuldet hat.

319

> Beispiele: Die Räume können wegen eines Brandes längere Zeit nicht benutzt werden können. Hat der Mieter den Brand verschuldet, kann er nicht fristlos kündigen; - Die tatsächliche Fläche der Wohnräume ist gegenüber der vereinbarten Fläche erheblich geringer, mindestens um mehr als 10 %; - Der Vermieter verweigert zu unrecht eine nach dem Mietvertrag zu erteilende Genehmigung zur Untervermietung; - Die Räume werden ungenügend beheizt.

Zur Erforderlichkeit einer vorherigen Abmahnung siehe Rn 318.

Ebenso ein zur fristlosen Kündigung berechtigender wichtiger Grund ist es auch, wenn die Wohnräume so beschaffen sind, dass ihre Benutzung mit einer <u>erheblichen Gefährdung der Gesundheit</u> der Benutzer verbunden ist, (§§ 578 Abs. 2, 569 Abs. 1).

320

> Beispiele: Dauerndes Eindringen unerträglicher Gerüche; - unerträglicher Lärm; - starke Feuchtigkeit; - ungenügende Beheizbarkeit; - Einsturzgefahr; - übermäßige Formaldehydkonzentration; - Schimmelpilzbefall mit Giftbildung; - Asbestfasern in der Atemluft.

Auch hier dürfen die Umstände nicht vom Mieter verursacht worden sein. Feuchtigkeit in den Räumen darf also nicht von einer falschen Benutzung durch den Mieter, z. B. durch falsches Lüften, verursacht sein. Zur Erforderlichkeit einer vorherigen Abmahnung siehe auch hier Rn 318.

Ein zur fristlosen Kündigung berechtigender Grund ist auch, wenn der Vermieter in ganz <u>erheblichem Maße</u> gegen seine Verpflichtungen aus dem Mietvertrag verstößt, insbesondere den Hausfrieden so stört, dass für den

321

Mieter eine Fortsetzung des Mietverhältnisses nicht mehr zumutbar ist (§ 569 Abs. 2).

Beispiele: Der Vermieter betritt während der Abwesenheit des Mieters mehrfach unbefugt dessen Wohnung; - Der Vermieter wird gegen den Mieter tätlich; - der Vermieter beleidigt den Mieter erheblich; - der Vermieter unternimmt nichts gegen eine von außen kommende Schildwanzenplage; - der Vermieter übervorteilt den Mieter mehrfach bei der Betriebskostenabrechnung.

Kein wichtiger Grund zur fristlosen Kündigung ist es, wenn der Vermieter z. B. eine andere Wohnung im Haus an Ausländer vermietet, die den Hausfrieden nicht stören.

Auch hier ist in der Regel vor der fristlosen Kündigung eine vergebliche Abmahnung (Rn 318) erforderlich.

E. Die Kündigungsrechte des Vermieters von Wohnräumen

Der Vermieter kann ein Wohnraummietverhältnis durch eine der 3 Kündigungsarten beenden, braucht aber dafür bei den meisten Wohnräumen noch ein sogenanntes „berechtigtes Interesse". Siehe dazu auch die Tabelle unter Rn 342.

I. Die ordentliche Kündigung des Vermieters von Wohnräumen

322a Mit der ordentlichen Kündigung kann der Vermieter ein auf unbestimmte Zeit laufendes Wohnraummietverhältnis beenden, ausgenommen er hat auf dieses Recht auf eine bestimmte Zeit verzichtet. Je nach Art der vermieteten Wohnräume benötigt der Vermieter zu seiner Kündigung keinen Grund (Rn 323 - 326) oder auch ein „berechtigtes Interesse"(Rn 327 ff.).

322b Die Regelkündigungsfrist beträgt 3 Monate. Ausgesprochen werden muss die Kündigung bis spätestens am 3. Werktag eines Kalendermonats zum Ablauf des übernächsten Monats. Die Kündigungsfrist verlängert sich nach 5 und 8 Jahren ab der Überlassung der Wohnräume an den Mieter um jeweils 3 Monate (§ 573 c Abs. 1 S. 2). Sie beträgt für den Vermieter also je nach Dauer der Nutzung der Wohnräume durch den Mieter zwischen 3 und 9 Monaten.
Ein Samstag zählt als Werktag, wenn er der 1. oder 2. Werktag im Monat ist. Ist der Samstag dagegen der 3. Werktag im Monat ein Samstag, kann die Kündigung dem Mieter auch noch am darauffolgenden Montag zugehen, wenn dieser ein Feiertag ist, sogar erst am Dienstag.

Beispiel: M bewohnt seine von V gemietete Wohnung seit 4 Jahren. Wenn V zum 31.12.2020 kündigen will, muss diese dem M spätestens am 5.10.2020 (= 3. Werktag im Oktober 2020 ist ein Samstag) zugehen. Bewohnt M dagegen die Wohnung schon über 5 Jahre, muss ihm die Kündigung spätestens am 3.7.2020 und nach über 8 Jahre dauernder Nutzung schon spätestens am 3.4.2020 zugehen.

Diese Fristen dürfen durch eine Vereinbarung zwischen Vermieter und Mie- **322c**
ter bei den meisten Wohnräumen (Rn 59 - 64) nicht zum Nachteil des Mieters abgeändert werden (§ 573 c Abs. 4, 576 Abs. 2). Für den Mieter günstigere Fristen können im Mietvertrag dagegen festgelegt werden, z. B.
dass der Vermieter bei einer ordentlichen oder außerordentlichen befristeten Kündigung schon zu einem früheren als dem 3. Werktag im Monat
oder bei der außerordentlichen befristeten mit einer längeren Frist als 3
Monate oder bei einer ordentlichen Kündigung mit einer längeren Frist als
3, 6 oder 9 Monate kündigen muss.

1. Die ordentliche Kündigung bei Wohnräumen ohne Kündigungsschutz

Eine Reihe von Wohnräumen kann der Vermieter ordentlich kündigen, oh- **323**
ne dass er dafür einen besonderen Grund haben muss. Es sind das folgende Wohnraummietverhältnisse:

(1) Wohnräume zum vorübergehenden Gebrauch (Rn 55): Diese kann der
Vermieter unter Einhaltung der unter Rn 322b genannten Regelkündigungsfrist von 3 Monaten oder einer etwa vereinbarten anderen Frist kündigen.

(2) Vom Vermieter überwiegend möblierte und an eine Einzelperson vermietete Einliegerwohnräume (Rn 56): Diese kann der Vermieter unter Einhaltung der Kündigungsfrist vom 15. auf das Monatsende oder einer etwa zu
Gunsten des Mieters vereinbarten anderen Frist kündigen.

(3) Wohnräume für dringenden Wohnbedarf (Rn 57): Diese kann der Untervermieter (in der Regel eine Behörde) unter Einhaltung der unter Rn 322b
genannten Fristen zwischen 3 und 9 Monaten gegenüber dem Untermieter
kündigen.

(4) Wohnräume in einem Studenten- oder Jugendwohnheim (Rn 58): Welche Kündigungsfrist hier einzuhalten sind, kommt auf die Art der betreffenden Wohnräume an: In der Regel werden solche Räume nur zum vorübergehenden Gebrauch vermietet. Dann gilt oben Ziffer (1). Werden Räume in
solchen Wohnheimen nicht zum vorübergehenden Gebrauch vermietet,
kann der Vermieter das Mietverhältnis unter Einhaltung der Kündigungsfrist
zwischen 3 und 9 Monaten beenden.

 (5) Einliegerwohnräume innerhalb der Vermieterwohnung, die entweder **324**
nicht vom Vermieter möbliert sind oder an Mieter mit Partner oder einer Familie überlassen sind (Rn 59), ferner eine Einliegerwohnung in dem vom
Vermieter selbst auch bewohnten Einfamilienhaus (Rn 60) oder eine Woh-

nung in dem vom Vermieter ebenfalls selbst bewohnten Zweifamilienhaus (Rn 61) kann der Vermieter ohne Grund kündigen, wenn er eine um 3 Monate verlängerte Kündigungsfrist einhält, also je nach Dauer der bisherigen Nutzung der Wohnräume durch den Mieter zwischen 6 und 12 Monaten.

Für eine Kündigung der unter (5) genannten Wohnräumen ist noch zu beachten: Der Vermieter muss in seiner schriftliche Kündigung angeben, dass er seine Kündigung auf die Eigenschaft der Wohnräume als Einliegerwohnräume bzw. Einliegerwohnung oder Wohnung im Zweifamilienhaus stützt. Ohne diesen Hinweis wäre die Kündigung unwirksam.
Zur weiteren Begründung der Kündigung (Hinweis auf das Widerspruchsrecht des Mieters) siehe Rn 358.

325 Muster für eine solche Kündigung des Vermieters nach Ziffer (5):

„Das zwischen uns seit 3 Jahren bestehende Mietverhältnis über die in meinem Haus gelegene Einliegerwohnung kündige ich nach § 573 a Abs. 2 BGB mit der um 3 Monate verlängerten Kündigungsfrist zum 30. 9. 2015
Den 1. 3. 2015

....

(Unterschrift des Vermieters) „

2. Die Kündigung von Nebenräumen und Grundstücksteilen

326 Möchte der Vermieter im Falle eines einheitlichen Wohnraummietvertrage (siehe Rn 274) vermietete Teile der Mietsache, die nicht zum Wohnen bestimmt sind, zu einem
- Wohnraum ausbauen und vermieten, oder
- neu geschaffenen oder vorhandenen Wohnraum mit diesen Nebenräumen ausstatten,

kann er die von ihm dazu benötigten Nebenräume oder Grundstücksteile gegenüber seinem Mieter "teilkündigen" (§ 573 b).
Beispiele: Bühne, Abstellräume, Kellerräume, die Garage oder Teile eines Grundstücks, z. B. einen Gartenteil.

Diese Teilkündigung kann er spätestens bis zum 3. Werktag eines Kalendermonats auf das Ende des übernächsten Monats aussprechen.

3. Die ordentliche Kündigung von Wohnräumen mit Kündigungsschutz

327 Für alle nicht unter Rn 323 und 324 genannte Wohnräume, also für die meisten Wohnraummietverhältnisse besteht für den Mieter dadurch ein Schutz, dass der Vermieter eine Beendigung des Mietverhältnisses durch eine ordentliche Kündigung nur erreichen kann, wenn er ein „berechtigtes In-

teresse" an den zu kündigenden Wohnräumen geltend machen kann. Das gilt auch für eine Kündigung der unter Rn 324 genannten Wohnräume, wenn der Vermieter diese mit der normalen nicht um 3 Monate verlängerten Frist kündigen möchte.

Für die ordentliche Kündigung des Vermieters infrage kommende „berechtigtes Interessen" stehen in § 573 BGB, nämlich

- Eine erhebliche Verletzung vertraglicher Pflichten (Rn 328),

- Eigenbedarf (Rn 329 - 334),

- die Hinderung an einer anderweitiger wirtschaftlichen Verwertung der Wohnräume (Rn 335),

- sowie sonstige gleich schwere Gründe (Rn 336).

Kein berechtigtes Interesse ist das Interesse an einer höheren Miete.

Das „berechtigte Interesse" muss immer für den Vermieter bestehen. Will er z. B. sein Haus verkaufen, kann nicht er Eigenbedarf geltend machen, sondern gegebenenfalls der Käufer, aber erst nachdem er in den Mietvertrag eingetreten ist (Rn 92). Außerdem besteht der Schutz immer zwischen Vermieter und Mieter, bei einer Untervermietung also zwischen Untervermieter und Untermieter. Ob der Vermieter den Kündigungsschutz auch gegenüber einem Untermieter seines Mieters beachten muss, erfahren Sie unter Rn 375 f..

Seine „berechtigten Interessen" muss der Wohnraumvermieter dem Mieter spätestens in seiner schriftlichen Kündigungserklärung mitteilen. Nur die im Kündigungsschreiben oder bereits in einem früheren Schreiben angegebenen Gründe, auf das im Kündigungsschreiben Bezug genommen wird, werden berücksichtigt, ausgenommen die Gründe sind nicht erst nach der Kündigung entstanden (Rn 338).
Dabei muss zur Begründung der konkrete Sachverhalt mitgeteilt werden, also auch notwendige persönliche Angaben. Es reicht nicht aus, wenn der Vermieter z. B. "wegen Eigenbedarfs" kündigt. Er muss mitteilen, für welche Person aus welchen Gründen er die Wohnung des Mieters benötigt, wobei aber z. B. der Name des Lebensgefährten der Tochter, welcher mit dieser einen Hausstand gründen will, nicht genannt werden muss.

Zum Hinweis auf das Widerspruchsrecht des Mieters wegen außergewöhnlicher Härte bei einer ordentlichen Kündigung im Kündigungsschreiben vgl. Rn 358, und zur Vortäuschung eines berechtigten Interesse, z. B. eines Eigenbedarfs siehe Rn 337.

Ein „berechtigtes Interesse" besteht, wenn der Mieter seine Pflichten aus dem Mietvertrag schuldhaft verletzt (§ 573 Abs. 2 Nr. 1). Die Verletzung muss außerdem erheblich sein, eine Kleinigkeit genügt nicht. Eine vorherige Abmahnung ist hier nicht erforderlich. Wenn trotzdem abgemahnt worden ist, kann der Vermieter aber erst kündigen, wenn der Mieter eine Pflicht erneut erheblich verletzt.

Beispiele für erhebliche Pflichtverletzungen, die für eine Kündigung ausreichen, wobei es aber immer auf das Gewicht der Pflichtverletzung im einzelnen Fall ankommt:

unvollständige Zahlung des Mietzinses oder von Betriebskosten, wenn ein Betrag in Höhe von mindestens 1/2 bis 1 Monatsmiete einen Monat lang oder länger nicht bezahlt wird, oder wenn wiederholt absichtlich oder aus Nachlässigkeit zu spät gezahlt wird. Ganz schwere Verstöße gegen die Zahlungspflicht können sogar eine fristlose Kündigung des Vermieters rechtfertigen (Rn 348 ff.);

Verstöße gegen die Pflicht zum vertragsgemäßen Gebrauch der Mietsache z. B. durch unzulässige Tierhaltung oder geschäftliche oder gewerbliche Nutzung der Wohnräume, erhebliche Überbelegung der Wohnung oder unberechtigte Untervermietung. Nicht gekündigt werden darf, wenn der Mieter einen Anspruch auf eine Erlaubnis zur Untervermietung hat und eine solche beantragt (Rn 210b).

Vernachlässigung oder Beschädigung der Mieträume, z. B. Verursachung eines Brandes, Offenstehen lassen von Fenstern bei Abwesenheit;

schwere Verstöße gegen die Hausordnung, z. B. Nichterfüllung von Kehr- und Streupflichten. Auch hier gibt es bei besonders schweren Verstößen die Möglichkeit einer fristlosen Kündigung (Rn 351);

Belästigungen durch Lärm oder unangenehme Gerüche;

 Störung des Hausfriedens durch einen vom Mieter verursachten Streit mit anderen Mietern. Auch hier kann der Vermieter in besonders schweren Fällen zu einer fristlosen Kündigung berechtigt sein (Rn 352).

Kein ausreichender Grund für ein berechtigtes Interesse ist z. B. gegeben, wenn der Mieter während der Mietzeit von ihm übernommenen Schönheitsreparaturen nicht turnusgemäß durchführt, oder wenn er andere Mieter auffordert, eine vom Vermieter verlangte Mieterhöhung nicht zu bezahlen, oder wenn er die von ihm wegen eines verlorenen Prozesses geschuldeten Verfahrenskosten nicht bezahlt.

Im Kündigungsschreiben muss der Vermieter angeben, auf welche Vertragsverletzung des Mieters er seine Kündigung stützt.

Der Kündigungsgrund Nr. 2: **Eigenbedarf**

Dieser ist gegeben, wenn der Vermiete Wohnräume <u>für sich selbst</u>, oder <u>für seine Familienangehörigen</u>, oder <u>für Angehörige seines Haushalts</u> zum Wohnen benötigt. Im Gegensatz zu den Gesellschaftern einer Personengesellschaft, z. B. einer GbR, kann eine Handelsgesellschaft oder eine juristische Person, z. B. eine OHG, eine KG oder GmbH als Vermieter nie Eigenbedarf geltend machen, da sie die Wohnräume nicht für sich oder Angehörige benötigen kann. Bei einer öffentlich geförderten Wohnung kann wegen Eigenbedarfs nur gekündigt werden, wenn die für die Wohnung vorgesehene Person die Voraussetzung als Berechtigte zum Bezug der Wohnung besitzt. Auch eine etwa bestehende Sperrfrist (Rn 332 ff.) ist zu beachten.

Zum begünstigten Personenkreis gehören:

(1) <u>Der Vermieter selbst</u>: Darunter fällt z. B. auch, wenn ein Vermieter mit einem Lebensgefährten und dessen Kind zusammenziehen will; oder wenn eine GbR oder mehrere Personen Vermieter sind und nur eine Person oder ein Gesellschafter der GbR die Wohnräume benötigt. Gleichgültig ist, ob dieser schon bei Abschluss des Mietvertrages Gesellschafter war. Auch eine Nutzung der gekündigten Wohnung als Zweitwohnung durch den Vermieter ist möglich, wenn dafür vernünftige und nachvollziehbare Gründe vorhanden sind. Wenn von Wohnraum für Pflegepersonal benötigt wird, siehe Rn 336.

(2) <u>Alle Familienangehörigen des Vermieters</u>: Der Ehegatte, Kinder, Eltern und andere Verwandte in gerader Linie, Verwandte zweiten und dritten Grades in der Seitenlinie, also Neffen, Nichten, ferner Verschwägerte in gerader Linie sowie zweiten und dritten Grades in der Seitenlinie, Adoptiveltern oder -kinder, Pflegekinder oder -eltern. Gleichgültig ist es, ob die Familienangehörigen beim Vermieter wohnen oder einen eigenen Hausstand führen, also z. B. der Sohn des Vermieters, der mit Lebensgefährtin oder Frau mit oder ohne Kind eine andere Wohnung bewohnt.

(3) <u>Die zum Haushalt des Vermieters gehörenden Personen</u>: Das sind alle mit dem Vermieter in dessen Wohnung lebenden Personen. Nicht dazu gehören Untermieter oder Besucher des Vermieters.

Für die unter Rn 330 genannten Personen muss entweder <u>kein</u> oder <u>zu wenig</u> Wohnraum vorhanden sein, oder vorhandener Wohnraum muss zurückgegeben werden. Es reicht auch aus, wenn sonstige vernünftige Gründe dafür vorliegen, dass der Vermieter die Räume des Mieters selbst benutzen oder durch die oben genannten Personen als Wohnräume nutzen lassen will. Sollen sie anders als zu Wohnzwecken genutzt werden, kann ein be-

329

330

331a

rechtigtes Interesse nach Rn 336 gegeben sein. Zu Beispielen siehe Rn 331b.

Der Wille des Vermieters, die Wohnung für sich oder die oben genannten Personen zu nutzen, entfällt nicht dadurch, dass der Vermieter nach dem Auszug des Mieters die Wohnung zunächst saniert. Auch eine lange Dauer der Sanierung lässt den Eigenbedarf nicht entfallen, wenn verständliche Gründe vorliegen, z. B. finanzielle Schwierigkeiten des Vermieters.

Ob der verlangte Wohnraum auch angemessen ist, hat das Gericht nicht zu prüfen. Nur bei einem weit überhöhtem Bedarf ist die Kündigung rechtsmissbräuchlich und deshalb unwirksam. Das gleiche gilt, wenn der Vermieter eine freigewordene ihm gehörende Wohnung, die im Wesentlichen seinen Interessen genügt, in Kenntnis des eintretenden Eigenbedarfes an einen anderen Mieter vermietet.

Im <u>Kündigungsschreiben</u> muss der Vermieter den Namen der Person angeben, für die er die Wohnung will, und den Grund, weshalb die Person die Wohnung braucht. Etwaige weitere Bedarfspersonen müssen nicht angegeben werden.

Hat der Vermieter im selben Haus oder in der gleichen Wohnanlage vor dem Ende der Kündigungsfrist eine andere für den Mieter geeignete oder auch nicht geeignet erscheinende Wohnung frei, muss er diese dem wegen Eigenbedarf gekündigten Mieter anbieten, aber nur solange das gekündigte Mietverhältnis noch läuft. Verletzt der Vermieter die Anbietungspflicht, bleibt die Kündigung trotzdem rechtswirksam. Der Mieter kann vom Vermieter aber den Ersatz des ihm entstandenen Schadens verlangen.

Weiß der Vermieter vom eintretenden Eigenbedarf bereits beim Abschluss des Mietvertrages mit dem dann zu kündigenden Mieter, muss er diesen beim Vertragsschluss auf den voraussichtlich eintretenden Eigenbedarf ungefragt hinweisen, sonst ist eine von ihm innerhalb von 3 oder 4 Jahren nach Vertragsabschluss ausgesprochene Eigenbedarfskündigung rechtsmissbräuchlich und deshalb unzulässig. Anders ist es, wenn entgegen der Erwartung des Vermieters kurze Zeit nach Vertragsabschluss ein nicht absehbar gewesener Eigenbedarf des Vermieters entsteht oder wenn zwar nach den Familienverhältnissen (z.B. Heranwachsen von Kindern) ein Eigenbedarf entstehen kann, der Vermieter die Geltendmachung eines solchen nicht erwogen hat.

331b   <u>Beispiele</u>, in denen Eigenbedarf **nicht anerkannt** worden ist:
    Die Wohnung des Mieters wird nur vorübergehend benötigt, z. B. bis zum Umbau des eigenen Hauses; - oder nur für 2 Tage in der Woche.
    <u>Beispiele</u>, in denen ein Eigenbedarf **anerkannt** worden ist:
    Der Vermieter oder die berechtigte Person hat keine Wohnung, oder eine zu kleine, oder zu teuere oder zu ungünstig gelegene Wohnung; - die Wohnung der berechtigten Person ist von deren Vermieter rechtswirksam

gekündigt, oder musste aus wirtschaftlichen Gründen verkauft werden; - die berechtigte Person benötigt die Wohnung wegen Heirat, Familienzuwachs, Scheidung, Trennung usw.; - der in einer Mietwohnung wohnende Vermieter will in seiner eigenen Wohnung wohnen; - der auf dem Land lebende Vermieter benötigt die Wohnräume jeweils 2 mal im Jahr 1 bis 2 Wochen, um mehr am Kulturleben der Stadt, z. B. in München teilnehmen um wieder in Kontakt zur dort beheimateten Familie treten zu können; - der Vermieter erwirbt die vom Mieter bewohnte Wohnung mit dem Ziel, seine bisherige Wohnung zu vergrößern.

Die Sperrfrist bei der Geltendmachung von Eigenbedarf :   332

Für eine Kündigung wegen Eigenbedarfs oder wegen Hinderung an einer anderweitigen wirtschaftlichen Verwertung (Rn 335) besteht eine Sperrfrist zwischen 3 und 10 Jahren, wenn an dem Mieter bereits überlassenen und also schon in seinem Besitz (Rn 36) befindlichen Wohnräumen einer der nachstehenden Sachverhalte Nr. (1), (2) oder (3) eintritt:

Fall (1): Werden die vom Mieter bewohnten Wohnräume in Wohnungseigentum nach dem WEG (Rn 6 Ziffer b) umgewandelt **und** dann das Wohnungseigentum an eine andere Person veräußert, also in dessen Eigentum übertragen (§ 577a Abs. 1), kann der Erwerber (also der neue Vermieter) dem Mieter während der oben genannten Sperrfrist nicht wegen Eigenbedarfs oder wegen Hinderung an einer anderweitigen wirtschaftlichen Verwertung kündigen, ausgenommen der Erwerber gehört zur Familie oder zum Haushalt des Veräußernden, wobei zur Familie auch Nichten und Neffen, auch getrenntlebende oder geschiedene Ehegatten gehören.

Beispiel: Herr Adam Bernhard teilt sein von 4 Mietern bewohntes Vierfamilienhaus in 4 Eigentumswohnungen Nr. 1, 2, 3 und 4. Die Eigentumswohnung Nr. 1 veräußert er an seinen Sohn Alfred Bernhard, die Wohnung Nr. 2 an seine von seinem Sohn getrenntlebende Schwiegertochter Isolde Bernhard, die Wohnung Nr. 3 an seinen Schulfreund Fritz Bach, während er die Wohnung Nr. 4 behält. Für eine Kündigung wegen Eigenbedarfs durch Alfred Bernhard oder von Isolde Bernhard muss die Sperrfrist nicht eingehalten werden, weil sie zur Familie des Adam Bernhard gehören, ebenso für eine Kündigung der Wohnung Nr. 4, weil diese von Adam Bernhard nicht veräußert wurde. Fritz Bach dagegen muss im Falle einer Kündigung wegen Eigenbedarfs die Sperrfrist einhalten.

Die Sperrfrist gilt nach der Rechtsprechung auch, wenn auf einem Grundstück stehende vermietete Reihen- oder Doppelhäuser real in einzelne Hausgrundstücke geteilt und an Dritte veräußert werden, ausgenommen das einzelne neue Haus enthält mehrere nicht in Wohnungseigentum geteilte Wohnungen.

Fall (2): Die Sperrfrist gilt für solche Kündigungen, wenn die dem Mieter überlassenen und noch nicht in eine Eigentumswohnung umgewandelten Wohnräume an eine Personengesellschaft veräußert (z. B. eine GbR) oder an mehrere Erwerber gemeinsam werden, und die Gesellschafter oder die gemeinsamen Erwerber gehören nicht derselben Familie oder demselben Haushalt an.

Beispiel: V veräußert sein von Mietern bewohntes Grundstück (Ein-, Zwei-, Dreifamilienhaus usw.) an die aus den Personen A, B, und C bestehende GbR, oder gemeinsam an Herrn A, Frau B und Herrn C, die Miteigentümer werden. Diese können ihr ab Eintragung als Eigentümer im Grundbuch auf sie übergegangenes Kündigungsrecht wegen Eigenbedarfs innerhalb der Sperrfrist gegenüber den ihr Grundstück bewohnenden Mietern nicht ausüben.

Handelt es sich bei den Erwerbern A, B und C aber z. B. um ein Ehepaar und deren volljähriger Sohn, oder um Herrn A, der mit seiner Lebensgefährtin Frau B und deren Mutter C in einem gemeinsamen Haushalt lebt, gilt die Sperrfrist nicht. Ebenso gilt die Sperrfrist nicht, wenn V sein von Mietern bewohntes Haus an eine Einzelperson, also nur an einen Erwerber veräußert.

Fall (3): Die Sperrfrist gilt für solche Kündigungen, wenn die dem Mieter überlassenen und noch nicht in eine Eigentumswohnung umgewandelten Wohnräume <u>zugunsten</u> <u>einer Personengesellschaft</u> (z. B. eine GbR) oder <u>mehrerer Personen gemeinsam</u> mit einem Recht belastet werden, durch dessen Ausübung dem Mieter der vertragsgemäße Gebrauch entzogen wird (§ 577a Abs. 1a Nr. 2), und die Gesellschafter oder Erwerber gehören nicht derselben Familie oder demselben Haushalt an.

Beispiel: V räumt an seinen von Mietern bewohnten Grundstück (Ein-, Zwei-, Dreifamilienhaus usw.) der aus den Personen A, B, und C bestehenden GbR, oder Herrn A, Frau B und Herrn C gemeinsam den Nießbrauch ein. Diese können ihr ab Eintragung des Nießbrauches gemeinsam zustehendes Kündigungsrecht wegen Eigenbedarfs innerhalb der Sperrfrist gegenüber einem die Wohnräume bewohnenden Mieter nicht ausüben.

333 Da die Sperre nur für eine Kündigung wegen Eigenbedarfs und wegen Hinderung an einer anderweitigen wirtschaftlichen Verwertung (Rn 335) besteht, können die Erwerber oder Nießbrauchsberechtigten eine solche Wohnung wegen eines anderen berechtigten Interesses kündigen, wenn der Mieter also z. B. erhebliche Pflichten verletzt (Rn 328) oder wenn Wohnräume z. B. für demnächst erforderliches Pflegepersonal oder eine Haushaltshilfe benötigt werden (Rn 336).

334 Die Kündigungssperre beträgt in der Regel 3 Jahre. Sie Beginnt mit der Eintragung des Erwerbers oder der Belastung im Grundbuch. Wenn erst nach der Veräußerung oder Belastung an den vermieteten Wohnräumen Wohnungseigentum gegründet worden ist, beginnt die Frist mit der Veräußerung oder Belastung (§ 577a Abs. 1 + 1a).

In Gebieten eines Landes, das nach dem unter Rn 142 geschilderten Erlass der betreffenden Landesregierung zu „Gebieten mit angespanntem Wohnungsmarkt" bestimmt worden sind, kann die jeweilige Landesregierung die 3 - Jahresfrist für das betreffende Gebiet bis auf 10 Jahre verlängern. In welchen Städten oder Gemeinden eine längere Sperre als 3 Jahre gilt, erfahren Sie bei der Gemeinde, in der sich die Wohnräume befinden.

Der Kündigungsgrund Nr. 3: **Hinderung an einer anderweitigen wirtschaftlichen Verwertung**

Ein berechtigtes Interesse an einer Kündigung ist für den Vermieter auch gegeben, wenn er durch eine Fortsetzung des Mietverhältnisses mit dem Mieter an einer anderweitigen wirtschaftlichen Verwertung seines Grundstücks gehindert und dadurch erhebliche Nachteile erleiden würde (§ 573 Abs. 2 Nr. 3). Darunter versteht man die Fälle, in denen der Vermieter ohne den Auszug des Mieters die Mieträume nicht verkaufen, gewerblich nutzen, als Geschäftsräume vermieten, umbauen oder gar abreißen kann. Es genügt aber nicht jede Absicht des Vermieters in dieser Richtung. Vielmehr muss dem Vermieter ein erheblicher Nachteil entstehen, wenn er seine Absicht wegen dem Mietverhältnis mit dem Mieter nicht ausführen kann. Dabei sind die wirtschaftlichen und persönlichen Verhältnisse des Vermieters und auch öffentliche Interessen zu berücksichtigen. So reicht es z. B. nicht aus, dass der Vermieter beim Verkauf der Wohnung in vermietetem Zustand einen erheblich niedrigeren Erlös erzielen kann als in geräumtem Zustand. Es muss dazu ein weiterer erheblicher Nachteil für den Vermieter hinzukommen, z. B. dass er beim Verkauf wegen der Vermietung bei weitem nicht den Verkehrswert erlösen kann, und dass er auf diesen z. B. als Altersversorgung angewiesen.

Niemals ist es ein Kündigungsgrund, wenn der Vermieter die Wohnung zu einem höheren Mietzins vermieten könnte. Wenn also z. B. ein Vermieter seinem Mieter mit der Begründung kündigt, dass er von einem anderen Mietinteressenten mehr Miete geboten bekommt, ist eine solche Kündigung genauso unwirksam, wie wenn er dem Mieter zwecks Geltendmachung einer höheren Miete unzulässigerweise kündigen würde.

Beispiele, in denen ein „berechtigtes Interesse" von Gerichten **anerkannt** worden sind:

- Der Vermieter muss das Haus verkaufen, weil er den Kaufpreis für seinen Unterhalt benötigt, oder für seine Altersversorgung, oder z. B. zur Rückzahlung eines Kredits mit hoher Zinsbelastung, oder weil das Haus seit längerer Zeit keine Nutzungen mehr bringt, sondern nur hohe Kosten. Bei einer solchen Verkaufsabsicht kann der Vermieter aber nur dann kündigen, wenn er bei einem Verkauf des Gebäudes in nichtvermietetem Zustand erheblich mehr erlösen kann, als er sonst erlösen könnte und wenn der Vermieter diesen Mehrerlös dringend benötigt;

335

- Der Vermieter kann andere Räume als Geschäftsräume nur vermieten, wenn er dem Interessenten auch die Wohnung des Mieters überlassen kann, oder der Vermieter braucht die Wohnung für eine Erweiterung seines Geschäfts;
- Der Vermieter will sein unrentables, altes Haus mit ungünstiger Raumaufteilung umbauen und günstiger und rentabler einteilen, z. B. eine unrentable 6 - Zimmerwohnung in zwei 3 - Zimmerwohnungen, oder er will in seine Wohnungen Bäder einbauen, wodurch die Wohnung des Mieters wegfällt;
- Der Vermieter muss für seinen Unterhalt die Wohnräume des Mieters als Geschäftsräume teuerer vermieten, und eine Umwandlung der Räume in Geschäftsräume ist auch zulässig ist (Rn 67);
- Der Vermieter will das alte den heutigen Wohnverhältnissen nicht mehr entsprechende Haus, oder ein baufälliges Haus, das keine Rendite mehr abwirft, abbrechen und ein neues Gebäude errichten. Hier muss aber eine Abbruchgenehmigung der Behörde vorliegen.

Beispiele, in denen ein „berechtigtes Interesse" **nicht anerkannt** worden sind:
- Der Vermieter will die Wohnung anderweitig als Wohnung zu einem höheren Mietzins vermieten;
- Der Vermieter will die Wohnungen in seinem Haus nach dem Auszug des Mieters in Eigentumswohnungen umwandeln und diese oder einen Teil derselben verkaufen.

Für eine Kündigung wegen Hinderung an einer anderweitigen Verwertung gilt die gleiche <u>Sperrfrist wie für eine Eigenbedarfskündigung</u> unter Rn 332 ff. beschrieben worden ist.

Der Vermieter muss im Kündigungsschreiben den konkreten Sachverhalt darlegen und gegebenenfalls beweisen, was er mit den gekündigten Wohnräumen vorhat.

336 Der Kündigungsgrund Nr. 4: **Sonstige gleich schwere Gründe**

Die unter Rn 328 bis 335 beschriebenen Kündigungsgründe sind nur <u>Beispiele</u> für „berechtigtes Interesse". Deshalb sind auch noch andere <u>gleichgewichtige Fälle</u> denkbar und zum Teil von Gerichten auch als „berechtigtes Interesse" Interesse anerkannt worden:
- Der Vermieter benötigt Wohnraum für in absehbarer Zeit erforderliches Pflegepersonal oder für einen Hausmeister, weil der Vertrag mit dem nicht im Hause wohnenden Hausmeister zu Ende ist;
- Der Vermieter benötigt die Wohnräume zur Erfüllung öffentlicher, auch religiös karitativer Aufgaben, z. B. zur Unterbringung einer Beratungsstelle für Erziehungs-, Ehe- und Lebensfragen.
- Der Vermieter benötigt die Wohnung für einen Arbeitnehmer, wenn das Arbeitsverhältnis mit dem Mieter nicht mehr besteht;

- Ein Unternehmer kauft ein Mehrfamilienhaus und will einen Hausmeister einsetzen, für den er eine Wohnung benötigt;
- Der Vermieter kann bei zwei streitenden Mietparteien nicht feststellen, wer den Streit verursacht oder verschuldet hat. Der Hausfrieden kann nur hergestellt werden, wenn einem der beiden Parteien gekündigt wird;
- Der Vermieter wird von einem geisteskranken, also nicht schuldhaft handelnden Mieter belästigt, und der Betreuer oder Pfleger des Mieters kann nicht für Ruhe sorgen;
- Der Vermieter hat seine preisgebundene Wohnung an einen Nichtberechtigten vermietet und wird von der Behörde aufgefordert, die Wohnung einem Berechtigten zu überlassen;
- Eine Gemeinde benötigt vermieteten Wohnraum wegen einer bestehenden Verkehrsplanung oder sie benötigt eine von ihr vermietete unterbelegte Wohnung für Obdachlose;
- Der Vermieter benötigt die Wohnung nur zum geringen Teil für eigene Wohnzwecke, überwiegend dagegen für eigene berufliche Zwecke, z. B. als Architekturbüro oder für eine Anwaltskanzlei seiner Ehefrau.

4. Vorgetäuschte, nachträglich entstandene und weggefallenen Kündigungsgründe bzw .„berechtigte Interessen"

<u>Vorgetäuschte</u> Kündigungsgründe: Zieht ein Mieter nach einer von seinem Vermieter wegen eines „berechtigten Interesses" ausgesprochenen Kündigung oder nach einem deswegen ergangenen Gerichtsurteil aus seiner Mietwohnung aus, und stellt sich danach heraus, dass die auch etwa vom Gericht geglaubten - Behauptungen des Vermieters, z. B. zur Begründung seines Eigenbedarfs, nicht wahr waren, dass der Vermieter die Gründe also nur vortäuschte, kann der Mieter vom Vermieter Ersatz des ihm durch die Räumung der Wohnung entstandenen Schadens verlangen (§ 823), z. B. auch dann, wenn der Mieter mit der Aufhebung des Mietverhältnisses (Rn 266) einverstanden war. Abgesehen davon riskiert der Vermieter eine Bestrafung wegen Betruges (§ 263 StGB).   337

<u>Nachträglich entstandene</u> Kündigungsgründe: Ob mit einem erst nach der Kündigung entstandenen und vom Vermieter in seinem Kündigungsschreiben deshalb nicht mitgeteilten „berechtigten Interesse" eine Kündigung begründet werden kann, wird von den Gerichten verschieden beurteilt. Zugelassen werden nachträglich entstandene Kündigungsgründe,   338
- wenn sie den vorher geltend gemachten Kündigungsgrund zusätzlich stützen, oder
- wenn der der Kündigung zugrundeliegende Grund weggefällt, dafür aber ein in der Kündigung ungenannter Grund entstanden ist, oder
- wenn die ausgesprochene Kündigung unwirksam ist, nachträglich entstandene Gründe aber eine neue Kündigung stützen.

339 <u>Nachträglich weggefallene</u> Kündigungsgründe: War das„berechtigte Interesse" des Vermieters bei der Kündigung wirklich vorhanden und fällt es nachher weg, gilt nach Ansicht der Gerichte folgendes:
Fällt das „berechtigte Interesse" <u>im Laufe der Kündigungsfrist</u> weg, also zwischen Kündigung und der Beendigung des Mietverhältnisses, muss der Vermieter den Wegfall dem gekündigten Mieter mitteilen und darf keine Räumung verlangen, wenn der Mieter nicht ausziehen möchte.

> Beispiel: Der Vermieter braucht die Wohnung für seine Tochter, die vor Ablauf der Kündigungsfrist aber in eine andere Stadt zieht und die Wohnung nicht mehr benötigt.

Fällt das „berechtigte Interesse" erst <u>nach</u> Beendigung des Mietverhältnisses aber <u>vor</u> dem Auszug des Mieters weg, muss der Wegfall des Kündigungsgrundes nach Ansicht des BGH nicht mehr berücksichtigt werden. Der Mieter muss die Wohnräume also räumen, wenn der Vermieter das verlangt.

War der Mieter schon ausgezogen, wenn der Kündigungsgrund wegfällt, muss der Vermieter den Mieter nicht informieren.

5. Die ordentliche Kündigung einer Werkmietwohnung

340 Solange das Arbeitsverhältnis zwischen Vermieter und Mieter besteht, kann der Vermieter eine Werk<u>miet</u>wohnung (Rn 63) wie jedes Wohnraummietverhältnis ordentlich unter den in den Rn 322 ff. beschriebenen Voraussetzungen kündigen. Nach Beendigung des Arbeitsverhältnisses hat der Vermieter darüber hinaus folgende Kündigungsrechte:
a. Wenn dem Mieter Wohnräume nur im Hinblick auf das Arbeitsverhältnis vermietet worden sind, kann der Vermieter dem Mieter nach Beendigung des Arbeitsverhältnisses unter Einhaltung der Kündigungsfrist von <u>nur 3 Monaten</u> kündigen, wenn er die Wohnräume für einen anderen Arbeitnehmer benötigt und wenn die Wohnräume dem Mieter noch nicht länger als 10 Jahre überlassen waren (§ 576 Abs. 1 Nr. 1).
b. Handelt es sich um ein Mietverhältnis, bei dem das Arbeitsverhältnis seiner Art nach die Überlassung der Wohnräume erfordert, kann der Vermieter nach dem Ende des Arbeitsverhältnisses sogar bis spätestens am <u>3. Werktag des Kalendermonats auf das Ende dieses Monats</u> kündigen, wenn der Vermieter die Wohnräume für einen anderen solchen Arbeitnehmer benötigt (§ 576 Abs. 1 Nr. 2), z. B. für einen Hausmeister, Pförtner, Verwalter oder einen Arzt im Krankenhaus.

341 Für eine Werk<u>dienst</u>wohnung (Rn 64) gelten für die Kündigungsrechte des Vermieters die oben für die Werkmietwohnung beschriebenen Vorschriften, wenn der Arbeitnehmer die überlassenen Wohnräume überwiegend selbst möbliert hat oder in den Räumen mit seiner Familie oder Personen lebt, mit denen er einen gemeinsamen Hausstand führt. Da die überlassenen Wohnräume meist funktionsgebunden sind, gilt für eine Kündigung in der Regel oben Rn 340 Ziffer b.

Art von Wohnraum und / oder dessen Lage nach Rn ….	Eine Kündigung ist zulässig :	mit folgender gesetzlicher Kündigungsfrist
(1) Wohnräume zu vorübergehendem Gebrauch (Rn 55)	immer, also auch ohne berechtigtes Interesse	3 Monate, oder vereinbarte kürzere oder längere Frist
(2) Einliegerräume (Rn 56)	immer, also auch ohne berechtigtes Interesse	vom 15. auf Monatsende
(3) Wohnräume für Mieter mit dringendem Wohnbedarf (Rn 57)	nur mit berechtigtem Interesse	3, 6, 9, Monate*
(4) Wohnräume in Studenten- und Jugendwohnheimen (Rn 58)	immer, also auch ohne berechtigtes Interesse	vom 15. auf Monatsende
(5) Wohnräume mit vollem Kündigungsschutz (Rn 59)	nur mit berechtigtem Interesse	3, 6, 9, Monate*
(6) Wohnräume mit teilweisem Kündigungsschutz (Rn 60 - 62)	immer, also auch ohne berechtigtes Interesse nur mit berechtigtem Interesse	6,9,12 Monate* 3, 6, 9 Monate *
(7) Werkmietwohnung (Rn 63) während des Bestehens des Arbeitsverhältnisses	nur mit berechtigtem Interesse	3, 6, 9 Monate *
nach dem Ende des Arbeitsverhältnisses : --- wenn das Mietverhältnis nicht länger als 10 Jahre dauerte	wenn die Wohnräume für einen Arbeitnehmer benötigt werden	3 Monate
--- nach 10 Jahren Mietverhältnis	nur mit berechtigtem Interesse	9 Monate
--- bei Arbeitsverhältnissen, die eine Wohnung erfordern	wenn die Wohnräume für einen Arbeitnehmer benötigt werden	1 Monat
(8) Werkdienstwohnung (Rn 64)	Siehe Text unter Rn 341	

* je nach Dauer des Mietverhältnisses bis 5, bis 8 Jahren und darüber

343   Jedes Mietverhältnis, auch wenn er auf sein Recht zur ordentlichen Kündigung auf eine bestimmte Zeit verzichtet haben sollte, kann der Wohnraumvermieter mit einer außerordentlichen befristeten Kündigung das Mietverhältnis beenden, wenn einer der dafür im Gesetz vorgesehenen unter Rn
344 ff. aufgeführten Voraussetzungen gegeben ist. wenn es sich um unter
Kündigungsschutz fallende Wohnräume handelt, muss allerdings in der Regel auch noch eines der unter Rn 325 ff. beschriebenen „berechtigten Interessen" gegeben sein.

344   Fall Nr. 1: Ein auf eine längere Zeit als 30 Jahre abgeschlossener Zeit-
miet-   vertrag kann auch vom Wohnraummieter nach 30 Jahren außerordentlich befristet kündigen. Allerdings braucht er ein „„berechtigte Inters-
sen"", wenn es sich um unter den Kündigungsschutz fallende Wohnräume
handelt.

Bei einem Wohnraummietverhältnis dürfte ein so lange dauernder Zeitmietvertrag wohl nicht vorkommen, da es einen so lange dauernden Befristungsgrund kaum geben wird. Die Vorschrift gilt aber auch in dem Fall, dass
bei einem auf unbestimmte Zeit laufenden Mietverhältnis der Vermieter auf
mehr als 30 Jahre auf sein Kündigungsrecht versichtet hat. Dann kann der
Vermieter das Mietverhältnis nach 30 Jahren außerordentlich befristet unter
Einhaltung einer Kündigungsfrist von 3 Monaten kündigen, wenn er dazu ein
„berechtigtes Interesse" hat.

345   Fall Nr. 2: Beim Tod des alleinigen Mieters kann der Vermieter gegenüber
einem eintretenden Familienangehörigen (Rn 100a + b) das Mietverhältnis
innerhalb eines Monats, nachdem er vom endgültigen Eintritt des Ehegatten
oder eines Familienangehörigen Kenntnis erlangt hat, das Mietverhältnis
außerordentlich unter Einhaltung der gesetzlichen Kündigungsfrist von 3
Monaten kündigen, wenn in der Person des eintretenden Mieters ein wichtiger Grund vorliegt (§ 563 Abs. 4). Beispiele für wichtige Gründe finden Sie
unter Rn 314. Außerdem ist eine objektiv festgestellte Leistungsunfähigkeit
des einzutretenden Mieters ein wichtiger Grund.

Zur Wirksamkeit der Kündigung braucht der Vermieter aber auch hier eines
der unter Rn 325 ff. beschriebenen „berechtigten Interessen".
Das außerordentliche befristete Kündigungsrecht hat der Vermieter auch,
wenn er davon erfährt, dass der Ehegatte seines Mieters bei der Scheidung
an dessen Stelle in das Mietverhältnis eintritt oder das bisher mit beiden E-
hegatten bestehende Mietverhältnis alleine fortsetzt (§ 1568 a Abs. 3).

<u>Fall Nr. 3</u>: Tritt beim <u>Tod des Mieters</u> dessen Erbe in das Mietverhältnis ein,   346
kann der Vermieter innerhalb eines Monats, nachdem er vom Tod des Mie-
ters und davon Kenntnis erlangt hat, dass der Erbe in das Mietverhältnis
eingetreten ist, das Mietverhältnis gegenüber dem Erben außerordentlich
unter Einhaltung einer Kündigungsfrist von drei Monaten kündigen. Für diese Kündigung braucht der Vermieter <u>kein</u> „berechtigte Interessen"..

    Beispiel: Bei einem auf feste Zeit bis 31.12.2022 abgeschlossenen Miet-
    vertrag stirbt der alleinstehende Mieter am 6. 5. 2019. Erbe ist sein nicht
    bei ihm lebender Sohn. Der Vermieter kann spätestens am 3. 6. auf den
    31. 8. 2019 kündigen. Kündigt der Vermieter nicht und erfolgt auch keine
    Kündigung von Seiten des Erben, läuft das Mietverhältnis bis 31. 12.
    2022 weiter. Für die Kündigung benötigt der Vermieter kein „berechtigte
    Interessen", da der Erbe nicht in der Wohnung wohnt.

<u>Fall Nr. 4</u>: Wird das Grundstück, auf dem sich die vermieteten Wohnräume   347
befinden, oder das vermietete Wohnungseigentum <u>zwangsversteigert</u> oder
im Falle einer Insolvenz des Vermieters vom <u>Insolvenzverwalter veräußert</u>,
kann der an die Stelle des Vermieters in den Mietvertrag eintretende Erwerber (Rn 92 ff.) <u>jedes</u> Mietverhältnis durch eine außerordentliche Kündigung
unter Einhaltung der gesetzlichen Kündigungsfrist von 3 Monaten beenden
(§§ 57a ZVG, 111 InsO). Diese außerordentliche Kündigung kann aber nur
zum ersten zulässigen Termin ausgesprochen werden. Außerdem muss der
Erwerber eines unter den Kündigungsschutz fallenden Wohnraums ein „berechtigtes Interesse" (Rn 325 ff.) haben.

    Beispiel: Der Vermieter ist Eigentümer eines Dreifamilienhauses. Die un-
    ter den Kündigungsschutz fallenden drei Wohnungen sind an drei Mieter
    vermietet: an den Mieter A seit 1. 1. 2018 fest bis 12. 2022, an den Mieter
    B seit 1. 1. 2010 auf unbestimmte Zeit, und an den Mieter C seit 1. 1.
    2014 auf unbestimmte Zeit. Weil der Vermieter seine Schulden nicht be-
    zahlen kann, wird das Haus zwangsversteigert. Durch Zuschlagbe-
    schluss vom 7. 5. 2020 erwirbt der neue Eigentümer E das Haus. E kann
    dann außerordentlich bis spätestens 4. 6. 2020 unter Einhaltung einer
    Frist von 3 Monaten kündigen, also zum 31. 8. 2020, wenn er ein „be-
    rechtigte Interesse", z. B. Eigenbedarf, geltend machen kann.

Das genannte außerordentliche befristete Kündigungsrecht des Erstehers
besteht jedoch nicht, wenn keine Zwangsversteigerung, sondern nur eine
Versteigerung zur Aufhebung einer Eigentumsgemeinschaft, Gütergemeinschaft oder Erbengemeinschaft durchgeführt worden ist.

    Beispiel: Einem Ehepaar gehört gemeinsam ein an 3 Mieter vermietetes
    Dreifamilienhaus. Nach Scheidung ihrer Ehe können sie sich über die
    Aufhebung der Gemeinschaft an dem ihnen gemeinsam gehörenden
    Haus nicht einigen und setzen ihre Gemeinschaft durch Versteigerung
    des Grundstücks auseinander. Der Ersteher tritt in die bestehenden Miet-
    verträge ein (Rn 92 ff.). Er hat aber kein außerordentlich befristetes Kün-

digungsrecht. Für ein etwa bestehendes Recht zur ordentlichen Kündigung gilt für den Ersteher das unter Rn 322 ff. beschriebene.

<u>III.   Die fristlose Kündigung des Vermieters von Wohnräumen</u>

348   Auch der Wohnraumvermieter kann jedes Mietverhältnis, auch wenn er auf sein Kündigungsrecht verzichtet hat, fristlos kündigen, wenn ein <u>wichtiger Grund</u> gegeben ist. Für den Wohnraumvermieter gilt das gleiche wie für den Mieter im Falle einer fristlosen Kündigung unter Rn 318 ausgeführt worden ist. Ein „berechtigtes Interesse"" braucht der Vermieter nicht.
Im BGB stehen Beispiele für Sachverhalte, die dem Wohnraumvermieter eine Fortsetzung des Mietverhältnisses unzumutbar machen, also einen wichtigen Grund darstellen, und deshalb auf jeden Fall eine fristlose Kündigung rechtfertigen.

1. Die fristlose Kündigung wegen Zahlungsverzuges in bestimmter Höhe

Der Vermieter kann das Mietverhältnis <u>ohne vorherige Abmahnung</u> fristlos kündigen, wenn ein Mietrückstand in Höhe eines der nachstehenden Beträge aufgelaufen ist (§ 543 Abs. 2 Nr. 3, § 569 Abs. 2a):

a. Wenn der Mieter für zwei aufeinanderfolgende Zahlungstermine mit der Miete einschließlich einer daneben zu zahlenden Betriebskostenpauschale oder -vorauszahlung in Verzug ist, oder auch nur in Höhe eines nicht unerheblichen Teils, wobei ein Rückstand von mehr als einer Monatsmiete einschließlich einer daneben zu zahlenden Betriebskostenpauschale oder -vorauszahlung auf jeden Fall ausreicht, oder

b. wenn der Mieter in einem Zeitraum, der sich über mehr als zwei Termine erstreckt, mit der Mietzahlung in Höhe eines Betrages in Verzug ist, der die Miete einschließlich einer daneben zu zahlenden Betriebskostenpauschale oder -vorauszahlung für zwei Monate erreicht, oder

c. wenn der Mieter mit der Zahlung einer vereinbarten Kaution (Rn 160 ff.) in Verzug ist, der einer zweifachen Monatsmiete (ohne Betriebskostenpauschale oder -vorauszahlung) entspricht.

Für die genannten 3 Sachverhalte gilt:

(1) Etwaige Rückstände auf eine Betriebskostenabrechnung werden bei der Berechnung des Zahlungsverzuges in keinem Fall mitgezählt.

(2) Wird über das Vermögen des Mieters das Insolvenzverfahren eröffnet, kann der Vermieter wegen vor Eröffnung des Verfahrens aufgelaufener Mietzinsrückstände nicht mehr fristlos kündigen (§ 112 InsO).

(3) Die Nichtzahlung muss vom Mieter verschuldet sein. Eine – auch unverschuldete - Zahlungsunfähigkeit des Mieters gilt aber immer als verschuldet. Ebenso ist z. B. ein Verschulden des Mieters gegeben, wenn er – etwa wegen einer falschen Beratung durch den Mieterverein oder einen Anwalt - eine berechtigte Betriebskostenvorauszahlung nicht bezahlt oder die Miete zu Unrecht mindert, weil er fälschlicherweise meint, zur Minderung berechtigt zu sein. Kein Verschulden des Mieters wird z. B. angenommen, wenn der Mieter die Miete rechtzeitig überweist und die Bank des Vermieters den Mietzins dessen Konto nicht rechtzeitig gutschreibt.

(4) Den zur Kündigung führenden Zahlungsrückstand muss der Vermieter im Kündigungsschreiben darstellen. Neben dem Grund „Zahlungsverzug" reicht es bei klarer Sachlage dabei aus, wenn der rückständige Gesamtbetrag genannt wird.

    Beispiel: Der Mieter hat eine monatliche Miete inklusive Betriebskosten in Höhe von 400 € zu zahlen. Wenn der Mieter mit 2 Mieten in Rückstand ist, reicht es aus, wenn der Vermieter in seiner Kündigung den Gesamtrückstand von 800 € angibt.

Bei nicht klarer Sachlage, wenn der Mieter z. B. immer wieder nur einen Teil der monatlich geschuldeten Beträge bezahlte, reicht es aus, wenn der Vermieter im Kündigungsschreiben angibt, von welchem Rückstand er für die Kündigung ausgeht, oder er nennt die Höhe und Daten der Fehlbeträge.

Beispiele für zu einer fristlosen Kündigung ausreichende Mietrückstände bei einer monatlich am 3. Werktag des Monats fälligen Miete von 700 € Kaltmiete + 75 € Betriebskostenpauschale bzw. Vorauszahlung:

Nr. 1: Der Mieter zahlt am 3. 2. nur 500 € und am 3. 3. ebenfalls 500 €. Eine fristlose Kündigung ist nach oben a. nicht möglich, da der Gesamtrückstand von 400 € eine Monatsmiete (775 €) noch nicht übersteigt. Auch nach oben b. kann nicht fristlos gekündigt werden, da der Rückstand zwei Monatsmieten (1.550 €) noch nicht erreicht.

Nr. 2: Der Mieter zahlt am 3. 2. nur 275 € und am 3. 3. ebenfalls nur 275 €. Eine Kündigung nach oben a. ist nach dem 3.3. möglich, da der Mieter mit mehr als 775 €, nämlich mit 1.000 € im Rückstand ist.

Nr. 3: Der Mieter zahlt am 3. 2. 250 €, am 3. 3. 350 €, am 3. 4. 150 €. Eine Kündigung nach oben a. ist nicht möglich, da der Rückstand von 800 € zwar 775 € übersteigt, aber nicht an zwei aufeinanderfolgenden Terminen entstanden ist. Eine Kündigung nach oben b. ist auch nicht möglich, da der Rückstand noch nicht zwei Monatsmieten (1.550 €) erreicht.

Nr. 4: Der Mieter zahlt am 3. 2. und am 3. 3. keine Miete. Eine Kündigung ist nach dem 3. 3. sowohl nach oben a. als auch nach oben b. möglich.

Nr. 5: Der Mieter zahlt am 3. 2. keine Miete, am 3. 3. die volle Miete von 775 € und am 3. 4. wieder keine Miete. Nach dem 3. 4. kann der Vermieter nach oben b. kündigen.

Nr. 6: Nach dem Mietvertrag soll der Mieter eine Kaution in Höhe von 2.100 € in 3 gleichen Raten von je 700 € am Beginn des Mietverhältnisses (1.2.2020), am 1.3. und am 1.4.2020 bezahlen. Bis zum 10.4.2020 sind erst 600 € bezahlt. Der Vermieter kann deshalb das Mietverhältnis nach oben c. fristlos kündigen, da der Mieter auf die Kaution noch mehr als 1.400 € schuldig geblieben ist.

349 Eine fristlose Kündigung wegen Zahlungsverzuges hat zur Folge, dass der Mieter zur sofortigen Räumung und Herausgabe der Mieträume verpflichtet ist. Wenn der Mieter wie in der Regel nicht sofort auszieht oder seinen alsbaldigen Auszug zusagt, kann der Vermieter gegen den Mieter Räumungsklage erheben (Rn 489 ff.), was er wegen der Dauer eines Räumungsverfahrens raschmöglichst tun sollte, auch deshalb, um eine gesetzlich vorgesehene _Zwei - Monatsschon- frist_ in Lauf zu setzen. Bezahlt der Wohnraummieter nämlich den gesamten geschuldeten Rückstand einschließlich der nach der Kündigung weiter fällig gewordenen Mieten innerhalb von 2 Monaten ab _Zustellung einer Räumungsklage_, oder teilt die Fürsorgebehörde dem Vermieter mit, dass sie für den rückständigen Betrag aufkommt, wird die vom Wohnraumvermieter ausgesprochene fristlose Kündigung unwirksam. Die erhobene Räumungsklage wird dadurch erledigt, aber mit der Folge, dass der Mieter auch die gesamten bis dahin entstandenen Kosten des Verfahrens tragen muss.

Die Möglichkeit, eine fristlose Kündigung des Vermieters durch eine Nachzahlung aufzuheben, besteht für den Mieter aber nicht, wenn innerhalb der vergangenen 2 Jahre schon einmal eine fristlose Kündigung des Vermieters durch eine Nachzahlung des Mieters unwirksam wurde.

Hat der Vermieter bei Ausspruch der unter Rn 348 beschriebenen fristlosen Kündigung hilfsweise auch eine ordentliche Kündigung wegen Zahlungsverzuges nach Rn 328 ausgesprochen, kann der Vermieter seine Räumungsklage auch auf diese Kündigung stützen und damit ein Räumungsurteil erreichen, da die Zahlung während der Schonfrist nur die fristlose Kündigung beseitigte, jedoch nicht auch die ordentliche Kündigung wegen schleppender Mietzahlungen nach Rn 328.

2. Die fristlose Kündigung wegen <u>schleppender Mietzahlungen</u> (§ 543 Abs.1).

Der Vermieter braucht sich auch bei einem Wohnraummietverhältnis nicht   350
gefallen lassen, wenn der Mieter die Miete immer wieder erst nach ihrer Fälligkeit bezahlt. Setzt der Mieter auch nach einer deswegen erfolgten Abmahnung (Rn 353) sein vertragswidriges Verhalten schuldhaft fort und zahlt
die Miete weiterhin unpünktlich, kann der Vermieter das Mietverhältnis aus
wichtigem Grund fristlos kündigen. In der Regel reicht aus, wenn der Mieter
nach einer eindringlichen Abmahnung erneut <u>eine</u> Zahlung <u>unpünktlich</u> leistet. Nur wenn der Vermieter die unpünktlichen Zahlungen über längere Zeit
duldete, kommt infrage, dass er die fristlose Kündigung nicht schon bei der
nach der Abmahnung erfolgten ersten unpünktlichen Zahlung aussprechen
kann. Kein zur fristlosen Kündigung berechtigender wichtiger Grund wird
angenommen, wenn der Jobcenter die Miete für den Mieter nicht immer
pünktlich überweist.

Die Möglichkeit, durch eine Nachzahlung eine Aufhebung der Kündigung zu
erreichen, hat der Mieter hier nicht.

3. Die fristlose Kündigung wegen eines erheblichen vertragswidrigen Gebrauchs oder einer Gefährdung der Mieträume

Der Wohnraumvermieter kann das Mietverhältnis fristlos kündigen, wenn   351
der Mieter die Wohnräume durch Vernachlässigung der ihm obliegenden
Obhutpflicht erheblich gefährdet, oder wenn er Räume unbefugt einem Dritten überlässt (§ 543 Abs. 2).

<u>Beispiele für wichtige Gründe</u>: Der Mieter stellt Abfalltüten vor die Wohnungstür im Treppenhaus und lässt sie dort tagelang stehen; - der Mieter
füttert fremde Tauben, die das Haus verschmutzen; - der Mieter schleppt
Ungeziefer ein; - der Mieter hält gegen den Willen oder ohne Erlaubnis
des Vermieters in der Wohnung einen Hund; - der Mieter vermietet die
Wohnung ohne erforderliche Erlaubnis des Vermieters an einen Untermieter; - der Mieter führt ohne Erlaubnis des Vermieters bauliche Veränderungen aus; - die Mieträume werden überbelegt.

<u>Kein wichtiger Grund</u> wird z. B. angenommen, wenn der Mieter eine
Trennwand mit einer Türe aus Holz in die Diele einbaut; - oder in der
Wohnung kleinere Reparaturen in Form von Feiertagsarbeiten durchführt;
- wenn der Mieter als Geschäftsführer einer GmbH in der Wohnung Büroarbeiten durchführt, Mitbewohner aber nicht belästigt werden; - wenn
der Mieter einen Lebensgefährten bei sich aufnimmt.

Zu einer erforderlichen vorherigen Abmahnung siehe Rn 353.

4. Die fristlose Kündigung wegen unzumutbarem Mietverhältnis

352   Unter den gleichen Voraussetzungen wie der Mieter nach Rn 321 kann auch der Wohnraumvermieter das Mietverhältnis fristlos kündigen, wenn der Mieter den Hausfrieden so stört, dass dem Vermieter eine Fortsetzung des Mietverhältnisses nicht mehr zugemutet werden kann (§ 569 Abs. 2).

> Beispiele: Der Mieter beleidigt den Vermieter schwer oder wird tätlich gegen ihn; - der Mieter erstattet gegen den Vermieter wider besseres Wissens oder grob leichtfertig eine unbegründete Anzeige; - der Mieter droht dem Vermieter mit Geiselnahme; - der Mieter oder sein Lebensgefährte stören laufend andere Mieter durch Streitigkeiten; - andere Hausbewohner werden vom Mieter mehrfach nachts nach 23 Uhr ca. 10 Minuten lang durch Schreien und Brüllen gestört.

> Beispiele, in denen keine Unzumutbarkeit gesehen wurde: Tätlichkeiten zwischen Besuchern des Mieters vor dem Haus; - Belästigung des Vermieters durch nicht strafmündige Kinder des Mieters, wenn der Mieter diese nicht in Schutz nimmt; - der Mieter zeigt den Vermieter oder dessen Ehefrau nicht leichtfertig falsch an; - der Mieter überlastet das Stromnetz durch den Betrieb von elektrischen Geräten.

Zur Erforderlichkeit einer vorherigen Abmahnung siehe Rn 353.

5. Die erforderliche Abmahnung

353   Während bei einer fristlosen Kündigung nach Rn 348 keine vorherige Abmahnung erforderlich ist, muss der Vermieter im Falle der unter Rn 350 bis 352 geschilderten Kündigungen dann den Mieter vor der fristlosen Kündigung abmahnen, wenn der wichtige Grund in der Verletzung einer Pflicht aus dem Mietvertrag besteht. Das heißt: Der Vermieter muss dem Mieter zuerst eine angemessene Frist zur Abhilfe setzen und auffordern, die Vertragsverletzung einzustellen, z. B. einen Untermieter innerhalb einer angemessenen Frist zu entfernen, oder die Miete in Zukunft pünktlich zu bezahlen. Erst wenn der Mieter dem nicht nachkommt, kann fristlos gekündigt werden. Umso eindringlicher muss die Abmahnung sein, je länger der Vermieter das Verhalten des Mieters hingenommen hatte.

Keine Abmahnung ist erforderlich, wenn eine solche keinen Erfolg verspricht, eine Abhilfe z. B. nicht möglich ist, oder wenn eine sofortige Kündigung unter Berücksichtigung der Interessen von Vermieter und Mieter z. B. wegen der Schwere der Pflichtverletzung gerechtfertigt ist.

Die gesetzlichen Vorschriften über die Kündigung unter den Mieterschutz   354
fallender Wohnräume dürfen durch eine Vereinbarung nicht zum Nachteil
des Wohnraummieters geändert werden. Es dürfen also z. B. keine Umstände festgelegt werden, bei deren Vorliegen der Vermieter außerordentlich
befristet oder gar fristlos kündigen darf. Nur umgekehrt dürfen für den Wohnraumvermieter schlechtere Bedingungen festgelegt werden. Die unter Rn 17
ff. genannten Schranken sind zu beachten.

F. Das Widerspruchsrecht des Wohnraummieters

1. Der Widerspruch des Mieters gegen eine Kündigung

Der Mieter von Wohnräumen kann gegen eine ordentliche oder außeror-   355
dentliche befristete Kündigung des Vermieters durch einen „Widerspruch"
eine Verlängerung des Mietverhältnisses über dessen Ende hinaus verlangen, wenn er für sich und seine Familie eine außergewöhnliche Härte geltend machen kann (§§ 574 bis 574 c).

Der Widerspruch ist nicht zulässig: 356

gegen eine fristlose Kündigung des Vermieters, ferner

gegen eines Kündigung des Vermieters bei folgenden Wohnraummietverhältnissen:
bei zum vorübergehenden Gebrauch gemieteten Wohnräumen (Rn
55),
bei an eine Einzelperson vermieteten möblierten Einliegerwohnräumen (Rn 56),
bei sogenanntem Wohnraum für dringendem Wohnbedarf (Rn 57),
bei einem Werkmietvertrag, den der Vermieter nach Rn 340 Ziffer b.
mit Monatsfrist wirksam gekündigt hat, oder wenn der Mieter das Arbeitsverhältnis gelöst hat, ohne dass der Vermieter einen begründeten
Anlass gegeben hat, oder wenn der Vermieter das Arbeitsverhältnis
aus einem vom Mieter gegebenen begründeten Anlass beendet hat (§
576).

2. Die unzumutbare Härte

357a Der bei allen anderen Wohnraummietverhältnissen zulässige Widerspruch des Mieters ist nur dann begründet, wenn ein <u>Härtefall</u> vorliegt, wenn
"die Beendigung des Mietverhältnisses für den Mieter oder seine Familie eine Härte bedeuten würde, die auch unter Würdigung der berechtigten Interessen des Vermieters nicht zu rechtfertigen ist" (§ 574).
Gemeint ist damit: Es müssen dem Mieter im Falle der Beendigung des Mietverhältnisses Nachteile entstehen, welche die übliche Beeinträchtigung bei einem Wohnungswechsel übersteigen und gegenüber den Interessen des Vermieters höher zu bewerten sind. Das Gericht muss im Falle eines Rechtsstreits dabei sowohl die <u>Umstände im einzelnen Fall</u> und die bestehenden <u>Grundrechte</u> abwägen.

357b <u>Härtegründe sind z. B.</u>: Hohes Alter des Mieters, besonders wenn er dazu noch gebrechlich, krank oder arm ist, oder wenn er mit der Umgebung seiner Wohnung verwurzelt ist, kann ein Härtefall sein. Siehe dazu auch Rn 357c. Ebenso sind eine Krankheit oder Gebrechen ein Härtegrund, die durch einen Umzug verschlimmert werden können oder die Suche nach einer Wohnung erheblich erschweren; - Suizidgefahr des Mieters, die aber in der Regel nur zu einer Fortsetzung des Mietverhältnisses auf eine bestimmte Zeit rechtfertigt; - Schwierigkeiten bei einer Umschulung oder Prüfung, besonders wenn der Umzug kurz vor der Prüfung durchgeführt werden müsste; - fortgeschrittene Schwangerschaft; - hohe Aufwendungen des Mieters für die Wohnung im Einverständnis oder mit Duldung des Vermieters; - notwendiger Zwischenumzug, wenn innerhalb von 1 bis 2 Jahren ein zweiter Umzug erforderlich wäre, z. B. wegen Fertigstellung eines Eigenheims, Pensionierung, Versetzung, oder im Falle fester Zusage einer anderen Wohnung; - Verlust des Kundenstamms, wenn der Vermieter eine gewerbliche Betätigung des Mieters in der Wohnung zugelassen hatte; - Fehlen eines Platzes im Altersheim, wenn der alte Mieter bereit ist, ins Altersheim zu gehen; - ungünstige Lage der Ersatzwohnung zum Arbeitsplatz, zur Schule oder Wohnung anderer Personen, jedoch nur dann, wenn eine günstigere Lage durch besondere Umstände erforderlich ist, z. B. wegen der Pflege oder Beaufsichtigung von Kindern; - Fehlen einer angemessenen Ersatzwohnung trotz intensiver Bemühungen. Nicht angemessen ist eine Ersatzwohnung, wenn mehr als 25 % des Familiennettoeinkommens an Miete gezahlt werden muss, oder eine Wohnung im 1. Stock für einen Gehbehinderten oder eine im Verhältnis zur Personenzahl zu kleine Wohnung.

357c <u>Keine Härtegründe sind</u>: Lange Mietdauer; - hohe Instandsetzungskosten für die Wohnung, wenn diese vom Mieter abgewohnt sind; - Umzugskosten; - Ersatzwohnung nur in schlechterer Gegend; - auch hohes Alter oder ein schon langjähriges Mietverhältnis mit entsprechender Verwurzelung allein reicht für einen Härtefall nicht aus, wenn nicht eine Verschlimmerung des Gesundheitszustands durch eine schwere Krankheit des Mieter hinzukommt.

<u>Härtegründe für den Vermieter</u> sind seine Kündigungsgründe.   357d

Die Härtegründe des Mieters und die des Vermieters müssen miteinander verglichen und gegeneinander abgewogen werden. Der Widerspruch des Mieters ist nur dann begründet, wenn seine Gründe <u>schwerwiegender</u> als die des Vermieters sind.

3. Form und Frist des Widerspruchs

Der Widerspruch muss vom Mieter dem Vermieter <u>schriftlich</u> mitgeteilt   358
werden. Wenn der Vermieter es verlangt, muss der Mieter Auskunft über die Gründe seines Widerspruchs erteilen. Verlangt der Vermieter keine Auskunft, ist es für den Mieter zweckmäßig, wenn er im Widerspruchsschreiben seine Gründe darlegt, da er sonst vom Gericht im Räumungsprozess trotz Begründetheit des Widerspruch mit Kosten belastet werden kann.
Der Widerspruch muss dem Vermieter <u>bis spätestens zwei Monate vor Beendigung des Mietverhältnisses</u> zugegangen sein (§ 574 b Abs. 2, S. 1). Ist das nicht geschehen, kann der Vermieter den Widerspruch einfach ablehnen, auch wenn wirklich gewichtige Härtegrunde für den Mieter bestehen.

Die Zweimonatsfrist gilt aber dann nicht, wenn der Vermieter den Mieter bei der Kündigung oder später nicht über dessen <u>Widerspruchsrecht</u>, über die <u>Form</u> des Widerspruchs (Schriftlichkeit) und über die <u>Frist</u> des Widerspruchs belehrt hat (§ 574 b Abs. 2, S. 2). Dann kann der Mieter den Widerspruch sogar noch bis zum ersten Termin vor Gericht in einem vom Vermieter eingeleiteten Räumungsprozess geltend machen.

Muster für einen Mieterwiderspruch in einem Härtefall, z. B. wegen einer   359
Schwangerschaft:

„Ihrer Kündigung zum 30. 9. 2015 widerspreche ich gemäß § 574 BGB. Ich bin im 6. Monat schwanger und werde voraussichtlich Anfang Oktober niederkommen. Ein Umzug zum 30.9. ist mir wegen meiner gesundheitlichen Beschwerden nicht möglich. Ich verlange deshalb eine Fortsetzung des Mietverhältnisses bis 31. 12. 2015.

Den 27. 7. 2015   ....

(Unterschrift des Mieters)“

4. Die Folgen des begründeten Widerspruchs

360   Die <u>Dauer der Verlängerung</u> des Mietverhältnisses: Wenn die Härtegründe des Mieters schwerer als die des Vermieters wiegen, kann der Mieter vom Vermieter die Fortsetzung des beendeten Mietverhältnisses so lange verlangen, wie das durch den die Härte begründenden Umstand erforderlich ist (§ 574 a). Da dieser Grund in der Regel nur auf eine bestimmte Zeit vorliegt (z. B. Schwangerschaft, Doppelumzug), muss das Mietverhältnis auch in der Regel nur <u>auf bestimmte Zeit</u> fortgesetzt werden, im allgemeinen zwischen 6 Monaten und 3 Jahren. Handelt es sich dagegen um Gründe, deren Wegfall nicht abzusehen ist (z. B. bei Fehlen einer Ersatzwohnung, hohem Alter, Krankheit usw.), kann eine Fortsetzung des Mietverhältnisses <u>auf unbestimmte Zeit</u> verlangt werden. Nicht verlangen kann der Mieter eine Verlängerung auf Lebenszeit.

Bei einer Verlängerung des Mietverhältnisses auf bestimmte Zeit können Vermieter und Mieter während der bestimmten Zeit das Mietverhältnis durch eine ordentliche Kündigung nicht beenden. Möglich sind die außerordentliche befristete und die fristlose Kündigung, wenn die dafür erforderlichen Gründe vorliegen. Bei einer Verlängerung des Mietverhältnisses auf unbe stimmte Zeit können Mieter und Vermieter auch ordentlich oder außerordentlich kündigen, wenn die Voraussetzungen dafür gegeben sind.

361   Die <u>Festlegung der Verlängerung</u>   geschieht so: Zunächst versucht der Mieter, sich mit dem Vermieter über die Dauer einer Verlängerung zu einigen. Ist das nicht möglich, wird vom Gericht entschieden, entweder in einem vom Vermieter eingeleiteten Räumungsprozess (Rn 489 ff.) oder auf eine besondere Klage des Mieters, wenn der Vermieter nicht auf Räumung klagt und der Mieter sich über die Dauer der Fortsetzung Gewissheit verschaffen will.

362   Die wiederholte Geltendmachung des Widerspruchs (§ 574 c):
Wenn nach Ablauf der bei einer Einigung zwischen Mieter und Vermieter oder durch ein Urteil des Gerichts bestimmten weiteren Mietzeit die maßgebenden Gründe wider Erwarten nicht weggefallen sind, kann der Mieter vor Ablauf dieser Mietzeit erneut Widerspruch erheben und eine weitere Fortsetzung des Mietverhältnisses verlangen.

Ist das Mietverhältnis auf den ersten Widerspruch des Mieters durch ein Urteil auf unbestimmte Zeit verlängert worden, kann der Mieter auf eine neue Kündigung des Vermieters wieder den beschriebenen Widerspruch einlegen. Der Vermieter kann durch eine solche Kündigung eine Beendigung des Mietverhältnisses nur erreichen, wenn die Umstände sich seit der Festlegung der Fortsetzung zu seinen Gunsten   geändert haben.

5. KAPITEL

Rechte und Pflichten nach Beendigung des Mietverhältnisses

Am Ende des Mietverhältnisses beginnt ein „Abwicklungsverhältnis", aus dem sich bis zur Räumung und danach für Vermieter und Mieter folgende Rechte und Pflichten ergeben:

A. Die Pflicht zur Rückgabe der Mieträume

I. Die Rückgabepflicht des Mieters

Der Mieter und/oder ein etwa <u>nach</u> dem Ende des Mietverhältnisses im Besitz (Rn 36) der Mieträume befindlicher Dritter, in der Regel ein Untermieter, muss die Mieträume dem Vermieter zurückgeben.

1. Das Ende des Mietverhältnisses und der Zeitpunkt der Rückgabe

Wenn Vermieter und Mieter eine Beendigung des Mietverhältnisses <u>vereinbaren</u>, endet dieses in dem Zeitpunkt, den die Vertragsparteien festlegen. Auf eine <u>ordentliche oder außerordentlich befristete Kündigung</u> endet das Mietverhältnis um 24 Uhr des Tages, an dem die Kündigungsfrist endet. Im Falle einer <u>fristlosen Kündigung</u> oder eines <u>Rücktritts</u> endet das Mietverhältnis mit dem Zugang der Kündigungs- oder Rücktrittserklärung beim Empfänger. Zu einer Auslaufsfrist bei einer fristlosen Kündigung siehe Rn 279. Bei einer <u>auflösenden Bedingung</u> endet das Mietverhältnis mit Eintritt der Bedingung, bei einer <u>Anfechtung</u> rückwirkend mit seinem Beginn, es hat sozusagen gar nicht begonnen.

363

Die Rückgabe der Mieträume muss erst <u>nach</u> Beendigung des Mietverhältnisses erfolgen (§ 546). Deshalb muss der Mieter alle Räume spätestens am <u>Tag nach dem unter Rn 363 genannten Zeitpunkt</u> zurückgeben. Ist das ein Sonntag, Feiertag oder Sonnabend, müssen die Räume am darauffolgenden Werktag zurückgegeben werden. Die Rückgabe muss auch erfolgen, wenn der Mieter gegen den Vermieter noch irgendwelche Ansprüche haben sollte, z. B. auf Ersatz von Aufwendungen (Rn 222 ff.), denn ein Zurückbehaltungsrecht darf gegenüber einem Rückgabeverlangen des Vermieters nicht geltend gemacht werden (§ 570).

364

2. Der Umfang der Rückgabeverpflichtung

Zur Rückgabeverpflichtung gehört, dass der Mieter

- die Mieträume räumt,

- von ihm in den Räumen geschaffene Einrichtungen und von ihm vorgenommene bauliche Veränderungen beseitigt <u>und</u> den alten Zustand wieder herstellt.

365 Zur <u>Räumung</u> gehört, dass <u>alle</u> eingebrachten Sachen aus den gemieteten Räumen entfernt werden, auch aus Nebenräumen wie Keller, Bühne. oder Garage. Ausgenommen von der Räumung ist ein etwaiger Heizölrest des Mieters, den der Vermieter gegen Erstattung des Wertes übernehmen muss.

Für <u>Einrichtungen</u>, also Sachen, die der Mieter mit den Mieträumen verbunden hat, z. B. Wandschrank, Badeeinrichtung, Dusche, Waschbecken, Lichtanlagen, Öfen, Maschinen, Markise am Balkon, umpflanzbare Bäume und Sträucher im Garten und angebrachte Namensschilder gilt für ein Wegnahmerecht und eine Wegnahmepflicht des Mieters und ein Abwendungsrecht des Vermieters folgendes:

366 Das <u>Wegnahmerecht</u> und die <u>Wegnahmepflicht</u> des Mieters bedeuten, dass er von ihm geschaffene Einrichtungen auf eigene Kosten entfernen darf und muss (§ 539 Abs. 2). Ebenso muss er den alten Zustand wieder herstellen, was manchmal mehr Kosten verursacht, als die Einrichtung wert ist.

367 Das <u>Abwendungsrecht</u> des Vermieters (§ 552) bedeutet: <u>Solange der Mieter die Einrichtung noch nicht entfernt hat</u>, kann der Vermieter verlangen, dass die Einrichtung gegen Zahlung einer angemessenen Entschädigung in den Mieträumen bleibt. Angemessen ist eine Entschädigung in Höhe des Verkehrswertes der Einrichtung unter Berücksichtigung der Kosten für den Ausbau und die Wiederherstellung des alten Zustandes.
Das Abwendungsecht des Vermieters <u>besteht nicht</u>, wenn der Mieter ein berechtigtes Interesse an der Wegnahme hat.
Beispiele: Der Gegenstand hat für den Mieter einen Liebhaberwert; - er wird nicht mehr hergestellt.

368 Außer bei Geltendmachung des Abwendungsrechts durch den Vermieter <u>darf</u> der Mieter eine Einrichtung auch dann <u>nicht entfernen</u>, wenn das im Mietvertrag vereinbart ist. Im Falle eines Wohnraummietverhältnisses ist eine solche Vereinbarung allerdings nur rechtswirksam, wenn für den Wohnraummieter ein angemessener Ausgleich vorgesehen ist.
Beispiel: Es wird im Mietvertrag vereinbart, dass der Mieter in die Wohnung ein neues Bad und eine Dusche einbauen lässt und bei Beendigung des Mietverhältnisses belässt, wofür er die ihm entstandenen Kosten von der Miete in monatlichen Raten von 50 € abziehen darf.

Von ihm in den Mieträumen vorgenommene <u>bauliche Veränderungen</u> muss   369
der Mieter beseitigen und den alten Zustand wiederherstellen.
Beispiel: Der Mieter macht aus einer großen 3 – Zimmerwohnung eine 5
– Zimmerwohnung durch Einbau von Zwischenwänden und Türen.

Der alte Zustand muss dann nicht wiederhergestellt werden, wenn das zwischen Vermieter und Mieter vereinbart worden ist oder wird, außerdem wenn der Vermieter die Mieträume umbauen will und dadurch der vom Mieter geschaffene Zustand dadurch wieder beseitigt würde.
Zu einem Aufwendungsersatzanspruch des Mieters siehe Rn 222 ff..

Für den <u>Zustand des Miet- oder Pachtobjekts</u> bei der Rückgabe gilt: 370

Die Mieträume müssen <u>besenrein</u> sein, worunter man versteht, dass grobe Verschmutzungen beseitigt sein müssen. Ist der Mieter nach rechtswirksamen Vereinbarungen im Mietvertrag verpflichtet, Schönheitsreparaturen auszuführen (Rn 181c), müssen diese bei Beendigung des Mietverhältnisses ausgeführt sein. Ist der Mieter dazu nicht verpflichtet, müssen sich die Mieträume in einem ordnungsgemäßen Zustand befinden: Infolge vertragsgemäßem Gebrauch entstandene Abnutzungsspuren müssen nicht beseitigt werden, ebenfalls z. B. etwa durch Rauchen verursachte Gebrauchsspuren.

Zu den Folgen, wenn die Mieträume sich nicht in ordnungsgemäßen Zustand befinden siehe Rn 373, und zur kurzen Verjährungsfrist bei diesen Ansprüchen siehe Rn 392.

Nicht durch normale Abnutzung vorhandene Schäden, die durch Verschulden, also durch eine Pflichtverletzung des Mieters oder seiner Mitbenutzer entstanden sind (z.B. Tintenfleck auf Teppichboden, Brandloch im Bodenbelag, Löcher im Türfurnier usw.), müssen vom Mieter beseitigt sein. Ist das nicht der Fall, kann der Vermieter die Schäden beseitigen lassen und vom Mieter die Beseitigungskosten als Schadenersatz verlangen. Wenn der Vermieter die Schäden gar nicht beseitigen lassen will, kann er als Schadensersatz vom Mieter auch die nach einem Gutachten oder Kostenvoranschlag berechneten Beseitigungskosten in Geld verlangen.

Das bei einem Pachtverhältnis vom Verpächter dem Pächter <u>überlassene</u>   371
<u>Inventar</u> muss am Ende der Pachtzeit vollständig sein und sich in einem gebrauchsfähigen Zustand befinden. Hatte der Pächter das Inventar zum Schätzpreis mit der Verpflichtung übernommen, dieses am Ende der Pachtzeit zum Schätzpreis zurückzugeben (§ 582 a), muss ein Unterschied zwischen Übernahme- und Rückgabeschätzpreis in Geld ausgeglichen werden.
Eine Entschädigung dafür, dass durch seine Leistung während der Vertragszeit der Wert der Geschäftsräume oder des Pachtgeschäftes gestiegen ist, kann der Geschäftsraummieter oder Pächter nicht verlangen. Der aus-

scheidende Pächter oder Mieter kann im Gegenteil durch eine individuell getroffene Vereinbarung (Rn 23) eines über das Ende des Pachtverhältnis hinaus wirkendes Konkurrenzverbotes bei der Weiterführung seines Geschäftes in anderen Räumen behindert sein. Siehe dazu Rn 466 und 472.

3. Die Pflicht zur Übergabe (Rückgabe)

372   Die Rückgabepflicht erfüllt der Mieter dadurch, dass er dem Vermieter wieder den unmittelbaren Besitz (Rn 36) an den Mieträumen einräumt. Dazu gehört auch die Übergabe aller überlassenen Schlüssel an den Vermieter oder eine von ihm zur Entgegennahme beauftragte Person. Auch vom Mieter zusätzlich angeschaffte Schlüssel müssen dem Vermieter gegen Bezahlung der Anschaffungskosten zurückgegeben oder aber vernichtet werden. Zu dem Fall, dass der Mieter einen oder mehrere Schlüssel verloren hat, siehe Rn 188.

Der Rückgabezeitpunkt ist entscheidend für den Beginn der Verjährungsfrist für Ansprüche des Vermieters gegen den Mieter (Rn 392).

Manchmal erfolgt die Übergabe auch in einem vereinbarten Termin, in dem Vermieter und Mieter oder/und etwa von ihnen beauftragte Personen anwesend sind, und bei dem die Mieträume durchgegangen und deren Zustand in einem gemeinsamen Protokoll festgehalten wird. Dass eine solche Übergabe mit gemeinsamer Besichtigung durchgeführt wird, ist gesetzlich nicht vorgeschrieben. Sie kann insbesondere für den Mieter wichtig sein, denn er muss im Streitfall beweisen, dass er die Mieträume in einem ordnungsgemäßen Zustand zurückgegeben hat.
Werden keine gemeinsamen Feststellungen getroffen, kann es für den Mieter zweckmäßig sein, die Räume unmittelbar nach der Räumung durch einen sachverständigen Dritten oder Fachmann besichtigen und vielleicht Fotos machen zu lassen, damit er notfalls Zeugen hat und Fotos vorlegen kann.

Sind mehrere Personen Mieter oder hat der Mieter die Mieträume einem Dritten zum selbständigen Gebrauch überlassen, erfüllt der Mieter oder einer von mehreren seine Rückgabepflicht nicht damit, dass er dem Vermieter seinen Schlüssel zurückgibt und erklärt, er sei ausgezogen. Die Rückgabepflicht ist erst dann erfüllt, wenn <u>alle Mieter und etwaige Dritte</u> die Mieträume übergeben haben.

373   *4. Die Folgen, wenn der Mieter die Rückgabepflicht nicht oder schlecht erfüllt*

Werden die Mieträume dem Vermieter nach dem Ende des Mietverhältnisses nicht zurückgegeben, kann der Vermieter seinen Rückgabeanspruch im sogenannten Räumungsverfahren gerichtlich geltend machen (Rn 489 ff.).

Der Rückgabeanspruch des Vermieters verjährt in 3 Jahren, wobei die Frist am Ende des Kalenderjahres beginnt, in dem der Anspruch entstanden ist, das Mietverhältnis also geendet hat. Wenn der Vermieter zugleich Eigentümer der Mieträume ist, kann er auch seinen erst in 30 Jahre verjährenden Herausgabeanspruch als Eigentümer geltend machen (§ 985).

Befinden sich die gemieteten Räume bei der Rückgabe nicht in dem Zustand, wie es der Vermieter verlangen kann, hat das in der Regel zur Folge, dass der Mieter dem Vermieter als Schadenersatz die Kosten ersetzen muss, die der Vermieter aufwenden muss, um die Räume in den geschuldeten Zustand zu versetzen.

> Beispiele: Der Vermieter muss vom Mieter zurückgelassene Sachen entfernen; - er muss vom Mieter nicht durchgeführte Schönheitsreparaturen oder andere Reparaturen ausführen, vom Mieter zu vertretende Schäden in den Mieträumen oder von ihm nicht übernommene Einrichtungen oder bauliche Veränderungen beseitigen lassen.

II. Die Rückgabeverpflichtung eines Dritten

Besteht neben dem zu Ende gegangenen Mietverhältnis zwischen Vermieter und Mieter auch ein Miet- oder anderes Rechtsverhältnis zwischen dem Mieter und einem Dritten, in der Regel einem Untermieter, dem der Mieter die Mieträume zum selbstständigen Gebrauch (Rn 207 f.) überlassen hat, gilt folgendes:

1. Die Rückgabepflicht des Dritten bzw. Untermieters

374

Neben dem unter Rn 365 ff. beschriebenen Rückgabeanspruch gegen seinen Mieter steht dem Vermieter auch gegen den Dritten ein Anspruch auf Räumung und Rückgabe der vermieteten Räume zu (§ 546 Abs. 2). Voraussetzung dafür ist nach der Rechtssprechung zunächst, dass der Vermieter nach dem Ende des Mietverhältnisses zwischen Vermieter und Mieter den Dritten zur Räumung und Herausgabe der Mieträume auffordert. Erst dann kann der Vermieter den Dritten wegen Räumung und Herausgabe – notfalls gerichtlich – in Anspruch nehmen,

> Beispiel: Das Mietverhältnisses zwischen V und M über Geschäftsräume oder eine Wohnung endet am 31.3.2020. M hatte Büroräume oder 2 Zimmer der Wohnung an U untervermietet. V muss dann ab 1.4.20 den U zur Herausgabe der Büroräume oder der bewohnten Zimmer auffordern. Dadurch entsteht dann die Rückgabepflicht des U.

375   Keinen Schutz gibt es, wenn der Dritte (Untermieter) Geschäftsräume gemietet hat, gleichgültig

- ob der Untervermieter dem Untermieter die Mieträume mit oder ohne Erlaubnis seines Vermieters überlassen hat, oder

- aus welchen Gründen das Hauptmietverhältnis zu Ende gegangen ist, ob durch Zeitablauf, durch Kündigung oder durch eine Vereinbarung.
  Beispiel: V vermietet an M am 1.1.2017 fest bis 31.12.2022 Geschäftsräume, die M am 1.1.2018 an U weitervermietet. Am 25.3.2020 vereinbaren V und M, dass ihr Mietverhältnis mit sofortiger Wirkung beendet wird. V kann U ab 26.3.2020 zur Herausgabe der Geschäftsräume auffordern und dann deren Rückgabe verlangen.

Da die Beendigung des Hauptmietverhältnisses keine unmittelbare Wirkung auf das Untermietverhältnis hat, ist bei Abschluss eines Untermietvertrages über Geschäftsräume für den Untervermieter immer eine Regelung wichtig, nach der mit der Beendigung des Hauptmietvertrages zwischen Vermieter und dem Untervermieter auch der Untermietvertrag endet. Es reicht die Bezugnahme auf den Mietvertrag zwischen Vermieter und Untervermieter aus, z. B. die Bestimmung *„Das Mietverhältnis endet automatisch, wenn das zwischen dem Untervermieter und seinem Vermieter nach dem Vertrag vom …. bestehende Mietverhältnis endet“*. Ist diese oder eine entsprechenden Regelung nicht getroffen, kann der Untervermieter gegenüber seinem Untermieter schadenersatzpflichtig werden, wenn der Untermieter die Mieträume an den Vermieter (Hauptvermieter) herausgeben muss, obwohl sein Untermietverhältnis noch gar nicht geendet hat.

Auch der Untermieter von unter Rn 55 bis 58 fallende Wohnräume hat keinen Kündigungsschutz gegenüber dem Herausgabeanspruch des Vermieters im Falle der Beendigung des Hauptmietverhältnisses zwischen Vermieter und Untervermieter. Bei einem Untermietverhältnis über unter Rn 59 bis 64 fallende Wohnräume gibt es auch keinen Kündigungsschutz des Untermieters, wenn die Weitervermietung nicht im Interesse des Vermieters geschehen ist, oder wenn der Vermieter nicht damit gerechnet hat, dass für den Untermieter ein Kündigungsschutz eingreifen wird.
  Beispiele: V vermietet an M unter den Mieterschutz fallende Wohnräume, die dieser ohne Erlaubnis des V an U weitervermietet. Wenn das Mietverhältnis zwischen V und M endet, muss U die Wohnräume an V zurückgeben; - V stimmt zu, dass M zwei von ihm möblierte Räume seiner Wohnung an die Einzelperson U untervermietet. U heiratet und nimmt seinen Ehegatten auf. Bei Beendigung des Mietverhältnisses zwischen V und M muss U die beiden Räume an V zurückgeben, da V bei seiner Zu-

stimmung nicht damit rechnete, zugunsten von U könnte durch die Aufnahme eines Ehegatten Kündigungsschutz eingreifen.

In jedem Fall muss der Untermieter unter den Kündigungsschutz fallender Wohnräume im Falle der Beendigung des Hauptmietverhältnisses seine Wohnräume räumen, wenn der Vermieter ein „berechtigtes Interesse gegenüber dem Untermieter geltend machen kann.

<u>Keine Herausgabe der Mieträume</u> vom Dritten (Untermieter) kann der Ver-   376
Vermieter verlangen,

a. wenn der Vermieter mit seinem Mieter (Untervermieter) die Beendigung des Hauptmietverhältnisses vereinbart, obwohl der Untervermieter gegenüber dem Untermieter kein Recht zu einer zeitnahen Auflösung des Untermietverhältnisses hat, um also z. B. den dem Untermieter zustehenden Kündigungsschutz zu umgehen. Eine solche Vereinbarung würde gegen den Grundsatz von „Treu und Glauben“ verstoßen; oder

b. wenn ein Mietverhältnis zwischen dem Vermieter und einem gewerblichen Zwischenvermieter endet, weil dann das Mietverhältnis zwischen dem Vermieter und dem Untermieter, z. B. einem Arbeitnehmer des Zwischenvermieters, fortgesetzt wird (Rn 96); oder

c. wenn der Vermieter von unter den Kündigungsschutz fallenden Wohnräumen seinem Mieter gestattet hat, die unter den Kündigungsschutz fallenden Wohnräume einem Dritten zum selbständigen Gebrauch zu überlassen, und der Vermieter dem Untermieter gegenüber kein berechtigtes Interesse (Rn 327 ff.) geltend machen kann.

    Beispiele: V vermietet unter den Mieterschutz fallende Wohnräume an M, der diese mit Erlaubnis von V an seine Arbeitnehmer weitervermietet; - V vermietet unter den Mieterschutz fallende Wohnräume an einen gemeinnützigen Verein, der die Wohnräume an Minderbemittelte weitervermietet.

3. Die Folgen, wenn der Dritte die Rückgabepflicht nicht oder schlecht erfüllt

Wie gegen den Mieter kann der Vermieter auch gegen den Dritten (Unter-   377
mieter) seinen Rückgabeanspruch durch eine Räumungsklage (Rn 489 ff.) gerichtlich geltend machen, wenn dieser nach der Beendigung des Mietverhältnisses auf sein berechtigtes Verlangen die Rückgabeverpflichtung nicht erfüllt.

Wenn sich die Mieträume bei der Rückgabe durch den Dritten nicht in dem Zustand befinden, wie es der Vermieter verlangen kann, hat das in der Regel auch zur Folge, dass der Mieter (Untervermieter) dem Vermieter den entstandenen Schaden ersetzen muss. Denn dieser haftet für alles, was sein Untermieter mit den Mieträumen gemacht hat.

B. Rechte und Pflichten zwischen Ende des Mietverhältnisses und Rückgabe und danach

I.   Die Widerspruch**pflicht** von Vermieter und Mieter

1. Eine Falle im Gesetz: Die Pflicht zum Widerspruch nach § 545 BGB

378   Ist ein Mietverhältnis zu Ende gegangen, die Mietzeit also vorbei - sei es durch Ablauf der bestimmten Zeit oder durch eine Kündigung - entsteht zwischen dem Vermieter und dem Mieter dann automatisch ein neues Mietverhältnis auf unbestimmte Zeit zu den bisherigen Bedingungen,

> wenn der Mieter die gemieteten Räume über das Ende der Mietzeit hinaus weiter benutzt, **und**

> weder der Vermieter noch der Mieter gegenüber dem anderen binnen zweier Wochen einer Fortsetzung des Mietverhältnisses widerspricht (§ 545).

Diese Vorschrift ist deshalb eine Falle für Vermieter und Mieter, weil sie während der langen Zeit des Mieterschutzes im zweiten Weltkrieg und danach für Wohnraummietverhältnisse keine Bedeutung hatte und vielfach in Vergessenheit geraten war. Da die Vorschrift bei allen seitherigen Mietrechtsreformgesetzen beibehalten worden ist, muss sie immer noch beachtet werden.

Die genannte 2 - Wochenfrist beginnt
für den Mieter ab dem Ende der Mietzeit,
für den Vermieter ab dem Zeitpunkt, in dem er erfährt, dass sein Mieter die Mieträume nach dem Ende des Mietverhältnisses weiter benutzt.

> Beispiel 1: V vermietete an M Geschäftsräume auf 5 Jahre bis 31.12.2020 mit der Bestimmung, dass sich das Mietverhältnis um jeweils 2 Jahre verlängert, wenn es nicht 6 Monate vor Ablauf gekündigt wird. M kündigt den Vertrag im Juni 2019 fristgerecht zum 31.12.2020, weil er ab 1.1.2021 andere Räume zu viel günstigeren Bedingungen gefunden hat, was er den V aber nicht wissen lässt. Wegen eines unvorhergesehenen Umstands können die neuen Mieträume aber erst am 1.2.2021 bezogen werden. Wenn M dem V aber nicht bis spätestens am 12.1.2021 mitteilt, dass er zum 31.1.2019 räumen wird, entsteht ein neues Mietverhältnis zu den bisherigen Bedingungen auf unbestimmte Zeit, an das M gebunden ist.

> Beispiel 2: V kündigte ein über 8 Jahre dauerndes Wohnraummietverhältnis gegenüber seinem Mieter M wegen Eigenbedarf unter Einhaltung einer Kündigungsfrist von 9 Monaten zum 31.3.2020. Am 10. 4.

2020 erfährt V, dass M die Wohnung noch bewohnt und keinerlei Anstalten zum Auszug macht. Wenn V dann nicht innerhalb 2 Wochen, also bis 24. 4. 2019 dem Mieter mitteilt, dass er einer Fortsetzung des Mietverhältnisses widerspricht, entsteht zwischen V und M ein neues Mietverhältnis zu den bisherigen Bedingungen auf unbestimmte Zeit.

Zu den einschneidenden Folgen bei unterlassenem Widerspruch siehe unter Rn 381.

Der Widerspruch muss nicht erst nach Beendigung des Mietverhältnisses erklärt werden. Einer Fortsetzung des Mietverhältnisses kann auch schon vor dem Ende der Mietzeit widersprochen werden, z. B. im Kündigungsschreiben oder sogar schon im Mietvertrag. **379**

> Beispiel für eine Erklärung im Kündigungsschreiben des Vermieters an seinen Mieter: *„Ich kündige das zwischen uns bestehende Mietverhältnis zum 31. 8. 2020. Falls Sie die gemieteten Räume über den 31. 8. 2020 hinaus weiternutzen sollten, widerspreche ich schon jetzt einer Fortsetzung des Mietverhältnisse.“*

Wenn der Widerspruch schon im Mietvertrag in einer vorformulierten Bestimmung festgelegt werden soll, ist der Wortlaut wichtig. Näheres dazu finden Sie unter Rn 421.

Eine bestimmte <u>Form</u> für diesen Widerspruch ist nicht vorgeschrieben. Es genügt, wenn eine Mietpartei die andere <u>irgendwie wissen lässt, dass sie auf der Beendigung des Mietverhältnisses besteht.</u> **380**

> Beispiele für Erklärungen, aus denen die Mietparteien erkennen können, dass die andere Partei ein neu entstehendes Mietverhältnis nicht wünscht und deshalb als Widerspruch gelten: Der Vermieter fragt den Mieter kurz vor dem Mietende oder innerhalb der 2 - Wochenfrist, wann dieser endlich auszieht; - der Vermieter sagt zum Mieter, dass er für die Zeit nach Beendigung des Mietverhältnisses schon weitervermietet hat; - der Mieter teilt dem Vermieter mit, dass sich sein Auszug kurz verzögert; - der Mieter teilt dem Vermieter mit, dass er schon eine andere Wohnung gemietet hat, die jetzigen Bewohner aber noch nicht ausgezogen sind; - der Mieter bittet den Vermieter um eine Räumungsfrist.

Auch eine vom Vermieter <u>innerhalb der 2-Wochenfrist eingereichte Räumungsklage</u> gilt als rechtswirksamer Widerspruch, auch wenn die Klage dem Mieter erst nach Ablauf der Frist zugestellt wird.

2. Die Folgen des fehlenden Widerspruchs

Entsteht mangels eines rechtzeitigen Widerspruchs ein neues Mietverhältnis auf unbestimmte Zeit, gibt es keine Probleme, wenn <u>beide</u> Parteien die <u>Beendigung</u> des Mietverhältnisses <u>wollen</u>. Der Mieter räumt die Mieträume dann eben nach Ablauf der 2 – Wochenfrist. Ist die Fortsetzung des Miet- **381** verhältnisses dagegen für eine Partei von Vorteil, sei es dass der Mieter noch keine Ersatzräume oder der Vermieter noch keinen neuen Mieter hat, muss die Partei, der die Beendigung des Mietverhältnisses wichtig war, das neue Mietverhältnis neu kündigen, wobei für die neue Kündigung wieder die gesetzlichen Vorschriften für die Kündigung eingehalten werden müssen, was in den unter Rn 378 genannten Beispielen für den Vermieter oder Mieter einschneidende Nachteile zur Folge haben kann. Möglicherweise muss der Vermieter wieder eine lange Kündigungsfrist einhalten und ein noch gegebenes berechtigtes Interesse nachweisen, oder der Mieter muss das dann lästige Mietverhältnis neu kündigen.

II. Weiterlaufende Pflichten der Mietparteien

Werden die Mieträume am Ende des Mietverhältnisses nicht zurückgegeben, bestehen zwischen dem Ende der Mietzeit und der Räumung noch einige Vermieter- und Mieterpflichten weiter:

1. Weitere Pflichten des Vermieters

382   Der Vermieter muss dem Mieter den <u>Gebrauch</u> der Mieträume (Rn 103 ff.) insofern weiter belassen, als er nicht berechtigt ist, sich ohne gerichtliche Hilfe in den Besitz der vermieteten Räume zu setzen.

> Beispiel: Der Vermieter darf den Mieter nicht mit Gewalt am Betreten der Mieträume hindern; - der Vermieter darf nicht Türen oder Fenster der Räume aushängen; - der Vermieter darf die Sachen des Mieter nicht einfach vor das Haus stellen.

Der Vermieter muss dem Mieter auch den Gebrauch der zum Wohnen <u>erforderlichen</u> Einrichtungen gestatten. Nicht zum Wohnen erforderliche Einrichtungen, z. B. eines Schwimmbades, darf er dem Mieter verbieten.

Die Pflicht zu <u>Nebenleistungen</u> (Rn 116 f.) endet normalerweise mit dem Ende des Mietverhältnisses, wenn der Vermieter dem Mieter die Einstellung derselben rechtzeitig ankündigt. Nach Treu und Glauben (§ 242) ist der Vermieter aber zur Fortsetzung von Nebenleistungen verpflichtet, soweit es zur Abwendung einer etwaigen Gesundheitsgefährdung oder eines besonders großen Schadens erforderlich ist, oder z. B. während einer bewilligten Räumungsfrist oder eines Vollstreckungsschutzes (Rn 504), ausgenommen der Mieter befindet sich mit der Bezahlung der Betriebskosten für Nebenleistungen oder einer Nutzungsentschädigung (Rn 387) in Verzug.

383   Die <u>Verkehrssicherungspflicht</u> (Rn 118) und die Pflicht zur <u>Tragung der Lasten</u> (Rn 120 ff.) bestehen für den Vermieter weiter.

384   <u>Alle anderen Pflichten</u> des Vermieters entfallen, insbesondere die Pflicht zur Erhaltung der Mieträume in einem gebrauchsfähigen Zustand (Rn 112). Der

Vermieter ist also nicht verpflichtet, einen in den Mieträumen nach der Beendigung des Mietverhältnisses entstandenen Mangel zu beseitigen.

2. *Weiter bestehende Pflichten des Mieters*

Die bestehende Hausordnung muss der Mieter auch nach dem Ende der Mietzeit beachten, genauso wie der Hausfrieden einzuhalten ist. Auch Obhutpflicht (Rn 170) und eine etwa im Mietvertrag übernommene Erhaltungspflicht (Rn 174 ff.) bestehen weiter, soweit sie vom Mieter im Mietvertrag übernommen worden ist. Der Mieter muss dann also auch nach der Beendigung des Mietverhältnisses fällige und erforderliche Schönheitsreparaturen durchführen.

385

Die Duldungspflichten (Rn 183 ff.) gelten auch nach dem Ende der Mietzeit weiter. Der Mieter muss also dulden, dass der Vermieter seine schon während der Mietzeit bestehenden Betretungsrechte ausübt, und dass alle vom Vermieter gewünschten Arbeiten an oder in den Mieträumen ausgeführt werden. Sogar nicht notwendige oder nur der Verbesserung dienende Arbeiten muss der Mieter nach dem Ende der Mietzeit dulden.

386

Nach dem Ende des Mietverhältnisses entfällt zwar die Verpflichtung zur Mietzahlung. Da der Mieter aber bis zur Rückgabe der Mieträume nicht besser stehen soll als bei Fortdauer des Mietverhältnisses, ist er in der Zeit zwischen dem Ende des Mietverhältnisses bis zur Rückgabe der Räume verpflichtet, an den Vermieter eine Nutzungsentschädigung mindestens in Höhe der vereinbarten oder der für vergleichbare Räume ortsüblichen Marktmiete zuzüglich Betriebskosten zu bezahlen. Lag also die Miete vor dem Ende des Mietverhältnisses unter der ortsüblichen Geschäftsraum- oder Wohnraummiete, kann der Vermieter vom Mieter einen Betrag in Höhe der ortsüblichen Miete als Nutzungsentschädigung verlangen. Er muss dabei aber im Falle eines beendeten Wohnraummietverhältnisses nicht das umständliche Verfahren wie bei einer Mietzinserhöhung während des Mietverhältnisses (Rn 236 ff.) einhalten. Ebenso bleibt eine noch nicht erfüllte Pflicht zur Zahlung einer Kaution bestehen, wenn noch ein Sicherheitsbedürfnis des Vermieters besteht. Zur Verjährung dieses Anspruchs siehe Rn 391.

387

Dem Vermieter kann ein weiterer Schaden entstehen, wenn er die Räume nicht rechtzeitig vom Mieter zurück erhält.

388

> Beispiele: Der Vermieter hat bereits einen Mietvertrag mit einem Mieter abgeschlossen, der einen höheren als den ortsüblichen aber noch nicht unangemessenen Mietzins bezahlen will; - der Vermieter muss seinem neuen Mieter dessen Schaden erstatten, weil er ihm die Mieträume nicht rechtzeitig übergeben kann.

Dieser weitere Schaden muss im Falle eines Geschäftsraummietverhältnisses vom ehemaligen Mieter immer erstattet werden, im Falle eines beendeten <u>Wohnraummietverhältnisses</u> aber nur, wenn das Mietverhältnis vom Wohnraummieter selbst gekündigt worden ist. Hat dagegen der Vermieter das Wohnraummietverhältnis gekündigt, besteht die Schadenersatzpflicht des Mieters nur, wenn er die Verzögerung seines Auszuges zu vertreten hat und die Schadensersatzzahlung billig ist (§ 571), wenn er z. B. eine ihm angebotene zumutbare Ersatzwohnung nicht bezogen hat. Keine Schadenersatzpflicht des Mieters besteht, wenn er z. B. trotz Bemühung keine Ersatzwohnung zu zumutbaren Bedingungen finden oder wenn er die Wohnräume wegen einer Erkrankung nicht rechtzeitig räumen kann, oder wenn ihm vom Gericht oder vom Vermieter eine Räumungsfrist zugebilligt worden ist.

III. Die Pflicht des Vermieters zur Rückgabe einer Mietkaution

389   Hat der Mieter dem Vermieter eine Mietsicherheit zur Verfügung gestellt, gelten bestehen für den Vermieter hinsichtlich der erhaltenen Kaution die nachstehenden Rechte und Pflichten, wobei diese auch für den neuen Vermieter gelten, der erst durch einen Eigentumsübergang in den Mietvertrag eingetreten ist und dabei eine vom Mieter geleistete Kaution übernommen hat (Rn 93 f.).

1. Das Recht zur Verrechnung

Der Vermieter darf nach Beendigung des Mietverhältnisses <u>und</u> Rückgabe der Mieträume die ihm zustehenden Forderungen verrechnen, die bei Vereinbarung der Kaution festgelegt worden sind, in der Regel also alle noch nicht ausgeglichenen Forderungen aus dem Mietverhältnis, auch erst fällig werdende Ansprüche, z. B. auf Zahlung von Betriebskosten, über die der Vermieter erst abrechnen kann, wenn sie ihm bekannt geworden sind.

2. Die Pflicht zur Abrechnung

Sofern der Mieter Anspruch auf aufgelaufene Zinsen hat (Rn 163) und deren Höhe nicht aus einem etwa in seinem Besitz befindlichen Sparbuch mit Sperrvermerk entnehmen kann, muss der Vermieter dem Mieter Auskunft über die gutgeschriebenen Zinsen erteilen und ihm eine etwa erteilte Bescheinigung der Bank über abgeführte Kapitalsteuern aushändigen. Die Abrechnung über etwaige vorgenommene Verrechnungen muss der Vermieter dem Mieter dann nach dem Ende des Mietverhältnisses in angemessener Frist mitteilen, in der Regel innerhalb von 3 bis 6 Monaten, oder nach einer etwa erforderlichen Klärung eines Anspruchs, z. B. einer noch nicht möglichen Betriebskostenabrechnung.

3. Die Pflicht zur Rückzahlung der Kaution

Einen sich aus der Abrechnung zugunsten des Mieters ergebenden Betrag hat der Vermieter alsbald nach der Abrechnung zurückzubezahlen. Wegen eines dem Vermieter aus einer erst später möglichen Betriebskostenabrechnung möglicherweise noch zustehenden Betrages darf der Vermieter einen angemessenen Teil der Kaution einbehalten. Wurde vom Mieter eine Bürgschaft als Sicherheit geleistet, muss der Vermieter diese in Höhe eines nicht benötigten Betrages freigeben. Siehe auch Rn 416.
Zur Verjährung des Rückgabeanspruchs des Mieters siehe Rn 393.

<u>IV. Sonstige Ansprüche von Vermieter oder Mieter</u>

Nach der Beendigung des Mietverhältnisses und auch nach der Rückgabe der Mieträume können auch sonst nicht erledigte Ansprüche des Vermieters gegen den Mieter oder umgekehrt aus dem beendeten Mietverhältnis noch bestehen, z. B. noch nicht oder zuviel bezahlte Mieten oder Betriebskosten, Schadenersatzforderungen oder Ansprüche auf Wegnahme von Einrichtungen. Zur Verjährung eines bestehenden Erstattungsanspruchs des Mieters siehe Rn 391 ff..
Führt der Mieter z. B. vor der Rückgabe der Mieträume Schönheitsreparaturen in Unkenntnis darüber aus, dass die im Mietvertrag vereinbarte Regelung über seine Verpflichtung unwirksam ist, kann er seine Aufwendungen aus dem Gesichtspunkt der ungerechtfertigten Bereicherung (§§ 812 ff.) erstattet verlangen. Zu erstatten ist dem Mieter der Wert seiner Leistungen (§ 818). Bei einer Durchführung der Arbeiten durch ein Unternehmen sind das die dem Mieter entstandenen Kosten. Hatte der Mieter die Arbeiten selbst ausgeführt, kann er den Wert der von ihm und seinen Helfern aufgewandten Zeit und die Materialkosten verlangen.
Kannte der Mieter die Unwirksamkeit der Regelung, besteht kein Anspruch (§ 814).
Eine Schadenersatzpflicht des Vermieters gegenüber dem Mieter wird auch angenommen, wenn der Vermieter geplante Modernisierungsmaßnahmen in den Mieträumen nur ankündigt, um den Mieter zu einer Kündigung und Räumung zu veranlassen (Rn 185). Eine solche Absicht wird nach dem seit 1.1.2019 geltenden MietAnpG <u>gesetzlich vermutet</u>, wenn, z. B. Finanzinvestoren, solche Maßnahmen ankündigen <u>und</u>

- mit den Arbeiten nicht innerhalb von 12 Monaten begonnen wird, oder
- eine Mieterhöhung angekündigt wird, durch welche die monatliche Miete mindestens verdoppelt würde, oder
- die Ausführung der Arbeiten zu einer objektiv nicht notwendigen Belastung des Mieters führen würde, oder
- die Arbeiten nach Beginn mehr als 12 Monate ruhen.

Kann der Vermieter diese Vermutung nicht durch nachvollziehbare objektive Gründe erschüttern, muss er dem Mieter einen durch Beendigung des Mietverhältnisses und Räumung entstandenen Schaden ersetzen. Außerdem kann er deswegen mit einer Geldbusse bis 100.000 € bestraft werden.

C. Die Verjährung von Ansprüchen aus einem Mietverhältnis

Zur Verjährung, zur Verjährungsfrist und deren Hemmung und Neubeginn, siehe zunächst Rn 27 ff..
Ein Anspruch des Mieters auf Beseitigung eines Mangels (Rn 220) verjährt nicht, solange das Mietverhältnis besteht. Für die Verjährung aller anderen Ansprüche des Vermieters gegen den Mieter und umgekehrt gilt folgendes:

I. Ansprüche des Vermieters mit 3 – jähriger Verjährungsfrist

391   Alle nicht unter Rn 392 aufgeführten Ansprüche des Vermieters gegen den Mieter aus dem Mietverhältnis unterliegen der regelmäßigen Verjährungsfrist von 3 Jahren (§ 195; Rn 27). Es sind das z. B.
Rückständige Mieten oder Betriebskosten, auch offene Beträge aus einer Betriebskostenabrechnung des Vermieters, oder eine vereinbarte aber nicht geleistete Kaution, ferner offene Nutzungsentschädigungen oder Schadenersatz wegen nicht rechtzeitiger Räumung (Rn 388), Ersatz eines erst nach (schlechterfüllter) Räumung entstehenden Schadens (Rn 373 ff.), oder Ansprüche aus ungerechtfertigter Bereicherung .

Die 3 Jahre dauernde Verjährungsfrist für solche Ansprüche beginnt erst am Ende des Kalenderjahres, in dem der Anspruch entstanden ist und der Vermieter (Gläubiger) von den den Anspruch begründenden Umständen und der Person des Schuldners (in der Regel des Mieters) Kenntnis erlangt oder ohne grobe Fahrlässigkeit erlangen müsste.
Beispiele: Für im Laufe des Jahres 2020 entstandene Mietzinsansprüche beginnt die Verjährungsfrist am 1. 1. 2021 und läuft bis 31. 12. 2023; - für den Anspruch aus einer vom Vermieter im März 2019 erteilten Betriebskostenabrechnung für das Jahr 2018 beginnt die Verjährungsfrist am 1. 1. 2020 und endet am 31. 12. 2022.

II. Ansprüche des Vermieters mit 6 – monatiger Verjährungsfrist

392   Einer kurzen nur 6 Monate dauernden Verjährungsfrist unterliegen alle Ersatzansprüche des Vermieters wegen Veränderungen oder wegen Verschlechterung der Mieträume, die während oder nach der Mietzeit oder auch nach der Rückgabe entstanden sind (§ 548 Abs. 1), z. B.:
• Schadenersatz wegen Verletzung der Obhutpflicht (Rn 170).

Beispiele: Löcher oder Tintenflecke im Teppichboden; - Löcher in Türblättern; - durch ausgelaufenes Wasser beschädigter Parkett; - verlorene Schlüssel.
- Schadenersatz wegen nicht ausgeführter Instandhaltungsarbeiten, z. B. rechtswirksam übernommener Schönheitsreparaturen.
- Schadenersatz, weil der alte Zustand der Mieträume nicht wiederhergestellt worden ist, wenn der Mieter z. B. von ihm geschaffene Einrichtungen oder eine von ihm durchgeführte bauliche Veränderung der Mieträume nicht entfernt.
- Auch der Anspruch auf Bezahlung eines im Mietvertrag anstelle einer Renovierung rechtswirksam festgelegten Geldbetrages fällt darunter.

Die nur 6 Monaten dauernde Verjährungsfrist (§ 548 Abs. 1) beginnt für den Vermieter nicht erst am Ende des Mietverhältnisses, sondern schon in dem Zeitpunkt, in dem der Mieter die Mieträume dem Vermieter zurückgibt oder den Besitz am Mietobjekt vollständig aufgibt und der Vermieter davon erfährt. Das gilt auch dann, wenn die Übergabe oder Besitzaufgabe ausnahmsweise schon vor dem Ende des Mietverhältnisses geschieht. Zur „Rückgabe" siehe Rn 363 ff..
Beispiele, wenn das Mietverhältnis am 30.9.2020 endet:
Der Mieter übergibt nach Räumung der Mieträume diese dem Vermieter schon am 2.10.2020, die kurze Verjährungsfrist beginnt dann am 2.10.2020 und endet am 2.4.2021. Übergibt der Mieter die Mieträume schon am 6.3.2020, dann endet die Verjährungsfrist am 6.9.2020, also schon vor dem Ende des Mietverhältnisses.
Die Frist kann durch eine vorformulierte Bestimmung oder Klausel (Rn 20 ff.) zugunsten des Vermieters weder verlängert noch bis zur Beendigung des Mietverhältnisses hinausgeschoben werden.

Die nur 6 Monaten dauernde Verjährungsfrist für die genannten Ansprüche gilt nur im Verhältnis zwischen Vermieter und Mieter, nicht z. B. für Schadenersatzansprüche einer Wohnungseigentümergemeinschaft gegen den Mieter von Wohnungseigentum wegen Beschädigung von Gemeinschaftseigentum. Letzte unterliegen der 3 – jährigen Verjährungsfrist.

III Ansprüche des Mieters mit 3 – jähriger Verjährungsfrist

Folgende Ansprüche des Mieters aus dem Mietverhältnis unterliegen der   393
regelmäßigen Verjährungsfrist von 3 Jahren (§ 195):
- Ansprüche auf Zurückzahlung zuviel bezahlter Betriebskosten aus einer Abrechnung des Vermieters oder auf Rückzahlung einer Kaution, oder auf Zurückzahlung von für die Zeit nach Beendigung des Mietverhältnisses vorausbezahlter Mieten (§ 547), oder Bereicherungsansprüche (§§ 812 ff.), ausgenommen wegen ohne Verpflichtung durchgeführten

Schönheitsreparaturen (Rn 390), die der 6 – monatigen Verjährung unterliegen.

- Schadenersatz wegen eines vom Vermieter bei der Kündigung nur vor-
  geschobenen berechtigten Interesses (Rn 337), oder wegen vom Vermieter nicht beseitigter Mängel.

Für den Beginn der 3 Jahre dauernden Verjährungsfrist gilt das gleiche wie
unter Rn 391 für den Vermieter beschrieben worden ist.

IV Ansprüche des Mieters mit 6 – monatiger Verjährungsfrist

394   Der nur kurzen <u>6 Monate</u> dauernden Verjährungsfrist unterliegen folgende
Ansprüche des Mieters gegen den Vermieter:
- Ansprüche auf Ersatz von Kosten für Aufwendungen (Rn 222 ff.), die während der Mietzeit bis zu deren Ende entstanden sind (§ 548 Abs. 2),
- Ansprüche auf Erstattung von Kosten, die der Mieter zur Beseitigung eines Mangels aufgewendet hat (§ 536 a Abs. 2), wenn
  - die umgehende Beseitigung des Mangels notwendig war, oder
  - der Vermieter mit der Beseitigung in Verzug war, oder
  - der Mieter in Unkenntnis über seine fehlende Verpflichtung Schön-
    heitsreparaturen an ihrem Ende ausführte (Rn 390).
- Ansprüche auf Wegnahme einer vom Mieter geschaffenen Einrichtung, die
  der Vermieter nicht übernehmen darf oder nicht will, oder auf Zahlung einer Entschädigung für eine Einrichtung, die der Mieter auf Verlangen des
  Vermieters in den Mieträumen belassen muss (Rn 366 ff.).

Diese Verjährungsfrist beginnt für den Mieter nicht schon im Zeitpunkt der
Rückgabe der Mieträume an den Vermieter, sondern im <u>Zeitpunkt der rechtlichen Beendigung</u> des Mietverhältnisses.
> Beispiel: Der Mieter ließ während der Mietzeit auf seine Kosten in die
> Wohnräume eine Dusche einbauen. Durch eine Kündigung endet das
> Mietverhältnis am 31. 12. 2020 Der Vermieter verlangt schon bei der
> Kündigung, dass die Dusche nicht ausgebaut werden darf. Der Wert der
> Dusche unter Berücksichtigung der bisherigen Abnutzung und der Ein-
> bau- und Ausbaukosten wird auf 3.500 € geschätzt. Der Mieter kann die
> Wohnung erst am 15. 6. 2021 räumen und dem Vermieter zurückgeben.
> Sein Anspruch auf Zahlung der 3.500 € gegen den Vermieter verjährt
> nicht erst am 15. 12. 2021 sondern schon am 30. 6. 2021, da die Frist
> schon am 1. 1. 2021 zu laufen begann.

Tritt wegen einer Veräußerung der Mieträume ein neuer Vermieter in das
Mietverhältnis ein (Rn 92), beginnt die Verjährungsfrist wegen der Ansprüche des Mieters gegen den bisherigen Vermieter in dem Zeitpunkt, in dem
der Mieter vom Übergang des Eigentums an den Mieträumen erfährt.

6. KAPITEL

Wichtiges bei der Verwendung von Formularmietverträgen und der Absicherung bestimmter Interessen des Vermieters und Mieters

Vermieter und Mieter verwenden beim Abschluss eines Mietvertrages heute in der Regel Formularmietverträge, die in verschiedenen Geschäften angeboten oder im Internet heruntergeladen werden können. Diese enthalten vielfach <u>vorformulierten</u> Bestimmungen bzw. Klauseln, die nur rechtswirksam sind, wenn sie keine Überraschungsklauseln und nicht mehrdeutig sind, und insbesondere den Vertragspartner des Verwenders nicht benachteiligen (Rn 20 ff.). Größere Unternehmen verwenden dagegen beim Abschluss von Mietvertragen meist von ihnen selbst oder durch ihren Anwalt ausgearbeitete Vertragsentwürfe, die aber – weil sie mehrfach verwendet werden – meist auch unter die oben genannten Beschränkungen fallen.

Mieter oder auch Vermieter müssen deshalb bei ihnen vorgesetzten Vertragsformularen bzw. -entwürfen besonders darauf achten, dass beim Vertragsabschluss auch ihre eigenen Interessen berücksichtigt sind. Siehe dazu der Abschnitt E.

Nicht selten werden auch beim Ausfüllen von Formularen Fehler gemacht. Hinweise dazu und zu den wichtigsten Bestimmungen eines Mietvertrags finden Sie in den nachstehenden Abschnitten A. bis D.

A. Häufige Fehler bei der Verwendung von Formularmietverträgen

I. Unausgefüllte oder falsch ausgefüllte Stellen

Alle Stellen im Vertragformular, an denen etwas eingefügt werden kann oder soll, oder an denen eine Alternative durch Ankreuzen gewählt werden kann, sollten sorgfältig geprüft und entsprechend die gewünschte Alternative auch richtig ausgefüllt werden. Wenn das nicht geschieht, kann es später zu Streitigkeiten führen. Beispiele:
- Bei der Bezeichnung von Vermieter oder Mieter wird bei Ehepaaren manchmal nur des Name eines Ehegatten eingesetzt, während der Vertrag dann von beiden unterschrieben wird, oder es werden Ehemann und Ehefrau als Vermieter oder Mieter eingesetzt, während der Vertrag dann nur von einem des Ehepaares unterschrieben wird;
- Bei einer Firma wird nicht auf die richtige Bezeichnung oder die Vertretungsberechtigung des Unterzeichners geachtet.

395

396

- Bei der Frage nach der Mietdauer wird sowohl der Absatz „auf unbestimmte Zeit" angekreuzt als auch eine „feste Mietdauer" eingesetzt;
- bei den Betriebskosten wird sowohl das Kästchen „Pauschale" als auch das Kästchen „Vorauszahlung" angekreuzt;
- bei der Verpflichtung zu Schönheitsreparaturen wird weder das Kästchen „Mieter" noch das Kästchen „Vermieter" angekreuzt.

Näheres dazu siehe auch bei den einzelnen Vertragsbestimmungen unter Rn 399 ff..

II. Gefährliche Änderungen und Ergänzungen im Vertragstext

397   In den Vertragsformularen sind in der Regel die zum großen Teil von den Gerichten auf ihre Gültigkeit geprüften Klauseln enthalten. Weil es dabei oft auf den genauen Wortlaut einer Bestimmung ankommt, kann es für einen juristischen Laien gefährlich sein, wenn er eine nach der Rechtsprechung der Gerichte als rechtswirksam anerkannte vorformulierte Bestimmung im Formularvertrag ändert. Es kann z. B. zu einer Unwirksamkeit der Bestimmung über Schönheitsreparaturen führen, wenn z. B. in einem vorformulierten Fristenplan die Worte „in der Regel" oder „ im Allgemeinen" gestrichen oder nicht enthalten sind (Rn 181a), oder wenn einerseits festgelegt wird, dass vom Mieter während der Mietzeit und andererseits auch am Ende der Mietzeit Schönheitsreparaturen durchzuführen sind, denn dann ist der Mieter wegen Verstoßes gegen das „Summierungsverbot" zu gar keinen Schönheitsreparaturen verpflichtet.

398   Wichtig ist vor allem, dass in den schriftlichen Vertrag <u>alle</u> beim Vertragsschluss getroffenen Vereinbarungen aufgenommen werden, damit diese im Falle einer Veräußerung der Mieträume (Rn 92 ff.) vom neuen Vermieter gegenüber dem Mieter oder von diesem gegenüber dem neuen Vermieter auch nachgewiesen werden können. Im Falle eines länger als 1 Jahr laufenden Zeitmietvertrages ist das deshalb wichtig, weil nicht unter Beachtung der gesetzlichen Schriftform getroffene Abreden und Änderungen zu einer vorzeitigen Vertragskündigung führen können (Rn 77, 230).

B. Bestimmungen über Mietparteien, Mieträume, und Entgelte

Damit ein Mietverhältnis überhaupt entstehen kann, müssen sich die Vertragsparteien über die <u>Mietsache</u>, also die zu vermietenden Räume, und über deren Überlassung an den Mieter zum Gebrauch gegen ein <u>Entgelt</u> (Miete, Betriebskosten, Nebenentgelte) einig sein (Rn 79 ff.).

I. Die Vertragsparteien

Wichtig ist bei jedem Mietverhältnis, zwischen welchen Personen (Rn 3)   399
der Mitvertrag abgeschlossen wird und deshalb auf der Vermieter- und Mieterseite in das Vertragsformular einzutragen sind. Diese müssen den Vertrag
am Ende auch unterschreiben, damit keine Zweifel entstehen, wer überhaupt Vermieter oder wer Mieter ist. Auch die Rechtstellung der Vertragsparteien kann von Bedeutung sein, ob z. B. der Vermieter Eigentümer der Mietsache ist oder nur Mieter, sodass nur ein Untermietvertrag zustande kommt.
Bei Ehegatten oder einem anderen Paar kommt es vor, dass nur einer von
ihnen die Wohnung mietet und den Mietvertrag als Mieter unterzeichnet. Der
andere wird damit nicht automatisch zum „Mitmieter".

Im Falle eines Geschäftsraummietverhältnisses kann für den Mieter wichtig   400
sein, dass er das in den Geschäftsräumen beabsichtigte Geschäft oder Gewerbe vielleicht auch unter einer anderen Identität betreiben darf.

Im Falle eines Wohnraummietverhältnisses kann in einem Mietvertrag über   401
Einliegerwohnräume (Rn 56) die Anzahl der Mieter und der die Wohnräume
bewohnenden Personen sehr wichtig sein, weil davon die bei einer Kündigung zu beachtenden Vorschriften abhängen. Siehe dazu beim Recht des
Mieters zur Gebrauchsüberlassung an Dritte Rn 206 ff. und zum Kündigungsrecht des Vermieters Rn 323 ff..

II. Die Beschreibung der Mieträume

1. Anzahl, Größe und Lage der Räume

Die Räume sollten aufgezählt und beschrieben werden, bei Wohnungen   402
auch Flur, Bad, Balkon, Garten oder Gartenanteil, ferner Keller- und Bühnenräume, bei Geschäftsräumen Verkaufs- und Lagerräume. Außerdem
sollten Stell- und Parkplätze sowie Räumlichkeiten oder andere Grundstücksteile aufgeführt werden, die allein oder mitbenutzt werden dürfen, oder
Teile außerhalb der Räume z. B. die Außenwände des Gebäudes zu Reklamezwecken oder Gebäude- und Grundstücksteile zum Be- und Entladen
oder Abstellen von Fahrzeugen.

Für die Größe der Räume muss eine etwaige Flächenangabe im Mietvertrag
korrekt sein, damit keine Gewährleistungsansprüche, insbesondere keine
Mietminderung riskiert wird (Rn 218). Nach der Rechtssprechung kann das
vermieden werden, wenn im Mietvertrag folgende individuell vereinbarte oder auch nur vorformulierte Bestimmung festgelegt wird:

„Vermietet werden folgende Räume …., deren Größe <u>ca.</u> … qm beträgt. Diese Angabe dient wegen möglicher Ungenauigkeit nicht zur Festlegung des Mietobjekts. Dessen räumlicher Umfang ergibt sich vielmehr aus der Anzahl der vermieteten Räume."

403   Zur Berechnung der Größe einer Wohnung gibt es die WoFIV, nach der die Wohnfläche berechnet werden soll. Nach dieser gilt:
Wohnfläche sind die Grundflächen der Räume, die ausschließlich zur Wohnung gehören, auch Wintergärten, Schwimmbäder und ähnliche geschlossene Räume, ferner Balkone, Loggien, Dachgärten und Terrassen. Nicht zur Wohnfläche gehören dagegen Keller, Abstellräume und Kellernebenräume außerhalb der Wohnung, Waschküchen, Trockenböden, Bodenräume, Heizungsräume und Garagen.
Maßgebend für die Berechnung der Flächen sind die lichten Maße. Flächen mit einer Höhe von 2 m und höher werden <u>voll</u>, mit einer Höhe von 1 m bis unter 2 m <u>zur Hälfte</u> berücksichtigt. Balkone, Loggien, Dachgärten und Terrassen je nach Örtlichkeit zwischen einem <u>Viertel und der Hälfte.</u>

Insbesondere bei Wohnräumen, die Teil einer vom Vermieter selbst bewohnten Wohnung sind, sollte wegen der Frage des Kündigungsschutzes deren <u>Eigenschaft</u> als Einliegerwohnräume in der Beschreibung festgehalten werden, und wegen eines Kündigungsschutzes, von wem sie überwiegend <u>möbliert</u> worden sind.

2. Der Zustand der Wohnräume

404   Wichtig ist auch eine Beschreibung des Zustandes der Mieträume, was in einem gemeinsamen Übergabeprotokoll geschehen sollte (Rn 111).
In welchem Zustand sich die Mieträume bei Abschluss des Mietvertrages befinden, ist für die Haftung des Vermieters für Mängel (Rn 211 ff.), deren Beseitigung sowie für vom Mieter übernommene Schönheitsreparaturen wichtig. In den Formularmietverträgen pflegt darüber hin und wieder eine Klausel etwa folgenden Wortlauts zu stehen:
„Dem Mieter ist der Zustand der Mieträume bekannt, er anerkennt sie als ordnungsgemäß und zum vertraglichen Gebrauch tauglich an. Er hat die Räume pfleglich zu behandeln und in ordnungsgemäßem Zustand zu erhalten und zurück zu geben".

Diese vorformulierte Klausel dürfte einer gerichtlichen Nachprüfung nicht standhalten, da eine etwa in der Bestimmung gesehene Beweislastumkehrung (Rn 111) oder die Abwälzung der vollen Erhaltungspflicht (Rn 112) auf den Mieter durch eine vorformulierte Bestimmung nicht zulässig ist. Abgesehen davon ist der Mieter zur pfleglichen Behandlung der Mieträume auch verpflichtet, ohne dass das im Vertrag ausdrücklich festgelegt wird.

Um den Zustand der Mieträume festzuhalten ist es im Hinblick auf die 405
Rechtssprechung des BGH zur Frage der Schönheitsreparaturen (Rn 178
ff.) wichtig, dass Vermieter und Mieter bei Abschluss des Mietvertrages oder
spätestens bei der Übergabe der Mieträume ein gemeinsames Protokoll
aufstellen, das bei dem einen oder anderen Formularmietvertrag als Anlage
zur Verfügung steht. Wichtig für Vermieter und Mieter ist, dass in diesem
Protokoll der Zustand der Mieträume (z. B. „neu", „renoviert" oder „unrenoviert") sowie etwaige Mängel festgehalten werden, die der Mieter akzeptiert.
Bei festgestellten Mängeln, die der Mieter beseitigt haben will, ist es für den
Mieter wichtig, dass die Bereitschaft des Vermieters zur Beseitigung des
Mangels festgehalten wird (Rn 217 Ziffer (3)).

Im Falle eines Geschäftsraummietverhältnisses ist außerdem wesentlich,
dass der Zweck beschrieben wird, zu dem die Benutzung der Geschäftsräume zugelassen ist, oder dass also z. B. eine erforderliche behördliche
Genehmigung vorliegt oder zu erreichen ist. Eine etwa im Interesse des Geschäftsraumvermieters im Mietvertrag enthaltene vorformulierte Klausel,
nach der der Mieter das Risiko einer fehlenden Genehmigung trägt oder alle
behördlichen Auflagen auf eigene Kosten erfüllen muss, ist unwirksam.

III. Die Festlegung der vom Mieter zu zahlenden Miete

1. Die Höhe der Miete

Die Regel ist es, dass im Mietvertrag eine feste, in der Regel monatlich zu 406
zahlende Miete festgelegt wird.

In einem Mietvertrag über Geschäftsräume sollte zur Klarstellung bestimmt
werden, ob im festgelegten Betrag eine Mehrwertsteuer in gesetzlicher Höhe
enthalten ist oder hinzukommt.
Werden Wohnräume mitvermietet, beim sogenannten Mischmietverhältnis
(Rn 52), sollte bei der Festlegung des Mietzinses auch die Gewichtung zwischen Geschäftsräumen und Wohnräumen berücksichtigt werden, damit der
Schwerpunkt des Mietverhältnisses feststeht und klar ist, welche gesetzlichen Vorschriften zur Anwendung kommen müssen.

In einem ‚Mietvertrag über Wohnräume sollte der Mietzins zwischen Wohnräumen und anderen, z. B. Garagen aufgeteilt werden. Das erleichtert bei
einer etwaigen späteren Erhöhung der Wohnraummiete auf die ortsübliche
Miete deren Berechnung.

2. Die Änderung der Miete während der Mietzeit bei einem auf eine bestimmte Zeit laufenden Mietverhältnis = Zeitmietvertrages

407   Steht in einem Zeitmietvertrag nichts über eine Änderung der Miete während der Mietzeit, gilt die festgelegte Miete während der gesamten Mietzeit.

408   Soll sich im Falle eines Zeitmietvertrages die Miete während der festgelegten Mietdauer ändern, kann bei Vertragsschluss eine Staffelmiete oder Indexmiete vereinbart werden.

409   Bei einem Zeitmietvertrag über unter den Kündigungsschutz fallenden Wohnräumen (Rn 59 - 64) müssen die für eine Staffelmiete oder Indexmiete vorgeschriebenen besonderen Bedingungen beachtet werden. Siehe dazu Rn 231 f.. Dort finden Sie auch Formulierungsbeispiele.

3. Die Änderung der Miete während der Mietzeit bei einem auf unbestimmte Zeit laufenden Mietverhältnis

410   Im Falle eines Mietvertrages über Geschäftsräume oder über nicht unter den Kündiguungsschutz fallende Wohnräume (Rn 55 - 58) muss wegen einer Änderung der Miete während der Mietzeit im Mietvertrag nichts festgelegt werden, da beide Vertragsparteien das Mietverhältnisses kündigen können, wenn sie eine Änderung der Miete erreichen wollen und das durch eine einvernehmliche Regelung nicht möglich ist.

411   Bei einem unter den Kündigungsschutz fallenden und auf unbestimmte Zeit laufenden Mietverhältnis über Wohnräume (Rn 59 - 64) ist die Möglichkeit für den Vermieter, eine Mieterhöhung verlangen zu können, gesetzlich vorgeschrieben. Eine Regelung im Mietvertrag darüber ist also nicht erforderlich.

Möchte andererseits der Mieter solchen Wohnraums, dass eine Erhöhung der Miete ganz oder auf einen bestimmten Zeitraum ausgeschlossen sein soll, muss er das im Mietvertrag festlegen lassen.
   Beispiel: Der Vermieter überlässt seine schlecht zu vermietende Wohnung dem Mieter zu einem deutlich unter der ortsüblichen Miete liegenden Preis von 80 % der ortsüblichen Miete. Wenn das Recht des Vermieters zur Erhöhung der Miete auf die ortsübliche Miete nicht wenigstens auf eine bestimmte Zeit ausgeschlossen wird, muss der Mieter schon nach dem ersten Mietjahr damit rechnen, dass der Vermieter die Miete um 20 % (Kappungsgrenze) auf 96 % der ortsüblichen Miete erhöht.

4. Die Fälligkeit der Miete

Wenn die Miete wie in aller Regel zu Beginn eines Zeitabschnitts, also z. B.   412
am Anfang eines Kalendermonats bezahlt werden soll, ist im Mietvertrag
keine besondere Regelung erforderlich. Denn im BGB ist inzwischen festgelegt, dass die Miete für Räume am 3. Werktag des bestimmten Zeitabschnittes im voraus zu zahlen ist (Rn 145). Das gilt für Geschäfts- und Wohnräume.

IV. Bestimmungen über die Betriebskosten

Infrage kommen Bestimmungen darüber, ob oder welche Betriebskosten der
Mieter zu zahlen hat, ob diese durch eine Pauschale abgegolten werden sollen oder ob und welche Vorauszahlungen geleistet werden müssen:

1. Die vom Mieter zu zahlenden Betriebskosten

Dass der Mieter Heizkosten zu bezahlen hat, muss im Mietvertrag nicht   413
ausdrücklich stehen (Rn 151). Wichtig ist für jeden Vermieter aber, dass im
Mietvertrag die Pflicht des Mieters zur Zahlung der anderen Betriebskosten
festgelegt wird. Denn wenn darüber nichts festgelegt ist, kann der Vermieter
vom Mieter keine Betriebskosten verlangen.
Wenn festgelegt wird, dass der Mieter die Betriebskosten im Sinne von § 2
der BetrKV (oder nach Anlage 3 zu § 27 der II. BV) zu zahlen hat, müssen
die einzelnen vom Vermieter aufgewendeten Betriebskosten (Rn 121) nicht
unbedingt aufgezählt werden. Nur etwaige „sonstige" nicht in der BetrKV
aufgeführte Betriebskosten müssen ausdrücklich aufgeführt werden.
Steht im Mietvertrag eine vorformulierte Bestimmung, dass der Mieter nur
„die Betriebskosten" zu zahlen hat, ist diese unwirksam, da diese Bestimmung auch nicht umlagefähige Betriebskosten, z. B. Verwaltungskosten,
beinhalten könnten.
Werden zu bezahlende Betriebskosten dagegen im Mietvertrag einzeln aufgeführt, kann der Vermieter nur diese verlangen.
Möchte der Vermieter, dass er vom Mieter auch erst nach Abschluss des
Mietvertrages etwa eingeführte Betriebskosten verlangen kann, muss er das
im Mietvertrag festlegen, z. B. mit der Klausel *„Werden öffentliche Abgaben
neu eingeführt oder entstehen Betriebskosten neu, so können diese vom
Vermieter im Rahmen der gesetzlichen Vorschriften umgelegt und angemessene Vorauszahlungen festgelegt werden."*

2. Die Vereinbarung einer Pauschale

Soll der Mieter verpflichtet sein, die Betriebskosten nicht in deren genauer   414
Höhe sondern nur in Höhe einer Pauschale zu bezahlen, muss das im Mietvertrag stehen. Denn sonst schuldet er die festgelegten Betriebskosten in

der vom Vermieter für ihn aufgewendeten Höhe. Festzulegen ist dann die Höhe und die Fälligkeit der Pauschale. Das gilt entsprechend auch für Heizkosten, wenn diese nicht nach der HKV abgerechnet werden müssen.

Soll der Vermieter zu einer <u>Erhöhung</u> einer Pauschale während der Mietzeit berechtigt sein, muss das im Mietvertrag festgelegt sein (Rn 256a). Beispiel für eine entsprechende Regelung:

„Wenn sich die bei Abschluss des Mietvertrages der Pauschale zugrundegelegten Betriebskosten während der Mietzeit um 10 % oder mehr erhöhen oder neue Betriebskosten dazukommen, darf der Vermieter durch Erklärung gegenüber dem Mieter die vereinbarte Pauschale entsprechend anheben. Die Anhebung gilt ab dem ersten des übernächsten Kalendermonats, der auf den Zugang der Erklärung folgt. Das gleiche gilt, wenn sich die Betriebskosten nach einer Anhebung erneut erhöhen."

Soll dagegen der Mieter berechtigt sein, vom Vermieter während der Mietzeit eine <u>Ermäßigung</u> einer Pauschale verlangen zu können, wenn sich die Betriebskosten ermäßigen, muss das im Falle eines Mietvertrages über Geschäftsräume oder eines Mietvertrages über nicht unter den Kündigungsschutz fallende Wohnräume festgelegt werden, während im Falle unter den Kündigungsschutz fallender Wohnräume (Rn 59 - 64) der Vermieter bei einer Ermäßigung von Betriebskosten gesetzlich verpflichtet ist, die Pauschale zu senken (Rn 256a).

3. Die Vereinbarung einer Vorauszahlung auf die Betriebskosten

415 Soll der Mieter Betriebskosten, Heizkosten oder beides in tatsächlich anfallender Höhe zahlen müssen, wird üblicherweise eine monatliche Vorauszahlung und deren Fälligkeit vereinbart. Die Höhe der Vorauszahlung muss sich an der ungefähren Höhe der voraussichtlich entstehenden Kosten orientieren und darf bei allen Mietverhältnissen über Wohnräume nur in angemessener Höhe vereinbart werden (Rn 156).

Für eine <u>Änderung der Vorauszahlung</u> während der Mietzeit muss nur bei einem unter den Kündigungsschutz fallenden Wohnraummietverhältnis (Rn 59 - 64) nichts festgelegt werden, da gesetzlich geregelt ist, dass Vermieter und Mieter eine Änderung der vereinbarten Vorauszahlung während der Mietzeit verlangen können (Rn 256b).

Auch der <u>Umlegungsmaßstab</u> kann vereinbart werden, ausgenommen bei Heiz- und Warmwasserkosten, wenn die Heizkostenverordnung anzuwenden ist (Rn 126, 257). Wenn es sich bei den vermieteten Räumen um Wohnungs- oder Teileigentum nach dem WEG handelt, sollte festgelegt werden, dass der jeweilige für die GdWE geltende Umlegungsschlüssel auch zwischen Vermieter und Mieter gilt.

Die <u>Abrechnungspflicht</u> des Vermieters: Wie über die Betriebskosten oder die Vorauszahlungen abzurechnen ist, kann beim Mietverhältnis über Geschäftsräume vereinbart werden. Für Mietverhältnisse über Wohnräume darf die gesetzliche Abrechnungspflicht des Vermieters über die Vorauszahlungen (Rn 128 ff.) nicht zum Nachteil des Mieters geändert werden.

<u>V. Bestimmungen über Nebenentgelte, insbesondere eine Kaution</u>

Wenn der Mieter neben Miete und Betriebskosten zur Zahlung einer der unter Rn 159 ff. beschriebenen Nebenentgelte verpflichtet sein soll, muss das im Mietvertrag festgelegt sein. Meist geht es um eine Sicherheit (Kaution), bei der die zugunsten des Wohnraummieters unter Rn 161 ff. beschriebenen nicht änderbaren Bedingungen zu beachten sind. In Formularmietverträgen sind diese Beschränkungen in der Regel berücksichtigt.   416

Die für Mietverhältnisse über Wohnräume bestehenden Einschränkungen gelten bei der Vermietung von Geschäftsräumen nicht. Die Höhe der Kaution ist also dort nicht auf 3 Monatsmieten beschränkt. Dem Geschäftsraummieter braucht auch keine Ratenzahlung gestattet werden.

In der Regel wird in einem Geschäftsraummietvertrag als Sicherheit eine <u>Bürgschaft</u> vereinbart, bei welcher der Vermieter notfalls seinen Anspruch gegen den Mieter gerichtlich geltend machen muss und deshalb erst nach einem obsiegenden Urteil den Bürgen in Anspruch nehmen kann. Am meisten Sicherheit bietet dem Vermieter deshalb eine <u>selbstschuldnerische</u> Bankbürgschaft, bei der die bürgende Bank nicht verlangen kann, dass der Vermieter zuerst den Mieter verklagen muss. Noch besser ist eine Bürgschaft „<u>aufs erste Anfordern</u>", bei welcher der Bürge bei Vorliegen bestimmter Kriterien auf eine Zahlungsaufforderung durch den Vermieter sofort zahlen muss.

C. Bestimmungen über Mietdauer, Mietzweck, Gebrauchsrecht und Erhaltungspflicht

<u>I. Die Bestimmung der Dauer des Mietverhältnis</u>

Soll das Mietverhältnis wie in aller Regel auf <u>unbestimmte Zeit</u> laufen, müssen Vermieter und Mieter keine Regelung treffen.   417

In Mietverträgen über <u>Geschäftsräume</u> wird häufig eine feste Mietzeit vereinbart. Hier stehen dem Geschäftsraumvermieter und dem Geschäftsraummieter alle unter Rn 44 f. beschriebenen Arten von Zeitmietverträgen offen. Es bestehen bei der Festlegung der Mietdauer keine gesetzlichen Be-   418 schränkungen, ausgenommen es wird eine längere feste Mietzeit als 30 Jahre vereinbart, weil dann ein außerordentliches befristetes Kündigungsrecht besteht, das nicht ausgeschlossen werden kann (Rn 293).

419   Da bei einem Mietvertrag über unter den Kündigungsschutz fallende <u>Wohnräume</u> ein Zeitmietvertrag nur aus ganz bestimmten Gründen zulässig ist (Rn 44), sollte der vom Wohnraumvermieter für die Befristung geltend gemachte Grund in den Mietvertrag aufgenommen werden, da der Grund dem Mieter ja ohnehin bei Vertragsschluss schriftlich mitgeteilt worden sein muss. Nur bei der Vermietung vom Kündigungsschutz ausgenommener Wohnräume der unter (Rn 55 - 58) kann eine feste Mietzeit festgelegt werden, ohne dass dafür ein Grund gegeben sein muss.

II. Bestimmungen über die Beendigung des Mietverhältnisses, insbesondere zu den Kündigungsrechten

1. Bestimmungen über die Fortsetzung eines beendeten Mietverhältnisses

420   Da ein rechtswirksam vereinbarter Zeitmietvertrag automatisch mit dem Ablauf der vereinbarten Zeit endet, braucht eine Bestimmung über die Beendigung des Zeitmietvertrages nicht getroffen werden.
Dass ein auf unbestimmte Zeit laufendes Mietverhältnis durch eine Kündigung endet, steht im BGB und muss nicht besonders vereinbart werden.

421   Damit ein zu Ende gehendes Raummietverhältnis mangels Widerspruches durch den Vermieter oder Mieter nach § 545 nicht auf unbestimmte Zeit weiterlläuft (Rn 378), wenn der Mieter nach dem Ende des Mietverhältnisses den Gebrauch der Mieträume fortsetzt, ist es zweckmäßig, schon im Mietvertrag zu vereinbaren, dass diese Vorschrift nicht gelten soll. In einem <u>Geschäftsraummietvertrag</u> reicht dafür die Nennung des § 545 BGB aus, z. B. mit der vorformulierte Bestimmung

> *„Eine Fortsetzung des Mietverhältnisses nach § 545 BGB wird ausgeschlossen".*

In einem <u>Vertrag über Wohnräume</u> reicht dagegen die Nennung des auszuschließenden § 545 BGB nicht aus, denn der Mieter ist in der Regel rechtlich nicht so vorgebildet, dass er weiss, was diese Vorschrift bedeutet. Nach der höchstrichterlichen Rechtssprechung ist deshalb die Bestimmung erforderlich:

> *„Das Mietverhältnis soll nach dem Ende der Mietzeit nicht auf unbestimmte Zeit weiterlaufen, wenn der Mieter nach dem Ende der Mietzeit den Gebrauch der Mieträume fortsetzen sollte."*

Die meisten Formularmietverträge enthalten diese Reglung.

2. Bestimmungen über die Kündigung

Zur <u>Form</u> der Kündigung:

Da für die Kündigungserklärung bei einem <u>Geschäftsraummietverhältnis</u> kei- **422**
 bestimmte Form vorgeschrieben ist, wird in der Regel in einem Geschäftsraummietvertrag von den Parteien festgelegt, dass eine Kündigung schriftlich oder sogar durch eingeschriebenen Brief zu erfolgen hat, wenn sie
rechtswirksam sein soll (Rn 280). Eine solche Regelung ist durch eine vorformulierte Bestimmung zulässig.

Die Kündigung <u>aller Wohnraummietverhältnisse</u> muss schriftlich, also in <u>ge-</u> **423**
<u>setzlicher Schriftform</u> (Rn 12) ausgesprochen werden (Rn 280), ohne dass
das besonders vereinbart werden müsste. Eine strengere Form, z. B. eine
notarielle Beglaubigung oder Beurkundung (Rn 13 f.) oder z. B. durch eingeschriebenen Brief, dürfen im Wohnraummietvertrag durch eine vorformulierte Klausel (Rn 20 f.) nicht vorgeschrieben werden.

Zu den Kündigungs<u>fristen</u>:

Wenn Vermieter und Mieter von <u>Geschäftsräumen</u> nicht die gesetzlichen **424**
Kündigungsfristen für die ordentliche Kündigung wünschen, können sie jederzeit im Mietvertrag andere für sie zweckmäßige Fristen festlegen.

Beim Mietverhältnis über <u>Wohnräume</u> kann nur bei der Vermietung von **425**

Wohnräumen zu einem vorübergehenden Zweck (Rn 55) eine kürzere als
die gesetzliche Kündigungsfrist festgelegt werden. Da bei allen anderen
Wohnraummietverhältnissen die Kündigungsfristen nicht zum Nachteil des
Mieters geändert werden dürfen, muss darüber nichts vereinbarte werden.

Die in Formularverträgen oft stehende Klausel *„Für die Kündigung gelten die
gesetzlichen Vorschriften"* ist in einem Wohnraummietvertrag unnötig.

Möchte der Mieter von Wohnräumen dagegen für sich günstigere Regelun- **426**
gen, kann bei einem Einverständnis des Vermieters im Mietvertrag z. B. vereinbart werden:

- dass der Mieter auch zu einem späteren Zeitpunkt als dem 3. Werktag im
  Monat oder mit einer geringeren Frist als 3 Monate kündigen kann,

- dass der Vermieter schon zu einem früheren als dem 3. Werktag im Monat oder mir einer längeren Frist als 3, 6 oder 9 Monate kündigen muss.

3. Bestimmungen über eine Änderung der gesetzlichen Kündigungsrechte

427 Zu einer <u>ordentlichen</u> Kündigung kann festgelegt werden:

- dass der Geschäftsraum<u>vermieter</u> eine bestimmte Zeit lang nicht ordentlich kündigen darf, oder
- dass der Geschäftsraum<u>mieter</u> eine bestimmte Zeit lang nicht ordentlich kündigen darf, oder
- dass beide, also Geschäftsraumvermieter <u>und</u> Geschäftsraummieter eine bestimmte Zeit lang nicht ordentlich kündigen dürfen.

Wenn ein Ausschluss auf eine längere Zeit als 1 Jahr vereinbart werden soll, muss die <u>gesetzliche Schriftform</u> (Rn 12) eingehalten werden.

428 In einem <u>Wohnraummietvertrag</u> festgelegt werden:

- dass der Wohnraum<u>vermieter</u> eine bestimmte Zeit lang nicht ordentlich kündigen darf, oder
- dass Wohnraum<u>vermieter</u> <u>und</u> Wohnraum<u>mieter</u> eine bestimmte Zeit lang nicht ordentlich kündigen dürfen, wobei der Ausschluss des Kündigungsrechtes für den Wohnraummieter aber auf höchstens 4 Jahre vereinbart werden darf (Rn 311d).

  Beispiel für eine rechtswirksame vorformulierte Bestimmung: „Vermieter und Mieter verzichten auf die Dauer von 4 Jahren ab Vertragsbeginn auf ihr Recht zur ordentlichen Kündigung. Eine ordentliche Kündigung ist erstmals auf das Ende dieses Zeitraums unter Einhaltung der gesetzlichen Kündigungsfrist zulässig."

Unwirksam wäre die geschilderte Bestimmung, wenn festgelegt würde, dass die Kündigung erstmals nach Ablauf des Zeitraums von 4 Jahren zulässig sein soll, denn dann wäre die Dauer des Verzichts für den Mieter 4 Jahre + die Zeit der Kündigungsfrist.

429 Ein Ausschluss des <u>außerordentlichen befristeten</u> Kündigungsrechts ist in den meisten Fällen unzulässig. Siehe dazu Rn 290 ff., 312 ff. + 343 ff..

Ausschlussbestimmungen kommen in Mietverträgen nur infrage:

- In <u>Geschäftsraummietverträgen</u>: ein Ausschluss dieses Kündigungsrechts des <u>Vermieters</u> beim Tod des Mieters (Rn 291) oder des <u>Mieters</u> bei einer Verweigerung der Zustimmung zur Untervermietung (Rn 296) oder auf eine Modernisierungsankündigung (Rn 297).
- In <u>Wohnraummietverträgen</u> : ein Ausschluss des Kündigungsrechts des <u>Erben</u> beim Tod des Mieters (Rn 315) oder des <u>Vermieters</u> beim Tod des Mieters gegenüber dem Erben des Mieters (Rn 346).

Auch die Möglichkeit, eine <u>fristlosen</u> Kündigung auszusprechen, wenn ein 430
„wichtiger Grund" gegeben ist, darf nicht ausgeschlossen werden. Siehe dazu Rn 298, 318 und 348. Vermieter und Mieter können im Mietvertrag allenfalls festlegen, dass der Mieter auch in anderen Fällen berechtigt sein soll, das Mietverhältnis durch eine fristlose Kündigung aufzulösen. Zu beachten ist dabei, dass eine vorformulierte Bestimmung nicht gegen die unter Rn 20 ff. beschriebenen Beschränkungen verstößt.

III. Bestimmungen über Mietzweck, über den Gebrauch der Mieträume und deren Überlassung an Dritte

1. Die Festlegung des Mietzwecks und einer Konkurrenzklausel

Wenn im Mietvertrag über <u>Geschäftsräume</u> keine nähere Bestimmung über 431
den Mietzweck getroffen ist, darf der Geschäftsraummieter die Geschäfträume zu jeder Art von geschäftlichen oder gewerblichen Zwecken nutzen. Je genauer der Mietzweck im Mietvertrag dagegen festgelegt ist, umso eingeschränkter ist das Gebrauchsrecht des Geschäftsraummieters.
Andererseits ist die Festlegung des Mietzwecks für den Vermieter wichtig, wenn er in seinem Gebäude oder in ihm gehörenden Nachbargebäude weitere Geschäftsräume an andere Mieter vermietet, denen gegenüber er zum Konkurrenzschutz verpflichtet ist (Rn 119). Siehe dazu für den Geschäftsraummieter auch Rn 466 und für den Geschäftsraumvermieter Rn 471.

Bei <u>Wohnräumen</u> kann für den Mieter die Angabe des Mietwecks wichtig 432
sein, wenn er einen Raum oder Teile der Wohnung zu anderen Zwecken als zum Wohnen benutzen möchte.
    Beispiel: Der Versicherungsvertreter will einen Raum der Wohnung als Büro benutzen, in dem er zeitweise eine Bürohilfe oder Schreibkraft beschäftigen oder Kunden empfangen will.
Für den Vermieter ist die Bestimmung des Mietzweckes wichtig, wenn er die Wohnräume dem Mieter z. B. nur zum vorübergehenden Gebrauch oder vielleicht als Werkmietwohnung überlassen will.

2. Bestimmungen über Tierhaltung und andere Gebrauchshandlungen

Der völlige Ausschluss jeglicher Tierhaltung in den Mieträumen durch eine 433
vorformulierte Bestimmung ist in der Regel unwirksam, auch eine Klausel, nach der Kleintiere teilweise verboten werden. Eine unwirksame Klausel bedeutet, dass für das Recht des Mieters das unter Rn 199 beschriebene gilt. Beispiele für rechtswirksame und unwirksame Klauseln:

<u>Rechtswirksam</u> ist die Klausel

„Der Mieter darf Kleintiere im üblichen Umfang in den Mieträumen halten, andere Tiere dagegen nur nach vorheriger Erlaubnis des Vermieters. Bei seiner Entscheidung hat der Vermieter seine Interessen, die des Mieters und etwaiger Mitmieter oder Nachbarn zu berücksichtigen".

<u>Unwirksam</u> sind die vorformulierten Bestimmungen

- „Der Mieter darf keinerlei Tiere halten"

- „Der Mieter darf ohne Erlaubnis des Vermieters keine Tiere halten"

- „Der Mieter darf Tiere nur nach vorheriger schriftlicher Erlaubnis des Vermieters halten"

- „Jede Tierhaltung mit Ausnahme von Ziervögeln und Zierfischen bedarf der Zustimmung des Vermieters".

Die Art und Weise des Gebrauchs von Wohnräumen, z. B. ob der Mieter mehr oder weniger stark raucht, ob, wann und welche Besuche der Mieter empfangen will, kann dem Wohnraummieter durch eine vorformulierte Bestimmung (Rn 20 ff.) nicht vorgeschrieben werden, da solche Vorschriften in verfassungsmäßige Rechte des Mieters eingreifen. Nur durch eine individuell getroffene Vereinbarung (Rn 23) kann darüber eine Regelungen getroffen werden.

3. Bestimmungen zum Recht des Mieters zur Untervermietung

(1) <u>Unnötige</u> Bestimmungen:

434 In vielen Formularmietverträgen steht:

- dass der Mieter zur Untervermietung nur mit Zustimmung des Vermieters berechtigt ist, oder

- dass der Wohnraummieter bei einem nach Abschluss des Mietvertrages entstandenen berechtigten Interesse Teile seiner Wohnung untervermieten darf.

Diese Klauseln sind <u>unnötig</u>, weil sich die in diesen Bestimmungen stehenden Regelungen das schon aus den Vorschriften im BGB ergeben. Das gleiche gilt für Bestimmungen, welche die Rechte des Vermieters für den Fall regeln, dass der Mieter ohne erforderliche Zustimmung des Vermieters untervermietet. Hierzu in Formularverträgen stehende Bestimmungen schränken in der Regel sogar die Rechte des Vermieters unnötig ein.

(2) Bestimmungen, die ein Recht zur Untervermietung <u>ausschließen sollen</u>:

Will der Vermieter von <u>Geschäftsräumen</u> festlegen, dass sein Mieter seine   435
Mieträume auf keinen Fall untervermieten darf, kann er das mit folgender
Regelung erreichen:

> *„Der Mieter ist nicht berechtigt, die Mieträume einem Dritten zum*
> *selbstständigen Gebrauch zu überlassen".*

Ob diese Regelung durch eine vorformulierte Bestimmung (Rn 20 ff.) zulässig ist oder individuell vereinbart werden muss, ist von der höchstrichterlichen Rechtssprechung noch nicht entschieden worden. Ein Vermieter kann
sich also nur sicher sein, dass die Regelung gilt, wenn er sie mit seinem
Mieter individuell vereinbart (Rn 23).

Folgende vorformulierte Klauseln zur Untervermietung in Formularmietver-   436
trägen für <u>Wohnräume</u> werden von den Gerichten wegen Verstoßes gegen
die unter Rn 20 ff. geschilderten Beschränkungen als <u>unwirksam</u> angese-
hen:

- *„Eine Untervermietung ist ausgeschlossen".*
- *„Die Untervermietung ist nur gestattet, wenn sie vom Vermieter <u>schriftlich</u>*
  erlaubt wird".
- *„Die erteilte Erlaubnis zur Untervermietung darf vom Vermieter widerrufen*
  werden"
- *„Das Recht zur außerordentlichen Kündigung wegen verweigerter Erlaub-*
  nis zur Untervermietung ist ausgeschlossen".

(3) Bestimmungen, nach denen dem Mieter ein Recht zur Untervermietung   437
<u>eingeräumt</u> werden soll:

Ist der Mieter daran interessiert, die gemieteten <u>Geschäftsräume</u> z. B. an einen Käufer seines Geschäfts, oder seine ganze <u>Wohnung</u> unterzumieten zu
können, z. B. im Falle eines länger laufenden Zeitmietvertrages oder bei einem zeitweiligen Verzicht auf das Recht zur ordentlichen Kündigung, muss
er sich dieses Recht im Mietvertrag festlegen lassen, etwa mit einer der
nachstehenden Bestimmungen:
- *„Die Untervermietung ist gestattet, ausgenommen der Vermieter wider-*
  spricht einer solchen wegen eines in der Person des Untermieters beste-
  henden wichtigen Grundes", oder
- *"Der Vermieter ist verpflichtet, dem Mieter die Untervermietung zu erlau-*
  ben, sofern nicht in der Person des Untermieters ein wichtiger Grund ge-
  geben ist".

Zur Untervermietung eines Teils einer Wohnung siehe Rn 210b.

In jedem Formularmietvertrag stehen in aller Regel vorformulierte Bestimmungen über Instandsetzungs- und Erhaltungspflichten des Mieters, nämlich über sogenannte Kleinreparaturen und Schönheitsreparaturen.

Im 2. Kapitel wurde unter Rn 174 ff. ausführlich beschrieben, welche Kleinreparaturen und welche Schönheitsreparaturen dem Mieter auferlegt werden dürfen und welche Einschränkungen für solche vorformulierten Klauseln beachtet werden müssen, und dass im Hinblick auf die vom BGH in 2015 ergangenen Urteile viele der bis dahin abgeschlossenen Mietverträge insoweit unwirksame Klauseln enthalten.

Nachstehend finden Sie rechtswirksame und unwirksame Klauseln für Kleinreparaturen und für Schönheitsreparaturen :

1. Bestimmungen zu Kleinreparaturen

438   Rechtswirksam ist in einem Wohnraummietvertrag folgende vorformulierte Bestimmung zu Kleinreparaturen:

„(1) Kleine Instandhaltungen und Instandsetzungen an Teilen der Mieträume, die dem häufigen Zugriff des Mieters ausgesetzt sind, wie z. B. an Hähnen und Schalter für Wasser, Gas und Elektrizität, Jalousien, Markisen, WC- und Badezimmereinrichtungen, Verschlusseinrichtungen für Fenster, Türen und Fensterläden, Heiz-, Koch- und Kücheneinrichtungen führt der Vermieter auf Kosten des Mieters aus.
(2) Diese Kosten übernimmt der Mieter, soweit er wegen schuldhafter Verursachung des Schadens an diesen Teilen nicht ohnehin für die entstehenden Kosten einzustehen hat, in Höhe von höchstens 100 € je Einzelreparatur, jedoch nur bis zu einer Gesamtsumme je Mietjahr in Höhe von 8 % der Jahresnettomiete".

Einem Mieter von Geschäftsräumen kann im Gegensatz zu einem Wohnraummieter auch die Pflicht auferlegt werden, die Kleinreparaturen auf seine Kosten selbst durchzuführen oder durchführen zu lassen (Rn 175). Zulässig ist daher in einem Geschäftsraummietvertrag die Bestimmung:

„(1) …. (wie oben (1))
(2) Soweit der Mieter nicht wegen schuldhafter Verursachung des Schadens an diesen Teilen für die entstehenden Kosten ohnehin einzustehen hat, lässt der Mieter diese Reparaturen auf seine Kosten durchführen."

439   Unwirksam und von der Rechtssprechung beanstandet sind folgende Bestimmungen zu Kleinreparaturen in einem Wohnraummietvertrag:
- *Der Mieter hat die Kosten einer Kanalverstopfung zu bezahlen, wenn der Verursacher nicht gefunden wird;*
- *Der Mieter ist verpflichtet, Kleinreparaturen selbst durchzuführen;*

* *Der Mieter ist verpflichtet, die Thermen jährlich einmal zu entkalken;*
* *Der Mieter ist verpflichtet, sich an den Kosten jeder Reparatur in Höhe von 50 € zu beteiligen;*
* *Der Mieter hat die Kosten jeder Reparatur an der Mietsache zu tragen, die nicht mehr als 100 € beträgt.*

2. *Bestimmungen zu Schönheitsreparaturen*

(1) Zur Pflicht, Schönheitsreparaturen auszuführen:

Damit der Vermieter während der Mietzeit in den vermieteten Räumen keine Schönheitsreparaturen ausführen oder diese bezahlen muss, kann im Mietvertrag der festgelegt werden (siehe auch Rn 177:   440

* *„Der Vermieter ist nicht verpflichtet, während der Mietzeit Schönheitsreparaturen auszuführen oder ausführen zu lassen."*

Damit der Mieterwährend der Mietzeit auf seine Kosten Schönheitsreparaturen in den gemieteten Räumen durchführen muss, ist im Mietvertrag die Bestimmung erforderlich: 441

* *„Während der Mietzeit anfallende erforderliche Schönheitsreparaturen hat der Mieter auf seine Kosten ordnungsgemäß auszuführen oder ausführen zu lassen"*

Diese vorformulierte Bestimmung ist nach der Rechtssprechung des BGH aber <u>nur dann rechtswirksam</u>, wenn der Vermieter dem Mieter bei Beginn des Mietverhältnisses

   1. entweder eine renovierte Wohnung übergeben hat,

   2. oder nur eine unrenovierte oder renovierungsbedürftige Wohnung übergeben **und** dem Mieter dafür einen angemessenen Ausgleich gewährt hat.

Siehe Näheres dazu unter Rn 176 ff..

(2) Zu Umfang, Art und Zeit der durchzuführenden Schönheitsreparaturen sind die Klauseln rechtswirksam:

* *„Zu den Schönheitsreparaturen gehören: Das Tapezieren und Anstreichen der Wände und Decken, die Reinigung der Böden, das Streichen der Heizkörper einschließlich der Heizrohre und der Versorgungsleitungen, das Streichen der mit einem Farbanstrich versehenen Innentüren, Fenster sowie Außentüren von innen".*
* *„Die Schönheitsreparaturen sind in angemessenen den jeweiligen tatsächlichen Abnutzungsrad berücksichtigenden Zeitabständen durchzuführen".*

- *„Bei Beendigung des Mietverhältnisses sind nicht nur unerhebliche Gebrauchspuren zu beseitigen".*
- *„Schönheitsreparaturen an Wänden, Decken und anderen anstreichbaren Teilen (z. B. Heizkörper, Innentüren, Fenster von innen) dürfen nur in neutralen, hellen, deckenden Farben und Tapeten ausgeführt sein, soweit das auch bei Beginn des Mietverhältnis der Fall war"."*

442   <u>Unwirksame Klauseln</u>, nach denen Schönheitsreparaturen vom Mieter also <u>nicht</u> durchgeführt werden müssen, sind z. B. folgende:
- *„Zu den Schönheitsreparaturen gehört auch das Streichen mitvermieteter Einbaumöbel"*
- *„Der Mieter übernimmt die Instandhaltung der Mieträume:"*
- *„Der Mieter hat die anfallenden Reparaturen durchzuführen."*
- *„Zu den üblichen Schönheitsreparaturen gehören ……… sonstige erforderlichen Ausbesserungen an Holz, Putz und Mauerwerk, die Erneuerung von Teppichböden oder das Abschleifen und Versiegeln des Parkettbodens".*
- *„Der Mieter ist verpflichtet, alle Instandhaltungsarbeiten an den Mieträumen ein schließlich Arbeiten an Dach und Fach auszuführen."*
- *„Der Mieter hat Schönheitsreparaturen ausführen zu lassen".*
- *„Die Schönheitsreparaturen müssen durch einen Fachhandwerker ausgeführt werden".*
- *„Der Mieter hat Decke und Wände zu weißen".*
- *„Der Mieter darf von der bisherigen Art der Ausführung der Schönheitsreparaturen nur mit Zustimmung des Vermieters abweichen".*
- *„Die Tapeten sind am Endes des Mietverhältnisses zu entfernen."*
- *„Der Mieter ist verpflichtet, bei Mietende den Teppichboden durch eine Fachfirma reinigen zu lassen."*
- *„Der Mieter hat die Mieträume am Ende des Mietverhältnisses in neu renoviertem Zustand zurückzugeben"*
- *„Der Mieter hat bei Beendigung des Mietverhältnisses von ihm angebrachte oder übernommene Bodenbeläge und Tapeten zu entfernen"*
- *„Der Mieter hat bei Mietende in den Mieträumen vorhandene Dübeleinsätze und Bohrlöcher zu beseitigen."*
- *Der Mieter hat die Kosten einer Kanalverstopfung zu bezahlen, wenn der Verursacher nicht gefunden wird.*
- *Der Mieter ist verpflichtet, die Thermen jährlich einmal zu entkalken.*
- *Der Mieter hat alle Instandhaltungsarbeiten, auch an der gemeinschaftlichen Heizungsanlage auf eigene Kosten durchzuführen.*

<u>Unwirksam</u> sind auch <u>folgende (starre) Fristenpläne</u> mit der Folge, dass der Mieter dann überhaupt keine Schönheitsreparaturen ausführen muss:
- *„Schönheitsreparaturen sind nach folgendem Fristenplan auszuführen: Für Küche, Bad, Dusche, WC alle 3 Jahre, für Wohn- und Schlafräume,*

Flure, Dielen alle 5 Jahre, für Nebenräume alle 7 Jahre, für Streicharbeiten an Fenstern und Türen 6 Jahre".
- *„Schönheitsreparaturen sind regelmäßig nach folgendem Fristenplan auszuführen: ……..".*

<u>Unwirksam</u> sind *<u>Dekorationsklauseln</u>*, z. B.:
„ Die Schönheitsreparaturen sind in neutralen, hellen, deckenden Farben und Tapeten auszuführen", oder „ Bei Auszug müssen Wände, Decken, Fenster und Türen in weißer Farbe gestrichen sein".

<u>Unwirksam</u> sind nach der neuesten Rechtssprechung <u>alle</u> <u>Abgeltungs-</u> und <u>Quotenabgeltungsklauseln</u> (Rn 181d) wie z. B. :　　　　443
- *„Endet das Mietverhältnis vor Ablauf der Renovierungsfristen, hat sich der Mieter an den Kosten eines vom Vermieter einzuholenden Kostenvoranschlag mit folgender Quote zu beteiligen: …"*
- *„Sind bei Beendigung des Mietverhältnisses Schönheitsreparaturen in einzelnen Räumen noch nicht fällig, so hat der Mieter an den Vermieter die später zu erwartenden Kosten bei Beendigung des Mietvertrages anteilmäßig zu bezahlen. Der Kostenanteil entspricht dem Verhältnis zwischen der vollen Frist laut Fristenplan und der seit Ausführung der letzten Schönheitsreparaturen abgelaufenen Zeit."*
- *„Für die Höhe des zu zahlenden Betrages ist ein vom Vermieter eingeholter Kostenvoranschlag einer Fachfirma verbindlich."*
- *„Sind bei Beendigung des Mietvertrages die Schönheitsreparaturen entsprechend dem Fristenplan nicht fällig, so zahlt der Mieter an den Vermieter einen Kostenersatz für die seit der letzten Durchführung der Schönheitsreparaturen erfolgte Abwohnzeit im Fristenzeitraum gemäß dem Fristenplan, sofern nicht der Mieter die Schönheitsreparaturen durchführt oder sich nicht der unmittelbar folgende Nachmieter zur Durchführung der Schönheitsreparaturen bereiterklärt oder die Kosten hierfür übernimmt.*
- *„Endet das Mietverhältnis, ist der Mieter verpflichtet, an den Vermieter die Kosten für die Schönheitsreparaturen eines vom Vermieter auszuwählenden Fachgeschäftes in Höhe von 25 % zu bezahlen, wenn die letzten Schönheitsreparaturen länger als 1 Jahr zurückliegen, 40 % wenn die Schönheitsreparaturen länger als 2 Jahre, 60 % wenn sie länger als 3 Jahre, 80 % wenn sie länger als 4 Jahre und 100 % wenn sie länger als 5 Jahre zurückliegen. Die Regelung gilt auch, wenn seit Mietbeginn die genannten Zeiträume verstrichen sind."*
- *„Bei Beendigung des Mietverhältnisses sind angelaufene Renovierungsintervalle zeitanteilig zu entschädigen."*

3. Weitere Instandhaltungspflichten des Mieters (Rn 182)

444   <u>Rechtswirksame</u> vorformulierte Bestimmungen, nach denen ein <u>Geschäfts-</u><u>raummieter</u> zu weiteren Instandhaltungen außer Kleinreparaturen und Schönheitsreparaturen verpflichtet werden kann, sind folgende:
- *„Der Mieter ist verpflichtet, die an der für seine Geschäftsräume beste-henden Heizungsanlage erforderlichen Wartungsarbeiten auf seine Kos-ten durchzuführen"*
- *„Der Mieter ist verpflichtet, den im Gebäude befindlichen Aufzug in gebrauchsfähigem Zustand zu erhalten, soweit die dadurch entstehenden Kosten während eines Mietjahres 300 € nicht übersteigen"*

4. Bestimmungen für den Ausschluss oder die Beschränkung von Gewähr-leistungsrechten des Geschäftsraummieters wegen Mängel (Rn 217 ff.)

445   Während der Ausschluss <u>aller</u> Gewährleistungsrechte auch für den Ge-schäftsraummieter durch eine vorformulierte Bestimmung nicht zulässig ist, kann das Minderungsrecht (Rn 218) des Geschäftsraummieters beschränkt werden, nicht dagegen die Ansprüche auf Schadenersatz, Mängelbeseiti-gung und Ersatzvornahme (Rn 219 - 221).

<u>Rechtswirksam</u> ist folgende vorformulierte Klausel:
- *„Mängel der Mietsache, die der Vermieter weder vorsätzlich noch grob fahrlässig zu vertreten hat, berechtigten den Mieter nicht zur Minderung der Miete. Nicht ausgeschlossen werden damit etwaige Ansprüche des Mieters auf Rückforderung von Miete nach §§ 812 ff. BGB".*

<u>Unwirksam</u> von der Rechtssprechung angesehen wird die obige Klausel, wenn der letzte Satz fehlt, also die Klausel
- *„Mängel der Mietsache, die der Vermieter weder vorsätzlich noch grob fahrlässig zu vertreten hat, berechtigten den Miete nicht zur Minderung der Miete."* und die Klausel
- *„Das Recht des Mieters, einen Mangel der Mietsache selbst zu beseitigen oder beseitigen zu lassen, ist ausgeschlossen."*

D. Bestimmungen über sonstige Rechte und Pflichten

1. Bestimmungen über das Vermieterpfandrecht

446   Eine besondere Regelung ist nicht erforderlich, denn das Vermieterpfand-recht (Rn 192) an den vom Mieter eingebrachten und ihm gehörenden Sa-chen ergibt sich aus dem Gesetz. Sollte der Mieter z. B. bei Beginn des Mietvertrages z. B. behaupten, bestimmte von ihm eingebrachte oder einzu-bringende Sachen seien sein Eigentum, entsteht an diesen Sachen kein Pfandrecht des Vermieters, wenn das nicht stimmt.

Auch diese Rechte ergeben sich aus der gesetzlich geregelten Duldungspflicht des Mieters. Eine Regelung ist nur zweckmäßig, wenn genau festgelegt werden soll, <u>ob</u>, <u>wie</u> und <u>wie lange vorher</u> der Vermieter seinen Wunsch zum Betreten der vermieteten Räume ankündigen muss, oder wenn bestimmte Zeiten dafür vorgesehen werden sollen.

3. Bestimmungen über Ausbauarbeiten und bauliche Veränderungen

Ob und wie Ausbesserungen und bauliche Veränderungen vom Vermieter   448
durchgeführt werden können oder müssen, ergibt sich aus der Erhaltungspflicht des Vermieters (Rn 112 ff.) und aus der Duldungspflicht des Mieters (Rn 183 ff.). Insbesondere für Wohnraummietverhältnisse können die gesetzlichen Vorschriften größtenteils zum Nachteil des Mieters nicht abgeändert werden. Bestimmungen über die dem Vermieter nach dem Gesetz zustehenden Rechte sind daher nicht erforderlich.

Zum Gebrauchs- und Nutzungsrecht des Mieters an den gemieteten Wohn-   449
räumen gehört die bauliche Veränderung derselben nicht. Deshalb sind individuelle Regelungen im Mietvertrag nur erforderlich, wenn die Rechte des Vermieters zugunsten des Mieters eingeschränkt werden sollen, oder wenn der Mieter zu baulichen Veränderungen berechtigt sein soll. In diesem Fall sollte dann aber auch geregelt werden, was mit solchen Veränderungen am Ende der Mietzeit geschehen soll (Rn 369), sowie ob und welche Entschädigung der Vermieter dem Mieter etwa zu zahlen hat.

4. Bestimmungen über ein Aufrechnungsverbot des Mieters   450

Wenn Wert darauf gelegt wird, dass der Mieter nicht in jedem Fall gegen eine Forderung des Vermieters aufrechnen kann (Rn 26), ist folgende rechtswirksame vorformulierte Bestimmung möglich:

> *„Eine Aufrechnung durch den Mieters ist ausgeschlossen, ausgenommen mit einer unbestrittenen oder rechtskräftig festgestellten Forderung.“*

Beim Wohnraummietverhältnis gilt dieser Ausschluss dann aber nicht für alle Forderungen des Wohnraummieters. Siehe dazu Rn 226. In Wohnraummietverträgen wird deshalb heute in der Regel davon abgesehen, überhaupt einen Ausschluss des Aufrechnungsrechts festzulegen.

5. Bestimmungen über die Beheizung der Mieträume

451   In Formularmietverträgen stehen meistens auch Bestimmungen über den Umfang der Beheizungspflicht des Vermieters, wenn dieser eine Sammelheizungsanlage betreibt. Die Bestimmungen geben auch nur das wieder, zu was der Vermieter ohnehin verpflichtet ist (Rn 117).

452   *6. Bestimmungen für den Fall des Todes des Mieters*

    Regelungen für den Fall des Todes eines <u>Wohnraummieters</u> sind nicht erforderlich, da im Gesetz geregelt ist, was beim Tod eines Wohnraummieters mit dem Mietverhältnis passiert, siehe Rn 98 ff.. Die gesetzlichen Regelungen können nicht zum Nachteil dieses Mieters abgeändert werden.

453   Beim Tod des <u>Geschäftsraummieters</u> treten nach dem Gesetz nicht seine Familienangehörigen, sondern immer der Erbe des Mieters in den Mietvertrag ein. Sowohl dieser als auch der Vermieter haben beim Tod des Mieters ein Recht zur außerordentlichen befristeten Kündigung (Rn 291 f.). Wenn also der Mieter eine Fortführung seines Geschäfts in den gemieteten Räumen auch nach seinem Tod sicherstellen will, muss er darauf sehen, dass dieses außerordentliche befristete Kündigungsrecht - mindestens für den Vermieter - im Mietvertrag ausgeschlossen wird.

7. Bestimmungen über die Rückgabe der Mieträume

454   Reglungen über den Zustand der Mieträume am Ende des Mietverhältnisses und über den Umfang der Rückgabeverpflichtung sind nicht erforderlich, da das alles schon im Gesetz so geregelt ist.

    Eine Reglung durch eine allerdings dann individuell zu vereinbarende Bestimmung ist dann erforderlich, wenn es um die Frage geht, ob der Mieter von ihm zulässigerweise durchgeführte bauliche Veränderungen rückgängig machen muss. Das kann aber schon bei der Bestimmung über die Zulässigkeit von baulichen Veränderungen geschehen. Siehe Rn 202, 449.

E. Allgemeine Bestimmungen

1. Bestimmungen über gegenseitige Bevollmächtigungen

455   Wenn mehrere Personen gemeinsam mieten oder vermieten, haften sie schon nach dem Gesetz als Gesamtschuldner (§ 426). Zweckmäßig ist die in Formularmietverträgen vorgesehene Bestimmung, dass sich mehrere Personen auf der Mieter- oder der Vermieterseite schon im Mietvertrag zur <u>Entgegennahme</u> von Erklärungen der anderen Vertragspartei bevollmächtigen. Dann reicht es z. B. aus, wenn die Vermieter oder die Mieter eine Kündigung gegenüber einer Person der anderen Partei erklärt.

Nicht zulässig ist es aber, eine gegenseitige Bevollmächtigung zur <u>Abgabe</u> von Erklärungen durch eine vorformulierte Bestimmung <u>schon im Mietvertrag</u> festzulegen. Die Erklärung einer Zustimmung zu einer Mieterhöhung oder die Erklärung einer Kündigung kann also bei einer Mehrheit von Vermietern oder Mietern auf Grund einer in einer vorformulierten Bestimmung erteilten Vollmacht nicht von einer Person sondern immer nur <u>von allen</u> erklärt werden. Anders ist es natürlich, wenn ein Mitmieter oder ein Mitvermieter dem anderen vor Abgabe der Erklärung eine besondere Vollmacht (Rn 34) erteilt, die der abzugebenden Erklärung dann aber im Original beigegeben werden muss (Rn 281)

<u>Wirksam</u> ist die vorformulierte Bestimmung: „Bei einer Mehrheit von Vermietern oder Mietern bevollmächtigen sich diese gegenseitig unter dem Vorbehalt des Widerrufs bis auf weiteres zur Entgegennahme von Erklärungen der anderen Vertragspartei.“
<u>Unwirksam</u> ist die vorformulierte Bestimmung: *„Bei einer Mehrheit von Vermietern oder Mietern bevollmächtigen sich diese gegenseitig unter dem Vorbehalt des Widerrufs bis auf weiteres zur Abgabe von Erklärungen gegenüber der anderen Vertragspartei und zur Entgegennahme von Erklärungen der anderen Vertragspartei.“*

2. Bestimmungen über Ergänzungen und Änderungen des Vertrages   456

Wenn festgelegt wird, dass Ergänzungen und nachträgliche Änderungen des Mietvertrages der (vereinbarten) Schriftform bedürfen (Rn 16), kann das Vorteile und Nachteile haben. Denn eine spätere mündliche individuelle Vereinbarung der Parteien geht z. B. der in einer vorformulierten Bestimmung festgelegten Schriftform vor. Am besten wird deshalb eine solche Regelung weggelassen.
Damit ein Zeitmietvertrag nicht zum Vertrag auf unbestimmte Zeit wird und dann gekündigt werden kann (Rn 77), muss bei einer Ergänzung oder Änderung eines solchen ohnehin die gesetzliche Schriftform (Rn 12) beachtet werden.

Da nach der Rechtssprechung des BGH eine in vielen Mietverträgen stehende sogenannte Schriftformheilungsklausel

„Die Parteien verpflichten sich, im Falle einer nicht formgerecht getroffenen Vereinbarung von Änderungen oder Ergänzungen der Vertragsbedingungen diese in gesetzlich vorgeschriebener Schriftform nachzuholen“.

unwirksam ist, kann ein Zeitmietvertrag mit einer solchen oder ähnlichen Bestimmung nicht gerettet werden.

3. Sogenannte „salvatorische" (rettende) Klauseln

457 Die früher häufig übliche „Salvatorische Klausel", nach der eine unwirksame Bestimmung durch eine wirksame Bestimmung ersetzt werden soll, die dem wirtschaftlich Gewollten am nächsten kommt, gibt es in Formularmietverträgen heute nicht mehr. Sie ist als vorformulierte Bestimmung unwirksam.

458 Die Bestimmung, dass ein Vertrag wirksam bleibt, wenn eine der Bestimmungen des Vertrages ganz oder teilweise unwirksam sein sollten, hat nur folgende Bedeutung: Nicht derjenige, der am Vertrag festhalten will, muss beweisen, dass der Vertrag auch ohne die unwirksame Bestimmung abgeschlossen worden wäre, sondern derjenige, der am Vertrag nicht festhalten will. Da aber eine Beweislastumkehr zum Nachteil des anderen Vertragspartners durch eine vorformulierte Klausel verboten ist (§ 309 Nr. 11), ist eine solche Bestimmung unwirksam.

459 *4. Bestimmungen über die Hausordnung*

Die vorformulierte Klausel, nach der eine bestimmte dem Mietvertrag beiliegende oder nachstehende Hausordnung gelten soll, ist in Formularmietverträgen üblich. Für den Inhalt dieser <u>vereinbarten Hausordnung</u> (Rn 88) gelten aber auch die unter Rn 20 ff. beschriebenen Beschränkungen, nach denen der Mieter nicht überrascht oder unangemessen benachteiligt (Rn 20 ff.) werden darf. Diese <u>Hausordnung</u> hat für den Vermieter den Vorteil, dass in einer solchen Hausordnung auch Verpflichtungen des Mieters geregelt werden können. Beispiel für eine wirksame Bestimmung in einer vereinbarten Hausordnung ist die Übertragung der Pflicht zur Reinigung, Schneeräumung und Streuung von Zugängen auf den Mieter.
In einer vom Vermieter <u>einseitig festgelegten</u> Hausordnung (Rn 85) dagegen dürfen dem Mieter keine weitere Verpflichtungen, die nicht schon im Mietvertrag stehen, auferlegt werden.

Bei der Vermietung von Wohnungseigentum oder Teileigentum im Sinne des WEG muss zwischen Vermieter und Mieter keine Hausordnung vereinbart werden, da für den Mieter solcher Räume die für die gesamte GdWE aufgestellte Hausordnung automatisch gilt.

F. Verschiedene Interessen und Risiken von Vermieter und Mieter von Geschäftsräumen

Je nach dem welche Absichten Geschäftsraummieter und Geschäftsraumvermieter mit dem vorgesehenen Miet- oder Pachtobjekt haben, müssen sie beim Abschluss eines Mietvertrages auf die Absicherung ihrer Interessen achten.

I Interessen und Risiken des Mieters von Geschäftsräumen

1. Verkauf oder Aufgabe des Geschäftes

Möchte sich der Mieter offen halten, das von ihm in den Mieträumen betrie-   460
bene Geschäft oder Gewerbe, z. B. ein Einzelhandelsgeschäft oder eine
Arztpraxis, während der Mietzeit zu <u>verkaufen</u> oder anderweitig <u>abgeben</u> zu
können, muss er schon im Mietvertrag sich das Recht zur Untervermietung
einräumen lassen (Rn 209), entweder unbedingt oder an bestimmte Voraussetzungen gekoppelt, z. B. für den Fall einer Erkrankung. Sonst ist der Mieter auf den guten Willen des Vermieters angewiesen, wenn es darum geht,
dass ein Nachfolger das Geschäft übernehmen kann.

Noch günstiger ist es für den Mieter, wenn sich der Vermieter im Mietver-   461
trag schon verpflichtet, einen vom Mieter gestellten <u>Ersatzmieter</u> (Rn 268) zu
akzeptieren, da der Mieter bei einer Geschäftsübergabe dann ganz aus
dem Vertrag freikommen kann.

Möchte der Mieter die Möglichkeit haben, die Mieträume während der Miet-   462
zeit einfach <u>aufzugeben</u>, wie z. B. ein Pächter, der sein Geschäft gar nicht
verkaufen kann, weil es ja dem Verpächter gehört, muss sich der auf längere Zeit bindende Mieter auch ein Recht zur Untervermietung oder z. B. ein
außerordentliches befristetes Kündigungsrecht einräumen lassen.

2. Betrieb des Geschäftes unter anderer Rechtsform   463

Will der Mieter sich offen halten, während der Mietzeit sein Geschäft unter
einer anderen Rechtsform weiterbetreiben zu können, die zu einer anderen
Identität der Person des Mieters führt (Rn 102), braucht er dazu wie unter
Rn 460 ein Recht zur Untervermietung oder die unter Rn 461 erwähnte Zu-
sage für einen Ersatzmieter.
 Beispiel: Der Mieter hat schon bei Abschluss des Mietvertrages vor, sein
 Unternehmen mit einem oder mehreren Gesellschaftern unter der
 Rechtsform einer GmbH weiter zu betreiben.

3. Weiterbetrieb des Geschäftes durch Erben des Mieters

Da im Falle des Todes des Geschäftsraummieter auch der Geschäftsraum-   464
vermieter das Mietverhältnis durch eine außerordentliche befristete Kündigung beenden kann (Rn 291 f.), muss der Geschäftsraummieter Wert auf
einen Ausschluss dieses Rechtes legen, wenn nach seinem Tod seine Erben das Geschäft weiter betreiben können sollen, ohne auf die Erlaubnis
des Vermieters angewiesen zu sein. Allerdings nützt der Ausschluss des
Kündigungsrechtes dann nichts, wenn mehrere Personen das Geschäft erben und dieses nicht von allen weiter betrieben werden soll. Dann ist neben

einem Kündigungsausschluss auch wie unter Rn 460 ein Recht zur Untervermietung erforderlich.

465   Bei einem Pachtverhältnis kann der Erbe das Geschäft weiterbetreiben, weil ein gesetzliches außerordentliches befristetes Kündigungsrecht des Verpächters nicht besteht (Rn 291 Ziffer (2)). Dagegen ist auch ein Recht zur Unterverpachtung erforderlich wenn das Pachtgeschäft nicht von allen Erben weiterbetrieben werden soll.

466   *4. Mietzweck und Konkurrenzschutz zugunsten des Geschäftsraummieters*

Da das Gebrauchsrecht des Mieters durch den im Mietvertrag vereinbarten <u>Zweck</u> (Rn 431) festgelegt wird, muss der Geschäftsraummieter besonders darauf achten, dass er die Geschäftsräume zum Betrieb aller von ihm beabsichtigten Arten von Geschäften oder Gewerbe benutzen darf. Diese festgelegten Geschäfte oder Gewerbe fallen dann unter den vom Vermieter zu beachtenden Konkurrenzschutz (Rn 119). Zu einem etwaigen Ausschluss desselben zugunsten des Geschäftsraumvermieter siehe Rn 471.

Bei einer etwa möglichen Untervermietung ist der Mietzweck ebenfalls wichtig, weil der Mieter seinem Untermieter die Benutzung der Geschäftsräume nur zu den Zwecken erlauben darf, die ihm selber gestattet sind. Auch ein für die Zeit nach Beendigung des Mietverhältnisses geltender Konkurrenzschutz kann für den Mieter wichtig sein.

5. Drohende Insolvenz oder Zwangsversteigerung

467   Hat der Geschäftsraummieter Anlass zur Befürchtung, dass sein langfristiger Mietvertrag wegen einer möglichen Insolvenz seines Vermieters oder einer Zwangsversteigerung durch eine außerordentliche befristete Kündigung des Erwerbers gegen seinen Willen beendet wird (Rn 294 f.), hilft ihm möglicherweise die Vereinbarung eines entgeltlichen Nutzungsrechtes in Form einer dinglichen Dienstbarkeit (§§ 1018 ff.), die aber im Grundbuch eingetragen werden muss. Eine solche ist aber ein Schutz für den Geschäftsraummieter nur dann, wenn der Dienstbarkeit nicht hohe dingliche Rechte anderer Gläubiger, z. B Hypotheken und Grundschulden, vorgehen.

Gegen den Verlust einer eingezahlten Kaution kann sich der Mieter absichern, indem er bei Vereinbarung der Kautionsleistung festlegen lässt, dass die Kaution nur auf ein insolvenzsicheres Konto einzuzahlen ist, wie das bei einem Wohnraummietverhältnis sogar vorgeschrieben ist (§ 551 Abs. 3).

1. Die Absicherung gegen die Verletzung von Pflichten aus dem Mietvertrag durch den Mieter

Gegen eine bei seinem Mieter etwa eintretende Insolvenz sichert sich der   468
Vermieter durch eine Kaution des Mieters, am besten durch eine selbst-
schuldnerische Bankbürgschaft (Rn 416) in Höhe von 3 – 6 Monatsmieten
ab, um einen durch Ausfall mehrerer Monatmieten und Betriebskostenforde-
rung zwischen dem Beginn einer Zahlungsunfähigkeit bis zur Räumung eintretenden Schaden ausgleichen zu können. Denn der Vermieter kann in der
Regel erst fristlos kündigen, wenn der Mieter mit 2 Monatsmieten in Verzug
geraten ist (Rn 305 ff.) und muss bis zur Durchsetzung einer Zwangsräumung noch weitere Monate einkalkulieren.
Räumt ein in Zahlungsschwierigkeiten befindlicher Mieter die Mieträume im
Falle eines Zeitmietverhältnisses vor dessen Ende, ist es für einen Geschäftsraumvermieter zweckmäßig, das Mietverhältnis durch eine mögliche
fristlose Kündigung (Rn 305) oder auch durch eine mit dem Mieter zu treffende Vereinbarung (Rn 266 f.) <u>erst dann</u> zu beenden, wenn ein Nachmieter
gefunden ist. Denn dem Vermieter steht für die Zeit bis zur Auslösung des
Mietverhältnisses dann ein leicht zu beweisender Anspruch auf Miete zu.
Nach einer fristlosen Kündigung hat er nur einen Schadenersatzanspruch
(Rn 190), bei dem er möglicherweise beweisen muss, dass er sich um einen
Ersatzmieter erfolglos bemüht hat und ihm deshalb kein Mitverschulden bei
der Entstehung des Schadens vorgeworfen werden kann.

Erfolgt während der Mietzeit eine Umwandlung des Mieters nach dem Umwandlungsgesetz, die nicht von einer Zustimmung des Vermieters abhängig
ist (Rn 102), haftet das vor der Umwandlung bestehende Unternehmen, also
der bisherige Mieter, gegenüber dem Vermieter für die Verpflichtungen aus
dem Mietvertrag nur noch 5 Jahre (§ 157 Abs. 1 Umwandlungsgesetz). Ein
Vermieter sollte deshalb beim Abschluss eines langjährigen Mietvertrages in
diesem festlegen, dass ihm für den Fall einer Umwandlung der ursprüngli-
che Mieter für alle Verpflichtungen aus dem Mietvertrag neben dem aus der
Umwandlung hervorgegangenen Unternehmen bis zur Beendigung des
Mietverhältnisses haftet.

Wenn Geschäftsräume mit einer festen Mietzeit von mehreren Jahren ver-   469
mietet werden, muss der Vermieter auch mit einem mehr oder weniger großen <u>Anstieg der Lebenshaltungskosten</u> während der Mietzeit rechnen, den
er durch Vereinbarung einer Staffelmiete oder Indexmiete (Rn 261 ff.) ausgleichen kann.

Muss ein Geschäftsraumvermieter während einer längeren Vertragsdauer
etwa auf Grund neuer gesetzlicher Vorschriften erhebliche Mittel, z. B. für

Modernisierungsmaßnahmen, in das Mietobjekt investieren, welche die Mieträume verbessern, kann er dafür vom Mieter keine Mieterhöhung verlangen,
wenn das im Mietvertrag für den Fall bestimmter zukünftiger Situationen
nicht festgelegt ist.

470 Dass der Geschäftsraummieter seiner Obhut- und Erhaltungspflicht (Rn 170,
174 ff.) und der Pflicht zur ordnungsgemäßen Räumung (Rn 365 ff.) nachkommt, kann ebenfalls durch eine Sicherheit abgesichert werden.

*2. Mietzweck und Konkurrenzschutz zugunsten des Geschäftsraumvermie-
ters*

Wenn der Geschäftsraumvermieter will, dass der Mieter die Geschäftsräume
nur für eine bestimmte Art von Geschäften oder Gewerbe benutzen darf,
muss er diese Art möglicht genau im Mietvertrag festlegen lassen. Es kann
auch festgelegt werden, dass eine bestimmte Art nicht betrieben werden
darf. Das kann für die Verpflichtung des Geschäftsraumvermieters zum
Konkurrenzschutz gegenüber einem anderen Mieter oder anderen Mietern
wichtig sein, wenn er – insbesondere im gleichen Gebäude – Geschäftsräume an mehrere verschiedene Mieter vermietet. Die Pflicht des Geschäftsraumvermieters zum Konkurrenzschutz (Rn 119) kann im Mietvertrag auch
ausgeschlossen werden. Soll andererseits der Geschäftsraummieter zum
Betrieb seines Geschäftes verpflichtet sein, muss das individuell (Rn 23)
vereinbart werden, da eine Festlegung durch eine vorformulierte Klausel
wegen unangemessener Benachteiligung des Geschäftsraummieters unwirksam wäre.

3. Erhaltung des Wertes eines Pachtobjektes

472 Dem Verpächter eines Pachtgeschäftes ist es immer wichtig, dass dieses
durch den Pächter nicht herunter gewirtschaftet wird. Wenn nur eine langjährigen Verpachtung möglich ist, kann der Verpächter dadurch eine Sicherung einbauen, dass er für den Fall eines Ertrags- oder Umsatzeinbruchs in
bestimmtem Umfang ein besonderes Kündigungsrecht vereinbart.

Ein anderes Risiko des Verpächters kann darin liegen, dass der Pächter
nach dem Ende des Pachtverhältnisses das gleiche Geschäft oder Gewerbe
in unmittelbarer Nachbarschaft oder unter Mitnahme der bisherigen Kunden
wo anders weiterbetreibt. Dagegen kann sich der Verpächter durch Vereinbarung eines auf bestimmte Zeit und für bestimmte Orte geltendes Wettbe-
werbsverbot absichern, für die jedoch besonders die allgemeinen gesetzlichen Schranken nach Rn 17 ff. zu beachten sind.

7. KAPITEL

Die Durchsetzung der Rechte und Pflichten von Vermieter und Mieter und die dadurch entstehenden Kosten

A. Die Geltendmachung der Ansprüche von Vermieter und Mieter

I. Außergerichtliche Regelungsmöglichkeiten

1. Aufrechnung, Zurückbehaltungsrecht, Selbsthilfe   473

Wenn gegenseitige Geldforderungen bestehen, gibt es die Möglichkeit zu einer Aufrechnung. Geht es um nicht gleichartige Forderungen, kann ein Zurückbehaltungsrecht (Rn 26) infrage kommen, der Mieter kann z. B. Zahlungen zurückhalten, wenn der Vermieter über die Betriebskostenvorauszahlungen nicht abrechnet, der Vermieter kann z. B. die Übergabe der Mieträume zurückbehalten, wenn der Mieter eine vor Beginn des Mietverhältnisses fällige Kaution nicht bezahlt, oder er kann Gas, Wasser, Strom oder Heizung abstellen, wenn der Mieter mit der Zahlung von Miete und Betriebskosten in Höhe eines Betrages in Verzug gerät, der den Vermieter zur fristlosen Kündigung berechtigt (Rn 158).

Ein Recht zur Selbsthilfe (§ 229) gibt es, wenn eine der unter Rn 482 ff. geschilderten „obrigkeitlichen Hilfen" nicht so rechtzeitig erreicht werden kann, dass ohne das Eingreifen ein Anspruch vereitelt würde. Nach dem Gesetz zugelassen ist ein Selbsthilferecht im Mietrecht z. B. bei der Durchsetzung des Vermieterpfandrechtes (§ 562 b) oder beim Betretungsrecht im Falle unmittelbarer Gefahr (Rn 187). Dagegen darf ein Vermieter z. B. nicht,
- zur Durchsetzung seines Betretungsrechtes sich gewaltsam oder heimlich Zutritt zu den vermieteten Räumen verschaffen, oder
- zur Durchsetzung seines Räumungsanspruches einfach Türen oder Fenster aushängen oder gar die Sachen des Mieters vor die Türe stellen.

Zu einer "Einstweiligen Verfügung" in einem dringenden Fall siehe Rn 479.

2. Außergerichtliches Verhandeln und Mediation   474

Halten Vermieter oder Mieter nicht eine umgehende gerichtliche Geltendmachung eines Anspruchs für erforderlich oder zweckmäßig, werden sie zunächst eine Lösung ihres Konflikts durch außergerichtliches Verhandeln versuchen, sei es direkt mit der anderen Partei oder durch von ihnen beauftragte Anwälte. Diese dürfen jeweils nur die Interessen ihres Auftraggebers wahrnehmen und würden einen strafbaren Parteiverrat (§ 356 StGB) begehen, wenn sie in derselben Sache beiden Parteien durch Rat oder Beistand dienen würden. Zu den anfallenden Anwaltskosten siehe Rn 507 ff..

Anwälte oder andere Personen bieten auch eine seit 2012 gesetzlich geregelte „Mediation" an: ein vertrauliches außergerichtliches Verfahren, bei dem die streitenden Parteien mit Hilfe eines Mediators eine einvernehmliche Beilegung ihres Streits versuchen. Der Mediator soll zwischen den Parteien vermitteln, hat aber keinerlei Entscheidungsbefugnis. Die Höhe der dem Mediator zu zahlenden Kosten müssen die Parteien mit ihm aushandeln und vereinbaren, ebenso wer die Kosten bezahlen muss (§ 34 RVG). In der Regel verlangen Mediatoren zwischen 80 und 500 € je Stunde. Oft schlägt der Einigungsversuch fehl. Dann bleiben den Parteien der Gang zum Gericht und Mehrkosten durch die Beauftragung eines Anwalts, der nur ihre Interessen im Auge hat, meist nicht erspart.

II. Die gerichtliche Geltendmachung von Ansprüchen

475   *1. Das gerichtliche Mahnverfahren*

Der Gläubiger kann wegen einer Geldforderung bei der Mahnabteilung des zuständigen Amtsgerichts einen Mahnbescheid beantragen. Zuständig dafür ist eine in den einzelnen Bundesländern in der Regel zentral bei einem Amtsgericht eingerichtete Mahnabteilung. Der Gläubiger muss seinen Antrag bei der Mahnabteilung einreichen, in deren Bezirk er seinen Wohn- oder Firmensitz hat. Wenn der Schuldner gegen den vom Amtsgericht erlassenen Bescheid nicht binnen von 2 Wochen Widerspruch einlegt, erlässt das Amtsgericht auf Antrag des Gläubigers einen Vollstreckungsbescheid, der einem vorläufig vollstreckbaren Urteil gleichsteht und vom Gläubiger dazu benutzt werden kann, gegen den Schuldner die Zwangsvollstreckung (Rn 498 ff.) zu betreiben. Gegen den Vollstreckungsbescheid kann der Schuldner binnen weiterer 2 Wochen einen Einspruch einlegen.

Auf einen Widerspruch gegen den Mahnbescheid oder Einspruch gegen den Vollstreckungsbescheid wird auf Antrag eines Beteiligten in einem streitigen Verfahren wie in einem nachstehend geschilderten Klageverfahren vom dann zuständigen Gericht geprüft, ob der Anspruch besteht. Zur Zuständigkeit der Gerichte im streitigen Verfahren siehe Rn 482 ff..

Das geschilderte Mahnerfahren bietet dem Gläubiger die Möglichkeit, billiger und schneller zu einem vollstreckbaren Schuldtitel zu kommen. Wenn Widerspruch eingelegt wird, geht es bis zum Erlass einer vollstreckbaren Entscheidung etwas länger als bei Einleitung eines Klageverfahrens.

2. *Das streitige Verfahren*

Für die gerichtliche Geltendmachung ihrer Ansprüche stehen Vermieter und Mieter im Streitfall folgende Verfahren zur Verfügung:

a. <u>Die Leistungsklage</u>, mit der man alle Leistungsansprüche geltend machen kann, also z. B.   478
* die Bezahlung eines Geldbetrags (Miete, Betriebskosten, Nutzungsentschädigung, Kaution, Aufwendungsersatz, Schadenersatz usw.);
* die Herausgabe eines Gegenstandes, oder die Übergabe der Mieträume;
* die Beseitigung eines Mangels;
* die Erteilung einer Betriebskosten- oder Kautionsabrechnung;
* die Zustimmung zur Erhöhung der Miete;
* die Fortsetzung des Mietverhältnisses wegen eines Härtefalles;
* die Räumung und Herausgabe der Mieträume.

Die zuletzt genannte manchmal zwischen Vermieter und Mieter erforderliche Räumungsklage wird unter Rn 489 ff. ausführlicher beschrieben.

b. Unterlassungsklage und Duldungsklage   477

Mit einer <u>Unterlassungsklage</u> kann ein Vermieter gegen einen Mieter z. B. vorgehen, wenn dieser Mieter trotz Abmahnung die Mieträume vertragswidrig gebraucht (§ 541), z. B. Wohnräume zu geschäftlichen Zwecken, oder bei einer unberechtigten Untervermietung. Oder der Mieter will gegen unberechtigtes Betreten seiner Wohnung durch den Vermieter vorgehen.

Mit einer <u>Duldungsklage</u> muss der Vermieter gegen einen Mieter vorgehen, der das Betreten der Mieträume durch ihn oder die Durchführung von Arbeiten in den Mieträumen nicht zulässt.

c. <u>Die Feststellungsklage</u>   478

Mit dieser kann die gerichtliche Feststellung verlangt werden, dass ein bestimmtes Rechtsverhältnisses besteht oder nicht besteht (§ 256 ZPO), wenn beispielsweise zwischen Vermieter und Mieter Streit darüber besteht, ob oder wie lange ihr Mietverhältnis besteht.

d. <u>Die „Einstweilige Verfügung"</u> (§§ 935, 940a, 949 ZPO)   479

Auf Antrag des Vermieters oder Mieters kann das Gericht - auch ohne vorherige mündliche Verhandlung - in einem dringenden Fall vorläufige Regelungen treffen, wenn sonst die Gefahr bestehen würde, dass das Recht einer Partei vereitelt oder wesentlich erschwert werden könnte, oder wenn eine vorläufiger Regelung zur Abwendung wesentlicher Nachteile oder drohender Gewalt nötig erscheint.

    Beispiel: Der Vermieter baut in die Wohnungstüre ein neues Schloss ein, oder er stellt unberechtigt dem Mieter Gas, Wasser oder Strom ab.

Die Räumung einer Wohnung darf aber durch eine einstweilige Verfügung nur im Falle einer widerrechtlichen Besitzentziehung oder bei einer konkreten Gefahr für Leib oder Leben angeordnet werden (§ 940a Abs. 1 ZPO).

Zur Ausnahme im Fall des Verstoßes des Mieters gegen die Anordnung einer Sicherheitsleistung siehe Rn 493 b, oder gegen einen anderen Bewohner der herauszugebenden Wohnung Rn 499.

480   e. <u>Das „Selbständige Beweisverfahren"</u> (§§ 493 ff. ZPO) kann u. a. beantragt werden, wenn außerhalb eines Klageverfahrens der Zustand oder der Wert einer Sache festgestellt werden soll, wenn z. B. Vermieter oder Mieter bei einer Rückgabe der Mieträume in einem solchen Verfahren durch einen Sachverständigen den Zustand der Mieträume, die Ursache von Beschädigungen und den Aufwand für deren Beseitigung feststellen lassen wollen.

481   *3. Das Zwangsvollstreckungsverfahren*

Hat ein Gläubiger einen vollstreckbaren Schuldtitel (Rn 498) über seine Ansprüche erwirkt und leistet der Schuldner dann immer noch nicht, muss er die Durchsetzung seines Anspruchs im Wege der Zwangsvollstreckung versuchen. Siehe dazu Rn 498 ff...

<u>III. Die Zuständigkeit der Gerichte in Mietstreitigkeiten</u>

1. Die Zivilabteilung und die Vollstreckungsabteilung beim Amtsgericht

482   Während die Vollstreckungsabteilung für Zwangsvollstreckungsmaßnahmen zuständig ist, wird das unter Rn 475 geschilderte gerichtliche Mahnverfahren von ganz bestimmten Amtsgerichten durchgeführt wird. Die <u>Zivilabteilung</u> aller Amtsgerichte ist in Mietsachen in <u>1. Instanz</u> in folgenden Rechtssachen <u>sachlich zuständig</u> (§ 23 GVG):

(1) In allen ein Mietverhältnis über <u>Wohnräume</u> betreffenden Rechtssachen ohne Rücksicht auf deren Gegenstandswert, und

(2) in allen ein Mietverhältnis über <u>Geschäftsräume</u> betreffenden Rechtssachen bei einem Gegenstandswert bis 5.000 €.
Beispiele: Der Wohnraumvermieter verlangt von seinem Mieter 7.200 € rückständige Miete. Dann ist das Amtsgericht zuständig, während dieses nicht zuständig ist, wenn ein Vermieter von Geschäftsräumen 7.200 €, also mehr als 5.000 € verlangt.

<u>Örtlich zuständig</u> ist bei Geschäftsraummietverhältnissen und bei Wohnräumen der unter Rn 55 - 57 beschriebenen Art das Amtsgericht zuständig, in dessen Bezirk die beklagte Partei ihren Wohnsitz oder Aufenthalt hat (§§ 13, 20 ZPO). Bei allen anderen, also den meisten unter Rn 58 – 64 beschriebenen Wohnraummietverhältnissen ist das Amtsgericht zuständig, in dessen Bezirk sich die Wohnräume befinden (§ 29 a ZPO).

2. Die Zivilkammer und die Kammer für Handelsachen beim Landgericht

Eine Zivilkammer des dem Amtsgericht übergeordneten Landgerichts ent- 483a
scheidet in 2. Instanz über zulässige Berufungen gegen die erstinstanzlichen
Urteile des Amtsgerichts in den unter Rn 482 genannten Angelegenheiten.

Außerdem entscheidet eine Zivilkammer dieses Landgerichts in 1. Instanz 483b
über Streitsachen aus Geschäftsraummietverhältnissen, wenn der Gegenstandswert über 5.000 € liegt (§ 71 Abs. 1 GVG).
    Beispiele: Geschäftsraumvermieter und Geschäftsraummieter streiten
sich über einen Schadenersatz in Höhe von mehr als 5.000 € wegen
nicht durchgeführter Schönheitsreparaturen; - der Geschäftsraumvermieter erhebt gegen den Geschäftsraummieter Klage auf Räumung von Geschäftsräumen mit einer Jahresmiete von mehr als 5.000 €

Eine beim Landgericht eingerichtete Kammer für Handelssachen entschei- 484
scheidet in 1. Instanz über Ansprüche aus einem Handelsgeschäft zwischen
Kaufleuten im Sinne des Handelsgesetzbuch oder aus einem Scheck oder
Wechsel (§§ 94 f. GVG).
    Beispiel: Der Geschäftsraummieter bezahlt eine rückständige Miete in
Höhe von 9.000 € mit einem Scheck, der von der bezogenen Bank nicht
eingelöst wird. Seinen Anspruch aus dem Scheck kann der Geschäftsraumvermieter bei der Kammer für Handelssachen geltend machen.

3. Der Zivilsenat beim Oberlandesgericht

Ein Zivilsenat bei dem dem Landgericht übergeordneten Oberlandesge- 485
richts verhandelt und entscheidet in 2. Instanz über zulässige Berufungen
gegen in 1. Instanz ergangenen Urteile der Zivilkammer (Rn 483b) und
Kammer für Handelssachen (Rn 484) (§ 119 GVG).

4. Der Zivilsenat beim Bundesgerichtshof 486

Ein Zivilsenat beim Bundesgerichtshof entscheidet in 3. Instanz über zulässige Revisionen gegen in 2. Instanz vom Landgericht (Rn 483a) und Oberlandesgericht (Rn 485) erlassene Urteile.

5. Die Zuständigkeit in der Zwangsvollstreckung

Zuständig für das Vollstreckungsverfahren ist der Gerichtsvollzieher sowie 487
der Rechtspfleger und der Richter beim Amtsgericht, in dessen Bezirk der
Schuldner wohnt oder seinen Firmensitz oder Aufenthalt hat.

488   In allen Verfahren vor einem Landgericht, einem Oberlandesgericht oder dem Bundesgerichtshof muss sich eine Prozesspartei durch einen bei diesem Gericht zugelassenen Rechtsanwalt vertreten lassen, wenn sie eine Klage erheben, eine Berufung einlegen oder einen anderen Antrag stellen will. Das gilt auch für die anderen in einem solchen Verfahren beteiligten Prozessparteien, also für einen Beklagten, Berufungsbeklagten oder sonstigen Antragsgegner, wenn er sich gegen die Anträge der anderen Parteien wehren will. Lässt sie sich nicht vertreten, wird sie mit ihren Einwendungen nicht gehört und muss in Kauf nehmen, dass den Anträgen des Klägers, Berufungsklägers oder Antragstellers in der Regel durch ein Versäumnisurteil stattgegeben wird.

V. Die Räumungsklage zwischen Vermieter und Mieter

Nachstehend wird der Gang des beim Amtsgericht oder in Falle eines Geschäftsraummietverhältnisses gegebenenfalls beim Landgericht durchzuführende Gerichtsverfahren geschildert, das erforderlich ist, wenn der Mieter nach Beendigung des Mietverhältnisses die gemieteten Räume nicht räumt und zurückgibt und der Vermieter dem Mieter keine oder keine weitere Räumungsfrist gewährt. Der Gang des Verfahrens ist derselbe, wenn es um vom einem dem anderen geschuldete Geldbeträge geht.

1. Die am Prozess beteiligten Personen

489   Die Räumungsklage ist eine Leistungsklage (Rn 476) zwischen der Vermieterseite als Kläger und der Mieterseite als Beklagter. Sie sollte aber nicht nur gegen die Personen, welche den Mietvertrag unterschrieben haben, sondern gegen alle Personen erhoben werden, welche nach Wissen des Vermieters die Mieträume selbständig gebrauchen (Rn 207 ff.), also z. B. auch gegen einen etwaigen Untermieter, Ehegatten, Lebensgefährten oder volljährige Kinder der Mieterseite, sofern der Vermieter befürchten muss, letztere würden ein gegen den Mieter allein ergangenes Urteil nicht akzeptieren. Der Vermieter läuft sonst Gefahr, im Vollstreckungsverfahren Schwierigkeiten zu bekommen, wenn diese Personen beiu der Durchführung der Räumung durch den Gerichtsvollzieher sich weigern, die Mieträume zu räumen und herauszugeben. Denn der Gerichtsvollzieher darf einen Räumungstitel nur gegen die im Vollstreckungstitel genannten Personen vollstrecken. Siehe dazu Rn 499.

2. Der Beginn des Verfahrens

490   Das Verfahren wird durch eine von der Klägerseite beim zuständigen Amts- oder Landgericht eingereichte Klageschrift eingeleitet. In der Klageschrift

muss begründet werden, aus welchen Gründen die Beklagtenseite zur Räumung verpflichtet ist, also welche Bedingungen für das Mietverhältnis gegolten haben, weshalb es beendet ist, wegen Zeitablaufs oder durch eine Kündigung, und dass für die Kündigung etwa erforderliche Gründe gegeben sind. Im Besitz der Klägerseite befindlichen Urkunden (schriftlicher Mietvertrag, Kündigungsschreiben, Zugangsnachweis), sind vorzulegen. Die sonst infrage kommenden Beweismittel sind zu benennen und zu beantragen, nämlich:

- ein möglicher Augenschein (wenn bestimmte Örtlichkeiten besichtigt werden sollen),
- ein einzuholendes Sachverständigengutachten (wenn es auf Feststellungen eines Sachverständige ankommt),
- zu vernehmende Zeugen (wenn es auf bestrittene Tatsachen ankommt, die Dritte bekunden können), und eine erforderliche
- Parteivernehmung (wenn der Gegner mangels anderer Beweismittel wie ein Zeuge vernommen werden soll).

Nach Eingang der Klageschrift bestimmt der Richter in der Regel einen Verhandlungstermin und fordert die Beklagtenseite auf, binnen einer bestimmten Frist vor dem Verhandlungstermin seine Einwendungen und seine Beweismittel in einer Klageerwiderungsschrift mitzuteilen.

3. *Der Verhandlungstermin*

In der mündlichen Verhandlung versucht der Richter zunächst, zwischen den Parteien eine Einigung zu erreichen, wozu er nach dem Gesetz verpflichtet ist. Wenn das gelingt, geben die Parteien ihre Einigung als „Vergleich" zu Protokoll. Siehe dazu auch Rn 493. Kommt keine Einigung zustande, werden die in Klageschrift und Klagerwiderung angekündigten Anträge gestellt und erörtert:

Die Klägerseite wird beantragen, die Beklagten zur Räumung der noch in deren Besitz befindlichen Räume (und/oder zur Zahlung eines noch geschuldeten Geldbetrages) zu verurteilen. Die Beklagtenseite kann darauf
a. die Räumungsverpflichtung (und/oder die Zahlungsverpflichtung) anerkennen, und – soweit es um Wohnräume geht – eine etwa benötigte Räumungsfrist beantragen, oder
b. die Räumungsverpflichtung bestreiten, weil
   - die Kündigung nicht rechtswirksam ist, oder
   - weil sie, - soweit um Wohnräumen geht - aus einem Härtegrund der Kündigung widersprochen haben), und – soweit es um Wohnräume geht
   - vorsorglich eine Räumungsfrist beantragen.
Im Falle Ziffer a. verurteilt der Richter auf Antrag der Klägerseite die Beklagten durch Anerkennungsurteil zur verlangten Leistung, und – soweit es um Wohnräume geht – bewilligt er eventuell den Beklagten eine Räumungsfrist.

Unter welchen Voraussetzung dem Mieter eine Räumungsfrist bewilligt werden kann, finden Sie unter Rn 504.

Im Falle Ziffer b. erlässt der Richter ein Urteil (Rn 494 ff.), entweder am Schluss der mündlichen Verhandlung oder nach einer Beweisaufnahme, wenn vorher noch streitige Tatsachen geklärt werden müssen.

Zur Möglichkeit einer einstweiligen Verfügung zur Sicherheitsleistung während des Verfahrens siehe Rn 493 .

4. Die Beweisaufnahme

492 Eine Beweiserhebung ist erforderlich, wenn der Richter noch keine Entscheidung treffen kann, weil für seine Urteilsfindung wichtige Tatsachen umstritten (bestritten) sind. Durchgeführt wird die Beweiserhebung (z. B. Zeugenvernehmungen, Einnahme eines Augenscheins, Einholung eines Sachverständigengutachtens) in der Regel in einem anderen oder in mehreren weiteren Terminen.

5. Der während des Verfahrens mögliche Vergleich

493a Während der ganzen Dauer des Verfahrens können sich Klägerseite und Beklagtenseite einigen und ihre Einigung als "Vergleich" zu Protokoll geben. Dieser steht in Hinsicht seiner Durchsetzungsmöglichkeit einem rechtskräftigen vollstreckbaren Urteil gleich. Mit dem Abschluss eines Vergleiches endet in der Regel das Verfahren, außer der Richter muss noch über die Kosten entscheiden, weil man sich über diese nicht auch einigen konnte.

6. Die einstweilige Verfügung während des Verfahrens

493b Werden mit einer Räumungsklage auch erst nach deren Einreichung fällig gewordene von der Beklagtenseite nicht bezahlte Geldforderungen geltend gemacht, z. B. Nutzungsentschädigungsansprüche (Rn 384), kann das Gericht auf Antrag der Klägerseite eine von den Beklagten zu erbringende Sicherheitsleistung anordnen, wenn die Klage hohe Aussicht auf Erfolg hat und der Klägerseite sonst ein besonderer Nachteil entstehen würde (§ 283a ZPO). Leisten die Beklagten diese dann nicht, riskieren sie, durch eine Einstweilige Verfügung zur sofortigen Räumung verurteilt zu werden.

7. Das Urteil

Wenn das Verfahrens nicht durch einen Vergleich oder ein Anerkenntnisurteil endet, erlässt der Richter nach der mündlichen Verhandlung oder nach einer etwa erforderlichen Beweiserhebung ein Urteil.

494 Im Falle eines Geschäftsraummietverhältnisses lautet das Urteil entweder
    a. dass der Mieter und etwaige mitverklagte dritte Personen zur Räumung und Herausgabe der vermieteten Räume verurteilt werden, oder
    b. dass die Klage abgewiesen wird.

Im Falle eines Wohnraummietverhältnisses kann das Urteil auch wie unter Rn 494 Ziffer a. beschrieben lauten, oder

> c. dass das Mietverhältnis zwischen dem Vermieter und dem Mieter auf bestimmte (oder unbestimmte) Zeit fortgesetzt wird; oder
>
> d. dass der Mieter zur Räumung verurteilt und ihm eine Räumungsfrist bewilligt wird.

495

Letzteres (Ziffer d.) geschieht, wenn der Wohnraumieter im Räumungsprozess nachweisen kann, dass er sich vergeblich um eine Ersatzwohnung bemüht hat, ausgenommen, es stehen überwiegende Interessen des Vermieters entgegen (§ 721 ZPO). Das ist z. B. der Fall, wenn der Mieter schon längere Zeit keine Miete mehr bezahlte.
Die Dauer der Räumungsfrist hängt von den Umständen des einzelnen Falles ab. In der Regel werden zwischen zwei und sechs Monaten bewilligt. Wenn der Räumungsprozess nicht durch ein Urteil des Richters, sondern durch einen Vergleich endet, kann dem Mieter auch im Vergleich eine ausgehandelte Räumungsfrist zugebilligt werden.

496

Hat der Mieter gegen Ende der Räumungsfrist trotz intensiver Suche immer noch keine andere Wohnung gefunden, kann das Gericht die Räumungsfrist verlängern. Einen Verlängerungsantrag muss der Mieter muss aber spätestens zwei Wochen vor Ablauf der Räumungsfrist beim Gericht stellen. Die gesamte Räumungsfrist einschließlich aller Verlängerungen darf jedoch ein Jahr nicht übersteigen.

Zu einer dem Geschäftsraummieter gewährenden Räumungsfrist, die der Richter nicht schon im Räumungsurteil bewilligen darf, siehe Rn 504.

Wer die Kosten des Verfahrens zu bezahlen hat, legt der Richter in der im Urteilstenor stehenden Kostenentscheidung fest, auf Grund derer der Rechtspfleger einen Kostenfestsetzungsbeschluss erlässt. Näheres zum Thema Kostentragungspflicht siehe unter Rn 517.

8. Die Dauer des Verfahrens

Die zeitliche Dauer des Rechtsstreits ist von Sache zu Sache und von Gericht zu Gericht verschieden. Von der Klageerhebung bis zum Erlass des Urteils in der ersten Instanz vergehen, wenn der Richter sehr schnell arbeitet mindestens ca. 6 - 8 Wochen, wenn eine Beweisaufnahme durchgeführt wird weitere Wochen, bei mehreren Beweisterminen sogar mehrere Monate. Die zweite Instanz dauert bis zum Erlass des Berufungsurteils unter Berücksichtigung der Berufungs- und der Begründungsfrist mindestens 4 - 6 Monate, je nach Umfang der Angelegenheit und Auslastung der Gerichte auch 12 Monate und länger.

497

B. Die Zwangsvollstreckung

1. Der vollstreckbare Schuldtitel

498 Grundlage jeder Zwangsvollstreckung ist immer ein sogenannter <u>vollstreck-</u><u>barer Schuldtitel</u>, z. B.:
- ein im Mahnverfahren erwirkter Vollstreckungsbescheid, den es nur über eine Geldverpflichtungen geben kann (Rn 475),
- ein für vorläufig vollstreckbar erklärtes oder rechtskräftiges Urteil (Rn 494), oder eine einstweilige Verfügung (Rn 479, 493b), oder ein gerichtlicher Vergleich (Rn 493a).
- ein Kostenfestsetzungsbeschluss des Gerichts über die von einer Prozesspartei der anderen zu erstattenden Kosten (Rn 496), oder
- eine vollstreckbare notarielle Urkunde (§ 797 Abs. 2 ZPO)

2. Die einzelnen Vollstreckungsmaßnahmen

Parteien im Vollstreckungsverfahren heißen „Gläubiger" und „Schuldner". Letztere sind die im Schuldtitel aufgeführten Personen. Es ist deshalb für den Vermieter wichtig, dass im Falle eines Räumungsprozesses erforderlichenfalls alle die Mieträume nutzenden Personen in die Klage einbezogen worden sind (Rn 489). Der Gläubiger kann den Gerichtsvollzieher, Rechtspfleger und Richters als Vollstreckungsorgane in Anspruch nehmen:

499 Im <u>Räumungsverfahren</u> beauftragt der Vermieter den Gerichtsvollzieher mit der Zwangsräumung (§ 885 ZPO). Der Gerichtsvollzieher bestimmt einen Termin zur Zwangsräumung und benachrichtigt darüber Vermieter, Mieter und im Falle eines Wohnraummieters die zuständige Gemeindebehörde .
Zur Deckung seiner voraussichtlichen Auslagen, z. B. durch Beauftragung einer Spedition, macht der Gerichtsvollzieher heute in der Regel schon die Festlegung des Räumungstermins von der Bezahlung eines Kostenvorschusses in Höhe von 10.000 € oder mehr abhängig.

Der Vermieter kann den Räumungsauftrag auch nach dem sogenannten „Berliner Modell" erteilen. Nach diesem muss der Gerichtsvollzieher nur die zur Räumung verurteilten Personen aus den Mieträumen entfernen (§§ 885, 885a Abs. 1 ZPO). In den Mieträumen befindliche Sachen, an deren Aufbewahrung kein Interesse besteht, also wertlose Sachen und Müll, kann der Vermieter dann vernichten. Die anderen Sachen muss er aufbewahren. Holt der Mieter diese nicht innerhalb eines Monats ab, kann der Vermieter die Sachen durch den Gerichtsvollzieher versteigern lassen (§ 885a Abs. 4 ZPO, 383 BGB). Sachen, bei denen ein Versteigerungserlös nicht zu erwarten ist und unpfändbare Sachen, die also für den Schuldner lebenswichtig sind, muss der Vermieter dem Mieter ohne weiteres herausgeben, wenn dieser sie verlangt. Eine solche Räumungsvollstreckung kostet erheblich weniger.

Zu einem etwaigen Vollstreckungsschutz für den Schuldner siehe Rn 504 f.. Widersetzt sich eine im Schuldtitel nicht aufgeführte Person (Rn 498) der Räumung, kann diese durch eine einstweilige Verfügung (Rn 479) zur Räumung und Herausgabe der Mieträume gezwungen werden. Kennt der Vermieter den für den Erlass einer einstweiligen Verfügung erforderlichen Namen dieser Person nicht, kann er die Polizei und Ordnungspolizeibehörde der Gemeinde einschalten.

Bei einer Vollstreckung wegen einer <u>Geldforderung</u> pfändet der Gerichtsvollzieher etwa beim Schuldner vorhandene pfändbare bewegliche Sachen. (Rn 6). Sind solche nicht vorhanden, bescheinigt der Gerichtsvollzieher dem Gläubiger das. Diese Bescheinigung ist eine Voraussetzung für die Maßnahme unter Rn 501.   **500**

<u>Eidesstattliche Versicherung</u>: Besitzt der Schuldner nach den Feststellungen des Gerichtsvollziehers keine pfändbaren Sachen, muss der Schuldner auf Antrag des Gläubigers gegenüber dem Rechtspfleger beim Amtsgericht in einem Vermögensverzeichnis alles angeben, was ihm gehört, also auch etwaige Forderungen und unbewegliche Sachen, z. B. Grundstücke. Die Richtigkeit seiner Angaben muss der Schuldner eidesstattlich versichern.   **501**

Erscheint der Schuldner beim angesetzten Termin nicht, ergeht durch den Richter ein Haftbefehl und die Vorführung durch den Gerichtsvollzieher. Weigert er sich auch dann noch, die eidesstattliche Versicherung abzugeben, kommt der Schuldner bis zu 6 Monate lang in Haft.

Die Abgabe der eidesstattlichen Versicherung oder der Erlass eines Haftbefehls wird in das von jedermann einzusehende <u>Schuldnerverzeichnis</u> beim Amtsgericht eingetragen.

<u>Pfändung einer Forderung</u>: Wegen einer Geldforderung kann der Gläubiger eine ihm bekannte oder aus de, Vermögensverzeichnis des Schuldners bekannt gewordene Forderung des Schuldners gegenüber einem Dritten, z. B. eine Lohnforderung, ein Bankguthaben, durch den Rechtspfleger beim Amtsgericht pfänden und an sich zur Einziehung überweisen lassen.   **502**

Sicherungszwangshypothek und Zwangsversteigerung: Besitzt der Schuldner Grundstücke, kann der Gläubiger beim Grundbuchamt eine Sicherungszwangshypothek im Grundbuch auf das Grundstück eintragen lassen oder/und beim Amtsgericht die Durchführung der Zwangsversteigerung des Grundstücks beantragen.   **503**

3. Vollstreckungsschutz für den Räumungsschuldner

504 Wäre für den Schuldner die drohende Räumung eine so große Härte, dass damit gegen die guten Sitten verstoßen würde, insbesondere bei Wohn- oder Mischräumen (Rn 51 f.), kann der Räumungspflichtige beim Amtsgericht Vollstreckungsschutz beantragen (§ 765 a ZPO).

Beispiele: Der räumungspflichtige Mieter müsste seine Sachen nur kurze Zeit bei einer Spedition einlagern, bevor er schon zugesagte Räume beziehen kann; - es besteht bei Durchführung der Räumung eine Gefahr für das Leben oder die Gesundheit des Räumungspflichtigen, z. B. die Gefahr eines Suizides, und dieser Gefahr kann nicht durch konkrete Auflagen oder die Anordnung geeigneter Betreuungsmaßnahmen entgegengewirkt werden.

4. Letzte Hilfe von der Gemeinde

505 Gibt es im Falle eines Wohnraummietverhältnisses oder Wohnräumen in einem Mischmietverhältnis (Rn 52) keinen Vollstreckungsschutz mehr, muss die Gemeinde als Obdachlosenpolizeibehörde dafür sorgen, dass räumungspflichtige Personen durch die angedrohte Zwangsräumung nicht obdachlos werden. Hat die Gemeinde keine eigenen geeignete Räume, kann sie leerstehende Räume oder die noch vom Räumungsschuldner bewohnten Wohnräume beschlagnahmen und diese dem Schuldner überlassen. Die Beschlagnahme darf die in den Polizeigesetzen der einzelnen Länder vorgeschriebene Zeit nicht überschreiten. Sie beträgt in der Regel sechs Monate.

Gegen die Beschlagnahme kann der Vermieter beim Verwaltungsgericht Klage erheben, dessen Entscheidung aber in meistens länger als die Beschlagnahmefrist dauert. Nach deren Ablauf kann der Vermieter von der Gemeinde verlangen, den Räumungspflichtigen aus den beschlagnahmten Räumen entfernt. Auch dazu ist verwaltungsgerichtliche Hilfe zulässig.

Im Falle einer Beschlagnahme von Räumen haftet die Gemeinde dem ehemaligen Vermieter gegenüber für den diesem durch die Beschlagnahme entstehenden Schaden, also für etwa entgehende Mieten oder Betriebskosten, nicht dagegen für etwaige vom Mieter verursachte Beschädigungen in den Wohnräumen.

506 Zwischen Einreichung einer Räumungsklage und einer Zwangsräumung oder eines Eintritts der Haftung der Gemeinde können also viele Monate liegen, wenn sich ein „sachkundiger" Mieter mit allen rechtlichen Möglichkeiten wehrt, manchmal sogar 1 bis 2 Jahre, bei einer durch Zahlungsverzuges bedingten fristlosen Kündigung doch auch mehrere Monate. Ein Vermieter sollte daher eine Räumungsklage nach Fälligkeit der Räumungsverpflichtung rasch einreichen und sich nicht durch Versprechungen des Mieters hinhalten lassen, wenn er nicht noch mehr Geld verlieren will. Siehe dazu auch Rn 349.

C. Die Kosten in Mietsachen bei Gericht, Gerichtsvollzieher und Anwalt

I. Die Gebühren

Für bestimmte Verfahren und für bestimmte Tätigkeiten fallen im GKG, im GvKostG und im RVG gesetzlich festgelegte Gebühren an. Für das Gericht und den Gerichtsvollzieher gelten diese immer, für den Anwalt in der Regel auch, ausgenommen er hat mit seinem Auftraggeber über die von diesem zu zahlenden Kosten ausnahmsweise schriftlich (Rn 12) oder in Textform (Rn 15b) eine Gebührenvereinbarung vereinbart. Dann gilt diese. Für vorformulierte Klauseln in einer solchen müssen die unter Rn 20 ff. beschriebenen Beschränkungen beachtet werden, z. B. ist eine Klausel, nach welcher der Auftraggeber dem Anwalt das 3 – fache der gesetzlichen Gebühren zu zahlen hat, wegen unangemessener Benachteiligung des Auftraggebers unwirksam, zumindest wenn der Auftraggeber Verbraucher (Rn 4) ist.
Die Höhe einer gesetzlich festgelegten Gebühr hängt vom Gegenstandswert ab. Wenn dieser Wert nicht ziffernmäßig feststeht, wird er vom Gericht nach den dafür geltenden Vorschriften festgesetzt. In der Tabelle unter Rn 509 finden Sie Gegenstandswerte für einige häufige Verfahren bzw. Tätigkeiten.

507

1. Die gesetzlichen Gebühren beim Gerichtsvollzieher.

Beim Gerichtsvollzieher fallen für Zustellungen, Vollstreckungen und Verwertungen Gebühren zwischen 3,00 und 130 € an.

508

2. Die gesetzlichen Gebühren bei Gericht und beim Anwalt

Für die <u>Höhe</u> der Gebühren ist, soweit über die Angelegenheit in einem Rechtsstreit entschieden wird, in der Regel für die beim Gericht und beim Anwalt entstehenden Gebühren der gleiche Gegenstandswert maßgebend. In der nachstehenden Tabelle ist für die in Spalte A aufgeführten Angelegenheiten in Spalte B der Gegenstandswert angegeben, oder wie dieser berechnet wird.

509

	A	B
	Verfahren wegen	Gegenstandswert
1	Forderung, z. B. Miete, Betriebskosten usw.	Betrag der Forderung
2	Zustimmung zur Mieterhöung	Jahresbetrag der verlangten Erhöhung
3	Räumung	Jahresnettomiete.
4	Feststellung eines Mietverhältnisses	Nettomiete während der streitigen Dauer des Mietverhältnisses, höchstens eine Jahresnettomiete

510 Die im GKG festgelegten Gebühren:

Bei den unter Rn 482 ff. erwähnten Gerichten fällt folgende Anzahl an Gerichtsgebühren an:

Bei der Mahnabteilung des Amtsgerichts für das Mahnverfahren 0,5 Gebühren, mindestens 32 €, im Verfahren vor dem Amtsgericht in 1. Instanz 3,0 Gebühren, in 2. Instanz 4,0 Gebühren und in 3. Instanz 5,0 Gebühren.

Die Anzahl der Gerichtsgebühren kann sich ermäßigen, z. B. wenn die Klage zurückgenommen oder ein Vergleich abgeschlossen wird.

Die Höhe einer Gerichtsgebühr entnehmen Sie bitte aus den Spalten „G" der unter Rn 512 aufgeführten Tabelle für Gerichts- und Anwaltskosten.

511 Die in der RVG festgelegten Gebühren beim Anwalt

Welche Anzahl an Gebühren beim Anwalt anfallen, hängt von der vom Anwalt zu leistenden Tätigkeit ab. Siehe dazu die nachstehende Tabelle.

Die Höhe einer Anwaltsgebühr entnehme Sie bitte aus den Spalten „A" der unter Rn 512 aufgeführten Tabelle für Gerichts- und Anwaltskosten.

Nr.	Tätigkeit	Anzahl der Gebühren
	Außergerichtliche Tätigkeit	
1	Beratung: Ist keine Vereinbarung (Rn 507) getroffen, kostet eine Beratung das nach BGB übliche Entgelt, in der Regel Ist der Auftraggeber Verbraucher (Rn 4), höchstens, für ein erstes Beratungsgespräch	0,1 bis 1,0; 250 €; maximal 190 €.
2	Geschäftsgebühr für die Geltendmachung oder Abwehr von Rechten oder Ansprüchen	0,5 bis 2,5; Bei weder schwieriger noch umfangreicher Sache höchstens 1,3
3	Einigungsgebühr für die Mitwirkung beim Abschluss eines Vertrages oder bei zum Vertragsschluss führenden Verhandlungen	1,5
	Tätigkeit in einem gerichtlichen Verfahren	
4	Beantragung eines Mahnbescheids	1,0
5	Beantragung eines Vollstreckungsbescheids	0,5
6	Verfahrensgebühr in 1. Instanz	1,3
7	Terminsgebühr in 1. Instanz	1,2
8	Verfahrensgebühr in 2. Instanz	1,6
9	Terminsgebühr in 2. Instanz	1,2
10	Verfahrensgebühr in 3. Instanz	1,6 bzw. 2,3
11	Terminsgebühr in 3. Instanz	1,5
12	Einigungsgebühr Nr. 3 für die Mitwirkung an einer Einigung im gerichtlichen Verfahren	1,0
13	Beantragung einer Zwangsvollstreckungsmaßnahme	0,3

Die Gebühr Nr. 1 wird auf in der gleichen Angelegenheit entstehende Gebühren der Nr. 2 bis 10 angerechnet. Die Gebühr Nr. 2 wird auf die Gebühren Nr. 6 und 8 zur Hälfte, höchstens jedoch in Höhe einer 0,75 Gebühr angerechnet.

Die Verfahrens- und Terminsgebühr sind nicht davon abhängig, ob der Anwalt einen kurzen oder viele umfangreiche Schriftsätze fertigen oder nur einen oder mehrere Termine vor Gericht wahrnehmen muss, nur im Falle einer umfangreichen Beweisaufnahme kann eine zusätzliche 0,3 Terminsgebühr entstehen. Wenn der Anwalt in einer Sache dagegen nur einen Termin wahrnehmen muss, in dem für die Gegenseite niemand erschienen ist, ermäßigt sich die Terminsgebühr von 1,2 auf 0,5 Gebühren.

Andererseits erhöhen sich die Beratungs-, Geschäfts- und Verfahrensgebühr, wenn der Anwalt mehr als eine Person in derselben Angelegenheit vertritt, z. B. ein Ehepaar als Mieter oder Vermieter. Die Erhöhung beträgt 0,3 Gebühren je weiterer Auftraggeber, höchstens jedoch 2,0 Gebühren.

Tabelle für Gerichtskosten (G) und Anwaltskosten (A), gültig ab 1.1.2021   512

Gegenstandswert bis	G	A	Gegenstandswert bis	G	A	Gegenstandswert bis	G	A
500	38	49	19 000	353	770	155 000	1 525	1 937
1000	58	88	22 000	382	822	170 000	1 657	2 031
1500	78	127	25 000	411	874	185 000	1 789	2 125
2000	98	166	30 000	449	955	200 000	1 921	2 219
3000	119	222	35 000	487	1 036	230 000	2 119	2 351
4000	140	278	40 000	525	1 117	260 000	2 317	2 483
5000	161	334	45 000	563	1 198	290 000	2 515	2 615
6000	182	390	50 000	601	1 279	320 000	2 713	2 747
7000	203	446	65 000	733	1 373	350 000	2 911	2 979
8000	224	502	80 000	865	1 467	380 000	3 109	3 011
9000	245	558	95 000	997	1 561	410 000	3 307	3 143
10 000	266	614	110 000	1 129	1 655	440 000	3 505	3 275
13 000	295	666	125 000	1 261	1 749	470 000	3 703	3 407
16 000	324	718	140 000	1 363	1 843	500 000*	3 901	3 539

* für höhere Werte je angefangene 50 000 bei G jeweils 180 € mehr, bei A jeweils 156 € mehr.

<u>II. Die Auslagen</u>

1. Auslagen beim Gericht und beim Gerichtsvollzieher

513   Bei Gericht fallen Auslagen in unterschiedlicher und vom einzelnen Fall abhängiger Höhe an. Es sind das vom Gericht aufgewandte Kosten für Zeugen, Sachverständige und etwaige Dienstreisen. Beim Gerichtsvollzieher entstehen nach dem GvKostG u. a. Schreibauslagen, Auslagen für Behörden und Arbeitshilfen (Einwohnermeldeamt, Schlosser, Spedition usw.), sowie Reisekosten.

2. Auslagen beim Anwalt

514   Beim Anwalt geht es bei den Auslagen um

a. Kosten für <u>Post- und Telekommunikationsdienstleistungen</u>, also für Porti, Telefon und Telefax: Diese können entweder in der entstandenen Höhe verlangt werden, oder pauschal in Höhe von 20 % der in der betreffenden Angelegenheit anfallenden Gebühren, höchstens jedoch 20 €.

b. Kosten für <u>Fotokopien</u>, soweit von Gerichtsurkunden mehr als 100 Stück und für die Unterrichtung des Auftraggebers mehr als 100 Stück anzufertigen waren. Die ersten 50 weiteren kosten je Seite 0,50 und für darüber hinaus je weitere Seite 0,15 €.

c. <u>Fahrt- und Reisekosten</u>: Bei Benutzung eines eigenen Kraftfahrzeugs 0,30 € je Kilometer, bei Benutzung eines anderen Verkehrsmittels in angefallener Höhe, ferner Tage- und Abwesenheitsgelder bei einer Geschäftsreise von nicht mehr als 4 Stunden 25 €, von mehr als 4 bis 8 Stunden 40 € und über 8 Stunden 70 €, bei Auslandsreisen + 50 %. Außerdem sonstige Auslagen, z. B. Übernachtungskosten in angemessener Höhe.

d. Die <u>Mehrwertsteuer</u> auf die Vergütung.

3. Auslagen bei den Parteien

515   Bei den Parteien eines Verfahrens entstehen Auslagen durch Zeitversäumnisse, z. B. zur Information des Anwalts oder Wahrnehmung von Terminen, zu denen das Gericht das persönliche Erscheinen der Partei verlangt. Weitere Auslagen entstehen durch Reise- und Fahrtkosten, sowie für etwaige zur Vorbereitung eines Verfahrens aufgewandte Sachverständigenkosten.

<u>III.   Berechnungsbeispiele für Gerichts- und Anwaltskosten</u>

Nr. 1: Ein Mandant (Vermieter oder Mieter) lässt sich beim Anwalt über   516
sein Kündigungsrecht beraten. Die monatliche Nettomiete für die vermieteten Räume beträgt 550 €. Ist keine Gebührenvereinbarung getroffen, werden
üblicherweise bei einem Gegenstandswert von 550 x 12 = 6.600 € je nach
Umfang und Schwierigkeit zwischen einer 1/10 Gebühr (44,60 €) und einer
10/10 Gebühr (446 €) jeweils + Ust., berechnet, ist der Auftraggeber ein
Verbraucher (Rn 4) jedoch höchstens 190 € + Ust..

Nr. 2: Der Vermieter beauftragt seinen Anwalt, vom Mieter die Zustimmung
zu einer Mieterhöhung um monatlich 105 € zu verlangen. Der Anwalt fordert
in der weder schwierigen noch umfangreichen Sache den Mieter zur Zustimmung auf. Das Honorar dafür beträgt:

1,3 Geschäftsgebühr aus 105 x 12 = 1.260 €	= 165,10 €
Auslagenpauschale	= 20,00 €
Umsatzsteuer 19 %	= 35,17 €
Summe	**220,27 €**

Nr. 3: Der Vermieter beauftragt seinen Anwalt mit der Erhebung einer Räumungsklage. Die beiden Mieter zahlen eine monatliche Nettomiete in Höhe
von 600 €. Die Kosten für das zu einem Urteil führende Verfahren betragen
für beide durch Anwälte vertretene Parteien bei einem Gegenstandswert von
600 x 12 = 7.200 €:
Beim Anwalt des Klägers:

1,3 Verfahrensgebühr	= 652,60 €
1,2 Terminsgebühr	= 602,40 €
Auslagenpauschale	= 20,00 €
19 % Umsatzsteuer aus 1.160 €	= 242,25 €
Summe	**1.517,25 €**

Beim Anwalt der beiden Mieter

1,3 Verfahrensgebühr	= 652,60 €
0,3 Erhöhungsgebühr bei 2 Mietern	= 150,60 €
1,2 Terminsgebühr	= 602,40 €
Auslagenpauschale	= 20,00 €
19 % Umsatzsteuer aus 1.296,80 €	= 270,86 €
Summe	**1.696,46 €**

Beim Gericht: 3 Gebühren á 224 €	**672,00 €**
Gesamtkosten des Verfahrens	**3.885,71 €**

Endet das Verfahren nicht mit einem Urteil sondern mit einem Vergleich,
erhöhen sich die Anwaltskosten je Partei um 1 Gebühr = 502 + Ust. 95,38
also um 597,38 € auf 2.114,63 bzw. 2.293,84 €. Dafür ermäßigen sich die
Gerichtskosten auf nur 1 Gebühr = 224 €. Die Gesamtkosten betragen dann
2114,63 € + 2.293,84 € + 224,00 € = 4.632,47 €

517 Zunächst ist immer derjenige zur Zahlung der Kosten verpflichtet, der den Auftrag erteilt oder das Gericht anruft. Ob diesem Kostenschuldner ein anderer die entstehenden Kosten erstatten muss, z. B. ein Vertragspartner oder Gegner, hängt davon ab, ob dafür eine entsprechende gesetzliche Vorschrift besteht. Das ist z. B. im Falle eines Zahlungsverzuges oder einer positiven Vertragsverletzung der Fall. Hierzu 2 Beispiele:

<u>Beispiel Nr. 1</u>: Der Vermieter lässt seinen säumigen Mieter durch einen Anwalt zur Zahlung des rückständigen Mietzinses auffordern. Der Mieter hat dem Vermieter die entstehenden Anwaltskosten aus dem Gesichtspunkt des Verzuges zu erstatten.

<u>Beispiel Nr. 2</u>: Der Wohnraummieter kommt mit mehr als 2 Monatsmieten in Verzug. Der Vermieter beauftragt deshalb seinen Anwalt, das Mietverhältnis gegenüber dem Mieter fristlos zu kündigen und ihn zur Räumung auffordern. Der Mieter zahlt darauf den Mietrückstand und erreicht damit, dass die Kündigung unwirksam wird (Rn 349). Aus dem Gesichtspunkt der positiven Vertragsverletzung muss der Mieter dem Vermieter dessen Anwaltskosten erstatten.

Nach der Rechtsprechung des BGH benötigt ein gewerblicher Großvermieter für die Abfassung eines in einem einfachen Fall auf Zahlungsrückstände gestützten Kündigungsschreibens keinen Anwalt, sodass der Wohnraummieter im Beispiel Nr. 2 seinem gewerblichen Großvermieter keine Kosten erstatten muss.

In einem gerichtlichen Verfahren legt das Gericht in seiner Kostenentscheidung die Kostentragungspflicht zwischen den Parteien in der Regel im Verhältnis Obsiegen / Unterliegen fest (§ 91 ZPO). Verlangt der Vermieter z. B. die Zustimmung zu einer Mieterhöhung um 90 € monatlich und erhält er nur 60 € zugebilligt, werden dem Vermieter 1/3 und dem Mieter 2/3 der Kosten des Rechtsstreits auferlegt. Im Kostenfestsetzungsbeschluss muss der Rechtpfleger dann z. B. die vom beklagten Mieter dem Vermieter zu erstattenden Kosten wie folgt festsetzen:

Anwaltkosten des Vermieters	1.400 €
Gerichtskosten	600 €
Anwaltskosten des Mieters	1.600 €
Gesamtkosten	3.600 €

wobei der Vermieter an das Gericht vorschussweise schon 400 € bezahlt hat.

Der Mieter hat 2/3 = 2.400 € zu tragen. Er muss also seine eigenen Kosten bezahlen und 2.400 - 1.600 = 800 € bezahlen, nämlich davon 200 € an das Gericht und 600 € an den Vermieter.

Bei der geschilderten Kostenverteilung werden die Anwaltskosten nur in Höhe der gesetzlich festgelegten Kosten (Rn 453 ff.), nicht etwaiger mit dem Anwalt vereinbarte höhere Kosten berücksichtigt.

Unter bestimmten Voraussetzungen kann das Gericht bei seiner Entscheidung über eine Räumungsklage die Kosten auch anders verteilen, z. B. auch dem obsiegenden Vermieter oder dem obsiegenden Mieter in folgenden Fällen auferlegen:

<u>Wird die Räumungsklage deshalb abgewiesen</u>, weil der Widerspruch des Wohnraummieters gegen die Kündigung (Rn 355 ff.) begründet ist, kann der Richter die Kosten auch ganz oder teilweise dem Mieter auferlegen, wenn der Mieter dem Vermieter auf dessen Verlangen die Gründe für seinen Widerspruch nicht mitgeteilt hatte (§ 93 b Abs. 2 ZPO).

<u>Wird der Mieter zur Räumung verurteilt</u>, obwohl er gegen die Kündigung Widerspruch erhoben hatte, kann der Richter die Kosten auch ganz oder teilweise dem Vermieter auferlegen, wenn dem Widerspruch deshalb nicht stattgegeben wurde, weil nachträglich Härtegründe für den Vermieter entstanden waren, (§ 93 b Abs. 1 ZPO).

<u>Anerkennt der Mieter seine Räumungsverpflichtung und ergeht deshalb ein Anerkenntnisurteil</u> (Rn 495) kann der Richter die Kosten ganz oder teilweise dem Vermieter auferlegen, wenn dem Mieter eine Räumungsfrist bewilligt wird und der Mieter vor Klagerhebung einen begründeten Widerspruch erhoben oder vergeblich vom Vermieter eine Räumungsfrist erbeten hatte (§ 93 b Abs. 3 ZPO).

V. Die Rechtsschutzversicherung

Nach den "Allgemeinen Rechtsschutzbedingungen" können die in den hier beschriebenen Angelegenheiten entstehenden Kosten im Grundstücks- oder Mietrechtsschutz versichert werden. Die Rechtsschutzversicherung übernimmt in den meisten der beschriebenen Angelegenheiten Beratungskosten und die in einem gerichtlichen Verfahren entstehenden Kosten. Voraussetzung dafür ist aber, dass ein Versicherungsfall eingetreten ist.
 Beispiele: Der Mieter erhält eine Kündigung, die er nicht für gerechtfertigt hält. Er kann seine Rechtschutzversicherung in Anspruch nehmen; - der Mieter kommt mit der Mietzahlung in Verzug. Der Vermieter kann deshalb seine Rechtschutzversicherung in Anspruch nehmen.
Der Streit darf aber erst nach Beginn der Versicherungszeit begonnen haben. Zu beachten ist, dass die Versicherungszeit nicht bei Vertragsabschluss, sondern frühestens nach einer Wartezeit von 3 Monaten beginnt.
Von der Rechtsschutzversicherung werden auch die Kosten übernommen, die bei einer außergerichtlichen oder gerichtlichen Geltendmachung von

518

Schadenersatzansprüchen entstehen, die dem Versicherten oder seinen Familienangehörigen auf Grund gesetzlicher Haftpflichtbestimmungen zustehen. Darunter fallen beispielsweise Schäden, die ein Dritter durch eine unerlaubte Handlung verursacht hat (§§ 823 ff.).
Nicht übernommen werden von der Rechtsschutzversicherung die Kosten für einen Vertrag oder Vertragsentwurf.

VI. Die Prozesskostenhilfe

519   Der Staat gewährt Minderbemittelten auf Antrag Beratungshilfe (§ 1 Beratungshilfegesetz) und Prozesskostenhilfe (§§ 114 ff. ZPO). Erstere gibt es für eine Beratung oder für die außergerichtliche Geltendmachung oder Abwehr eines Anspruches, aber nur, wenn der Antragsteller auf Grund seiner Vorbildung nicht in der Lage ist, die Sache persönlich zu klären. Für ein gerichtliches Verfahren gibt es Prozesskostenhilfe, soweit hinreichende Erfolgsaussicht besteht, ausgenommen, ein durchschnittlicher Rechtssuchender würde den Prozess nicht führen, z. B. wenn die Prozessführung wirtschaftlich im Ergebnis nicht als sinnvoll erscheint.

Wenn das Gericht eine solche Prozesskostenhilfe bewilligt, bedeutet das, dass der Antragsteller keine Vorschüsse auf Gerichtskosten, und wenn ihm auch ein Anwalt beigeordnet wird, keine Vorschüsse auf die Kosten seines Anwalts leisten muss. Der Anwalt erhält die bei ihm entstehenden Kosten von der Staatskasse bezahlt, allerdings in niedriger Höhe als die in der Tabelle unter Rn 512 genannten gesetzlichen Gebühren.
Die Bewilligung von Prozesskostenhilfe bedeutet aber nicht, dass die bedürftige Partei auch davon befreit ist, der anderen Partei die nach einer gerichtlichen Entscheidung zu erstattenden Kosten bezahlen zu müssen, wenn sie z. B. einen Prozess verloren hat.

Wer Prozesskostenhilfe bewilligt bekommt muss je nach Höhe seines Einkommens an die Gerichtskasse vom bewilligenden Gericht etwa festgelegte monatliche Raten auf die Kosten bezahlen, bis diese ausgeglichen sind, höchsten jedoch 48 Monate lang. Seine Einkommensverhältnisse werden vom Gericht - auch nach Abschluss des Prozesses - von Zeit zu Zeit überprüft. Haben sich die Verhältnisse entsprechend verbessert, verlangt das Gericht eine entsprechende Erstattung seiner Zahlungen oder eine höhere monatliche Rate. Dabei muss das Gericht auch berücksichtigen, was der Antragsteller durch den Prozess erlangt, z. B. eine Schmerzengeldszahlung.

Stichwortverzeichnis

Die Zahlen bedeuten die Randnummern